高等职业教育"十三五"创新型规划教材

电子商务案例分析
（第 2 版）

主　编　张　荣
副主编　张　帆

北京理工大学出版社
BEIJING INSTITUTE OF TECHNOLOGY PRESS

版权专有 侵权必究

图书在版编目（CIP）数据

电子商务案例分析/张荣主编．—2版．—北京：北京理工大学出版社，2018.1（2019.8重印）

ISBN 978-7-5682-5278-2

Ⅰ.①电⋯ Ⅱ.①张⋯ Ⅲ.①电子商务-案例 Ⅳ.①F713.36

中国版本图书馆CIP数据核字（2018）第019069号

出版发行 / 北京理工大学出版社有限责任公司	
社　　址 / 北京市海淀区中关村南大街5号	
邮　　编 / 100081	
电　　话 / （010）68914775（总编室）	
（010）82562903（教材售后服务热线）	
（010）68948351（其他图书服务热线）	
网　　址 / http：//www.bitpress.com.cn	
经　　销 / 全国各地新华书店	
印　　刷 / 北京国马印刷厂	
开　　本 / 787毫米×1092毫米　1/16	
印　　张 / 19.25	责任编辑 / 申玉琴
字　　数 / 453千字	文案编辑 / 申玉琴
版　　次 / 2018年1月第2版　2019年8月第3次印刷	责任校对 / 周瑞红
定　　价 / 48.00元	责任印制 / 李　洋

图书出现印装质量问题，请拨打售后服务热线，本社负责调换

前　言

　　网络经济时代的到来加速了企业的全球化进程，尤其是在"互联网＋"的背景下，企业将面临更多的风险及挑战。电子商务是新经济时代的产物，新经济离不开电子商务。伟大的管理学之父德鲁克认为，只有通过奉献把才华转变为绩效，才华才有用处，有才华的人才能成为伟大的人、对社会有用的人。学习型组织的创始人彼得·圣吉在解释学习的含义时，强调"learning by doing"，即强调学习的重要性。在电子商务运营过程中，企业的成功经验及不足，为我们提供了宝贵的学习机会。新经济条件下，企业能力的变化，要求从事电子商务的专业人才必须把专业知识和才能应用于实践。实践能力大部分属于经营管理能力的范畴，本书的作者正是根据培养电子商务专业学生的经营管理实践能力这个指导思想来安排体例和编写内容的。通过案例分析和案例教学过程，有目的地培养学生的实践能力，是培养新形势下电子商务人才的必由之路。

　　本书在实践和研究中收集和总结国内外电子商务案例，不仅可以作为高等学校电子商务专业的重要学习教材，也可以作为经济管理类专业学生了解电子商务的入门教材。

　　全书由张荣老师担任主编，负责策划及统稿，张帆老师担任副主编。其中第 1 章、第 2 章、第 4 章、第 5 章、第 9 章由辽宁轻工职业学院张荣编写，第 3 章、第 6 章、第 7 章、第 8 章、第 10 章由大连财经学院张帆编写。在编写过程中感谢各位同行及企业专家的指导，但由于时间及能力有限，不足之处敬请大家谅解！

目 录

第1章 电子商务案例分析概述 （1）
1.1 案例教学的特色及优势 （1）
1.1.1 案例的含义 （1）
1.1.2 案例的元素 （1）
1.1.3 案例的功能 （2）
1.1.4 什么是教学案例 （3）
1.1.5 教学案例的衡量标准 （3）
1.1.6 教学案例与教案、实例及范例的区别 （4）
1.2 电子商务的定义与分类 （4）
1.2.1 电子商务的定义 （4）
1.2.2 按交易对象划分 （5）
1.2.3 按交易过程划分 （6）
1.2.4 按交易过程在网络上完成的程度划分 （7）
1.2.5 按使用网络类型划分 （7）
1.2.6 按交易地域范围划分 （9）
1.3 电子商务案例的分类 （9）
1.3.1 案例的分类 （9）
1.3.2 电子商务案例的分类 （11）
1.4 电子商务案例分析的主要内容 （12）
1.4.1 电子商务案例分析的主要内容 （12）
1.4.2 电子商务案例分析的重要性 （12）
1.4.3 电子商务案例分析的主要方法 （12）
1.5 电子商务前景展望 （16）
1.5.1 中国电子商务的发展 （16）
1.5.2 中国电子商务市场发展现状 （17）
1.5.3 中国电子商务行业发展趋势预测 （17）
1.5.4 金砖国家网购超7亿美元 电商合作将带来新机遇 （20）

第2章 电子商务网站策划 (22)

2.1 电子商务网站整体策划 (23)
2.1.1 电子商务网站整体策划要考虑的问题 (23)
2.1.2 电子商务网站如何进行整体策划 (24)
2.1.3 电子商务网站整体策划要注意的问题 (26)
2.1.4 案例：网站建设方案项目书 (27)

2.2 电子商务网站定位策划 (29)
2.2.1 确定目标市场 (29)
2.2.2 明确电子商务网站建设的目的 (31)
2.2.3 如何合理确立建站目标 (34)
2.2.4 电子商务网站竞争优势分析 (37)

2.3 电子商务网站投资策划 (38)

2.4 电子商务网站建设策划 (41)
2.4.1 电子商务网站建设策划的具体内容 (41)
2.4.2 电子商务网站功能选择与分析 (42)

2.5 电子商务网站的推广策划 (42)
2.5.1 网站的推广方式介绍 (43)
2.5.2 如何进行电子商务网站的推广策划 (46)
2.5.3 电子商务网站的推广策划注意事项 (47)

第3章 电子商务网站主要模式及盈利模式分析 (49)

3.1 电子商务B2B盈利模式分析 (50)
3.1.1 B2B的含义 (50)
3.1.2 B2B的盈利模式 (50)
3.1.3 B2B行业网站的经营模式 (51)
3.1.4 B2B的发展现状及趋势 (53)
3.1.5 案例一：全球纺织网 (55)
3.1.6 案例二：阿里巴巴 (56)

3.2 电子商务B2C盈利模式分析 (61)
3.2.1 B2C简介 (61)
3.2.2 B2C的主要盈利模式 (61)
3.2.3 B2C行业的发展特点 (65)
3.2.4 B2C发展面临的困难 (66)
3.2.5 案例一：梦芭莎 (67)
3.2.6 案例二：当当网 (69)

3.3 电子商务C2C盈利模式分析 (72)
3.3.1 含义 (72)
3.3.2 C2C网站的购物流程 (72)
3.3.3 C2C网站的盈利模式 (73)
3.3.4 未来的发展形势 (74)

3.3.5　案例一：eBay 易趣 …………………………………………………………（75）
3.3.6　案例二：拍拍网 ………………………………………………………………（78）
3.4　其他电子商务盈利模式分析 ……………………………………………………………（80）
3.4.1　C2B ……………………………………………………………………………（80）
3.4.2　O2O ……………………………………………………………………………（82）
3.4.3　B2M ……………………………………………………………………………（85）
3.4.4　其他电子商务盈利模式 ………………………………………………………（87）
3.4.5　案例一：自主合资正面交锋　上汽大通 C2B 走向大众化 …………………（89）
3.4.6　案例二：O2O 经营模式的代表——美团网 …………………………………（92）

第4章　电子商务网站运营与维护 …………………………………………………………（96）

4.1　服务供应商的选择 ………………………………………………………………………（97）
4.2　域名注册及管理 …………………………………………………………………………（97）
4.2.1　域名及管理体系 ………………………………………………………………（97）
4.2.2　域名注册的过程 ………………………………………………………………（98）
4.2.3　域名记录 ………………………………………………………………………（99）
4.3　电子商务网站推广 ………………………………………………………………………（99）
4.3.1　品牌商务网站 …………………………………………………………………（99）
4.3.2　在搜索引擎注册 ………………………………………………………………（100）
4.3.3　多种方式宣传 …………………………………………………………………（101）
4.4　电子商务网站安全维护 …………………………………………………………………（102）
4.4.1　网络安全技术 …………………………………………………………………（102）
4.4.2　加密技术 ………………………………………………………………………（103）
4.4.3　数字签名 ………………………………………………………………………（104）
4.4.4　认证机构和数字证书 …………………………………………………………（104）

第5章　跨境电子商务 ………………………………………………………………………（106）

5.1　跨境电商平台 ……………………………………………………………………………（112）
5.1.1　跨境电商20强名单 ……………………………………………………………（112）
5.1.2　案例一：速卖通哪些情况下会产生纠纷？如何有效避免速卖通纠纷 ……（113）
5.1.3　案例二：如何在搜索结果中，让你的产品从竞品中脱颖而出 ……………（115）
5.2　跨境电商物流 ……………………………………………………………………………（121）
5.2.1　令人心力交瘁的跨境电商物流，谁来拯救 …………………………………（121）
5.2.2　跨境电商物流方式大比拼 ……………………………………………………（122）

第6章　电子商务支付 ………………………………………………………………………（124）

6.1　电子商务支付相关知识 …………………………………………………………………（125）
6.1.1　电子商务支付的含义 …………………………………………………………（125）
6.1.2　电子商务支付方式 ……………………………………………………………（125）
6.1.3　电子商务支付的特点 …………………………………………………………（126）
6.1.4　案例一：百度联手 PayPal 提振跨境电商，股价双双大涨 …………………（127）

  6.1.5 案例二：电商平台医保在线支付 打造"智慧医院"新体验 ……………… (128)
  6.1.6 案例三：联合国关于中国社交、电子商务和中国数字支付研究报告 …… (129)
 6.2 网络银行 ………………………………………………………………………… (131)
  6.2.1 网络银行的含义及分类 ……………………………………………………… (131)
  6.2.2 网络银行的功能 ……………………………………………………………… (132)
  6.2.3 网络银行的优势 ……………………………………………………………… (132)
  6.2.4 网络银行的技术要求 ………………………………………………………… (133)
  6.2.5 网络银行的业务范围 ………………………………………………………… (133)
  6.2.6 使用网络银行的注意事项 …………………………………………………… (134)
  6.2.7 案例一：阿里网络银行——网商银行 ……………………………………… (135)
  6.2.8 案例二：中国工商银行网上银行 …………………………………………… (137)
 6.3 支付工具介绍 …………………………………………………………………… (139)
  6.3.1 支付工具的含义 ……………………………………………………………… (139)
  6.3.2 支付工具的发展阶段 ………………………………………………………… (139)
  6.3.3 支付工具的类型 ……………………………………………………………… (140)
  6.3.4 电子支付的特征 ……………………………………………………………… (142)
  6.3.5 推动支付工具的发展建议 …………………………………………………… (142)
  6.3.6 案例一：支付工具——百度钱包 …………………………………………… (143)
  6.3.7 案例二：财付通 ……………………………………………………………… (146)
 6.4 第三方支付平台选择 …………………………………………………………… (148)
  6.4.1 第三方支付的含义 …………………………………………………………… (148)
  6.4.2 第三方支付的概况 …………………………………………………………… (148)
  6.4.3 第三方支付的运行模式 ……………………………………………………… (149)
  6.4.4 第三方支付的优势 …………………………………………………………… (150)
  6.4.5 第三方支付的风险 …………………………………………………………… (151)
  6.4.6 第三方支付的创新 …………………………………………………………… (152)
  6.4.7 案例一：第三方支付平台——支付宝 ……………………………………… (152)
  6.4.8 案例二：国际贸易支付工具——PayPal …………………………………… (158)
  6.4.9 案例三：网联对支付宝、财付通等收入模式造成冲击 …………………… (160)

第7章 电子商务与物流案例分析 …………………………………………… (164)
 7.1 电子商务与物流 ………………………………………………………………… (165)
  7.1.1 电子商务物流的含义 ………………………………………………………… (165)
  7.1.2 电子商务物流的特点 ………………………………………………………… (165)
  7.1.3 电子商务物流的模式 ………………………………………………………… (166)
  7.1.4 电子商务与物流的关系 ……………………………………………………… (169)
  7.1.5 案例一：下一个风口，物流中的智慧物流 ………………………………… (170)
  7.1.6 案例二：日日顺物流发展的案例 …………………………………………… (173)
  7.1.7 案例三：菜鸟物流的发展案例 ……………………………………………… (175)
 7.2 电子商务物流配送方案选择 …………………………………………………… (177)

7.2.1　电子商务物流配送的含义 …………………………………………………… (177)
　　7.2.2　电子商务物流配送的特征 …………………………………………………… (177)
　　7.2.3　电子商务物流配送的方案 …………………………………………………… (178)
　　7.2.4　电子商务物流配送的优势 …………………………………………………… (178)
　　7.2.5　案例一：沃尔玛蔬菜物流配送模式的优化 ………………………………… (179)
　　7.2.6　案例二：7-ELEVEN便利店的物流配送案例 …………………………… (182)
　　7.2.7　案例三：联想物流管理模式案例 …………………………………………… (185)

第8章　网络营销案例分析 …………………………………………………………… (192)

8.1　网络营销的作用 ………………………………………………………………… (193)
　　8.1.1　网络营销的定义 ……………………………………………………………… (193)
　　8.1.2　网络营销的起源 ……………………………………………………………… (194)
　　8.1.3　网络营销的作用 ……………………………………………………………… (194)
　　8.1.4　案例一：小米手机的网络营销案例 ………………………………………… (195)
　　8.1.5　案例二：可口可乐公司的网络营销案例 …………………………………… (198)
　　8.1.6　案例三：亚马逊公司网络营销策略 ………………………………………… (201)
　　8.1.7　案例四：韩都衣舍网络营销案例 …………………………………………… (204)

8.2　网络营销方式的种类 …………………………………………………………… (207)
　　8.2.1　网络营销的方式简介 ………………………………………………………… (207)
　　8.2.2　网络营销方式的种类 ………………………………………………………… (207)
　　8.2.3　案例一：微信营销四大案例 ………………………………………………… (211)
　　8.2.4　案例二：优衣库电子邮件营销案例 ………………………………………… (214)
　　8.2.5　案例三：网络营销差别定价策略案例 ……………………………………… (215)
　　8.2.6　案例四：微博营销经典案例 ………………………………………………… (219)

8.3　网络促销与广告 ………………………………………………………………… (220)
　　8.3.1　网络促销 ……………………………………………………………………… (220)
　　8.3.2　网络广告 ……………………………………………………………………… (222)
　　8.3.3　案例一：NIKE网络促销成功案例 ………………………………………… (223)
　　8.3.4　案例二：美国通用电气公司网络促销案例 ………………………………… (226)
　　8.3.5　案例三：蒙牛+超女网络广告案例 ………………………………………… (227)
　　8.3.6　案例四：爱奇艺网络广告案例 ……………………………………………… (230)

第9章　电子商务法律案例分析 ……………………………………………………… (235)

9.1　知识产权的保护 ………………………………………………………………… (237)
　　9.1.1　域名保护案例——"宝洁"域名纠纷案评析 ……………………………… (237)
　　9.1.2　网络传输的著作权保护案例 ………………………………………………… (241)
　　9.1.3　计算机软件著作权纠纷案例 ………………………………………………… (244)

9.2　电子合同的法律问题 …………………………………………………………… (247)
　　9.2.1　电子合同订单效力争议案例 ………………………………………………… (247)
　　9.2.2　电子签名案例 ………………………………………………………………… (248)

9.3　网络游戏的法律问题 …………………………………………………………… (250)

9.3.1　中国首例网络游戏案例 ……………………………………………（250）
9.3.2　其他网络游戏案例 ……………………………………………（252）
9.4　消费者权益保护问题 ……………………………………………（253）

第10章　电子商务应用案例分析 ……………………………………（259）

10.1　远程教育 …………………………………………………………（260）
 10.1.1　远程教育的含义及组织模式 ……………………………（260）
 10.1.2　发展历程 …………………………………………………（261）
 10.1.3　远程教育如何学习 ………………………………………（261）
 10.1.4　特色优势 …………………………………………………（262）
 10.1.5　案例一：中国远程教育网 ………………………………（263）
 10.1.6　案例二：慕课网 …………………………………………（265）

10.2　电子政务 …………………………………………………………（268）
 10.2.1　电子政务的含义 …………………………………………（268）
 10.2.2　电子政务的应用 …………………………………………（268）
 10.2.3　主要内容及特点 …………………………………………（269）
 10.2.4　案例一：中国电子政务网 ………………………………（270）
 10.2.5　案例二：浙江政务服务网 ………………………………（271）

10.3　网上证券 …………………………………………………………（275）
 10.3.1　网上证券的含义 …………………………………………（275）
 10.3.2　网上证券的作用 …………………………………………（275）
 10.3.3　网上证券的特点、优势及障碍 …………………………（275）
 10.3.4　网上证券的完善与发展 …………………………………（276）
 10.3.5　案例一：华泰证券 ………………………………………（276）
 10.3.6　案例二：中证网 …………………………………………（279）

10.4　网上拍卖 …………………………………………………………（280）
 10.4.1　网上拍卖的简介 …………………………………………（280）
 10.4.2　网上拍卖的运营模式 ……………………………………（281）
 10.4.3　网上拍卖类型及拍卖程序 ………………………………（282）
 10.4.4　网上拍卖的交易方式 ……………………………………（283）
 10.4.5　案例一：网络司法拍买——淘宝司法拍买 ……………（283）
 10.4.6　案例二：网上二手车拍卖——车易拍 …………………（287）

10.5　旅游业 ……………………………………………………………（289）
 10.5.1　旅游网概述 ………………………………………………（289）
 10.5.2　旅游网的运营模式 ………………………………………（290）
 10.5.3　旅游网站的分类 …………………………………………（290）
 10.5.4　旅游网的发展 ……………………………………………（290）
 10.5.5　案例一：携程旅游网 ……………………………………（291）
 10.5.6　案例二：驴妈妈旅游网 …………………………………（294）

第 1 章

电子商务案例分析概述

教学目标

通过本章的学习，要求了解各种不同类型的电子商务的特点；了解电子商务案例分析的重要性、对电子商务案例的分类；掌握电子商务案例分析的主要内容及各种分析方法。

能够运用相关知识对电子商务问题进行分析解决。

关键词汇

案例；教学案例；电子商务；电子商务案例分析

知识回顾

电子商务是一门交叉的边缘性学科，在管理学、经济学、营销学、计算机科学、网页设计及制作等相关学科的学习的基础上，我们对电子商务运作中出现的问题进行分析研究，指导我们的工作和学习。

1.1 案例教学的特色及优势

1.1.1 案例的含义

案例是指以各种视听媒体对典型事件及其解决方案展开情景描述及分析，以适应教学需要而使用的资料。案例是真实而具体的事例，而不是虚构或抽象的事情。案例在法学和医学教学领域已经使用了很长时间，而在管理教学中的应用历史相对要短一些。广义的案例包括军事上的战例、医学上的病例和法学界的判例等。

1.1.2 案例的元素

从文章结构上看，案例一般包含以下几个基本元素。

（1）背景。

案例需要向读者交代故事发生的有关情况：时间、地点、人物、事情的起因等，如企业或网站的创建时间、投资人、建设目标、合作伙伴、上市计划等。背景介绍并不需要面面俱到，重要的是说明故事的发生是否有什么特别的原因或条件。

（2）主题。

案例要有一个主题。写案例首先要考虑这个案例想反映什么问题，是想说明企业现状问题，还是研究怎样解决问题，或者是分析企业日后的发展方向，等等，动笔前要有一个比较明确的想法。比如不同的企业、不同类型的网站、不同的研究阶段，会面临不同的问题、情境、经历，且都有自己的独特性。写作时应该从最有收获、最有启发的角度切入，选择并确立主题。

（3）细节。

案例还要注重细节的选择。有了主题，写作时就不会有闻必录，而是对原始材料进行筛选，反复斟酌，有针对性地向读者交代特定的内容。因此，案例应注重关键事实，不应该盲目接受所有列举的数据，因为并不是所有的信息都可靠或者相关。

（4）结果。

一般来说，教案和教学设计只有设想的措施而没有实施的结果，教学实录通常也只记录教学的过程而不介绍教学的效果；而案例则不仅要说明教学的思路、描述教学的过程，还要交代教学的结果，即这种教学措施的即时效果，包括学生的反映和教师的感受等。读者知道了结果，将有助于加深对整个过程内涵的了解，加深对相关问题的看法。

（5）评析。

对于案例所反映的主题和内容，包括案例的作用、过程、结果、对错、利弊、得失，作者要有一定的看法和分析。评析是在记叙基础上的议论，可以进一步揭示事件的意义和价值。评析不一定是理论阐述，也可以是就事论事、有感而发，引起人的共鸣，给人以启发。

1.1.3 案例的功能

（1）可以培养学生独立、综合地解决问题的能力。管理工作能力中最核心的是分析判断与决策能力。管理问题复杂、多因，无简单通则可循，处理起来常因目的和环境不同而选择不同对策。即使对同一问题，也可能通过采取不同办法而获得成功。国外的管理学院（或商学院）通过大量的案例分析，逐渐归纳和领悟出一套适合管理者个人特点的分析和解决问题的思维方法和程序，使其个人工作能力产生一种由量变到质变的飞跃。

（2）具有增进知识、扩大信息量的功能。案例分析讨论中，旁征博引，涉及古今中外各行业、上中下层管理、微观与宏观诸方面，把许多情景和典型管理事例带到教学中，甚至一些具体的细节，使学生获得接近真实的体验，眼界大开，思路扩展，有助于拓宽知识面，提高电子商务管理决策的能力。同时，能够深化所学知识，通过案例分析加深对理论知识的深层次理解。

（3）学生在大量相互交往的背景下学习案例，能全面提高表达能力，增强说服别人、为自己的观点辩护、听取别人意见和在群体中搞好协作与团结等综合交际能力。

（4）在逼真的模拟训练中做到教学相长。师生之间在共同的分析讨论过程中，通过发散性思维，激发大家的灵感，做到相互启迪、相互学习。可以说，电子商务案例教学是对学生实施素质教育的有效手段之一。

1.1.4　什么是教学案例

教学案例是真实而又典型且含有问题的事件。简单地说，一个教学案例就是一个包含有疑难问题的实际情境的描述，是一个教学实践过程中的故事，描述的是教学过程中"意料之外，情理之中的事"。这可以从以下几个层次来理解：

教学案例是事件：教学案例是对教学过程中的一个实际情境的描述。它讲述的是一个故事，叙述的是这个教学故事的产生、发展的历程，它是对教学现象的动态性的把握。

教学案例是含有问题的事件：事件只是案例的基本素材，并不是所有的教学事件都可以成为案例。能够成为案例的事件，必须包含问题或疑难情境，并且也可能包含解决问题的方法。因此，案例成为一种独特的研究成果的表现形式。

案例是真实而又典型的事件：案例必须是有典型意义的，它必须能给读者带来一定的启示和体会。案例与故事之间的根本区别是：故事是可以杜撰的，而案例是不能杜撰和抄袭的，它所反映的是真实发生的事件，是教学事件的真实再现，是对"当前"课堂中真实发生的实践情景的描述。它不能用"摇摆椅子上杜撰的事实来替代"，也不能从抽象的、概括化的理论中演绎的事实来替代。

1.1.5　教学案例的衡量标准

（1）一个优秀、经典的案例必须包含一个典型的问题或问题情境——没有问题或问题情境不能算案例；问题或问题情境缺乏典型性也不能算案例。

（2）一个优秀的案例要把注意力集中在一个中心论题上——要突出一个主题，如果是多个主题的话，叙述就会显得杂乱无章，难以把握事件发生的主线。同时，还要注意不要过分地渲染自己的个人情绪或情感，以免使案例的重心发生偏移。

（3）一个优秀的案例描述的是现实生活场景——案例的叙述要把事件置于一个时空框架之中，应该以关注今天所面临的疑难问题为着眼点，至少应该是近5年发生的事情，展示的整个事实材料应该与整个时代及教学背景相照应，这样的案例读者更愿意接触。一个好的案例可以使读者有身临其境的感觉，并对案例所涉及的人产生移情作用。

（4）一个优秀的案例应该讲述一个故事——案例必须要有完整而生动的情节。要能把事件发生的时间、地点、人物等按照一定的结构展示出来，同时，对事件的叙述和评点也是其中必要的组成部分，最好包含一些戏剧性的冲突。对于课堂教学案例来说，应该有学生围绕某一个讨论的中心问题表达他们不同见解的波澜起伏的过程性教学冲突。

（5）一个优秀的案例叙述要具体、翔实——案例不应该是对事物大体内容的笼统描述，也不应该是对事物所具有的总体特征所做的抽象化的、概括化的说明。案例提供的各种信息应该是准确的、纪实性的，包括与案例相关的背景材料特别是第一手资料，也应作具体的陈述，因为背景材料中往往交代了问题发生的场景，隐含着问题形成的某些重要的原因。但要注意的是，背景材料的叙述不应该影响到对主要问题实质的把握。

（6）一个优秀的案例应该包括从案例所反映的对象那里引述的材料——案例写作必须持一种客观的态度，因此可引述一些口头的或书面的、正式的或非正式的材料，如对话、笔记、信函等，以增强案例的真实感和可读性。重要的事实性材料应注明资料来源。

（7）一个优秀的案例必须厘清问题的性质——案例所说的问题是何种性质？是教学策

略问题，还是学生行为问题，或是师生关系问题？如此等等。这是案例分析的关键，不要让纷至沓来的信息干扰了自己对问题性质的基本判断。

（8）一个优秀的案例需要针对面临的疑难问题提出解决办法——案例不能只是提出问题，它必须提出解决问题的主要思路、具体措施，并包含着解决问题的详细过程，这应该是案例写作的重点。如果一个问题可以提出多种解决办法的话，那么最为适宜的方案，就应该是与特定的背景材料关联最密切的那一个。如果有包治百病、普遍适用的解决问题的办法，那么案例这种形式就没必要存在了。

（9）一个优秀的案例需要有对已经做出的解决问题的决策的评价——评价是为了给新的决策提供参考点。可在案例的开头或结尾写下案例作者对自己解决问题策略的评论，以点明案例的基本论点及其价值。

（10）一个优秀的案例要能反映教师工作的复杂性及其内心世界——案例要揭示出案例当事人的内心世界，如态度、动机、需要等。换句话说，要围绕一定的问题，展示教师在实践中发现问题、分析问题、解决问题、反思自身发展的心路历程。

1.1.6 教学案例与教案、实例及范例的区别

第一，"教案（教学设计）"是事先设想的教学思路，是对准备实施的教育措施的简要说明，反映的是教学预期；"教学案例"则是对已发生的教育教学过程的描述，反映的是教学结果。

第二，案例与实例及范例的区别

案例之所以被称为案例，首先在于它是用于案例教学的"实例"。一方面是案例必须是实例，不是实例就不是案例，但是，实例并不等同于案例。案例与实例的重要区别就在于：案例有其特定的文体和书写规范，是为特殊的教学目的服务的。因此，不是所有写实的事例都可以称为案例。比如，从报刊上摘剪的有关文章或一段报道，虽然揭示了某些问题，但它并非专门为案例教学所写的。尽管以这些资料为媒介也可以进行教学，但所达到的效果同案例教学是有差异的。

同样，案例也不完全等同于范例，范例是指在教学中介绍的已发生的某种事件及前人处理某问题时的经验教训，它多半是已解决的问题。究其性质虽然也可以将其归作案例范畴，但却不能代表案例教学的主流。因为这种把别人现成的经验教训和盘托出的做法，从教学方法论本源上说，本质上是代理式的学习，与课堂讲授并无二致。从管理教育的目的和案例教学的主要功能来看，包含有解决问题的案例应是管理案例的主体。问题待决型的案例，要求学生找出问题，诊出"病因"，开出"处方"，并在比较各项备选方案优劣的基础上做出决策，仿真了解决管理问题的全过程，所以其能力培养功能远大于已决问题型的。可见，案例的重点与主体就是待决型。其实，这种界线很难划清，常可见到某种混合型的形式，如先描述一个问题解决的全过程，然后将以后新出现的或扫尾、后遗问题的解决任务交给学生。

1.2 电子商务的定义与分类

1.2.1 电子商务的定义

电子商务到现在为止没有一个标准的、完整的、准确的、统一的定义。原因主要有以下

几个方面：①电子商务的发展历史太短，人们还不能从实践中总结出它的所有规律；②电子商务的发展太快，人们对它的认识往往落在不可预料的现象之后；③电子商务变化太快，不同的理解和看法中的巨大反差来不及调和；④电子商务属于创新模式，在传统学说中可以借鉴的依据很少。

因此，很多专家学者从不同的角度总结了电子商务的含义，在本书中，我们认为电子商务分为广义的电子商务和狭义的电子商务。广义的电子商务定义为：使用各种电子工具从事商务劳动或活动。这些工具包括电报、电话、广播、电视、传真、计算机、计算机网络、NII（国家信息基础结构——信息高速公路）GII（全球信息基础结构）、互联网等。而商务活动是从广泛商品（实物与非实物商品与商品化的生产要素等）的需求活动到广泛商品的合理、合法的消费除去典型的生产过程后的所有活动。狭义的电子商务定义为：主要利用互联网从事商务劳动或活动。电子商务是在技术、经济高度发达的现代社会里，掌握信息技术和商务规则的人，系统化运用电子工具，高效率、低成本地从事以商品交换为中心的各种活动的总称。

1.2.2 按交易对象划分

电子交易的参与者主要有企业、消费者和政府机构等。按交易对象划分，电子商务有企业对企业、企业内部、企业对消费者、企业对政府、消费者对消费者以及消费对企业等类型。各类型电子商务的特征，不仅仅表现在交易对象上，也表现在交易模式乃至整个商务模式上。因而，这种按交易对象划分的标准，实际上也表示按交易模式划分的实质。

（1）企业与消费者间电子商务（B2C）。

企业与消费者间的电子商务（B2C）是指企业通过互联网为消费者提供的完成订购商品或服务的活动。企业对消费者的电子商务基本上表现为网上在线零售形式。企业在网上建立自己的 web 站点，推销自己的产品、服务和信息，构成网上商店。消费者通过访问网上商店，浏览商品，查询信息，进行网上购物或接受服务。

（2）企业与企业间电子商务（B2B）。

企业与企业之间的电子商务（B2B）是指在互联网上采购商与供应商进行谈判、订货、签约、接收发票和付款以及索赔处理、商品发送管理和运输跟踪等所有活动。这是电子商务中一种重要的模式。企业间的电子商务具体包括供应商管理、库存管理、销售管理、信息传递以及支付管理等功能。

企业间的电子商务又可以分为两种：一种是非特定企业间的电子商务，是在开放的网络中为每笔交易寻找最佳伙伴，并与伙伴进行从订购到结算的全面交易行为。另一种是特定企业间的电子商务，是指过去一直有交易关系而且今后要继续进行交易的企业间围绕交易进行的各种商务活动。在这种电子商务中，买卖双方既可以利用大众公用网络进行沟通联系或交易，也可以利用企业间专门建立的网络完成。

（3）企业与政府间电子商务（B2G）。

企业与政府之间的电子商务（B2G）涵盖了政府与企业间的各项事务，包括政府采购、税收、商检、管理条例发布以及法规政策颁布等。一方面，政府作为消费者可以通过互联网发布自己的采购清单，公开、透明、高效、廉洁地完成所需物品的采购；另一方面，政府针对企业的各种宏观调控、指导规范及监督管理的职能借助网络以电子方式更能充分、及时地发挥。总之，在电子商务中政府扮演着双重角色：电子商务的使用者，进行购买活动，属商业行为；电子商务的宏观管理者，对电子商务起着扶持和规范的作用。

(4) 企业内部电子商务。

企业内部电子商务是指在企业内部通过网络实现内部物流、信息流和资金流的数字化活动。同企业间电子商务类似，不过是在企业内部不同部门间进行交换，交换对象是相对确定的，交换的安全性和可靠性要求较低，而企业间电子商务实现的是两个不同企业主体之间的交易，交易双方存在信用管理、安全管理等问题，因此比企业内部电子商务要求要高一些。企业内部电子商务的实现主要是在企业内部信息化的基础上，将企业的内部交易网络化，它是企业外部电子商务的基础，而且比外部电子商务更容易实现。

(5) 消费者与政府间电子商务（C2G）。

消费者与政府间电子商务（C2G）指的就是消费者与政府之间进行的电子商务或事务合作活动，包含政府面向个人消费者的电子政务。这类电子商务或事务合作主要是在政府与个人之间借助互联网开展事务合作或商业交易，比如个人网上纳税、网上事务审批、个人身份证办理和社会福利金的支付等。这方面更多地体现为政府的电子政务。随着网络应用的普及，特别是消费者对互联网的熟悉，网民越来越多，政府网上办公的意识加强，这种消费者与政府间的电子商务成为当前世界各国的一个发展热点。

(6) 消费者与消费者间电子商务（C2C）。

消费者与消费者间电子商务就是消费者与消费者之间进行的电子商务或网上事务合作活动。这类电子商务或网上事务合作主要借助一些特殊的网站在个人与个人之间开展事务合作或商业交易，比如网上物品拍卖、个人网上事务合作和网上跳蚤市场等。注意，这里所指的个人可以是自然人也可以是商家的商务代表。所以说C2C电子商务的交易和B2C电子商务的交易并没有明显界限，在主体发生变化时，他们也会转变。消费者与消费者的电子商务能够实现家庭或个人的消费物资再调配，个人脑力资源和专门技能的充分利用，从而最大限度地减少人类对自然资源和脑力资源的浪费。换句话讲，借助消费者与消费者的电子商务，个人借助网络满足自己的个性化机会大大增加了，社会各类资源包括物资资源与智力资源，也能得到更广泛与更充分的使用。

1.2.3 按交易过程划分

电子商务按交易过程可以划分为交易前、交易中和交易后三类。

(1) 交易前电子商务。

交易前电子商务主要是指买卖双方和参加交易其他各方在签订贸易合同前的准备活动，包括以下几方面：

①买方根据自己要买的商品，准备购货款，制订购货计划，进行货源市场调查和市场分析，然后反复进行市场查询，了解各个卖方国家的贸易政策，修改购货计划和进货计划，确定和审批购货计划，再按计划确定购买商品的种类、数量、规格、价格、购货地点和交易方式等。

②卖方根据自己所销售的商品，召开商品新闻发布会，制作广告进行宣传，全面进行市场调查和市场分析，制定各种销售策略和销售方式，了解各个买方国家的贸易政策，利用互联网和各种电子商务网络发布商品广告，寻找贸易伙伴和交易机会，扩大贸易范围和商品所

占市场的份额。其他参加交易的各方,如中介方、银行金融机构、信用卡公司、海关系统、商检系统、保险公司、税务系统和运输公司等,也都为进行电子商务交易做好相应的准备。

③买卖双方对所有交易细节进行谈判,将双方磋商的结果以文件的形式确定下来,然后以书面文件形式和电子文件形式签订贸易合同。在交易达成阶段,交易双方可以利用现代电子通信设备与方法,经过认真谈判和磋商,将双方在交易中的权利、所承担的义务,对所购买商品的种类、数量、价格、交货地点、交货期、交易方式和运输方式、违约和索赔等合同条款,全部以电子交易合同方式做出全面详细的规定,合同双方可以通过数字签名等方式签约。

(2) 交易中电子商务。

交易中电子商务主要是指买卖双方签订合同后到合同开始履行之前办理各种手续的过程,要涉及中介方、银行金融机构、信用卡公司、海关系统、商检系统、保险公司、税务系统和运输公司等。买卖双方要利用电子商务系统与有关各方进行各种电子票据和电子单证的交换,直到办理完这一过程的一切手续为止。

(3) 交易后电子商务。

交易后的活动是从买卖双方办完所有各种手续之后开始,卖方要备货、组货,同时进行报关、保险、取证和发信用证等,卖方将所售商品交付给运输公司包装、起运和发货,买卖双方可以通过电子商务服务器跟踪这一过程,银行和金融机构也按照合同处理双方收付款,进行结算,出具相应的银行单据等,直到买方收到自己所购商品,至此完成了整个交易过程。

1.2.4 按交易过程在网络上完成的程度划分

商品交易过程以产品形成为起点,以产品交付或实施服务为终点,按交易过程在网络上完成的程度,电子商务可以划分为完全电子商务和不完全电子商务两种类型。

(1) 完全电子商务。

完全电子商务指产品或服务的交易全过程(信息流、物流和资金流)都在网络上实现的电子商务。一些数字化的无形产品和服务,如计算机软件、电子书籍、娱乐内容(影视、游戏、音乐等)、远程教育、网上订房、网上订票以及电子证券等,供求双方直接在网络上完成订货或申请服务、货款的电子支付与结算、实施服务或产品交付(即从网络上下载产品)等全过程,而无须借助其他手段。完全电子商务是充分超越时空限制尤其是空间限制的电子商务,在理论上是电子商务的最高境界,但交易对象限于无形产品和网上信息服务。

(2) 不完全电子商务。

不完全电子商务指商品交易的全过程不能完全在网络上实现的电子商务。一些物质和非数字化的商品交易只能在网络上完成信息流和资金流,而物流的完成需要借助其他一些外部辅助系统,如企业自营物流系统、第三方物流系统以及第四方物流系统。

1.2.5 按使用网络类型划分

根据目前支撑电子商务开展的网络类型,电子商务可以分为四种主要形式:第一种是基于 EDI(Electronic Date Interchange,电子数据交换)的电子商务;第二种是基于 Internet(互联网)的电子商务;第三种是基于 Intranet(内联网)的电子商务;第四种是基于 Extranet（外联网）的电子商务。

（1）基于 EDI 的电子商务。

自20世纪50年代后期计算机从军工部门、高等学府和科研机构的神圣殿堂走进寻常百姓的普通大院之后，人们开始利用计算机对商品和服务信息进行处理，以辅助电话、电传等电信工具进行商品、服务贸易洽谈，使电子信息技术渗透到商贸活动的机会越来越多，额度越来越大。频繁引入电子信息技术的结果使商贸业务开始告别传统的手工处理方式，进入初始的电子处理形态，引发了电子商务的萌芽。严格地说，将利用计算机辅助电话、电传等传统电信工具开展商贸业务作为企业电子商务的萌芽是比较勉强的，而真正开启电子商务大门的钥匙是电子数据交换。电子数据交换孕育于20世纪60年代末，诞生于70年代，成长于80年代。按照国际标准化组织的定义，由于数据交换就是将商业或行政事务处理按照一个公认的标准，形成结构化的事务处理或文档数据格式，从计算机到计算机的电子传输方法。EDI 通过传递标准的数据流可以避免人为的失误，降低成本，提高效率。在20世纪80年代末期发达国家 EDI 的急剧发展，不仅引发了全球范围的"无纸贸易"热潮，同时也促进了与商务过程有关的各种信息技术在商业、制造业、基础工业及服务业的广泛应用，导致了商务运作全过程的电子化。

（2）基于 Internet 的电子商务。

从20世纪90年代以来，互联网风靡全球，基于互联网的电子商务应运而生。这时的电子商务是基于计算机和软件在通信网络上从事的经济活动。借助电子通信，人们可以在计算机网络上宣传自己的产品和服务，同时进行交易和结算。也就是说，人们可以利用互联网来参加交流和从事电子交易活动。凭借互联网这个"载体"，电子商务将商务活动中的信息流、物流和资金流等所有业务流程汇集在一个整合的"场"。通过对"场"里信息资源的共享和业务的重组，电子商务不仅可以降低经营成本，加速资金周转，提高管理服务水平，更加快了企业实体的市场适应能力。这种基于全球计算机信息网络的电子商务，又称为第二代电子商务。

（3）基于 Intranet 的电子商务。

Intranet 就是在互联网基础上发展起来的企业内部网，或称内联网。Intranet 与 Internet 连接，其间用"防火墙"（Firewall）隔离，从而实现了开放性与安全性的统一。其中，一方面保证企业各部门和人员可以充分享用互联网的全部功能，另一方面保障企业内部有关信息的安全，不受外部非法访问，同时可充分发挥企业内部信息系统的全部功能。内联网将大、中型企业分布在各地的分支机构及企业内部有关部门和各种信息通过网络予以连通，使企业各级管理人员能够通过网络方便读取自己所需的信息，利用网上在线事务的处理代替纸张贸易和内部流通，从而有效地降低了交易成本，提高了经济效益。

（4）基于 Extranet 的电子商务。

Extranet 是 Internet 的另一种应用，它是 Intranet 的外部扩展和延伸。在 Internet 的基础上，将一些企业的内部网通过访问控制和路由器予以连接，构成一个虚拟网络，便形成了 Extranet，也就是企业外部网或外联网。外联网能使企业和其他企业及相关机构如原材料供应商、部件供应商、产品批发商、用户、银行、工商管理和税务部门等之间互访，开展商品交易及相关作业。同时由于外联网设置于防火墙之后，拒绝非法外来访问，从而使得这种商务活动具有与内联网同样的安全性。并且它是通过互联网来实现内联网之间的连接，既能够利用内联网覆盖面广的优点,扩大合作企业面,同时能利用内联网使用成本低廉的优点。

基于外联网的电子商务主要适用于两类企业:一类是没有采用 EDI 的中小企业,主要目的是降低交易成本;另一类是已经采用 EDI 的大型企业,主要目的是扩大现有的 EDI 系统,同时也为了扩大合作伙伴范围。

1.2.6 按交易地域范围划分

按交易的地域范围,电子商务可以划分为本地电子商务、远程国内电子商务和全球电子商务三种类型。它们之间的差别主要表现在对于电子商务系统和电子商务环境方面的特定的要求。

(1) 本地电子商务。

本地电子商务是指在本地区开展的电子商务。具体来说,交易双方都在本地范围内,利用本地的网络开展商品交易或相关作业。本地电子商务是开展国内远程电子商务和全球电子商务的基础系统。与其他两种电子商务相比,本地电子商务由于地理范围较小,物质商品的货物运送相对快捷。在有些国家,它还会受到本地区特殊政策、法规的影响和支配。此外,本地电子商务系统可以整合本地资源,在国内远程电子商务和全球电子商务应用中,发挥本地整体资源优势,起到很好的作用。

(2) 远程国内电子商务。

远程国内电子商务是指在本国范围内开展的电子商务。在这种电子商务应用中,交易双方及相关部门分处国内的不同地区,利用本国电子商务系统开展商品交易和相关作业。国家电子商务系统在构成要素和连接网络上与地区电子商务系统没有本质区别,只不过是其交易地域范围较大,对软硬件和技术要求较高,要求在全国范围内实现商业电子化、自动化,实现金融电子化,交易各方须具备一定的电子商务知识、经济能力和技术能力,并具有一定的管理水平和能力等。

(3) 全球电子商务。

全球电子商务是指在全世界范围内开展的电子商务。交易双方及相关部门处于不同的国家或地区,通过网络开展商品交易和相关作业。全球电子商务内容繁杂,数据来往频繁,要求全球电子商务系统的构成要素在前两种电子商务系统的基础上,增加国家商业进出口电子业务系统、海关电子化信息系统,并制定全球统一的电子商务标准和电子贸易协议。

1.3 电子商务案例的分类

1.3.1 案例的分类

学习知识的目的是掌握和灵活运用知识。案例分析通过对个案的研究和成组讨论的方式了解管理的实际情况,从而提高决策技巧。所谓"案例"是对某企业经营过程和实际环境的全面描述。管理案例是对管理人员所面临的问题或处境的描述。由于在实际工作中,企业所面临的环境处在不断变化之中,而且影响的因素也特别多,同时各行各业的业务特点也不相同,因此,案例的情况是千差万别,案例的类型也极其繁多。案例的分类方法有多种。按篇幅长短,可分为短、中、长、超长四类。短篇案例,通常指 2 500 字以下的;中篇案例,指在 2 500 至 5 000 字之间的；长篇案例，指超过 5 000 字的；大型案例，指超过万字的。按转载形式看，可以分为书写案例、影像案例、情景仿真案例以及网络上使用的用于过程教育或其他形式案例。按编写方式，则可分为自编、翻译、缩删、改编等类。与所需使用的分析工具不同，又可分为工业、商业、交通运输、服务业以及非盈利的事业、机关、学校、医院、部队等类型。从案例的专业综合程度看，则可分为单一职能性的（如生产、财务、管理、人事、政工等）与跨职能综合性两类。按案例间关系，又可分单篇独立型与连续系列型两类等。应当指出，这些分类方法都不可能将其划分得十分明确，因为对于某个案例，既可能是这种类型，同时又可以属于另一种类型。

比较实用的分类法，是按案例的学习功能来划分的。一般可以分为"描述/评审型"案例与"分析/问题型"案例。前者是介绍某一管理事件的全过程，有现成的方案与计划，由案例使用者对之进行评审，指出其长处与高招，同时也点明它的疏漏与不足，并且还要求以所学的理论作为论证依据陈述其评价的理由。这种案例可以描述发现处理问题的全过程，达到扩大学生知识面、验证与加深其理解管理理论的效果。一般是只写到方案拟定好为止，不叙述执行结果，更不加总结与评价，而是留给读者去思考。所以这种案例既不同于新闻报道，也不同于工作经验总结与介绍、交流材料。后者则在情况描述中隐含一定的问题，要学生把这些问题发掘出来，分清主次，探究原因，拟定对策，最后作决定。这无疑有利于培养学生全面的工作能力，体现了案例教学的基本要求。因此，这种案例是最典型的，也是管理案例的主流。

此外，还要介绍一种较新的案例分类法，它把篇幅、性质、功能、适用范围与使用对象综合起来考虑。这种分类法把案例归为四类。

(1) 高结构性或技术性问题型案例。这种案例短小精悍，一般不超过 1 500 字，很少有多余信息，只把解决问题的有关事实陈述清楚，交代明白，并有一种"最佳"解法与"标准"答案，同时希望学生利用所学过的某种（些）理论或方法模型来推导出这种解法。它们是用来帮助学生加深理解所学过的某一概念，或学会熟练应用前不久所学过的某一个公式。这种案例，类似于我们常见的文字作业题，所以称之为"习题或专业性案例"，它们虽不一定非要用定量分析手段，但却总是单一专业性的。这类案例主要用于高等院校的学生或经验不够丰富的初级管理者的基础性教学或培训课中。

(2) 短篇结构性小品型案例。所谓"结构性"，就是条理分明，但不一定限于短篇，也可能是中篇，最长可达一万字，它一般没有"标准正确答案"，也谈不上"最佳解决方案"。不过，在布置作业的教师心目中，多半还是有些概念的东西，希望学生能结合实际问题，联系这些概念进行分析。这类案例多用于较低年级学生或经验较少的管理者，同时，在高年级或经验较丰富的管理人员的教育与培训课程中，可结合讲授一二节少量这类案例，或者在讲课过程中利用这类案例作为例证工具。

(3) 长篇非结构性或问题与机会确定型案例。这类案例篇幅较长，最长可达 10 万字以上，但典型篇幅，在 2 万 ~3 万字。它多是综合性的、跨学科的，反映了某一管理情景真实而全面的情况，将有关信息几乎都包括在内，往往混有多余无关信息，而且有关信息还不完整，其基本问题与机会表现得也不是很清楚，需要学生自己下功夫去找出问题，理出思绪，分清主次，即"梳理辫子"，然后利用找出的机会，拟定各种备选方案，权衡决策。它实际上就是上述"分析/问题型"案例。由于哈佛大学应用这种案例最早、最多，有人称之为

"哈佛型案例"。这类案例当然不存在什么"标准答案"与"最佳方法",不过它涉及多方面管理知识领域,是典型意义上的案例,是教学中管理案例的主体,其中还有较为人们所推崇与偏爱的理论与做法。这类案例主要用于学院高年级和高级管理干部教育与培训课程中。

(4) 疆域开拓型案例。这类案例向学生描述的是一个尚待开发的未知领域,展示出一片崭新的处女地,不但学生对其一无所知,而且教师也甚茫然,师生共同肩负的是一种开拓与探索性的使命。无论管理实践者还是学术界,对这块新疆域都几乎没做过系统的研究。它所涉及的问题与机会纯属未知,甚至有关的概念运用的方法,都有待研究。处理这类案例,当然还是要以现有的知识为基础和出发点,但不能单纯地运用这些知识,而应当延伸拓展它们,并力图用全新的方法去处理案例的信息与数据。这种案例在院校博士班及某些高级管理研究班上采用,也是目前案例教学中较少采用的一种类型。

1.3.2 电子商务案例的分类

1. 根据电子商务案例中问题的解决程度分类

电子商务教学中使用的案例可分为已解决问题案例、待解决问题案例、设想问题案例。

(1) 已解决问题案例。

这类案例对电子商务活动从情景描述到问题解决的全过程作较详尽的介绍,是案例教学初级状态的教学资料。这类案例包括以下三部分:

a. 电子商务活动的状况及问题;

b. 解决方法和措施;

c. 经验或教训的评估。

(2) 待解决问题案例。

这类案例是指只介绍电子商务某部分的活动情况和问题所在,要求学生进行思考和讨论,找出问题原因或影响因素,进而提出问题的备选方案,从中做出抉择,它包括管理活动及存在问题的情景叙述和相关因素提示两部分。分析这类案例不要求有明确答案,重在培养学生独立分析和探索电子商务活动的相关因素和规律的能力。

(3) 设想问题案例。

这类案例是指只提供电子商务活动的相关背景材料或迹象,诱发学生从中寻找存在的问题、相关影响因素和进一步对活动的发展作出判断并试图自行提出解决问题的措施,阐明这些措施在管理活动发展中的作用和效果,它一般包括经济活动的背景材料及其发展趋势的相关迹象两部分。这类案例是较高级的教学资料,对全面迅速地提高学生的相关能力很有益,但教学的组织难度明显提高。

2. 根据电子商务整体运作的过程进行分类

(1) 电子商务网站策划。

(2) 电子商务网站建设。

(3) 电子商务网站运营与维护。

(4) 电子商务盈利模式分析。

(5) 电子商务支付。

(6) 电子商务物流配送案例分析。

(7) 网络营销案例分析。
(8) 电子商务法律案例分析。
(9) 电子商务应用案例分析。

1.4 电子商务案例分析的主要内容

1.4.1 电子商务案例分析的主要内容

电子商务案例分析的主要内容主要包括以下 4 个方面：

(1) 电子商务网站的背景资料：经营团队、经营策略、投资方、合作伙伴、有无上市计划等。

(2) 电子商务网站建设与维护方法分析：网络平台技术分析、网站安全技术分析、网站维护方法分析。

(3) 电子商务网站经营特色分析：内容设计分析、营销方法分析、支付方式分析、物流配送方式分析等。

(4) 电子商务网站效益分析：盈亏状况分析、经营风险分析、竞争优势分析、电子商务网站发展前景分析等。

1.4.2 电子商务案例分析的重要性

近年来，电子商务的发展十分迅速，研究电子商务的人员也越来越多。但是，由于电子商务是一门交叉性的边缘性学科，涉及计算机网络和商务运作两大领域，人们对于电子商务的运作过程缺乏真正的了解。同时，在竞争中，涌现很多新兴的企业及正向新领域转移的传统企业，它们在不断地探索在电子商务环境下企业管理的新理论和新方法。认真总结这些企业在电子商务实践中的经验和教训，从理论上做出深入浅出的分析和总结，是推动电子商务发展的一项十分重要的任务。

当前，对电子商务案例的总结滞后于电子商务的实际发展。培养具有较强综合分析和实际运用能力的人才，做到理论联系实际，有针对性地领会和掌握所学的理论与实务，是教学实践中需要解决的一个重要问题。运用形象生动、切合实际、紧跟时势的典型案例贯穿于整个电子商务教学之中，这对加强电子商务学科建设和提高教学质量事半功倍。

从教学角度来看，电子商务案例教学的重要性主要体现在三个方面：一是能够深化所学的理论知识，通过案例分析加深对理论知识的深层次理解；二是能够使所学知识转变成技能，理论学习和实践应用有机地结合；三是在逼真模拟训练中做到教学相长，师生之间在共同的分析讨论过程中，通过发散性思维，激发大家的灵感，做到互相启迪、互相学习。所以说，电子商务案例教学是对学生实施素质教育的有效手段之一。

1.4.3 电子商务案例分析的主要方法

1. 案例分析的特点

案例分析具有很强的实践性和可讨论性。案例本身只是对企业的某些情况作一番描述，有详有略，有的有数据，有的还插入与主题不相关的话，有时是纯客观的描述。但案例本身有中心议题，如经营决策、投资决策等。深入思考分析，能发现各种各样的问题，有时表面平铺直叙，却隐含着各种问题。因此，要勤于思索，发现问题，找出问题产生的原因，提出问题解决的方案。

思考过程，既是培养和开发智力的过程，又是综合运用所学的各种理论知识的过程。电子商务是一门综合性学科，涉及很多学科，如经济科学、计算机科学、营销学、管理学等。案例分析，需要熟悉企业管理业务情况，如生产经营情况、市场、财务、人事、组织等，也涉及社交、商情、科技等情况，且社会本身就是一个庞大的系统。基于上述情况，在对案例进行分析时，应注意以下特点：

（1）多因素的环境。即把分析的对象，放到其原来错综复杂、多因素的环境中去认识、了解并深入研究。

（2）多角度分析。一个案例中，一般都会有一个或多个矛盾。作为矛盾，就肯定有其两面性，运用不同的观点和方法，会沿不同的思路展开分析；对同一个案例，很少遇到只有一种分析方法或途径的情况。

（3）多方案的结果。案例分析的目的在于运用所学理论去分析、解决问题，因此，案例分析会出现多方案的结果，只有在比较特殊的情况下，才能简单地得出最佳方案。一般情况下，所得出的多个方案各有利弊，有时还不易进行数量化比较。

应当指出的是，多因素的环境、多角度分析和多方案的结果，并不等于哲学上的多元论。由于人类对客观世界的认识和分析有一定的局限性，主观思想不是千篇一律的，都受自己的世界观影响。因此就有多种学术观点和多学派的争论。

案例分析在得出方案的同时往往会引发更多的问题，这也是案例教学不同于其他教学方式本质的区别。因此案例分析要主张开放、允许辩论，然后再引导学生联系理论加以整理、归纳和总结。

2. 案例分析的步骤

常见的案例分析方法包括六个步骤：彻底读懂每个案例；设身处地进行分析；概括问题；提出多种决策方案；提出决策标准；作出决策并提出建议。

（1）彻底读懂每个案例。

拿到一篇案例，读者需要进行反复阅读，才能对案例中的相关信息了然于胸。在阅读的过程中，最好对案例中的背景、主要事实及意见、面临的难题、利弊条件及重要论点等内容进行记录，以方便下一个步骤的进行。

（2）设身处地进行分析。

对案例中的主要角色所面临的问题、活动或困难进行分析是不可缺少的一个环节。在这个过程中至关重要的是搜集全部已知事实，并且要对每一事实认真估价，仔细区别，筛选分类。必须要注意的是，不能仅依靠案例中所给的数据或事实来进行简单的分析，因为这些数据及事实有一些是表面现象，必须去伪存真才能保证分析的正确性。也不能让案例中人物的观点来左右自己的思路，因为个人的主张往往过于褊狭，缺乏全局观念。例如，公司的新产品在市场上销售不力，是定价过高、广告宣传力度不够、销售渠道不够畅通，还是其他什么原因？每个人都会提出不同的见解。读者在进行分析时需确定每个人物的观点是拥有充分证据的重大信息，还是缺乏根据的信口开河。

（3）概括问题。

在对案例进行认真分析之后，找出问题的症结所在，并对需要解决的问题进行概括，对问题的概括应指出关键之处，解决的主要障碍。这一环节至关重要且具有一定的难度，它需要读者在详细理解问题的基础上，做出一些合理的假设。要能够通过现象看本质，新产品销售不只是表面现象，是生产、管理、销售中哪个环节出了问题，应查找造成这种现象的内在原因是什么。

（4）提出多种决策方案。

对于问题的解决，一般可以提出多种方案以供选择。例如，为了提高产品的知名度，可以进行人员推销，可以采用广告宣传，也可以举办或参与一些公共关系活动。可供选择的方案越多，企业选择的余地也就大。要学会集思广益，从不同的人、不同的意见中得到启发，来帮助自己进行判断和决策。

（5）提出决策标准。

提出多个可供选择的方案后，为了确定最终方案，有必要对选择方案时依据的标准进行规定。例如，企业在制定产品的价格时，有时是为了获取高额利润，有时是为了进行市场渗透，提高市场占有率，有时是为了提高企业在市场上的知名度。应视企业的发展目标而定价。而这一发展目标，就是在进行决策方案选择时。

（6）作出决策并提出建议。

为了找出所有可能方案中解决现有问题的最佳方案，就要把各个方案放在一起进行优劣对比，再经过反复衡量和比较后进行确定，阐述其理由，同时指出被淘汰方案的缺陷。最后，对方案的计划实施提出建议。

3. 电子商务案例的分析

（1）分析案例的基本技巧。案例分析分为口头与书面两种，这里主要介绍书面分析。书面分析应掌握以下技巧：

①要有个人的见解。要防止单纯复述或罗列案例提供的事实，用所学过的管理理论和知识，发现经营管理中的问题，并对这些问题加以逻辑排列，抓住主要矛盾。

②文字表达要开门见山。在案例分析中，为使论点突出，可以使用小标题，在各段落的开始，应突出该段的主题句子，紧接着可用陈述句支持主题句。这样分析，思路清晰、逻辑性强，以便于他人理解和接受。

③提出的建议要有特色。首先是提出的建议要符合具体情况，有明确的针对性，防止出现空泛的口号和模棱两可的观点及含糊不清的语句。应当注意的是，管理的实际问题，可能有多种解决办法，不会是唯一答案，关键是对问题的分析要符合逻辑，对所提出的观点和建议方案要有充分的信息支持和必要的论证，并进行合理的比较。

④要重视方案实施的步骤和可操作性。在分析案例时，对提出的解决问题方案，常能摆出很多优点，有时却难以操作，这样就失去实际意义也缺乏说服力。因此，需要对实现目标所需要的条件加以说明。

⑤对你的假设或虚拟的条件要作必要的说明。案例中所给的信息，有时是不完全的，而你在案例中扮演高层管理者进行决策，要以下属为你提供比较理想的决策条件为前提，因此，需要作一些必要的假设。

（2）分析案例的一般过程。无论采取何种分析方法，案例分析的深度、质量，很大程度上取决于所采取的策略和在案例分析中进入角色的程度。对案例进行分析，一般采取下面

几个步骤:

①明确所分析的案例与已学课程的哪些内容相联系,并找出该案例中的关键问题,以确定能应用的基本理论和分析的依据。

②关于察觉和判断出在案例中并未明确提出也未有任何暗示的关键问题。

③选择分析该案例应采取的一般方法。

④认真思考,找出案例整个系统中的主次关系,并作为逻辑分析的依据。

(3) 如何找出关键问题。分析案例开始时,重视所给的提示,还可以作为思考问题的切入点;但不要局限于提示:应打开思路,独立思考,拟定自己分析的思路,最好的做法是在对案例粗读之后精读之前,先提出几个基本问题:

①你认为案例中的关键问题或主要矛盾是什么?

②这是一个什么类型的案例?该案例与所学课程中哪些内容有关?这个案例欲达到什么目的?

③除了案例的提示外,该案例是否还有一些隐含的重要问题?

对上述三个问题应联系起来考虑,在思考问题的过程中不断地试图回答它们,直到弄清案例的目的和关键问题。抓住要害,就能纲举目张。

(4) 发觉在案例提示中尚未明确的重要问题。这是把握案例实质与要点的关键。这里最关键的是从理解与该案例相关的课程内容去发掘,或结合实际工作中复杂多变的情况去设想可能会遇到的种种矛盾,此外,在分析案例时,务必进入角色,身临其境地拟定各种情景,也能发掘出重要问题。

(5) 分析案例的一般方法。分析案例的方法,往往取决于分析者个人的偏好和案例展示的具体情况。这里介绍三种通常使用的一般方法。所谓一般方法,就是分析的主要着眼点着重考察和探索的方法,或者说是分析时的思考路线。三种方法可根据情况选用,不过常常是综合运用。

①系统法。就是将所分析的组织,看作处于不断地把各种投入转化成产出过程的系统,了解该组织系统的各个组成部分和它们在转化过程中的相互关系,就能更深刻地理解有关的行动并能更清楚地找出问题和发现机会。有时,用图表法来表明整个系统很有用。方框图有助于了解系统的整个过程以及案例中各种人物在系统中所处的地位与相互关系,各种流程图与"能力分析"是系统法中常用的形式。投入—产出转化过程一般可分为若干基本类型,如连续流程型、大规模生产型、批量生产型和项目生产型等。生产流程的类型、特点与组织中各种职能密切相关。

②行为法。这种方法着眼于组织中各种人员的行为与人际关系,人的行为都离不开具体的人,都要由真成员的行为来体现;把投入变为产出,也是通过人来实现的。人的感知、认知、信息、态度、个性等各种心理因素,人在群体中的表现,人与人之间的交往、沟通、冲突与协调,组织中的人与外界环境的关系,他们的价值观、行为规范与社交结构,有关的组织因素与技术因素,都是行为法所关注的。行为法常与系统法结合起来运用。

③决策法。不仅限于决策树,还常使用一种规范化、程序化的模型或工具,来评价并确定各种备选方案。有了备选方案,还要看各种方案的关系、决策依据的原则,还应注意在某一方案实现之前,可能会发生什么事件以及该事件出现的概率。

(6) 明确分析系统中的主次关系,找出支持的依据。这就是通常说的"梳辫子",即对案例中提供的大量而杂乱的信息进行归纳，理出条理与顺序，搞清它们之间的关系是主从还是并列，是叠加还是平行，在此基础上，分出轻重缓急。

案例法是将讨论者置于模拟的商业环境中并且替代需要做出一系列决策的业务经理的位置。

典型的案例是某个商业问题的记录，是业务经理曾经面临的连同他们所必须依仗的周围的各种情况、观点及各种见解。这些特定的案例要求讨论者提出经过深思熟虑的分析，进行公开辩论，并且最后做出有关决策。

在做案例分析时，参与讨论者首先应该快速地阅读案例，以得出对案例中提出的问题类型、涉及的组织类型等的感性认识。然后，通过通读案例以掌握案例中的关键事实。应该注意的是，不应该盲目地接受所有列举的数据，因为并不是所有的信息都是可靠的或者相关的。

在这一过程中，要利用案例中列举出来的关键数据，以得到一些将有助于分析案例中所涉及的问题的结论。此外，应根据形势，提出合理的假设来补充事实。

一旦掌握了案例中的事实，下一步就是辨别和逐一登记这些事项和问题。提出问题并且分解是案例分析中的一个重要技能。

接下来，是分辨出可供选择的行动方案。通常对案例中的问题可以有很多可能的解决方法，此时应该小心谨慎，以防在几种可能的替代方案被综合权衡估价前就被限死在某一种方案上。

再下一个步骤就是估价每一种可供选择的行动方案。在这一阶段，需要全面运用定性分析和定量分析在内的所有可能的分析技能，针对每一种可供选择的方案的全部事实进行整理和分析。这里可能需要做出各种假设。

在所有的选择方案被彻底分析之后，参与讨论者必须做出有关决策。应该意识到，许多方案可能都会奏效，因为案例中的事件有许多不同的解决方法。但是，最根本的出发点是要真正确定下来的行动方案已经从所有角度进行了彻底的分析，具有内在的一致性，并且有可能符合经营的目标。

一旦一个总体的战略被决定了下来，对如何执行这一战略加以考虑是非常重要的。在这一阶段，参与者需要决定要做什么，谁去做，在什么时候做以及如何去做。对于一个杰出的战略的不适当执行也许会使整个战略归于失败。

1.5 电子商务前景展望

1.5.1 中国电子商务的发展

2017年5月24日，电商研究机构、产业互联网智库——中国电子商务研究中心（100EC.CN）发布《2016年度中国电子商务市场数据监测报告》。报告显示，2016年中国电子商务交易额22.97万亿元（人民币，下同），同比增长25.5%。其中，B2B市场交易规模16.7万亿元，网络零售市场交易规模5.3万亿元，生活服务O2O交易规模9 700亿元。

对此，中国电子商务研究中心B2B与跨境电商部主任、高级分析师张周平表示，2016年中国宏观经济实现稳步增长，中央加大"供给侧改革"力度，旨在通过"互联网＋"来促进传统企业转型升级。从中央到地方，电商已成发展的重点。伴随着"互联网＋"向传统产业不断渗透,大宗电商平台近年来异军突起,推动国内 B2B 电商行业迎来发展"第二春"。网络零售仍将维持中高增速,"一超多强"竞争格局基本稳定,虚实融合、线上线下协同成为产业发展的主基调。在传统零售业绩持续下滑的背景下,互联网零售转型成为所有零售企业未来最重要也是唯一的增长点。

报告显示,截止到 2016 年 12 月,中国电子商务服务企业直接从业人员超过 305 万人,由电子商务间接带动的就业人数已超过 2 240 万人。直接就业人员上,随着电商的规模化发展以及不断向农村市场下沉,更多的传统企业加入到电商行列,带动了电商从业人员的不断攀升。调查显示,电子商务成为女生最青睐的职业。随着电子商务产业的迅猛发展,通过其衍生出来的新职业也如雨后春笋般涌现。

(资料来源:http://finance.sina.com.cn/roll/2017-05-24/doc-ifyfqvmh8754862.shtml)

1.5.2 中国电子商务市场发展现状

2011—2014 年,中国社会消费品零售总额从 18.4 万亿元增长至 26.2 万亿元,年增长率保持在 10%以上。近几年来,中国零售市场整体发展环境较好,社会消费品零售总额继续平稳上升,2018 年或将接近 40 万亿元,如图 1-5-1 所示。

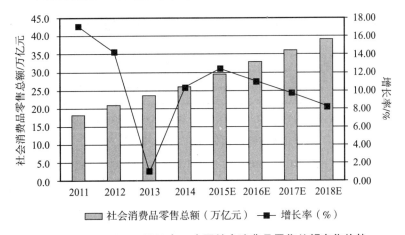

图 1-5-1 2011—2018 年,中国社会消费品零售总额变化趋势

1.5.3 中国电子商务行业发展趋势预测

中国线上零售渗透率在 2014 年创下历史新高,达到 11%,总价值约 2.9 万亿元,预计在 2020 年将分别达到 22% 及 10 万亿元。日益丰富的移动电商生态体系满足了消费者对更加碎片化、应景化、线上线下整合化的消费体验需求,如图 1-5-2 所示。

中国 B2B 电子商务市场交易规模未来几年整体增速呈放缓态势,但仍将保持缓慢发展。2015 年,中国 B2B 电子商务交易规模将达到 10.7 万亿元,较 2014 年增长 14.3%,预计到 2018 年市场整体交易规模达到 15.4 万亿元,如图 1-5-3 所示。中国 B2B 电子商务市场收入规模未来几年增速平稳。2015 年,中国 B2B 电子商务收入规模将达到 245.2 亿元,较 2014 年增长 27.58%,预计到 2018 年市场整体交易规模达到 470.8 亿元,如图 1-5-4 所示。

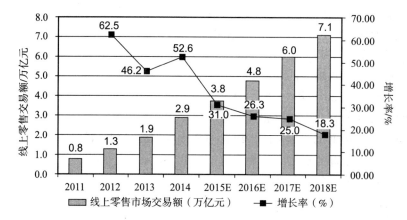

图1-5-2 2011—2018年中国线上零售市场交易额预测

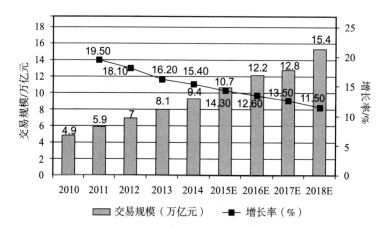

图1-5-3 2010—2018年中国电子商务B2B市场交易规模预测

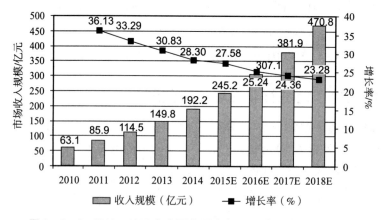

图1-5-4 2010—2018年中国电子商务B2B市场收入规模预测

市场日趋规范化，B2C进一步扩大市场占有率，将从约50%的市场份额，以年均30%左右的增速增长，预计2020年达到线上交易70%。移动互联网的普及、网民购物习惯的变化、移动购物场景的完善、移动支付应用的推广、核心网购企业移动端布局力度的加大，共同推动了中国移动购物市场的快速发展。2014年该市场交易规模超9 000亿元，移动端渗透率达到 33.7%；2015 年移动端超过 PC 端，移动电商进入全盛时代，如图 1-5-5 所示，持续的发展保持了强势增长态势。

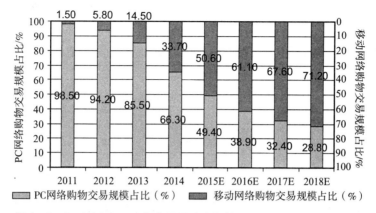

图 1-5-5　2011—2018 年中国网购交易额 PC 端和移动端占比预测

跨境电商飞速增长，使得"买遍全球"成为现实，预计将实现 30% 的复合年增长率，有望在 2020 年达到 1 万亿总量。随着互联网的发展，中国进口贸易中的电商渗透率持续增长。2015 年，进口电商市场交易规模达 0.9 万亿元，增长率为 38.5%，渗透率达 8.6%。预计 2018 年进口电商交易规模达 1.9 万亿元，增长率为 28.20%，渗透率达 19.40%，如图 1-5-6 所示。

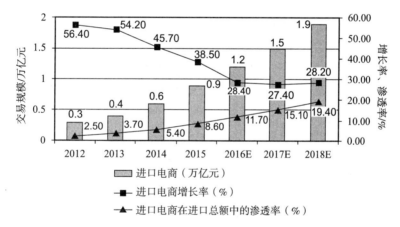

图 1-5-6　2012—2018 年中国进口电商市场交易规模预测

跨境电商预计将为在线总消费量贡献更高的份额，预计将实现 30% 的复合年增长率，有望在 2020 年达到 1 万亿元。其中，食品和母婴用品将引领增长，到 2020 年复合增长率将超过 30%。鉴于中国特殊的消费环境，那些强调安全性的品类，如食品和母婴用品，以及国内外价差较大的品类，如服装和消费电子的商品成为在线跨境购买的主力。跨境电商的迅猛发展使得那些还没有进入或者刚刚进入中国市场的国际品牌获得了更多的关注，降低了建立品牌知名度和分销网络的成本。但跨境电商的崛起也是把双刃剑，随着中国的网购人群越来越懂得货比三家，如何制定全球的价格体系对于国际品牌将是一个挑战。

1.5.4 金砖国家网购超 7 亿美元　电商合作将带来新机遇

2017 年 9 月 3 日，金砖峰会中国代表团商务部副部长王受文在介绍金砖国家经贸合作成果的新闻发布会中表示，金砖国家间的电子商务合作已有初步基础，未来合作潜力巨大。电子商务具有克服距离和时差影响的优势，将为金砖国家的贸易增长提供新动力，如图 1-5-7 所示。

图 1-5-7　金砖国家领导人会晤

王受文透露，根据有关国际机构统计，金砖国家网民超过 14.6 亿，网络购物总额超过 7 亿美元，零售交易额达到 8 761 亿美元，跨境交易额 920 亿美元。金砖国家在国际电子商务市场上占有比较大的份额，增速也比较快。王受文认为，电子商务对当地国家的经济增长、就业、小企业成长、年轻人和妇女就业有非常重要的意义。

王受文认为，金砖五国已认识到电子商务发展的意义和潜力。2017 年在上海的金砖国家经贸部部长会议上达成了金砖国家电子商务的合作倡议，主要有三个方面的内容：一是成立电子商务工作组；二是承诺加强政府主管部门与电子商务业界的对话和交流；三是开展电子商务的合作研究，对金砖五国的现状、特点、问题进行盘点，为未来进一步合作提出建议。此外，还包括加强能力建设合作，提高中小微企业参与电子商务的能力。

王受文表示，各国经贸部部长已就这个倡议达成一致意见，并提交给领导人会晤期待尽早核准，为金砖电子商务提供好的框架。

王受文认为，金砖国家间的物流、支付、消费保护、信息沟通等问题仍待各国讨论，这些问题的解决可以便利电子商务开展，对五国都会有很大的经济利益。"金砖国家相互贸易额只占到整体对外贸易额的 6%，相互贸易的潜力仍然很大，电子商务的合作将为所有国家带来机遇。"

思　考　题

1. 电子商务案例分析的主要内容有哪些？
2. 案例分析的一般方法有哪些？
3. 论述我国电子商务发展趋势。

资料来源及参考网站

1. 互联网实验室 http://www.chinalabs.com
2. 电子商务世界网站 http://www.ebworld.com.cn/
3. IT 电子商务世界 http://www.it2cn.com/
4. 网络营销指南 http://www.baosan.com/
5. 计算机世界网 http://www2.ccw.com.cn/
6. IT 行业慧聪网 http://www.it.hc360.com
7. 中国互联网协会 http://www.isc.org.cn/
8. 中国互联网信息中心 http://www.cnnic.net.cn/

第 2 章

电子商务网站策划

教学目标

随着互联网的发展,网站已成为电子商务中不可缺少的一部分,电子商务网站的策划越来越重要。通过对本章的学习,掌握电子商务网站整体策划、定位策划、投资策划、建设策划及推广策划的各种方法;深刻理解并分析每个案例,理论联系实际。

关键词汇

网站策划;E-mail 营销;企业邮箱

知识回顾

网站策划:是指在网站建设前对市场进行分析,确定网站的目的和功能,并根据需要对网站建设中的技术、内容、费用、测试、维护等做出规划。

病毒营销:是一种自动复制、自动传播的营销方式(口碑式传播)。

E-mail 营销:是利用企业邮箱的邮件列表功能,来定期向意向客户发送广告或是宣传的邮件。

企业邮箱:是以企业的域名作为后缀的收费邮箱。

CPM:是广告显示 1 000 次所应付的费用。它所反映的定价原则是:按显示次数给广告定价,这种定价思路与传统广告中定价思路源出一脉。

CPC:是"Cost Per Click"的英文缩写。在这种模式下广告主仅为用户点击广告的行为付费,而不再为广告的显示次数付费。

CPA(每行动成本,Cost Per Action)的含义是按照用户的每一交互行为收费。

应用服务:是按需使用,按使用收费的服务模式。

网站策划方案书的结构为:

1. 建站前市场需求分析。

2. 建设网站目的及功能的设计。

3. 网站技术解决方案,包括网站建设服务商的选择。

4. 网站内容规划。
5. 网站美术设计说明。
6. 网站开发时间进度表。
7. 网站制作费用。
8. 网站售后服务。
9. 网站宣传推广方案。

随着互联网的飞速发展，网络虚拟市场已经形成，并逐渐步入成熟阶段。网站是互联网的组成细胞，各行各业、形形色色的网站丰富着互联网，推动着互联网的发展。电子商务网站是互联网的支柱，网络的发展使电子商务有了真正属于自己的空间，电子商务的发展也进一步促进了互联网的发展。电子商务网站是指以赢利为目的企业站点，以两种类型为主：一是专业的互联网网站服务商，比如SOHU、163、TOM、盛大网络、腾讯、阿里巴巴等；二是传统企业通过网络提供服务的站点，比如DELL、联想、海尔等公司都有自己的电子商务网站。

电子商务网站是企业信息化建设的重要组成部分，是企业展示实力和树立形象的窗口。越来越多的企业建立了自己的企业网站，一方面是为了树立企业形象，另一方面是希望通过这个网络平台带来更多的收益。

本章从电子商务网站整体策划、电子商务网站定位策划、电子商务网站投资策划、电子商务网站建设策划及电子商务网站的推广策划等方面分析介绍电子商务网站的策划。

2.1 电子商务网站整体策划

电子商务网站策划对于建设一个优秀的站点有着重要意义，一个网站的成功与建站前的网站规划有着极为重要的关系。网络上的站点不计其数，目前大部分网站不能满足建站者的利益需求，不能产生效益。网络发展时间短、速度快、变化多，人们对互联网的特点和发展的规律还没有充分的认识和掌握，因此，很多网络建设者是摸着石头过河，在网站建设初期没有一个整体的策划，导致后期网站的运营和改版存在严重问题。在网站建立之前应明确建设网站的目的、网站的功能、网站规模、投入费用，进行必要的市场分析等。只有详细地规划，才能避免在网站建设中出现各种问题，使网站建设顺利进行，达到事半功倍的效果。

网站策划是指在网站建设前对市场进行分析、确定网站的目的和功能，并根据需要对网站建设中的技术、内容、费用、测试、维护等做出规划。网站策划对网站建设起到计划和指导的作用，对网站的内容和维护起到定位作用。通过对电子商务网站的策划，可以合理投资，对网站进行有效管理，满足网站建设者的需求，为网站的进一步发展做好准备。

2.1.1 电子商务网站整体策划要考虑的问题

电子商务网站策划首先要从整体的角度来考虑和规划。很多网站建设者往往是有了初步想法，就投资建立了一个网站，没有进行市场调研，也没有进行系统分析，结果建设出来的网站没有访问率，不能起到任何效果和作用；有的网站建设者，受到网络公司服务人员的影响，在不完全理解网站目标的情况下，就投资建立了网站，结果效果不明显。

那么如何从整体的角度来考虑和规划电子商务网站呢？

1. 确定目标市场，明确电子商务网站建设的目的，确立合理的建站目标

互联网蕴藏巨大商机，中国的互联网更是有着巨大潜力。美国的摩根斯丹利调查显示，中国互联网利润率远高于全球同类行业其他公司。并指出，2005年，中国互联网上市公司平均利润率达到32%，领先于美国行业领袖Google、yahoo、eBay的19%，同时，平均劳动成本还大大低于全球水平。在整体网络发展的背景下，要想抓住机会，在网络淘金，还要将市场进行细分。进一步明确目标市场，确立合理的建站目标。

2. 确定网站的投资及盈利模式

2007年中国互联网产业所呈现的商业潜力，受到世界各国前所未有的关注，已成为互联网国际巨头战略发展重地。风险投资日趋全球化，中国互联网发展与世界接轨在即。风险投资日趋全球化主要表现为两个方面：一是资本筹集国际化；二是投资对象国际化。例如，英美日共同组建了日本东方风险投资公司；又如美国太平洋创业投资公司以美国资本为主，在中国投资几十家风险企业，这将有利于世界互联网发展的融合。无论是获得风险投资还是企业自己投资建设网站，投资的预算和盈利模式的探讨是十分重要的，这决定了网站本身的生命力。

3. 确定网站的建设方案，包括网站的功能和作用

Web2.0概念改变了互联网商业规则，在这一概念下衍生出的博客、播客、RSS、SNS等众多网络创新模式，将整个中国的互联网产业带入变革时期。由门户和垂直门户所确立的商业规则正在被重新改写，因此电子商务网站技术的选择、功能的策划需要进行细致考虑。

4. 确定网站的推广方案

网站是企业在互联网的窗口，是线上阵地，拥有一个好的网站固然重要，但如何让网民知道你的网站更加重要。全球互联网上有上个亿站点，如果网站不推广，就会石沉大海，没有人知道你的存在，因此网站的推广是网站成败的关键因素之一。

5. 进行网站的运营管理策划

投入一定的资金就可以建设一个电子商务网站，但网站建设完成后的运营管理和内容的管理是网站生命的体现，网站的运营管理包括人员的聘用、文件的管理、信息内容的收集发布等。

2.1.2 电子商务网站如何进行整体策划

如何进行整体策划，是电子商务网站策划的一个关键问题。网站建设者首先要有整体策划意识；其次，要编写电子商务网站整体策划方案书，方案书应该尽可能涵盖网站规划中的各个方面，要科学、认真、实事求是。

网站策划方案书的结构为：

（1）建站前市场需求分析。

（2）建设网站目的及功能的设计。

（3）网站技术解决方案，包括网站建设服务商的选择。

(4) 网站内容规划。
(5) 网站美术设计说明。
(6) 网站开发时间进度表。
(7) 网站制作费用。
(8) 网站售后服务。
(9) 网站宣传推广方案。

网站规划书包含的具体内容如下：

1. 建设网站前的市场分析

建设网站首先要分析互联网发展的现状及对本行业的影响；其次，论述相关行业的市场发展如何，在网络市场中发展怎样，行业市场有什么特点，在互联网上开展电子商务有何利弊；再次，对目前市场中主要竞争者进行分析，对竞争对手网络利用情况及其网站规划、功能作用进行分析；最后是建站公司自我条件分析、公司概况、市场优势，如何利用电子商务提升企业竞争力，建设网站的投入费用、技术、人力等方面的分析。

2. 建设网站目的及功能的设计

本部分主要论述这样几个问题：为什么要建立网站？网站能给企业带来什么？要建设一个什么样的网站？然后是根据网站的建设目的，确定网站的类型，并整合公司资源，根据公司的需要和计划确定网站的具体功能，并对网站的功能作用进行描述。

3. 网站技术解决方案

目前网站开发有多种技术，功能的站点可以采用不同的技术来实现，每种技术有各自的特点，主流的网站开发技术有 NET 技术和 JSP 技术。

现在网站的开发越来越专业，中小企业建设电子商务网站建议选择优秀的网络服务商，选择网络服务商来进行电子商务网站的开发制作，比较节约成本，开发周期短，基本能满足企业的需求，有后续的服务和网站稳定性维护。但网站如果与企业内部的系统相结合，就会出现信息孤岛的问题。

可以自己组织团队来建设网站，根据网站的功能确定网站技术解决方案，主要考虑如下方面：

(1) 采用主机托管，还是租用虚拟主机，选择合适的主机服务供应商。
(2) 选择操作系统。如选用 UNIX、Linux、Window2000/NT，要通过分析投入成本、功能、开发、稳定性和安全性等决定。
(3) 网站安全性措施，如防黑、防病毒方案。
(4) 相关程序开发，如网页程序 ASP、JSP、CGI、数据库程序等。

4. 网站内容规划

网站内容规划主要是网站栏目结构的划分。

根据网站的目的和功能规划网站内容，一般企业网站应包括公司简介、产品介绍、服务内容、联系方式、留言板等基本内容。

电子商务类网站还要有会员管理、信息发布、订单管理、积分管理、广告管理等多种功能。具体的栏目设计要根据企业建站的目的进行合理规划，栏目有一级栏目、二级栏目、三级栏目等，一般不超过三级，一级栏目就是首页面导航，二级栏目是点击进入一级栏目后见到的页面或是子导航，或是底部导航。

网站内容是网站吸引浏览者最重要的因素，无内容或不实用的信息不会吸引匆匆浏览的访客。可事先对人们希望阅读的信息进行调查，并在网站发布后调查人们对网站内容的满意度，以及时调整网站内容。网站栏目不宜过多，也不能过于简单，过于烦琐的内容在网站的运营中会出现更新信息不及时的问题，过于简单的网站又没有吸引力，互联网本身就是一个信息共享的大平台，网站提供的信息是否及时、准确、利用率高，决定着网站的人气。

5. 网页设计

网站是企业在互联网的窗口，也是企业的门面，因此好的网站要注重页面的设计，网页设计要求因人而异，但总体上网页美术设计一般要与企业整体形象一致，要符合 CI 规范。要注意网页色彩、图片的应用及版面规划，保持网页的整体一致性。在新技术的采用上要考虑主要目标访问群体的分布地域、年龄阶层、网络速度、阅读习惯等。同时要制订网页改版计划，如半年到一年时间进行较大规模的改版等。

6. 网站开发时间进度表

网站开发时间进度表主要让建站者了解网站具体制作的时间、上传的时间，以及对建站者提供有效资料的要求，这样利于建站者做好充分的网站运营和推广的准备。

7. 网站制作费用

网站制作费用要明确，项目清晰，让建站投资者了解具体投资的细节，及后期的推广费用的预算及网站改版的预算。

8. 网站售后服务

网站售后服务包括两个方面：一方面是网站制作完成后提供的具体服务内容有哪些，另一方面是网站制作完成后网站运营维护的介绍，具体包括服务器及相关软硬件的维护，对可能出现的问题进行评估，制定响应时间、网站信息维护的要求及方案，确定网站运营维护人员的要求。

9. 网站宣传推广方案

网站宣传推广方案对于网站的运营至关重要，因此推广方案是否合理可行，也决定着该网站项目的成败。网站宣传推广方案具体包括站点推广的方式选择、投资金额等内容。

2.1.3 电子商务网站整体策划要注意的问题

在进行电子商务网站策划时要注意如下几个问题：

（1）在公司初次涉足互联网时，企业人员要多上互联网，熟悉互联网的特点，如果不了解互联网将无法有效运用互联网。

（2）结合企业自身的特点，思考在哪些方面可以利用互联网帮助公司成长。例如，生产化妆品的企业，互联网上女性网民有 3 500 万，如果能通过互联网把化妆品推销给这些网民，将会迅速建立在她们心目中的品牌形象，并带来公司的销售增长。

（3）找到一个好的时机进入互联网市场，找到一些有效的网络渠道去推荐企业，借助专业的网络公司和专业的网络顾问来进行网站的推广策划。

（4）中小型企业对互联网的投入不能过低，也不能过高，要进行合理的投资，得到最佳的投资回报。

（5）网站的建设一定要考虑建站后的运营管理，根据站点管理的要求，确定是用兼职人员还是需要组织专业的站点运营管理人员。

在选择网络服务商时要注意：找几家各种规模的网络公司，既能获得知识，又可以多几种选择，便于做出理智决定；观察前来服务的销售或顾问人员的素质，交流、接触过程中均可以考验此业务人员的素质，但同时更可看清其公司的服务体系；选择性价比高、投资收益高的方案。服务内容与报价一般是成正比的，经常看到一些企业的报价可能超出公司的预算，但是它可能为公司带来较高收益；综合评定公司印象与服务人员专业程度，兼顾报价方案及实施质量或投资收益分析来作决定，其中，服务人员的专业实力、人品是企业选择的重点。

特别要注意的是电子商务网站整体策划是建立在可行性基础上的，因此在整体规划之前的可行性分析是必不可少的。

2.1.4 案例：网站建设方案项目书

编写网站建设方案项目书是建站前期的准备工作，在网站建设方案项目书的指导下，可以让网站的建设有条不紊地进行，保证网站的建设推广顺利实施。一份好的建设方案项目书应该在网站正式建设之前就完成，并且为实际操作提供总体指导。下面以一个具体的项目书为案例来分析网站建设方案项目书的编写。

案例：酒店网站建设方案项目书目录

1. 前言
2. 数字酒店建设意义和目的
2.1 中国互联网环境
2.2 中国互联网目前的特点
2.3 ××企业简介
2.4 ××企业网站现状
2.5 同行业及竞争对手的互联网情况分析
2.6 网站访问感受、网站用户体验分析
2.7 ××企业数字酒店建设意义及目标
2.8 网站语言版本
2.9 制定网站解决方案应遵循的原则
3. 栏目策划
3.1 目标用户行为分析
3.2 栏目策划：用户中心型方案
3.3 拓扑结构
3.4 主要栏目说明
3.4.1 FLASH 引导页
3.4.2 首页（一级频道）
3.4.3 酒店介绍（一级频道）
3.4.4 会员服务（一级频道）
3.4.5 新闻动态（一级频道）

3.4.6 客房展示（一级频道）

3.4.7 客房预订（一级频道）

3.4.8 在线交流（一级频道）

3.4.9 数据下载（二级频道）

3.4.10 付款方式（二级频道）

3.4.11 联系我们（二级频道）

3.4.12 售后服务（二级频道）

3.4.13 网站导航（二级频道）

3.4.14 顾客反馈（栏目）

3.4.15 网站流量统计显示（后台）

3.4.16 平台短信功能

3.5 功能模块总结

4. 网站设计理念说明

4.1 网站设计原则

4.1.1 风格定位

4.1.2 版面编排

4.1.3 网站注意事项和改进

5. 平台系统功能概述

5.1 开发平台

5.2 系统架构

5.3 技术特点

5.4 系统性能

5.5 系统部署及访问方式

5.6 系统安全性

6. 平台系统运营环境介绍

7. 系统服务

7.1 系统本身服务承诺

7.2 培训服务及运营管理

8. 网络服务公司介绍

9. 成功案例

10. 方案预算

编写网站建设方案项目书以网站建设意义和目的及网站栏目策划为主体，特别是网站拓扑结构图（图2-1-1所示）要条理清晰，说明规范。

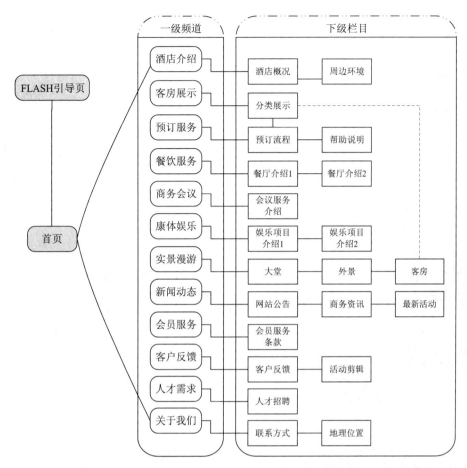

图 2-1-1 以用户为中心的网站拓扑结构

2.2 电子商务网站定位策划

电子商务网站定位策划主要是指确定目标市场，明确电子商务网站建设的目的，确立合理的建站目标，并进行电子商务网站竞争优势分析。

网站定位决定着网站的功能设计、页面设计的风格及网站投资的大小，因此电子商务网站定位策划是电子商务网站整体策划的第一步。

2.2.1 确定目标市场

网站种类繁多，市场需求不同，在建立电子商务网站之前，要进行市场调研，确定目标市场，IBM 早在 2005 年就提出电子商务进入精耕细作的时代。因此，目标市场的准确定位，为网站的建立指明了方向。

电子商务网站目标市场的确定，首先，要明确企业发展的目标。企业的决策要符合企业发展的目标，同样电子商务网站的定位也要符合企业的发展目标，只有符合企业发展的目标，网站的建立和运营才能得到企业的支持和高度的重视。其次，要对当前的市场进行分析，把握互联网发展趋势，确定目标市场。互联网发展速度非常快，不断有新的技术、新的事物在网络中出现,因此在对电子商务网站定位时一定要高瞻远瞩,根据整个网络发展的趋势来预测未来的市场。

案例 2-2-1　　中华英才网

中华英才网

案例背景简介:

中华英才网成立于 1997 年,是国内最早、最专业的人才招聘网站之一,其品牌和服务已被个人求职者和企业人力资源部门普遍认可。

中华英才网网站首页

2005 年 4 月,全球的网络服务提供商 Monster.com 向中华英才网注入 5 000 万美元战略投资,并把自身先进的管理理念、业务模式和产品引入中华英才网,公司从此进入全新的国际化发展阶段。同年 5 月,中华英才网与中国门户网站新浪网进行战略合作,缔造网络招聘帝国。

中华英才网总部位于北京,在全国共有 12 家分公司,拥有 1 000 余名高素质、专业化人才组成的人力资源服务团队。主要产品与服务有:网络招聘、英才招聘宝、英才 SSS、校园招聘、猎头服务等。

公司发展历程:

1997 年推出 ChinaHR.com 网站，国内首家全国性专业招聘网站。

2000 年首度获巨额海外风险投资。

2002 年首批获得政府批准的经营人才中介服务资质的中外合资企业。

2005 年获全球网络招聘企业 Monster 5 000 万美元战略投资，迈向国际化；推出国内面向中小企业的网络招聘服务产品——英才招聘宝；业务增长突破 100%，成为当年增长速度较快的中国招聘网站。

2006 年成为央视节目《赢在中国》的战略合作伙伴和唯一指定报名海选网站，创建中国职位搜索品牌——Search Job 5.0。

案例分析：

1997 年，中华英才网成立，是当时国内首家全国性专业招聘网站。1997 年是互联网发展的一个高峰，很多人投资互联网，但随着 1999 年网络泡沫经济的破灭，很多网站纷纷倒闭，而把目标市场定位于招聘服务的中华英才网，在 2000 年获得了巨额海外风险投资，事实证明中华英才网的市场定位是非常有前景的。21 世纪是人才的竞争，人才的流动越来越频繁，通过网络来进行招聘和应聘已经是习以为常的事，而且已经是许多公司必不可少的招聘渠道、许多人才应聘的有效途径。另外招聘服务不涉及物流，所有的服务在线就可以完成，这样就没有物流瓶颈的问题。专业的人力资源服务是招聘行业发展的大方向，在这一点上，中华英才网没有像其他网站服务商一样，以网络广告作为主营收入，而是以专业的人力资源服务来打造自己的竞争优势，作为盈利点，不能不说中华英才网的成功主要取决于对目标市场的定位及准确把握。

2.2.2 明确电子商务网站建设的目的

正确的建站目标来源于清晰的网站定位，目标市场确定后，针对目标市场的网民特点，要明确电子商务网站建设的目的，只有明确建站目的，才能确定网站功能，比如信息门户型网站一定有多个信息发布功能，网上商店一定有产品定购功能。下面我们通过三个案例来对比分析一下不同的建站目的，对应不同的网站功能的设计。

案例 2-2-2　黄山旅游电子商务网

案例背景简介：

黄山旅游电子商务网隶属于黄山市途马旅游电子商务有限责任公司。黄山市途马旅游电子商务有限责任公司（以下简称公司）是黄山旅游发展股份有限公司和黄山皮蓬文化发展有限责任公司共同投资成立的专业旅游信息化公司，公司自 2005 年成立时起，本着为游客服务、方便游客、提高景区服务水平、提高景区的信息化的旅游电子商务理念，利用现代的互联网技术，为游客和企业提供网上在线交易服务。

黄山旅游电子商务网

公司凭借现代的网络技术和各大银行的电子商务交易平台，主要从事旅游产品和服务的网上交易，包括门票、索道票的网上预订和酒店的网上预订，向客户提供"吃、住、行、游、购、娱"等一条龙服务，客户群体以来黄山观光旅游、休闲度假、会议、疗养的企事业单位和个人为主，在线路预订上开辟了多种特色旅游服务线路。

黄山旅游电子商务网首页

公司不仅对国内游客和国外游客服务，还包括世界各国从事中国旅游业务的旅行商。根据不同地区市场，不同客户的需求，采取灵活的经营方式，提供多样化的服务。

1. 对零售散客户的业务（B2C），是建立在传统旅游产品的基础上，通过在线销售和预订的方式实现的。产品侧重于多角度的选择和灵活的组合，服务注重个性化的需要。

2. 针对企业客户的业务（B2B），是全新的、广义概念上的旅行业务。它根据每一客户的每一具体需求度身定制产品，如策划和实施会议、展览、奖励旅游等活动。此项业务的出发点是体现企业客户的特性，并且最大限度地追求活动实效。作为我公司的企业客户，还可长期享受优惠的价格。

3. 在旅行社代理业务（B2B）方面，充分利用自身强大的网络，力求为旅行社代理和业务合作伙伴提供跨区域的、全面的服务。

黄山旅游电子商务网的目标是使黄山旅游电子商务网成为名副其实的"中国最专业的品牌旅游网"。伴随网络信息时代的到来，作为以黄山蓬勃旅游事业为背景运营的黄山旅游电子商务有限公司，始终树立"以人为本，诚信服务"的理念，以"方便、快捷、优质、高效"的服务，笑迎四海宾朋。

案例分析：

黄山旅游电子商务网是目前具有代表性的旅游电子商务之一，打造的是旅游景点黄山旅游的知名品牌，提供的服务包括景点门票预订、酒店预订、线路预订及会议预订、租车预订；同时提供网上游黄山、黄山旅游指南等服务。收入来源主要是旅游景点门票，租车等服务费用，同时网上预订酒店能带来一定的收入，网站建设的目的明确，该网站借助本地旅游资源，利用电子商务带动地方经济的发展。

案例 2-2-3　　　　　　　　　　e 龙旅行网

案例背景简介：

e 龙旅行网是中国在线旅行服务行业的先行者，依靠 www.elong.com 和 www.elong.net 两个网站和呼叫中心为会员提供旅游资讯及预订等一站式服务。目前 e 龙旅行网可以提供国内 280 个主要城市的近 3 200 家酒店和海外 4 000 多家酒店优惠的预订服务，国内 50 多个主要旅游城市的送机票服务，以及度假、租车等旅游服务。

e 龙旅行网 1999 年成立，总部设在北京，目前公司员工 2 000 多名。2004 年 10 月 e 龙旅行网在美国 NASDAQ 上市，目前全球最大的在线旅行服务公司 Expedia 拥有 e 龙旅行网 52% 的股权。借助国际先进的网络经营理念，使 e 龙旅行网的服务很快得到认可。

案例分析：

e 龙旅行网提供的是专业的旅游电子商务服务，通过整合资源，提供在线服务来获得收益，不同于传统的旅行社和各地旅游景点公司，属于第三方旅游服务公司。网站建设的目的是服务广大旅游爱好者，以方便人们旅游出行，提供便捷的服务。

案例 2-2-4　　　　　　　　　　大连休闲生活网

大连休闲生活网首页

案例背景简介：

大连休闲生活网2006年年底成立，隶属于大有电子商务有限公司，该站全面提供滨城大连餐饮、大连美食、大连宾馆、大连娱乐、休闲购物场所介绍，提供高中低档消费资讯信息。大连休闲生活网主要有热点信息、大连本地信息及会员咨询中心几个部分组成，主体是网络图片广告。

案例分析：

该网站属于地方性的旅游类咨询网站，是个新建立的站点，目前没有什么知名度，但它的经营模式与以上两个案例不同，经营理念主要体现了以下两个特点：第一，网站以图片展示为主，页面亮丽，一目了然；第二，咨询全面，大连本地的大部分宾馆饭店、娱乐休闲场所都能在网页上找到。

综合以上三个旅游行业的案例可以看出，尽管都是旅游行业的服务性站点，根据不同的目的，建设不同功能的站点，提供不同的服务内容，盈利模式也不同。

2.2.3 如何合理确立建站目标

建设电子商务网站目的明确后，目标要清晰，进行量化。网站改版是互联网发展的必然结果，由于技术的进步，内容的更新，网民需求的不断变化，网站必须不断地满足新的需求，必然要进行网站的改版。因此，为了减少重复投资及网站改版带来的问题，在建站初期就要有一定的规划：第一版网站的建设目标是什么？运营时间多久？第二版的目标是什么？计划什么时候进行改版？在网站改版过程中涉及的数据备份问题如何解决？

企业进行电子商务网站建设主要有以下几个目标：

(1) 利用网络与客户进行互动交流，充分服务于顾客；企业建立网站，将信息咨询站开设到网上，提供信息服务。可与外部建立实时的、专题的或个别的信息交流渠道，比如案例2-2-5北京市兽医实验诊断所的第一版网站就是这个目标。在为顾客服务当中，使商业信息有效是最重要的方式之一。

(2) 网络中建立存在，形成企业诚信形象。世界上大概有4.4亿人已经连接到互联网上。无论做何种生意，都无法忽视这4.4亿人的存在。让客户和同行业都能在网络上看到企业展示，企业就能够在国内和世界"亮相"，这无疑是一种宣传企业、产品和服务的机会。从广告意义上看，企业网站事关企业形象建设，没有网站也谈不上企业形象，因此应主动抢占先机。

(3) 利用网络实现电子商务化，使企业上网，这是时代发展的必然。只有利用电子商务进行企业信息化，提高工作效能，才能跟上时代发展的潮流。直接销售商品是电子商务的体现之一，网络是企业和客户联系的一个平台，只有先建立联系，接下来才是销售商品。但是，在人们决定成为消费者之前，他们想要了解企业，了解企业的产品和企业能够为他们提供的服务。

(4) 利用网络回答经常询问的问题。在企业的电话咨询中，经常反复回答相同的问题。这些问题是顾客和潜在顾客在与企业进行交易之前想了解的情况。把答案放到网站上，既节省了资源、又提高了效率。

(5) 与销售人员保持联系。销售人员可能需要最新的消息以帮助他们实现销售或是完成交易，而在互联网上以完全机密的方式传递公司内部信息，是如此迅速和无障碍。

（6）开辟国际市场。运用网络，同国际贸易伙伴开展对话，就像和街对面的公司进行对话一样简单。事实上，在你登录到网络之前，你就应该决定该如何去处理将摆在你面前的国际性生意。因为你的邮件肯定会带来国际性的机遇，无论这是不是你计划中的一部分。

（7）创造 24 小时服务。商业活动是全天候的，而企业的办公时间并不是全天候的。网络可以一周七天、一天 24 小时为顾客、消费者和合作伙伴服务，也不会存在加班费的问题。

（8）迅速利用正在发生变化的信息。有时信息在从新闻界发出之前就已经发生了变化，那么现在你拥有的是一堆昂贵的、无价值的纸张。电子出版物却可以按照你的需要去改变。无须纸张、无须墨水、无须印刷费用，你可以根据需要在一天之内进行多次修改。没有任何打印资料能够适应这种灵活性。

（9）从消费者处获得反馈。你分发了说明书、目录和小册子，但并未起作用。有了网站，你无须更多的成本就能够咨询并立即得到反馈。并且当答案在消费者头脑中还是新鲜的时候就能够得到它，而不需成本和商业回函的响应。

案例 2-2-5　　　　　　　　北京市兽医实验诊断所

北京市兽医实验诊断所网页（第一版）

北京市兽医实验诊断所网页（第二版）

案例背景简介：

北京市兽医实验诊断所是北京市首家从事小动物疫病诊疗的单位，医院前身为北京市兽医院，2003年介入互联网，利用网络进行沟通和交流，为网民服务。

目前网站提示正在改版建设中，从改版后的首页中我们可以看到，这个网站功能比较完善，页面设计美观，提供资源丰富，除了原有的网上门诊以外，还增加了网上商店、兽医技术、名宠欣赏等栏目，使网站更具有实用价值，网站建设的目标及时更新。

案例分析： 由第一版网站可见，整个网站功能简单，栏目设置不多，只有动物医院、业务部、网上门诊、产品展示及论坛和留言板，整个网站以网上门诊为主，用留言板功能实现。

第一版网站建设是在2003年，当时的网站技术还不是很先进。但网站建设目标明确，主要通过网上的交流和及时对留言人的反馈来解决很多养宠物人的问题，增加网站人气，通过网站来提高医院的影响力。

第二版网站图片是在2007年元月在该网站拍下来的。也就是说自2005年元月以来至第二次改版，始终没有什么进展。非常明显的一个原因就是网站的运营出了问题，原来的网站功能相对简单，用一个人兼职管理，回回帖子就可以了。但现在改版后的网站需要专人负责，不但要懂得互联网，还要是兽医专业人员。前面已经提过，关于网站运营管理人员的招聘与组织也是网站建设规划的内容之一。这个网站在规划时忽略了这一点，导致网站无人管理，信息内容没有及时更新。

2.2.4 电子商务网站竞争优势分析

相同类型相同名字的网站非常多，在网络上进行复制是非常容易的事情，因此，打造自己的竞争优势非常重要。

案例 2-2-6　　　　TOM 在线案例分析

案例背景简介：

TOM在线（美国纳斯达克：TOMO；香港创业板：8282）为中国之领先业界的无线互联网公司，为广大用户提供多媒体增值产品及服务。公司业务范围覆盖了包括短信、彩信、WAP、无线音讯互动服务（IVR）、内容频道、搜索、分类信息、免费及付费电邮服务，及网络游戏的多个领域。截至2006年9月30日，TOM在线是中国唯一一家在无线互联网服务各领域都名列三甲的门户网站。每日平均页访问量超过2.25亿次。此外，TOM在线通过与Skype成立TOM–Skype合资公司，推出新一代的点对点通信软件，使国内用户可以以IM即时通信工具、语音及影像形式进行交流。截至2005年年底，TOM–Skype已拥有473万注册用户。

案例分析：

Tom在线的公司目标是要成为中国领先的移动互联网公司。其有着明确的定位，既然是领先的互联网公司，网站的定位为中国门户型网站。TOM网站为什么要定位为门户网站呢？首先，从市场角度分析，2000年是互联网发展的冬天，当时网络泡沫经济破灭，很多网站纷纷倒闭，很多风险投资资金从网络中抽走转向其他行业。而立于不败之地的就是搜狐、网易和新浪等大型门户网站，它们是当时唯一成功的网站模式。其次，TOM公司的目标是要

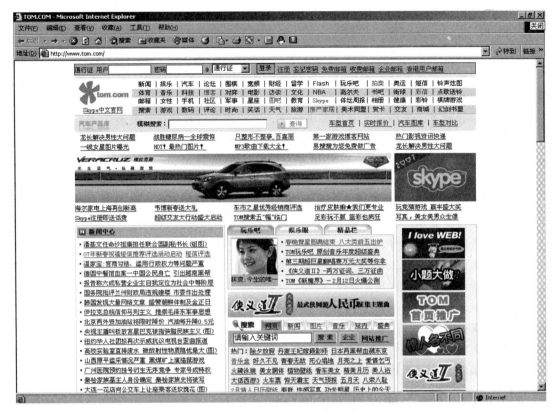

TOM 在线网首页

成为中国领先的移动互联网公司,既然要领先,就要做得大、做得好,因此定位为门户型网站。其网站内容丰富,栏目众多,功能齐全。

2.3 电子商务网站投资策划

如何提高网站的访问量,对网站进行有效的推广,达到网络营销的目的是企业建网站关注的问题,同时投资金额的多少也是电子商务网站建设者关注的主要问题之一。投资回报率是每一投资者都要考虑的。

目前,互联网网站建设服务市场比较混乱。一个技术人员可以做一个网站;注册资金上亿元的网络服务公司也可以做一个网站。对于网站的投资弹性非常大,可以免费制作一个网站,也可以投入几千元、几万元,甚至几十万元、几百万元制作一个网站。因此对于网站的投资一定要慎重,要选择最适合自己的。

电子商务网站投入价格弹性大,最主要的原因有如下几个方面:

(1) 服务器投资。

(2) 服务商选择。不同的网络公司运营成本不同,在服务价格上差异较大,售后服务的质量不同也导致了服务成本的不同。

(3) 网站功能的选择。功能是否强大,功能要求是否特殊,都影响了网站的价格。网站属于按照需求进行定制的产品,一般没有办法进行批量生产。尽管目前市场上有很多智能建站的产品，但并不能满足大多数客户的需求。

（4）技术的选择。现在动态网站的制作，不管用什么技术，都能开发出满足客户需求的功能，但选择不同技术开发的网站成本是不同的。这一点我们后面的章节会有介绍。

案例 2-3-1　　　　　　　　　　**中国万网域名注册和虚拟主机服务提供商**

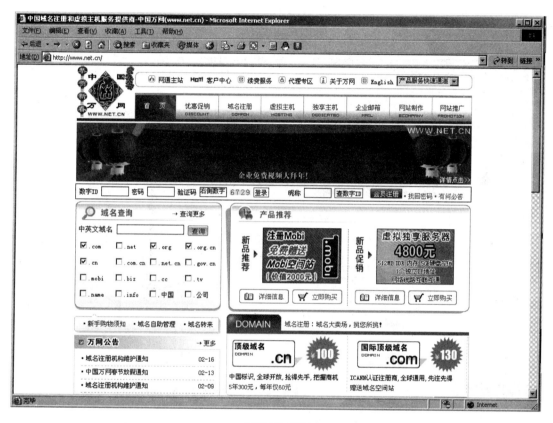

中国万网首页

案例背景简介：

中国万网

中国万网是中国最大的域名和网站托管服务提供商，由美国风险投资 IDG 和新桥资本（Newbridge Capital）投资，创建于 1996 年，是中国互联网服务行业的旗舰。中国万网一直专注于中国 e 网络体系（e-infrastructure）建设，用高性能价格比的虚拟主机技术帮助企业用最小的投资在互联网上建立起自己的网站，进行网络营销，实现企业 e 化。

中国万网总部位于北京，在上海、广州等国内主要 IT 城市设有分支机构，与中国万网签约的代理商已达数千家，遍布全国各省市，具备大规模为各类用户服务的业务实力。

2005 年年初，中国万网推出其全新的网络营销平台——买麦网。买麦网的目标是建立采购商和供应商之间的互动信息交流平台，使企业在采购和销售活动中能够节约时间，降低成本，同时最大限度地增加企业网上营销的机会。买麦网领先的营销技术和一流的人才储备为中国万网这艘网络旗舰注入新的发展活力，中国万网已经成为中国首家能同时提供 IT 应用和网络营销服务的一站式服务平台。

案例分析：

无论是个人建站还是利用网络公司建站，域名和空间的费用是必不可少的。而且在投资上一般不会有很大的差异。目前网络市场上域名和空间的报价基本是透明的。各个服务商高中低档的服务都有，建站者可以根据需要来进行选择。

案例 2-3-2　　　　　　　　　　中企动力

中企动力网首页

案例背景简介：

中企动力科技集团股份有限公司成立于 1999 年，是香港联合交易所上市公司中国数码集团旗下的一家大型股份制高新技术企业。公司营运总部位于北京，是国内发展早、规模大、服务网络广、专业服务人员多的企业 IT 应用服务运营商，现已在全国设立了 70 余家直属分支机构，员工总数逾 7 000 人，拥有研发工程师 800 余人，已经为 25 万家企业客户提供了全方位、多层面的 IT 应用服务和信息化解决方案。根据全球权威机构研究报告显示，中企动力在中国 IT 服务市场名列前十强，同时三年蝉联中国 IT 外包服务市场本土企业第一名，被业界评价为中国企业 IT 服务第一品牌。

中企动力始终秉承"以客户为中心"的经营理念，视推动中国企业开展电子商务、实现信息化为己任；深入研究企业客户的实际需要，开创性地建立了最适合中小企业需要的

IT应用服务运营模式；运用先进的信息技术搭建起一个适合企业业务和管理需要的应用服务平台，并透过庞大的全国性商务网络，面对面地向企业客户提供全方位、标准化、一站式的IT应用服务和信息化解决方案。其产品包括网络基础系列、数字商务系列、企业通信系列和网络推广系列等。

IT应用服务运营模式从根本上克服了以系统集成、定制开发为代表的传统IT服务模式带来的高投入、高风险、低回报、升级维护困难、对用户自身技术要求高等问题。由中企动力自主研发、以数字商务平台产品为代表的全系列IT应用服务运营平台，成功地帮助中小企业降低了IT总体运营成本，提升了企业开展电子商务的竞争力。"应用服务"导向和"无缝"升级，使客户无须配备专业的IT技术人员，更不必担心系统的升级和维护。该平台具有与国际同步、国内领先的技术水平，功能强大、全面，性能稳定可靠，而且使用方便、操作简单，能够帮助企业客户以低成本的投入享受世界先进的IT技术，从容面对市场竞争和需求的变化，轻松地开展电子商务和网络营销。

案例分析：

中企动力提供域名注册、虚拟主机、网站建设、网站推广、企业邮箱等服务，与其他服务商不同的是，该公司的服务以整体策划为主。其网站开发技术先进，功能开发和服务相对完善。

电子商务网站的投资是否合理，主要看两个方面：一是网站的性能价格比；二是网站的投资收益比。首先要了解电子商务网站投资，主要包括网站建设成本、网站推广成本、运营成本、人力成本及时间成本等方面。性能价格比主要是网站建设成本与网站功能的多少及功能是否完善来进行价格的比较，选择同样的功能价格低者，同等的价格功能强者。网站的投资收益比主要是整体网站的投入与网站带来的收益进行比较。网站可以直接给企业带来经济效益，也可以间接提高工作效率带来收益。只要企业的管理者认为带来的效益超过投入，就可以进行投资。

2.4 电子商务网站建设策划

电子商务网站建设策划主要是选择建站的途径。目前电子商务网站建设途径主要有三条：一是自己组织人员进行网站开发；二是靠私人关系建设网站；三是选择网络公司提供网站建设。自己组织人员进行网站开发，投入成本比较高，如果建站者不是专业人士，而聘请的人员又出现流动，那么网站运营维护的成本将非常高。如果自建服务器，成本就更高了，但基本能完全满足客户的需求。靠私人关系建设网站投入成本很低，甚至可能不需要花钱，但基本没有后续的服务，网站功能一般比较简单，稳定性不好。选择网络公司提供网站建设是目前大多数建站者的选择，主要是投入成本适中，有后续的服务，功能健全，基本能满足客户的需求。

2.4.1 电子商务网站建设策划的具体内容

电子商务网站建设策划的具体内容主要有如下方面：

（1）域名策划。选择适合企业的网址，如同贴个易记、好找的门牌号码。

(2) 注册网络标识。在网上建立品牌名称,比如通用网址、网络实名等。
(3) 选择优秀的服务器提供商,把地基打牢。
(4) 购买企业邮箱,拥有多个全天候的服务人员。
(5) 认真策划网站栏目(内容组织必须以网站定位为出发点),使网站合理布局,内容饱满。
(6) 认真规划网站流程,使网站运转起来井然有序,客户进来即知站内情况。
(7) 建立完善的网站维护系统,避免网站无人管理,保持网站人气兴旺。

2.4.2 电子商务网站功能选择与分析

目前电子商务网站从功能的角度分为如下几种类型。

1. 产品宣传型

网站作为企业在互联网上的窗口,以宣传公司的产品为主,全方位地展示企业经营实力、公司产品优势及服务特点。

2. 网上营销型

网站作为企业市场宣传的一部分,注重虚拟市场的开发。网站功能除产品及公司的介绍外,注重与网民的互动和交流,目的是通过网络营销扩大企业影响力。

3. 客户服务型

网站作为企业服务的一种体现,比如联想网站的服务与支持栏目(http://support.lenovo.com.cn/),通过技术下载、网上保修等功能明显地体现了周到的售后服务。

4. 电子商务型

网站是以直接盈利为目的的网上商店,比如淘宝网上的众多网店,卓越网、快友购物网。目前常见电子商务网站的功能如表2-4-1所示。

表2-4-1 电子商务网站功能一览表

会员管理	商品展示和管理	商品订购管理
网上支付	信息发布	下载功能
在线调查	广告管理	积分管理
留言板	论坛功能	在线招聘
手机浏览	手机短信管理	网站流量统计分析
邮件管理	在线视频	友情链接功能

2.5 电子商务网站的推广策划

网站推广策划是网站整体策划的重要组成部分。网站能否获得收益的关键因素之一就是推广策划。互联网上存在上亿个站点,每天都有新的网站上传,让网民知道网站的存在,主要靠推广来实现。没有推广的网站就如同在没有人烟的沙漠中建立购物中心。推广策划不仅是推广的行动指南,同时也是检验推广效果是否达到预期目标的衡量标准。那么,网站如何进行推广,推广的方式都有哪些?

2.5.1 网站的推广方式介绍

随着互联网的发展，网站推广方式也越来越多，从基础的域名、网络广告到通用网址、搜索引擎，互联网从内容为王的时代进入了一个真正的网络营销时代。

1. 多种域名

域名是 IP 地址的助记符，是企业在互联网上的门牌号。从技术角度来看，域名只是互联网中用于解决地址对应问题的一种方法；从社会科学角度来看，域名已成为互联网文化的组成部分。域名按注册机构划分为国际顶级域名（.com.gov.org.cc）和国内顶级域名（.cn.jp.us）；按支持语言划分为英文域名（sohu.cn）和中文域名（搜狐.cn）。

域名具有唯一性，具有先注册先获得的特点，同时域名也是一种网络无形资产。注册多个域名可以让网民不管通过哪个域名都能直接进去网站，同时是对自己无形资产的保护。比如，搜狐公司注册的域名有：sohu.cn，sohu.com，sohu.com.cn，sohu.cc，sohu.tv，sohu.info，sohu.name，sohu.mobi，sohu.net，sohu.org，sohu.biz，搜狐.cn，搜狐.中国，搜狐.网络，搜狐.公司等。现在的域名也是一种有价值的网络无形资产，像迪士尼.cn 被南京汇通汽车销售有限公司注册，海飞丝.cn 被北京友科软件有限公司注册，这些知名品牌的无形资产由于缺乏保护意识而受到损失。

2. 通用网址

通用网址是继 IP 和域名之后第三代网络访问技术，并在域名的基础上发挥作用，通过在地址栏中直接输入注册的关键词直达目标网站。通用网址的特点是唯一性，直达网站，输入简单，容易记忆，但需要安装插件才可以使用。

3. 搜索引擎

搜索引擎是目前互联网上使用最广的工具之一，在海量信息充斥互联网的今天，没有搜索引擎，我们将寸步难行。

通过在搜索引擎上注册来进行网站推广也是目前最有效的方式之一。（cnnic 报告显示）86.9%的网民通过搜索引擎查找新网站。人们已将百度等搜索引擎视为查找各类资讯和产品采购的主要工具。各个互联网公司也纷纷推出搜索引擎服务，如中国搜索联盟、搜搜、YAHOO 等。

搜索引擎，可以说是互联网的又一个金矿。从"注意力"到"搜索力"，互联网在日益体现它超乎想象的价值。现在的互联网已经走进了"搜索经济时代"。因此，通过搜索引擎来进行网站推广，效果是非常明显的。

4. 网络广告

网络广告是指广告主利用一些受众密集或有特征的网站以图片、文字、动画、视频或者与网站内容相结合的方式传播自身的商业信息，并设置链接到某目的网页的过程。

网络广告的主要形式有：

网幅广告（包含旗帜广告、按钮广告、通栏广告、竖边/摩天楼广告、巨幅/画中画广告等）。网幅广告是以 GIF、JPG、Flash 等格式建立的图像文件，定位在网页中用来表现广告内容，同时还可使用 Java、Javascript 等语言使其产生交互性，用 Shockwave、视频等工具增强表现力。

文本链接广告是以一行文字作为一个广告，点击后可以进入相应的广告页面。这是一种对浏览者干扰最少,却较为有效果的网络广告形式。有时候,最简单的广告形式效果却最好。

电子邮件广告具有费用低廉的特点,且广告内容不受限制、针对性强,它可以针对具体某一类符合广告主要求的特定属性的用户发送特定的广告。

赞助式广告的形式多种多样,通常是广告主根据其自身的产品特点,对媒体某个频道或专题进行冠名或者特约报道商业合作。除传统的网络广告之外,将媒体内容品牌与广告主的企业、产品形象有机结合,给予广告主更多的选择。

富媒体广告(Rich Media)一般指综合运用了 Flash、视频和 Javascript 等脚本语言技术制作的,具有复杂视觉效果和交互功能的网络广告。富媒体广告通常尺寸比较大,通过视频或者交互的内容播放可以容纳更多的广告信息,甚至可以让受众不需要点击到广告主网站上即可了解广告主的企业及产品的详细内容;富媒体广告通过程序语言设计就可以实现游戏、调查、竞赛等相对复杂的用户交互功能,可以为广告主与受众之间搭建一个沟通交流平台。

视频广告,比如搜狐利用自身的网络视频播放平台,为广告主的新闻发布会、新品发布会及其他一些地面活动进行网络视频直播或者录播,比电视台实况报道成本更低,传播范围更广,能够为广告主快速、生动地宣传其产品及营销活动。

网民对各种媒体广告的信任程度比较,如表 2-5-1 所示。

表 2-5-1 网民对各种媒体广告的信任程度   %

媒体广告	非常信任	比较信任	一般	比较不信任	很不信任
电视广告	7.7	33.2	38.4	12.3	8.4
广播广告	7.9	19.8	40.7	17.8	13.8
报纸/杂志广告	2.9	24.4	51.5	16.6	4.6
网络广告	7.9	22.7	45.3	18.3	5.8
户外广告	8.5	20.2	41.3	19.9	10.1

通过以上数据分析,网络广告与电视广告同样受到人们的关注,而且网络广告主动浏览的特点,使网络广告效果是可检测的、更为有效的。网络广告之所以是商家的首选,还有一点主要是网络广告的成本比电视广告的成本要低很多。

例如,搜狐公司是中国互联网知名品牌,也是最早开发应用网络广告的网络媒体。广告资源丰富,产品种类繁多,通过对搜索公司提供的广告服务,我们可以了解到比较全面的互联网广告服务。图 2-5-1 是搜狐网首页。

搜狐网

5. 网站链接

网站链接也是一种有效的推广方式,通过交换链接及在行业站点上建立自己的链接,都可以让条条大路通罗马。链接网站越多,说明网站越好。

图 2-5-1 搜狐网首页

6. 传统营销

传统营销与网络营销是互补的、相辅相成的企业宣传推广的方式,如何借助传统的营销方式进行网络的宣传也是我们需要了解的,比如,在投资各种传统广告时,注意标注出网址、E-mail 地址及通用网址或中文域名,在任何一种广告登出以后,都一定要让客户知道,可以随时登录企业站点来了解详细信息,并在名片上印刷网址和 E-mail 地址。

7. 企业邮箱

企业邮箱是以企业的域名作为后缀的收费邮箱,可以说是一种代表企业形象的一位 24 小时全天候服务的营销人员,有了它可以让世界各地的人们非常方便地与企业联系,与企业进行沟通。

E-mail 营销:是利用企业邮箱的邮件列表功能定期向意向客户发送广告或是宣传的邮件。

8. 供求信息发布

供求信息发布是指在一些行业站点上进行信息发布,以达到获得商机的目的。

9. 论坛、留言版信息发布

在一些人气比较旺的网站上,发布有价值的利于自己网站或产品推广的一些信息,是十分有效果的。

10. 网上竞赛

网上竞赛是网络营销活动的策划和执行,可以聚集更多的人气,引起网民的关注,比如中国电子商务大赛的产品提供者卓越网,通过支持这个电子商务大赛,直接带来销售收入几十万元。

11. 病毒营销

病毒营销是一种自动复制、自动传播的营销方式(口碑式传播)。

除此之外还有有奖在线调查、问卷方式,或是 E-mail 问卷方式、网上促销活动、积分销售、打折促销等。综上所述,网站推广的方式非常多,有收费的,有免费的,在选择推广方式时要多种推广方式相结合,选择最适合的推广方式才能达到网站推广的目的。

2.5.2 如何进行电子商务网站的推广策划

企业网站是一个巨大的信息载体,从营销角度来说,它是一个超级的宣传册子。打个比喻,做好了一个网站,就相当于印好了宣传册子,没有对网站进行有效的推广,就相当于做好了宣传册没有散发邮寄。没有给别人看的宣传册子当然不会给企业带来好处。而事实上,国内中小企业只做了建站这一步,认识到网站推广的重要性并对网站进行推广的企业则少之又少。网站推广策划一般包含下列主要内容:

(1) 确定网站推广的阶段目标。如在发布后 1 年内实现每天独立访问用户数量、与竞争者相比的相对排名、在主要搜索引擎的表现、网站被链接的数量、注册用户数量等。

(2) 在网站发布运营的不同阶段所采取的网站推广方法。如果可能,最好详细列出各个阶段的具体网站推广方法,如登录搜索引擎的名称、网络广告的主要形式和媒体选择、需要投入的费用等。

(3) 网站推广策略的控制和效果评价,如阶段推广目标的控制、推广效果评价指标等。对网站推广计划的控制和评价是为了及时发现网络营销过程中的问题,保证网络营销活动的顺利进行。

案例 2-5-1

案例背景简介:

某公司生产和销售中国旅游纪念品,产品销售到世界各地,为此建立了一个网站来宣传公司产品,并且具备了网上下订单的功能。现将这个网站做一个推广策划。

这里将网站第一个推广年度分为 4 个阶段,每个阶段 3 个月左右:网站策划建设阶段、网站发布初期、网站增长期、网站稳定期。

该网站制订的推广计划主要包括下列内容:

(1) 网站推广目标:计划在网站发布 1 年后达到每天独立访问用户 2 000 人,注册用户 10 000 人。

(2) 网站策划建设阶段的推广:从网站正式发布前就开始了推广的准备,在网站建设过程中从网站结构、内容等方面对谷歌、百度等搜索引擎进行优化设计。

(3) 网站发布初期的基本推广手段:登录 10 个主要搜索引擎和分类目录(列出计划登录网站的名单)、购买 2~3 个网络实名/通用网址,与部分合作伙伴建立网站链接。另外,配合公司其他营销活动,在部分媒体和行业网站发布企业新闻。

(4) 网站增长期的推广:当网站有一定访问量之后,为继续保持网站访问量的增长和品牌提升,在相关行业网站投放网络广告(包括计划投放广告的网站及栏目选择、广告形式等),在若干相关专业电子刊物投放广告;与部分合作伙伴进行资源互换。

(5) 网站稳定期的推广:结合公司新产品促销,不定期发送在线优惠券;参与行业内的排行评比等活动,以期获得新闻价值;在条件成熟的情况下,建设一个中立的与企业核心产品相关的行业信息类网站来进行辅助推广。

(6) 推广效果的评价:对主要网站推广措施的效果进行跟踪,定期进行网站流量统计分析,必要时与专业网络顾问机构合作进行网络营销诊断,改进或者取消效果不佳的推广手段，在效果明显的推广策略方面加大投入比重。

案例分析：

这个案例并不是一个完整的网站推广计划，仅仅笼统地列出了部分重要的推广内容，不过，从这个简单的网站推广计划中可以得出几个基本结论：

（1）制定网站推广计划有助于在网站推广工作中有的放矢，并且有步骤、有目的地开展工作，避免重要内容的遗漏。

（2）网站推广在网站正式发布之前就已经开始，尤其是针对搜索引擎的优化工作，在网站设计阶段就应考虑到推广的需要，并做必要的优化设计。

（3）网站推广的基本方法对于大部分网站都是适用的，也就是所谓的通用网站推广方法，一个网站在建设阶段和发布初期通常都需要进行这些常规的推广。

（4）在网站推广的不同阶段需要采用不同的方法，也就是说网站推广方法具有阶段性。有些网站推广方法可能长期有效，有些则仅适用于某个阶段，或者临时性采用，各种网站推广方法往往是相结合使用的。

（5）网站推广是网络营销的内容之一，但不是网络营销的全部，同时网站推广也不是孤立的，需要与其他网络营销活动相结合来进行。

（6）网站进入稳定期之后，推广工作不应停止，但由于进一步提高访问量有较大难度，需要采用一些超常规的推广策略，如上述案例中建设一个行业信息类网站的计划等。

（7）网站推广不能盲目进行，需要进行效果跟踪和控制。在网站推广评价方法中，最重要的一项指标的网站的访问量，访问量的变化情况基本上反映了网站推广的成效，因此网站访问统计分析报告对网站推广的成功具有至关重要的作用。

案例中给出的是网站推广总体计划，除此之外，针对每一种具体的网站推广措施制定详细的计划也是必要的，例如关于搜索引擎推广计划、资源合作计划、网络广告计划等，这样可以更加具体化，对更多的问题提前进行准备，便于对网站推广效果的控制。

2.5.3　电子商务网站的推广策划注意事项

合理有效的电子商务网站推广策划是网站成功的关键，在进行推广策划时要注意以下几个方面：

（1）推广方式要注意从商标保护的角度进行，注意无形资产的保护。

（2）前期推广选择容易见到效果的推广，并结合传统的推广，比如搜索引擎注册及名片推广。

（3）有计划地进行网络推广。网站推广方式众多，选择时一定有计划、有步骤、有效果地进行。并有计划地进行网站的运营和改版。

一般来讲具体步骤如下（仅供参考）：

①明确网站用户群体，明确目标市场。

②网站推广要有整体规划。中英文域名、通用网址、网络实名、搜索引擎注册、网络广告设计等应合理地应用。

③建立网站超级链接，发布供求、合作信息。

④网站推广要考虑长远意义。

⑤网站质量高是推广效果好的前提。

(4) 关键词的选择。从客户和使用者的角度考虑，使用者都是有目的地搜索，关键词要选择使用率最高的，行业性的词也是非常广泛的高频率词，具有垄断性；要细分产品的名称，比如拧紧机；要具体列明业务咨询的名称，比如出国中介等。

思 考 题

1. 为什么电子商务网站投入价格弹性大？
2. 讨论分析中华英才网目前的市场定位及发展方向。
3. 案例分析：中德珍珠岩。

案例背景介绍：

中德珍珠岩厂是一家独资企业。大连中德珍珠岩厂是全国生产销售膨胀珍珠岩、膨胀蛭石、培养土以及各种轻质陶粒和非金属矿产品规模最大的专业企业之一。厂区占地面积16万平方米。拥有高级工程师以下技术人员8名。本厂距机场28千米，距集装箱港18千米。建筑建材、板材、耐火材料、化工、洗布、园艺、工业过滤、深冷绝热等行业用产品，已大量销往全国各地并出口欧、美、日、韩等国际市场。膨胀珍珠岩、黑曜岩、膨胀蛭石、腐叶土，珍珠岩深加工产品及适用于高、中、低温应用的保温材料，年产量达20万~40万立方米，出口量占45%，分别销往日本、韩国及东南亚各国，其余销往全国各地，产品产量、质量居全国同行业之首。其产品信息和特种产品已在互联网上广泛交易。

该企业不但建立了（中、英、日、韩）四种语言的站点，而且非常重视网站的推广，先后在通用网址、搜索引擎注册上投入了十几万元，并在网络上有了上百万的收益。请你为它策划一个具体推广方案。

资料来源及参考网站

1. 天梯网 http://www.tntbbs.com/
2. 中国站长站 http://www.chinaz.com/
3. 铭万网 http://www.mainone.com/
4. 中计在线 http://www.ciw.com.cn/
5. 深圳电子行会信息网 http://www.seccw.com/
6. 北京市电子商会计算机行业分会 http://www.cbbecc.com/
7. 天下网吧加油站 http://www.gotogame.com.cn
8. 一大吧 http://www.yidaba.com/

第 3 章

电子商务网站主要模式及盈利模式分析

教学目标

互联网企业最核心的问题是盈利模式。盈利模式并非固定的,只有成功和不成功之分。现实网络中存在各种各样的盈利模式以及若干种盈利模式的组合。通过本章学习,使学生了解 B2B、B2C、C2C 等网站的盈利模式,能够根据企业所处的阶段、企业的目标采用不同的盈利模式。

关键词汇

盈利模式;客户需求;定位

知识回顾

网站的分类(图 3-1-1):B2B B2C C2C C2B O2O

网站的分类:垂直网站 水平网站 静态网站 动态网站

门户网站 商业网站 宣传性网站

网上广告:旗帜广告 按钮广告 浮标广告

文字广告 图形广告

电子商务的定位是指在潜在顾客心理上建立电子商务的地位。传统市场营销提出的定位原则——领导者定位、比附定位、重新定位和挤占定位,同样适合电子商务。

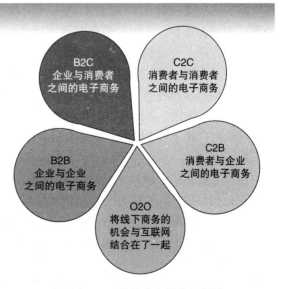

图 3-1-1 电子商务网站的类型

3.1 电子商务 B2B 盈利模式分析

3.1.1 B2B 的含义

B2B（也有写成 BTB，是 Business – to – Business 的缩写）是指企业与企业之间通过专用网络或互联网，进行数据信息的交换、传递，开展交易活动的商业模式。它将企业内部网和企业的产品及服务，通过 B2B 网站或移动客户端与客户紧密结合起来，通过网络的快速反应，为客户提供更好的服务，从而促进企业的业务发展。

B2B 中进行电子商务交易的供需双方都是商家（或企业、公司），它们使用互联网的技术或各种商务网络平台，完成商务交易过程。电子商务是现代 B2B 的一种具体主要表现形式。

B2B 含有三要素：

（1）买卖：B2B 网站或移动平台为消费者提供质优价廉的商品，吸引消费者购买的同时促使更多商家入驻。

（2）合作：与物流公司建立合作关系，为消费者的购买行为提供最终保障，这是 B2B 平台硬性条件之一。

（3）服务：物流主要是为消费者提供购买服务，从而实现再一次的交易。

3.1.2 B2B 的盈利模式

B2B 网站盈利主要方式如下。

1. 会员费

企业通过第三方电子商务平台参与电子商务交易，必须注册为 B2B 网站的会员。每年要交纳一定的会员费，才能享受到网站提供的各种服务。目前，会员费已成为我国 B2B 网站最主要的收入来源。比如阿里巴巴网站收取中国

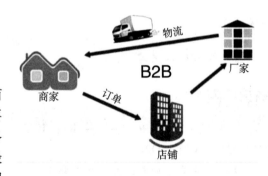

供应商、诚信通两种会员费，中国供应商会员费分为每年 4 万元和 6 万元两种，诚信通的会员费每年 2 300 元；中国化工网每个会员第一年的费用为 12 000 元，以后每年综合服务费用为 6 000 元；五金商中国的金视通会员费每年 1 580 元。

2. 广告费

网络广告是门户网站的主要盈利来源，同时也是 B2B 电子商务网站的主要收入来源。阿里巴巴网站的广告根据其在首页位置及广告类型来收费。中国化工网有弹出广告、漂浮广告、BANNER 广告、文字广告等多种表现形式可供用户选择。TOXUE 外贸网也主要以出售广告位的形式盈利。至于中国制造网、环球资源等在这一块就相对较少。

3. 竞价排名

企业为了促进产品的销售，都希望在 B2B 网站的信息搜索中将自己的排名提前，而网站在确保信息准确的基础上，根据会员交费的不同对排名顺序作相应的调整。阿里巴

巴的竞价排名是诚信通会员专享的搜索排名服务,当买家在阿里巴巴搜索供应信息时,竞价企业的信息将排在搜索结果的前三位,被买家第一时间找到。中国化工网的化工搜索是建立在全球最大的化工网站上的化工专业搜索平台,对全球近 20 万个化工及化工相关网站进行搜索,搜录的网页总数达 5 000 万,同时采用搜索竞价排名方式,确定企业排名顺序。

4. 增值服务

B2B 网站通常除了为企业提供贸易供求信息以外,还会提供一些独特的增值服务,包括企业认证、独立域名、提供行业数据分析报告、搜索引擎优化等。像现货认证就是针对电子这个行业提供的一个特殊的增值服务,因为通常电子采购商比较重视库存这一块。另外针对电子型号做的谷歌排名推广服务,就是搜索引擎优化的一种,像 ecvv(伊西威威、全名深圳伊西威威科技开发有限公司)这个平台就有这个增值服务,企业对这个都比较感兴趣。所以可以根据行业的特殊性去深挖客户的需求,然后提供具有针对性的增值服务。

5. 线下服务

线下服务主要包括展会、期刊、研讨会等。通过展会,供应商和采购商面对面地交流,一般的中小企业还是比较青睐这个方式的。期刊主要是关于行业资讯等信息,期刊里也可以植入广告。环球资源的展会现已成为重要的盈利模式,占其收入的 1/3 左右。而 ECVV 组织的各种展会和采购会也已取得不错的效果。

6. 商务合作

商务合作包括广告联盟、政府、行业协会合作、传统媒体的合作等。广告联盟通常是网络广告联盟,亚马逊通过这个方式已经取得了不错的成效,但在我国,联盟营销还处于萌芽阶段,大部分网站对于联盟营销还比较陌生。国内做得比较成熟的几家广告联盟有百度联盟、谷歌联盟、淘宝联盟等。

7. 按询盘付费

按询盘付费模式区别于传统的会员包年付费模式,是指从事国际贸易的企业不是按照时间来付费,而是按照海外推广带来的实际效果,也就是海外买家实际的有效询盘来付费。其中询盘是否有效,主动权在消费者手中,由消费者自行决定是否消费。尽管 B2B 市场发展势头良好,但 B2B 市场还是存在发育不成熟的一面。这种不成熟表现在 B2B 交易的许多先天性交易优势,比如在线价格协商和在线协作等还没有充分发挥出来。因此传统的按年收费模式,越来越受到以 ECVV 为代表的按询盘付费平台的冲击。"按询盘付费"有 4 大特点:零首付、零风险;主动权、消费权;免费推、针对广;及时付、便利大。广大企业不用冒着"投入几万元、十几万元,一年都收不回成本"的风险,零投入就可享受免费全球推广,成功获得有效询盘,辨认询盘的真实性和有效性后,只需在线支付单条询盘价格,就可以获得与海外买家直接谈判成单的机会,主动权完全掌握在供应商手里。

3.1.3 B2B 行业网站的经营模式

中国比较成功的 B2B 网站却并非所有都是在线交易模式,尤其是 B2B 行业网站,许多都没有做在线交易,更多是以基于交易为目的的网络营销推广和打造品牌知名度。根据对当前比较成功的 B2B 行业网站的分析研究,总结了 10 种 B2B 行业网站经营模式以及相应的组合方案，如图3-1-2所示。

图3-1-2　B2B行业网站经营模式

1. 以提供产品供应采购信息服务为主要经营模式的B2B行业网站

这类网站要建立分类齐全、产品品种多、产品参数完善、产品介绍详细的产品数据库，尤其是要注重产品信息质量，要不断更新，有更多最新、最真实、最准确的产品信息及时发布，全面提升采购体验，吸引更多采购商和供应商来网站发布信息、浏览查找信息。其盈利模式主要是向中小供应商企业收取会员费、广告费以及竞价排名费、网络营销基础服务费等。

2. 以提供加盟代理服务为主要经营模式的B2B行业网站

产品直接面对消费者的企业，一般会找加盟商、代理商来销售产品，一般这种企业的经营模式为"设计+销售"类型或"设计+生产+销售"类型。此类网站都是围绕品牌公司、经销商的需求来设计功能和页面的，比如服装网站，就要做好动态、图库、流行趋势等行业资讯内容，全面收集服装品牌信息，建立数量大、准确度高的加盟商、代理商数据库。这类网站的赢利模式主要是收品牌企业的广告费、会员费，尤其是广告费会占大部分比例。

3. 以提供生产代工信息服务为主要经营模式的B2B行业网站

此类B2B行业网站向工厂收取费用，为工厂寻找更好的订单，可以提供实地看厂拍照，确保收费的主推工厂生产实力信息的真实、丰富和准确。

4. 以提供小额在线批发交易服务为主要经营模式的B2B行业网站

经营这类网站，要非常了解零售商的需求，要建立完善的在线诚信体系、完善的支付体系，产品种类丰富、信息详细。综合、大行业的网站更易成功。

5. 以提供大宗商品在线交易服务为主要经营模式的B2B行业网站

这类网站的盈利模式主要就是收取交易佣金，提供行业分析报告，举办行业会议等。买卖双方诚信审核、支付的安全性、物流的快捷等，可通过第三方合作伙伴来实现。要进入这类网站首先要选好行业，一般门槛也比较高，可以在一些新兴的市场发展。

6. 以提供企业竞争性情报服务为主要经营模式的B2B行业网站

这类网站团队核心管理层要有行业背景，否则找不到信息来源，大型企业不愿意买账。适合那些从这类网站辞职的分析员，以及行业协会、商会、贸易商等同行业具有一定行业背景的人来开办，市场需求比较大，很多行业都允许几个网站生存。盈利模式包括会员费、报告销售、咨询、期刊、会议、广告费等。

7. 以"商机频道+技术社区服务"为主要经营模式的 B2B 行业网站

技术社区的盈利模式包括：招聘求职服务、技术会议服务、培训学校广告、软件广告服务、设备广告等。更重要的是为商机栏目增加用户黏性，运营时要服务好技术新手和技术高手，让高手在社区展示自己和产品，并能获得精神满足，让新手在这里能学知识，向技术高手提问，这样技术社区才能有内在的推动力，获得长远的、持续不断的发展。一般包括问答、博客、图库、招聘求职、下载、个人空间、微博、会议等栏目。

8. 以 B2B 行业网站服务为主要经营模式

宣传页的制作一定要注意控制成本，开始不要印刷得太多，同时多采用线下的渠道来推广，一般都是参加全国各地的展会免费派发，以及通过快递免费派发给目标的读者和广告客户，找到更认可纸媒的客户，发行一定要精准。赢利模式为封面、前彩页广告，内插页、页眉、页脚、书签、总目录右边等广告位费用。

9. 以 B2B 行业网站展览、会议服务为主要经营模式

一般这类网站在举办会议的时候，需要与行业高层建立好关系，包括协会、地方政府、高校、科研院所，举办会议的时候，需要它们捧场，会议才能变得更高端一些，才有更多企业高层参会。可以结合 B2B 行业社区来运营，通过社区吸引行业用户的关注，然后将这些用户集中在一起开会，解决一些问题。

10. 以"B2B 行业网站+域名空间+网站建设+搜索引擎优化服务"为主要经营模式

要做好这类网站，团队必须有企业网站建设操作经验、行业网站运营经验、企业站搜索引擎优化排名经验。一些有企业网站建设背景、企业网络营销推广服务背景的公司以这种模式建设 B2B 行业网站，赢利模式也比较成熟。

3.1.4 B2B 的发展现状及趋势

1. 发展现状

互联网公司的频繁倒闭、互联网泡沫的破灭，轰轰烈烈的电子商务热，使得 B2B 企业经历了发展、消弭到再复苏的坎坷历程。一路走来，B2B 已日趋成熟。加之以中国适宜的大环境为依托、政府社会的大力支持、得天独厚的行业优势和成熟的管理经验，使得 B2B 在各行各业中飞速发展，并一举击败了 B2C，占据电子商务份额的 95%。但在光环之下，有许多灰暗的方面值得我们去关注，如综合平台的垄断化、B2B 的黏性化、中小企业 B2B 的停滞化等。

（1）模式单一。

纵观当前国内 B2B 领域，大量存在的是两种模式：一种是行业垂直类 B2B 电子商务网站，即针对一个行业做深、做透，比如中国化工网、全球五金网等。此类网站无疑在专业上更具权威、更精确。而另一种则是水平型的综合类 B2B 电子商务网站，即覆盖整个行业，在广度上下功夫，比如阿里巴巴、环球资源等。

（2）压力过大。

电子商务在经历了中化网上市的短暂激情后又回归了冬眠，除了阿里巴巴、慧聪、中化、环球资源等为数不多的几家网站之外，其他大部分网站没能有幸得到社会的关注与媒体

的追捧，而是像蝉的幼虫一样在泥土中一待就是好几年。综合平台中出现以"大黏小"的现象和"马太效应"。

在中国电子商务应用与发展的过程中，企业的作用相当重要，但是国内已上网的企业中，对如何开展网络营销和商务活动，缺乏详细的规划。虽然大部分企业已接通互联网，但多数仅在网上开设了主页和电子邮件地址，很多网站内容长期不更新，更谈不上利用网络资源开展商务活动。

（3）认识模糊。

对为何需要 B2B 中介服务网站，企业认识模糊。让陌生的买卖双方在互联网上相互沟通、查询和匹配，容易在买卖双方之间产生四个问题：一是因为信息沟通不畅造成生产和需求不对称，出现商品短缺和过剩并存的局面；二是由于一个卖家对应的买家有限，众多买家和卖家就会形成多层销售链，因而产生许多中间环节，致使销售费用越来越高；三是由于买家与卖家选择余地的限制，造成买、卖竞价不充分，既影响交易效率又不能营造一个公平的市场环境；四是由于信息流通不畅，对市场反应迟钝，从而造成库存积压，生产成本加大。而要解决上述四大问题，必然需要建立一个公共的信息交流与交易平台。

（4）行动盲目。

对如何有效开展 B2B 电子商务，行动是盲目的。普遍的现象是：

①企业网站的内容定位不准确：设计得过于简陋，只有主页和 E-mail 地址；片面追求大而全，发布信息不分主次；片面追求网站功能的强大，企图"一站通"。

②经营方式不正确。对网站挂接在何处才有利于企业网上商务的开展缺乏本质上的把握，以为有了一个已注册域名的网址，商家就会通过互联网自动找上门来。

2. 发展趋势

（1）B2B 将向更细分的方向发展。

中小企业由于没有雄厚的资金支持，无实力做全行业的 B2B 行业网站，但是可以介入细分行业的电子商务网站或者区域性电子商务网站。如皮鞋、西装、男装、女装……细分网站都有一定的发展前景。一般来说，不管网站所处的行业有多细，只要全国有 300 家以上的企业一起细分产品为公司主导产品，这些细分行业都将有 1~2 家 B2B 网站的生存空间。

（2）B2B 区域网站将兴起。

事实上，中国绝大部分贸易 B2B/B2C 集中在同城、同区交易。58 同城、赶集网等分类信息网站能获得 VC 的追捧也就是发现同城交易的数额巨大这一事实。在中国商业信用体系尚未建立的情况下，大部分商家都更愿意选择较近的进货渠道，这样一来可以较好地保障信用安全，二来可以更好地节省物流成本，提高利润。因此，可以预见 B2B 区域网站会有较大的发展空间。但是 B2B 区域网站能否兴起还将取决于网站运营商的地缘优势优劣。

（3）B2B 新模式的崛起。

在 B2B 电子商务领域中竞争日益激烈，大批 B2B 网站倒下。而新生的企业以新的创新模式赢得市场的认可，在竞争激烈的市场环境中具有极强的核心竞争力。其中以中亚硅谷网 B2B+M 最具特色。

M 是 MALL（商城）的缩写。B2B+M 即中亚硅谷网所代表的网上电子商务平台与基于中亚电子博览中心实体商城而有机结合运作的全新商业模式，B2B+M 既打破了实体商城辐射力的局限，同时有效地弥补了一般 B2B 网站普遍存在的诚信缺失。

(4) 行业 B2B 网站将在更多环节充当行业服务角色。

对供应商、采购商的信用、实力评估体系进一步完善，并得到创新，随着行业 B2B 门户网站的逐步深入，行业企业的信用、实力得到进一步透明化。让采购商有更多机会选择更多最合适的供应商，许多线下服务会深入企业内部，比如，一对一的培训服务，实地评估、考察工厂、市场调查、人才招聘、行业软件服务等将会获得更多的应用。

3.1.5 案例一：全球纺织网

全球纺织网

全球纺织网首页

1. 简介

全球纺织网是权威的纺织行业门户网站，一直致力于为中国乃至全球的纺织企业提供最有价值的专业资讯服务，推动国际纺织贸易的发展。全球纺织网由浙江中国轻纺城网络有限公司构建，注册资金一千万元，由中国轻纺城集团有限公司（全国百家现代企业制度试点单位和上市公司）全资组建，为全球纺织网提供了强大的行业支持。

全球纺织网

2. 优势与特色

"全球纺织网"拥有纺织行业会员 40 余万，云集了 11 万多采购商，每天 120 万的 PV（网站访问量）。客户覆盖范围广：客户来自全球 80 多个国家；覆盖了原料、面料、家纺、服装等 17 个纺织领域。网站形成了强大的信息优势：拥有行业新闻 10 万条，供应信息 40 万条，采购信息 21.5 万条，公司库 9.7 万个，产品库 11.3 万个。依托年成交量超 276 亿元的亚洲最大纺织品市场——中国轻纺城，拥有最丰富的信息资源，并在全国组建了 60 多个信息联盟。与经贸组织、行业协会、纺织院校、展会机构等开展多种方式的合作，提供网上、网下多种形式的专业贸易服务。

(1) 权威的信息。

全球纺织网一直以信息的真实、快速、高质量而著称,不仅在全国各大主要纺织市场都聘有特约的资深信息专家,快递最新的市场行情及行业资讯,更有国内外大采购商和中国驻各国大使馆商务参赞处提供最新的国内外采购信息。全球纺织网由具有丰富工作经验和市场敏感的资深专业人士编辑队伍精选国内外最新行业资讯,保证了信息的权威性。

(2) 专业的产品。

全球纺织网已拥有多项成熟的服务产品:易纺通、纺织订单、全球纺织通、市场行情、一站通,会员可以享有如行业资讯及供求信息、业内专业推广、网络广告、电子信息期刊、企业新闻与产品信息发送、网站建设服务优惠等丰富的专业服务,并且还在不断为VIP会员推出新的服务。全球纺织网凭借其丰富的行业信息、多元的资讯渠道、强大的合作联盟,为新时代的纺织企业提供专家级的信息资讯和市场推广服务。

(3) 广泛的合作联盟。

全球纺织网已与中国纺织工业协会主办的三家官方权威媒体全面携手,《中国纺织报》《中国服饰报》《中国纺织》均与全球纺织开展了包括资讯、商机、宣传在内的广泛合作;还与搜狐、新华网、《中国服装》、AKKO、C&J、e-WAY、Elite Basic3/7、Winnerco、Pacific Star、阿里巴巴、美国纺织网、韩国纺织网、日本野村综合研究所等多家国内外行业知名企业强强联合,建立了强大的合作联盟;同时,国内已有50多家网站和纺织服装类网站在使用全球纺织网的信息,再次证明了全球纺织网信息的权威地位!

3. 评点

全球纺织网将本着服务于纺织行业的宗旨,不断创新,为用户提供更丰富的专业资讯服务。但是,随着移动互联网时代的来临和网络4.0时代的开启,纺织行业门户网站已经无法满足用户快节奏的需求,移动端APP越来越受到消费者的青睐,这也拉开了网站和APP的大战。目前,越来越多的提供从事软装面料交易平台的APP横空出世,例如搜布APP等,与传统的网络平台形成了竞争激烈的纺织布料市场。

3.1.6 案例二:阿里巴巴

阿里巴巴

阿里巴巴标志

1. 关于阿里巴巴

（1）简介。

阿里巴巴网络技术有限公司（简称"阿里巴巴集团"）是以曾担任英语教师的马云为首的18人于1999年在浙江杭州创立的，他们相信互联网能够创造公平的竞争环境，让小企业通过创新与科技扩展业务，并在参与国内或全球市场竞争时处于更有利的位置。

阿里巴巴国际站

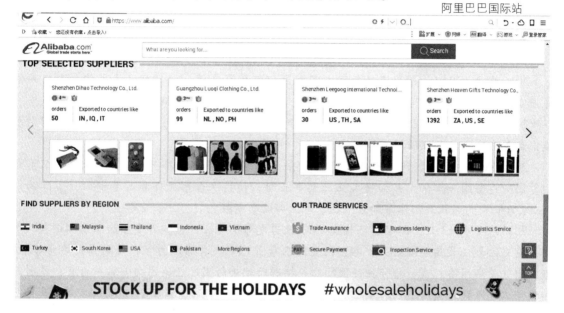

阿里巴巴网国际站首页

阿里巴巴集团经营多项业务，另外也从关联公司的业务和服务中取得经营商业生态系统上的支援。业务和关联公司的业务包括淘宝网、天猫、聚划算、全球速卖通、阿里巴巴国际交易市场、1688、阿里妈妈、阿里云、蚂蚁金服、菜鸟网络等。2014年9月19日，阿里巴巴集团在纽约证券交易所正式挂牌上市，股票代码"BABA"，创始人和董事局主席为马云。2015年全年，阿里巴巴总营收943.84亿元人民币，净利润688.44亿元人民币。

2016年4月6日，阿里巴巴正式宣布已经成为全球最大的零售交易平台。

2016年7月5日，第三方应用商店"豌豆荚"宣布，其应用分发业务并入阿里巴巴移动事业群，双方已正式签订并购协议。

2016年8月，阿里巴巴集团在"2016中国企业500强"中排名第148位。

2017年1月19日晚间，国际奥林匹克委员会与阿里巴巴集团在瑞士达沃斯联合宣布，双方达成期限直至2028年的长期合作。阿里巴巴将加入奥林匹克全球合作伙伴（The Olympic Partner、"TOP"）赞助计划，成为"云服务"及"电子商务平台服务"的官方合作伙伴，以及奥林匹克频道的创始合作伙伴。

2017年2月，阿里巴巴成立澳大利亚、新西兰总部。

（2）组织架构。

2012年7月23日，阿里巴巴集团对业务架构和组织进行调整，从子公司制调整为事业群制，成立淘宝、一淘、天猫、聚划算、阿里国际业务、阿里小企业业务和阿里云共7个事业群。

2013年1月10日，阿里巴巴集团对业务架构和组织将进行调整，成立25个事业部，具体事业部的业务发展将由各事业部总裁（总经理）负责。新体系由战略决策委员会（由董事局负责）和战略管理执行委员会（由CEO负责）构成。

2015年3月6日，阿里巴巴对旗下淘宝、天猫、聚划算进行统一规划管理，整合为"阿里巴巴中国零售平台"。

2015年4月2日，阿里巴巴集团成立智能生活事业部，整合天猫电器城、阿里智能云、淘宝众筹3个业务部门。

2015年4月8日，阿里巴巴集团成立阿里汽车事业部，整合旗下汽车相关业务。

2015年9月9日，阿里巴巴集团宣布成立阿里体育集团，以数字经济思维创新发展体育产业链。新成立的阿里体育集团将由阿里巴巴集团控股，新浪和云锋基金共同出资。

2015年12月，阿里巴巴集团宣布，任命马修·巴希尔（Matthew Bassiur）为集团副总裁，负责全球知识产权保护与打击假货。

2016年12月2日，阿里巴巴集团CEO张勇通过发给员工的公开信宣布，天猫团队和聚划算团队将全面一体化，天猫将成立三大事业组、营销平台事业部和运营中心，变阵为以"三纵两横"的网状协同体系加若干独立事业部的全新架构。

2017年1月13日，阿里巴巴集团CEO张勇发布全员公开信宣布多项组织结构调整。其中，童文红卸任菜鸟网络CEO，担任阿里巴巴集团CPO（首席人力官）兼菜鸟网络董事长，万霖出任菜鸟网络总裁。蒋芳担任国际业务特别助理兼阿里巴巴集团副首席人力官；吴敏芝和戴珊工作轮岗，吴敏芝任阿里巴巴集团CCO（首席客户官），戴珊担任B2B事业群业务总裁；阿里巴巴集团CTO（首席技术官）张建锋兼任阿里云CTO，同时云OS事业群进入阿里云事业群，由胡晓明负责；王帅作为阿里巴巴集团公关市场委员会主席，同时担任集团公共关系团队负责人。

（3）企业文化。

★品牌标示

阿里巴巴创始人马云觉得世界各地的人士也认识有关"阿里巴巴"的故事，而且大部分语言也存在类似的读音，因而将公司命名为阿里巴巴。电子商务是一门全球化的生意，所以我们需要一个全球人士都熟悉的名字。阿里巴巴意谓"芝麻开门"，喻意我们的平台为小企业开启财富之门。

★使命

让天下没有难做的生意。

★愿景

分享数据的第一平台；幸福指数最高的企业；"活102年"。

阿里巴巴集团拥有大量市场资料及统计数据，为履行我们对中小企业的承诺，我们正努力成为第一家为全部用户免费提供市场数据的企业，希望让他们通过分析数据，掌握市场先机，继而调整策略、扩展业务。我们同时希望成为员工幸福指数最高的企业，并成为一家"活102年"的企业，横跨三个世纪。

★价值观

客户第一：客户是衣食父母

团队合作：共享共担，平凡人做平凡事
拥抱变化：迎接变化，勇于创新
诚信：诚实正直，言行坦荡
激情：乐观向上，永不言弃
敬业：专业执着，精益求精

2. 公司业务

公司业务包括阿里系的电子商务服务、蚂蚁金融服务、菜鸟物流服务、大数据云计算服务、广告服务、跨境贸易服务及前六个电子商务服务以外的互联网服务。主要业务简介如下。

(1) 淘宝网。

淘宝网创立于2003年5月，是注重多元化选择、价值和便利的中国消费者首选的网上购物平台。淘宝网展示数以亿计的产品与服务信息，为消费者提供多个种类的产品和服务。

淘宝网标志

(2) 天猫。

天猫创立于2008年4月，致力为日益成熟的中国消费者提供选购顶级品牌产品的优质网购体验。

天猫网标志

(3) 聚划算。

聚划算于2010年3月推出，主要通过限时促销活动，结合众多消费者的需求，以优惠的价格提供优质的商品。

(4) 全球速卖通。

全球速卖通创立于2010年4月，是为全球消费者而设的零售市场，其用户主要来自俄罗斯、美国和巴西。世界各地的消费者可以通过全球速卖通，直接以批发价向中国批发商和制造商购买多种不同的产品。

全球速卖通网标志

(5) 阿里巴巴国际交易市场。

阿里巴巴国际交易市场是阿里巴巴集团最先创立的业务，是领先的跨界批发贸易平台，服务全球数以百万计的买家和供应商。小企业可以通过阿里巴巴国际交易市场，将产品销售到其他国家。阿里巴巴国际交易市场上的卖家一般是来自中国以及印度、巴基斯坦、美国和日本等其他生产国的制造商和分销商。

(6) 1688。

1688（前称"阿里巴巴中国交易市场"）创立于1999年，是中国领先的网上批发平台。1688为阿里巴巴集团旗下零售市场经营业务的商家，提供了从本地批发商采购产品的渠道。

1688 标志

(7) 阿里妈妈。

阿里妈妈创立于 2007 年 11 月，是为阿里巴巴集团旗下交易市场的卖家提供 PC 及移动营销服务的网上营销技术平台。此外，阿里妈妈也通过淘宝联盟，向这些卖家提供同类型而适用于第三方网站的营销服务。

阿里妈妈标志

(8) 阿里云计算。

阿里云计算创立于 2009 年 9 月，致力开发具有高度可扩展性的云计算与数据管理平台。阿里云计算提供一整套云计算服务，以支持阿里巴巴集团网上及移动商业生态系统的参与者，当中包括卖家及其他第三方客户和企业。

阿里云标志

支付宝标志

(9) 支付宝。

支付宝创立于 2004 年 12 月，是阿里巴巴集团的关联公司，主要为个人及企业用户提供方便快捷、安全可靠的网上及移动支付和收款服务。支付宝为阿里巴巴集团旗下平台所产生的交易以及面向第三方的交易，提供中国境内的支付及担保交易服务。此外，支付宝是淘宝网及天猫的买家和卖家的主要结算方式。

(10) 菜鸟网络。

中国智能物流骨干网（或称"浙江菜鸟供应链管理有限公司"）是阿里巴巴集团的一家关联公司的全资子公司，致力于满足未来中国网上和移动商务业在物流方面的需求。中国智能物流骨干网经营的物流信息平台，一方面为买家及卖家提供实时信息，另一方面向物流服务供应商提供有助其改善服务效率和效益的信息。

菜鸟标志

3. 评点

阿里巴巴已经形成了一个通过自有电商平台沉积以及 UC、高德地图、企业微博等端口导流，围绕电商核心业务及支撑电商体系的金融业务，以及配套的本地生活服务、健康医疗等，囊括游戏、视频、音乐等泛娱乐业务和智能终端业务的完整商业生态圈。这一商业生态圈的核心是数据及流量共享，基础是营销服务及云服务，有效数据的整合抓手是支付宝。

阿里巴巴集团的使命是让天下没有难做的生意。他们旨在赋予企业改变营销、销售和经营的方式。他们为商家、品牌及其他企业提供基本的互联网基础设施以及营销平台，让其可借助互联网的力量与用户和客户互动。他们的业务包括核心电商、云计算、数字媒体和娱乐以及创新项目和其他业务，并通过所投资的关联公司菜鸟网络及口碑，参与物流和本地服务行业，同时拥有蚂蚁金融服务集团的利润分成权益，该金融服务集团主要通过中国领先的第三方网上支付平台支付宝运营。

3.2 电子商务 B2C 盈利模式分析

3.2.1 B2C 简介

1. 含义

B2C 是英文 Business – to – Consumer（商家对客户）的缩写,而其中文简称为"商对客"。"商对客"是电子商务的一种模式,也就是通常说的商业零售,直接面向消费者销售产品和服务。这种形式的电子商务一般以网络零售业为主,主要借助互联网开展在线销售活动。

B2C 即企业通过互联网为消费者提供一个新型的购物环境——网上商店（卓越亚马逊、中国巨蛋网、京东商城、当当网等）,消费者通过网络在网上购物、在网上支付。由于这种模式节省了客户和企业的时间和空间,大大提高了交易效率。

B2C 电子商务的付款方式是货到付款与网上支付相结合,而大多数企业的配送选择物流外包方式以节约运营成本。

2. 网站组成

B2C 电子商务网站由三个基本部分组成。

（1）为顾客提供在线购物场所的商场网站。

（2）负责为客户所购商品进行配送的系统。

（3）负责顾客身份的确认及货款结算的银行及认证系统。

3. 网站功能

一个好的 B2C 网站最主要的功能,从使用角度来讲主要包括以下几个方面。

（1）商品的展现：告诉用户本网站主要卖什么东西、价钱多少。

（2）商品的查找：让用户快速找到自己感兴趣的东西。

（3）购物车的添加和查看：告诉用户你已经挑选过什么东西。

（4）配送的方法：告诉用户如何才能把商品拿到手。

（5）订单的结算和支付：告诉用户应该付多少钱和付款的方式。

（6）注册登录：获得用户有效信息。

（7）客户中心：告诉用户都买过什么东西。

（8）帮助、规则、联系方式等相关页面展现。

3.2.2 B2C 的主要盈利模式

1. 盈利模式介绍

（1）综合商城。

如同传统商城一样,它有庞大的购物群体、稳定的网站平台、完备的支付体系、诚信安全体系（尽管仍然有很多不足）,方便了卖家和买家。

而线上的商城,在人气足够、产品丰富、物流便捷的情况下,其成本优势、二十四小时的不夜城、无区域限制、更丰富的产品等优势,体现着网上综合商城无可比拟的优势。

这种商城在线下是以区域来划分的，每个大的都市总有三五个大的商城。

（2）百货商店。

商店，谓之店，说明卖家只有一个；而百货，即是满足日常消费需求的丰富产品线。这种商店自有仓库，会库存系列产品，以备更快的物流配送和客户服务。这种店甚至会有自己的品牌。

（3）垂直商店。

这种商城的产品存在着更多的相似性，要么都是满足于某一人群的，要么是满足于某种需要，抑或某种平台的，如电器。

垂直商店，存在于互联网上有多少呢？这取决于市场的细分。设定细分的种类是 x 的话，那就是 x 的三到五倍，因为每一个领域，总有三五家在那里竞争，而也正因为有了良好的竞争格局，服务才不断完善。

（4）复合品牌店。

随着电子商务的成熟，会有越来越多的传统品牌商加入电商战场。

（5）服务型网店。

服务型的网店越来越多，都是为了满足人们不同的个性需求，甚至是帮你排队买电影票，都有人交易。估计网店未来竞争会朝这个方向发展。

（6）导购引擎型。

导购类型的网站使购物的趣味性、便捷性大大增加，同时诸多购物网站都推出了购物返现，少部分推出了联合购物返现，这些大大满足了消费者的需求。许多消费者已经不再满足直接进入 B2C 网站购物了，购物前他们会先进入一些网购导购网站。

（7）在线商品定制型。

商品定制是一条走长尾的产业，很多客户看中的仅仅是商品的某一点，但是却不得不花钱去购买一整个商品，而商品定制恰恰能解决这一问题，让消费者参与商品的设计中，能够得到自己真正需要和喜欢的商品。

（8）在线礼品送礼型。

如今传统的送礼方式已经越走越窄，价格越来越透明，各个礼品企业产生的利润也越来越少。但中国是礼仪之邦，重礼仪，尚往来。据不完全统计，全国每年各种送礼达到五千亿以上，且每年增长率达12%左右。传统的送礼企业开始往电子商务网站方向发展，以另一种"收礼自选"礼品册的模式，完成了从做礼品到做送礼服务的转变。

2. 主要盈利模式分析

天猫经历了淘宝分拆、十月围城、更名天猫；京东经历了 C 轮融资 15 亿美元，组建大物流体系，大战各电商巨头；凡客经历了凡客体广告狂欢，产品种类扩张，公司巨额亏损。这三家电商企业代表着三种 B2C 电商模式，这三种 B2C 电商模式各有优势。

（1）天猫——为人服务做平台。

虽然名字改了，但是天猫（图 3-2-1）在 B2C 行业的领先地位还是无人能敌的。天猫商城的模式是做网络销售平台，卖家可以通过这个平台卖各种商品，这种模式类似于现实生活中的购物商场，主要是提供商家卖东西的平台。天猫商城不直接参与商品销售，但是商家在做生意的时候要遵守天猫商城的规定，不能违规，否则会受到处罚。天猫商城，与我们现实生活中的购物商场类似。

第 3 章　电子商务网站主要模式及盈利模式分析

图 3-2-1　天猫网首页

　　这种模式的优势是它的平台足够大，想卖什么就卖什么，前提是没有违法违规。商城负责维护这个平台的建立，而商户只管做自己的生意，盈亏要自负，与商城没有关系。不过不管你生意如何你都要交一定的场地费。如果想做推广你可以在商城内做做广告，搞搞促销活动，这些都是商户自愿的经营行为。商城负责树立好自己的形象，吸引足够多的消费者，收入稳定。而商家想卖什么都可以，当然不能违法违规，盈亏自负。随着市场变动，商户自行对市场做出反应，不需要商城去担忧。市场自由，没有太多的条件限制，扩充性强。这种模式对于商城与商户来说都很稳定，除了一些管理上的纠纷，市场经营方面都是各顾各个的，不发生利益冲突。总的来说，这种模式优点在于收入稳定，市场灵活，商城不用花太多心思去管理各种产品的经营；而缺点在于盈利可能偏低，商城的战略变动可能会产生商城内部商户的抵制，内部纠纷会比较多。不过这种模式更被商户们喜爱，因为他们可以在这个平台上获得利润。

天猫网

　　与天猫商城类似的还有 QQ 商城。

　　(2) 京东——自主经营卖产品。

　　京东商城 (图 3-2-2)，2011 年 4 月 1 日宣布获得 15 亿美元的融资，从此京东商城便开始了大手笔行动，花费巨资自建物流、重金砸广告、与行业竞争对手大打价格战。这些做法还是很有收获的，京东的市场份额不断提升。并且利用资金优势重创了线上与线下的竞争对手。

　　京东商城的模式类似于现实生活中的沃尔玛、乐购、家乐福类的大型超市，引进各种货源进行自主经营。京东先通过向各厂商进货，然后在自己的商城上销售，消费者可以在这里一站式采购。京东自己负责经营这么庞大的网络商城，盈亏都看京东自己的经营能力。消费者购买时

京东商城网

图 3-2-2 京东商城网首页

出现问题，直接找京东解决。

这种模式的优点在于它经营的产品多样，综合利润高。商城可以根据市场情况、企业战略对自己销售的产品做出整体调整。商城握有经营权，内部竞争小，对外高度统一。缺点在于内部机构庞大，市场反应较慢，竞争对手较多，产品种类扩充不灵活，容易与供货商发生矛盾。

与京东商城类似的还有当当网。

（3）凡客诚品——自产自销做品牌。

凡客诚品，"爱生活、爱自由，我是凡客"。凡客（图3-2-3）经历了2011年上半年凡客体广告语红遍大街小巷，产品种类快速扩充，再到2011年年底的巨额亏损，可以说2011年凡客坐了一回过山车。

凡客诚品的模式类似于现实生活中的美特斯邦威、特步等服装专卖店，主要是自产自销的经营模式。凡客靠卖服装类产品起家，又陆续推出家居、化妆品等产品。凡客所销售的这些产品基本上都是凡客自己生产，然后自己销售。整个从生产到销售的过程都是由凡客自己说了算。

这种模式的优势在于：产品的整个产业链都可控；公司的目标利润可以从产品生产时制定；没有供货商的货源限制。缺点在于公司品类扩张困难。

与凡客诚品类似的还有珂兰钻石、梦芭莎等。

凡客诚品网站

图 3-2-3 凡客诚品网首页

3.2.3 B2C 行业的发展特点

1. 政府通过加强引导性投资的注入来解决资金不足的问题

近年来，政府加强了在电子商务领域的引导性投资，用以改善国内电子商务行业的投资环境。政府通过将投资收益返还社会投资人、支持社会投资回购政府所持股份等政策，将大量资金引入电子商务的发展。

2. 企业与政府合力完善电子商务支撑体系

在电子商务支撑体系建设方面，支付体系已经具备了一定的发展基础，支付宝、财付通等网上支付服务商已经具备了一定的竞争优势。同时为进一步改善网上支付行业的发展环境，继续提高行业占有率，企业具有主动联合政府或金融机构完善支付体系的意愿，其中完善网上支付信用体系工作成为主旋律。

3. 政府主导物流电商服务平台的整合与构建

与企业主动建设网上支付体系不同，物流体系的完善需要政府的大力推动。通过整合全国的物流资源，建立物流公共信息平台成为一个时期的首要任务。目前国内已经具有了国内物流交易中心，但从信息质量、功能服务等方面看都需要进一步提升。

4. B2C 成风投新宠

国内电子商务行业除了在扩大资金来源、支撑体系建设方面有所成就外，还需要面临全球金融危机所带来的影响。但随着国内电子商务与行业发展结合得更广、更深，充分利用电子商务 B2C 手段已经成为国内行业企业在渡过经济寒冬中的重要选择。B2C 行业无论在投资案例数量还是在投资金额方面都呈快速增值趋势，母婴用品、IT 数码产品、珠宝、建材等一大批传统行业细分领域开始进入 B2C 行业。可见 B2C 已经成为推动国内电子商务行业发展的重要细分行业。

5. B2C 将提速增长

从整体行业及细分行业的发展来看，未来 10 年，国内将有 70%的贸易额通过电子交易完成，国内 B2B 电子商务行业交易规模增长潜力巨大。此外，电子商务向行业的渗透将更加深入，加之 B2C 行业对投资者的吸引力加强，B2C 行业的份额将呈现明显的扩大趋势，其中 IT 数码、家居建材等 B2C 行业将成为未来几年国内电子商务行业发展的热点领域。

6. 保险旅游、批发零售行业电子商务份额扩大

从行业应用角度来看，鉴于目前的经济环境，国民的保险意识将进一步加强，而方便快捷的保险电子商务将成为保险客户的首选，因此未来保险电子商务仍将快速发展。同时，随着经济增长放缓，各省市将更加重视旅游产业的发展，从而提升本地经济增长能力，在旅游产业二次创业的要求下，旅游电子商务将成为未来各地着重发展的业务；此外，随着行业物价逐步提高，网络平台所提供的低价格产品将更加受到消费者的青睐。随着网民网上购物、网上支付以及物流服务的健全，直接面向个人消费者的批发零售业电子商务将会面临最佳的发展机遇。

7. 物流平台将逐步崛起，支付行业面临洗牌

从电子商务行业支撑体系建设来看，一方面，物流公共信息平台在政府的持续推动下将有巨大发展，平台信息服务能力将显著提升，同时更多的电子商务服务商会加入物流体系建设的行列中；另一方面，网上支付服务商将在未来几年再次经历筛选，资金短缺以及技术、商业模式、信用体系等环节不健全的服务商将面临被行业淘汰的危险。

由此可见，这些年国内电子商务之所以充满机遇与挑战，主要是政府和企业之间通力合作所产生的结果，国内电子商务也慢慢与国际接轨。

3.2.4 B2C 发展面临的困难

1. 资金周转困难

除了专门化的网上商店外，消费者普遍希望网上商店的商品越丰富越好，为了满足消费者的需要，B2C 电子商务企业不得不花大量资金去充实货源。而绝大多数 B2C 电子商务企业都是由风险投资支撑起来的，往往把电子商务运营的环境建立起来后，账户上的钱已所剩无几了。这也是整个电子商务行业经营艰难的主要原因。

2. 定位不准

一是商品定位不准。许多 B2C 企业一开始就把网上商店建成一个网上超市，网上商品大而全，但因没有比较完善的物流配送体系的支撑而受到严重的制约。二是客户群定位不准。虽然访问量较大，但交易额小。三是价格定位偏高。网上商店追求的是零库存，有了订单再拿货，由于订货的批量少，得不到一个很好的进货价。

3. 网上支付体系不健全

网上购物的突出特点是利用信用卡实现网上支付。从目前来看，我国电子商务在线支付的规模仍处于较低水平，在线支付的安全隐患依然存在，多数代付银行职能的第三方支付平台由于可直接支配交易款项，所以越权调用交易资金的风险始终存在。这种不完善的网上支付体系严重制约着 B2C 电子商务企业的发展。

4. 信用机制和电子商务立法不健全

有的商家出于成本和政策风险等方面的考虑，将信用风险转嫁给交易双方，有的商家为求利益最大化发布虚假信息,扣押来往款项,泄露用户资料,有的买家提交订单后无故取消,有的卖家以次充好。而这些现象就是导致消费者对网上购物心存疑虑的根本原因。

3.2.5 案例一:梦芭莎

梦芭莎

1. 网站简介

梦芭莎为时尚服饰供应管理机构美国衣路集团旗下核心网络零售平台。自2006年12月创立以来,梦芭莎从内衣着手,成为中国地区的时尚产品购物平台,在中国拥有自主品牌覆盖层次较广的专业垂直电商平台,梦芭莎同时也是中国地区实行自主多品牌管理的电子商务企业。

梦芭莎网首页

梦芭莎集团在美国洛杉矶、纽约,中国香港、上海、广州和北京的多个设计及产品管理中心覆盖男装、女装、童装、内衣及化妆品事业等多个领域。集团拥有从产品规划设计、品牌规划推广、产品供应链优化、全球化采购、零售及品牌管理、物流供应链、门到门全程仓储配送的全方位综合能力,为网上网下消费者提供优质的服务。

梦芭莎网

梦芭莎电商平台同时建立了多个子频道针对性地服务于不同的时尚品牌零售企业。国际商品网为中国及亚洲地区消费者直接提供国际授权的与国际地区同步售卖的时尚产品;名品汇平台为所有诚信服务消费者的商家提供了公平、公正、机会均等的零售渠道。

2. 自有品牌及产品服务

(1) 自有品牌。

梦芭莎专注品牌管理，集团旗下主流品牌包括 TAYLOR& SAGE、ASTRONOMY、MOONBASA、MONTEAMOR、OCEAN CURRENT、APLOMB、FRIZZ、SUORANG、ING2ING、KORIRL 等 20 多个，覆盖不同区域、不同年龄、不同消费属性的客户人群。

品牌均按照不同的顾客细分群体打造，梦芭莎产品线涵盖了女装、内衣、鞋帽、童装、男装、箱包、家纺、饰品、婚纱、化妆品等多个时尚领域。作为平台早期的首推品类，梦芭莎内衣在业内享有美誉。梦芭莎时尚网购品牌、若缇诗高端时尚流行女装品牌、蒙蒂埃莫高端商务男装品牌、宝耶童装品牌、ING2ING 年轻时尚潮流品牌、所然原创设计师女装品牌、梦芭莎维多利亚高端内衣品牌、千金本草汉方化妆护肤品牌等都将在集团的网络体系支持下进入主流零售市场。

(2) 产品服务。

梦芭莎电子商务平台为了让顾客有更好的服务和体验，在北京、上海、广州等地建立了物流仓储配送基地；同时通过和国际国内的物流集团合作，产品配送能力覆盖中国大部分地区和世界各地。

通过多年的高速发展，在所有顾客和行业伙伴的大力支持下，作为中国服饰类垂直电商企业，梦芭莎将在集团的全面支持下，整合国际国内市场，以优质的产品、设计和服务来赢得顾客的青睐。梦芭莎拥有数千万的注册会员，二次购买率高达 70% 以上。

根据艾瑞公司的市场报告有 77% 以上的顾客明确表示还会继续购买梦芭莎的产品。面对迅猛发展的国际时尚产业以及全球化的市场和竞争，更流行的产品、更快的速度、更高的质量、更广阔的市场、为客户带来更高价值，是梦芭莎努力的目标。

3. 团队介绍及企业文化

(1) 团队介绍。

作为中国地区服饰及时尚产品类电子商务平台，拥有专业的管理队伍，国际设计师、买手和区域专业化的设计师团队，联合全球化的时尚创意团队和设计研发工作室，提供亚洲地区同步的国际流行时尚产品。

集团位于美国、中国上海和广州的专业电子商务营销团队，面向全球进行电子商务营销管理。梦芭莎的 IT 研发中心，自主研发的多个 IT 产品和管理系统保证了电商平台高速稳定安全的运营。位于美国及中国广州、上海和北京的物流中心，保证了商品快速送达。与全球多家知名机构联合建立战略研发合作伙伴关系，努力打造更高、更深、更广的平台。

(2) 企业文化。

梦芭莎价值："环球时尚，梦想成真！"世界的时尚元素，尽在梦芭莎！它是中国最时尚的产品主流消费电商平台，梦芭莎不但集合世界的时尚，同时拥有自己的品牌，梦芭莎一直向前，从未停歇！

梦芭莎口号："全明星时代"。为每一个消费者提供独特的产品，无论是草根还是社会的精英，"来到梦芭莎，你就是明星"。

梦芭莎理念："时尚不代表价格，价格不代表身份，这就是公平的时尚"。用平等的视角对待时尚，让每个人都可以进行个性的组合，让消费者永远拥有年轻的自信。

梦芭莎优势：STYLISH，时尚控，梦芭莎创意团队想消费者所想；AFFORDABLE，买得起，梦芭莎供应链可以办得到；FAST-FASHION，快时尚，梦芭莎渠道可以做到。

梦芭莎核心竞争力：CREATIVITY 创造力，GLOBAL SOURCING，全球化采购，ALL-CHANNEL，全渠道产品销售。三位一体，完美结合。

梦芭莎精神："C' EST MOI，我就是我"，每个人的时尚标志。

4. 评点

梦芭莎为时尚供应链管理机构衣路集团旗下核心网络零售平台，自创立起，就成为中国地区拥有自主品牌的垂直电商平台和时尚产品购物平台。梦芭莎拥有产品设计、品牌推广、供应链全球化、全方位采购、品牌管理、物流配送等综合能力，在美国洛杉矶、纽约、中国香港、上海、广州和北京设有多个设计及产品管理中心，覆盖男装、女装、童装、内衣及化妆品事业等多个领域。梦芭莎致力于为中国消费者提供国际化的时尚产品，使环球时尚梦想成真。

3.2.6 案例二：当当网

当当网

1. 网站简介

当当网是全球知名的综合性网上购物商城，由国内著名出版机构科文公司、美国老虎基金、美国IDG集团、卢森堡剑桥集团、亚洲创业投资基金（原名软银中国创业基金）共同投资成立。

当当网

当当网从1999年11月正式开通至今，已从早期的网上卖书拓展到网上卖各品类百货，包括图书音像、美妆、家居、母婴、服装和3C数码等几十个大类，其中在库图书、音像商品超过80万种，百货50余万种；目

当当网首页

前当当网的注册用户遍及各省、市、自治区,每天有450万独立UV(Unique Visitor,网站独立访客),每天要发出20多万个包裹;物流方面,当当网在全国11个城市设有21个仓库,共37万多平方米,并在21个城市提供当日达服务,在158个城市提供次日达服务,在11个城市提供夜间递服务。

除图书以外,母婴、美妆、服装、家居家纺是当当网着力发展的四大目标品类,其中当当婴童已经是中国最大线上商店,美妆则是中国排名前五的线上店。当当网还在大力发展自有品牌当当优品。在业态从网上百货商场拓展到网上购物中心的同时,当当网也在大力开放平台。目前当当网平台商店数量已超过1.4万家,同时当当还积极地走出去,在腾讯、天猫等平台开设旗舰店。

当当网于美国时间2010年12月8日在纽约证券交易所正式挂牌上市,成为中国第一家完全基于线上业务、在美国上市的B2C网上商城。自路演阶段,当当网就以广阔的发展前景而受到大批基金和股票投资人的追捧,上市当天股价即上涨86%,并以103倍的高PE和3.13亿美金的IPO融资额,连创中国公司境外上市市盈率和亚太区高科技公司融资额度两项历史新高。

2. 发展历程

(1) 创业背景。

李国庆毕业于北京大学,两次创业,均以出版为主体。在图书出版领域摸爬滚打了10年,很了解中国传统的图书出版和发行方面的所有环节。俞渝是纽约大学金融MBA毕业的,在华尔街做融资,有过几个很成功的案例。她在美国生活了整整10年,投资者非常信任她。

1996年,李国庆和俞渝邂逅,然后在纽约结婚,当当的故事也就开了头。两人从谈恋爱开始,就经常一起思考,一起聊亚马逊的商业模型与传统贸易手段的根本区别。后来夫妇俩常探讨在图书这个行业中间赚钱最关键的环节是什么,有着多年图书出版运营经验的李国庆

当当网创始人李国庆

说肯定是出版社和读者的直接联系。于是他们一起去找风险投资商,说服了IDG、LCHG(卢森堡剑桥集团,该集团公司拥有欧洲最大的出版集团)共同投资,目标锁定在凭借发达国家现代图书市场的运作模式和成熟的管理经验,结合当今世界最先进的计算机技术和网络技术,用来推动中国图书市场的"可供书目"信息事业及"网上书店"的门户建设,成为中国最大的图书资讯集成商和供应商。

(2) 公司使命。

商品种类最多:当当网经营超过百万种图书音像、美妆、家居、母婴、服装和3C数码等商品,是中国经营商品种类最多的网上零售店。

购物最方便:当当网参照国际先进经验独创的商品分类,智能查询、直观的网站导航和简洁的购物流程等,还有基于云计算的个性化导购以及基于人群分组的社交化商务平台"当当分享",为消费者提供了愉悦的购物环境。

顾客最多:当当网目前无论从网站访问量还是从每日订单数量来讲,都是中国顾客最繁忙的网上零售店。

核心管理层包括图书业、零售业、投资业和IT业的资深人士。顾客覆盖中国及欧美、东南亚的消费者。成立以来，当当网一直坚持文明办网的原则，杜绝盗版和假冒伪劣产品，在国内广大网民心目中树立了健康向上的品牌形象。

当当网坚持"诚信为本"的经营理念，率先提出"上门退货、当面退款"以及"正规渠道、正品保证"的诺言，用自己的成功实践经验为国内电子商务企业树立了的"诚信经营，健康发展"的榜样。

当当网标志

3. 产品及业务

（1）当当图书。

在图书品类方面，当当网占据了线上市场份额的50%以上，同时图书不但领先市场占有率43.5%，而且图书订单转化率高达25%，远远高于行业平均的7%，这意味着每四个人浏览当当网，就会产生一个订单。能做到图书零售第一，当当网的杀手锏有许多，比如全品种上架、退货率最低、给出版社回款最快，也正是依靠这些优势，出版社给当当的进货折扣也最低，当当网也因此有价格竞争优势。数据显示，包括平台图书的销售业务在内，当当图书SKU（库存量单位）达到400万种，其中100万~200万为外文书，自营图书也有100万种。

为了进一步吸引新顾客，当当图书还实施"走出去"的开发战略，在天猫开设当当图书旗舰店。此后，当当、1号店宣布达成战略合作，双方优势的商品品类将进驻对方平台——当当图书将接入1号店，1号店的食品将接入当当。

在追求规模效益的同时，当当网也在不断优化品类，提升图书业务整体毛利率，虽然图书价格战对行业整体毛利率都有所影响，但当当的图书毛利率始终位列第一。此外当当网还在不断向出版社上游渗透，发展了自有品牌定制图书。

（2）当当童书。

当当网成立至今已有18年，有着难以企及的图书基因和足够丰富的图书运营经验。这让当当网得以组建一支线上线下绝无仅有的操盘童书的"梦之队"：30人的事业部编制规模、所向披靡的实战能力，为当当童书创新运营模式提供了理想条件。通过从选题策划的积极参与和到前期编印发的积极跟进、后期上线的推荐，当当童书可以从多个角度缩减中间环节、降低成本，用最好的价格把最多的好书带给孩子们。这种做法，显然超出了传统意义上电商企业和零售卖场的"职能范围"，这种梦之队的"超常发挥"促成了当当童书年销售册数提前过亿，奠定了当当网世界年销售册数第一童书平台的市场地位。

如今，根据当当童书榜为孩子选好书，已经成为众多家长的习惯。当当童书牢牢占据国内网购童书零售码洋的50%以上，其中，高品质图书如高端手绘科学书、婴儿读物、玩具书、图画书、少儿英语等占比均超过70%，拥有绝对强势的市场地位。

（3）当当百货。

当前，百货零售业务已经成为当当网的战略重心。面对电商严酷的价格战，当当百货等"自营+平台"全年95%增速，超过了图书的成交额，某些品类如服装、孕婴家纺异军突起，增速有的达到10倍，标志当当网向着聚焦于几个核心品类的综合购物中心转型成功。

（4）当当服装。

当当服装涵盖国内外知名男装、女装、内衣、鞋靴、箱包、皮具、配饰等。作为当当百货零售领域最核心的品类,当当服装主要采取卖百家货的方式,通过入库联营为主的招商模式发展服装零售,最大限度地控制假货,实现品牌真货和100%的质量保证,用"品牌、风格和价位"三个维度不同组合的精选商品来满足顾客需求。大约有3 000家服装鞋包类品牌商或代理商在当当网开设了品牌旗舰店。

4. 评点

当当网一直致力于在企业创造利润、对股东承担法律责任的同时,还承担对员工、消费者、社区和环境的责任。企业的社会责任要求企业必须超越把利润作为唯一目标的传统理念,强调要在生产过程中对人的价值的关注,强调对消费者、环境、社会的贡献,为此当当网开展了一系列公益活动,回报社会。

18年间,当当网专注图书电商取得雄踞首位的成绩,形成了一种卓尔不凡的能力与特质。而这些要素会提炼成模型,逐步复制到服装、孕婴童、家居家纺等细分市场,其价值将不可限量。

在18周年时,当当网提出新口号,引领诚信经营与个性消费并行不二的电商新风潮!敢做敢当,充分展现了当当敢做敢当的社会责任感、敢做敢言的当当个性与敢做敢突破的创新精神。这样的改变与其品牌创始人、CEO李国庆一贯直爽、敢作敢为的风格相得益彰。当当网今天的一系列改变是品牌战略升级、顺应时代变化的重要举措,同时也充分展现了极具当当特质的激情与梦想。

3.3 电子商务C2C盈利模式分析

3.3.1 含义

C2C实际是电子商务的专业用语,是个人与个人之间的电子商务。其中C指的是消费者,因为消费者的英文单词是Customer,所以简写为C,又因为英文中的2的发音同to,所以C to C简写为C2C。C2C即Customer to Customer。

C2C的意思就是消费者个人间的电子商务行为。比如一个消费者有一台电脑,通过网络进行交易,把它出售给另外一个消费者,此种交易类型就称为C2C电子商务。

3.3.2 C2C网站的购物流程

网上有不少C2C网站,其购物方式大同小异,以淘宝网的购物流程为例来介绍(图3-3-1):看似简单,其实相对于B2C来说,C2C更加复杂一点。

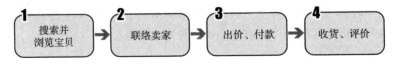

图3-3-1 C2C网站的购物流程

1. 搜索

搜索有以下几种方法:

第一招:明确搜索词。只需要在搜索框中输入要搜索的宝贝店铺名称,然后单击"回车"键,或单击"搜索"按钮即可得到相关资料。

第二招:用好分类。许多搜索框的后面都有下拉菜单,有宝贝的分类、限定的时间等选项,用鼠标轻轻一点,就不会混淆分类了。比如,搜索"火柴盒",会发现有很多汽车模型,原来它们都是"火柴盒"牌的。当搜索时选择了"居家日用"分类,就会发现真正色彩斑斓的火柴盒在这里。

第三招:妙用空格。想用多个词语搜索,在词语间加上空格即可!

第四招:精确搜索。①使用双引号:比如搜索"佳能相机",它只会搜索网页中由"佳能相机"这四个字连在一起的商品,而不会搜索诸如"佳能 IXUSI5 专用数码相机包"之类的商品。②使用加减号:在两个词语间用加号,意味着准确搜索包含着这两个词的内容;相反,使用减号,意味着避免搜索减号后面的那个词。

第五招:不必担心大小写。搜索功能不区分英文字母大小写。无论输入大写还是小写字母都可以得到相同的搜索结果。输入"nike",或"NIKE",结果都是一样的,因此可以放心搜索。

2. 联系卖家

找到宝贝了,那就该联系卖家了。在和卖家取得联络后,可多了解宝贝的细节,询问是否有货等等。多沟通能增进消费者和卖家的了解,避免很多误会。

第一招:发站内信件给卖家。站内信件是只有消费者和卖家能看到的,相当于某些论坛里的短消息。可以询问卖家关于宝贝的细节、数量等问题,也可以试探地询问是否能有折扣。

第二招:给卖家留言。每件宝贝的下方都有一个空白框,在这里写上要问卖家的问题。请注意,只有卖家回复后这条留言和答复才能显示出来。因为这里显示的信息所有人都能看到,建议消费者不要在这里公开自己的手机号码、邮寄地址等私人信息。

第三招:利用聊天工具。网站支持不同的聊天工具,淘宝是旺旺,拍拍是QQ,利用它们尽量直接找到卖家进行沟通。

3. 购买

当消费者和卖家达成共识后,就该购买了!

4. 评价

当消费者拿到商品之后,可以对卖家做确认收货以及对卖家的服务做出评价。这是消费者的权力哦!如果对商品很不满意,可以申请退货,或者是换货,细节方面须与卖家联系。

3.3.3 C2C 网站的盈利模式

1. 会员费

会员费也就是会员制服务收费,是指 C2C 网站为会员提供网上店铺出租、公司认证、产品信息推荐等多种服务组合而收取的费用。由于提供的是多种服务的有效组合,比较适应会员的需求,因此这种模式的收费比较稳定。费用第一年交纳,第二年到期时需要客户续费,续费后再进行下一年的服务,不续费的会员将恢复为免费会员,不再享受多种服务。

2. 交易提成

交易提成不论什么时候都是 C2C 网站的主要利润来源。因为 C2C 网站是一个交易平台,它为交易双方提供机会,就相当于现实生活中的交易所、大卖场,从交易中收取提成是其市场本性的体现。

3. 广告费

企业将网站上有价值的位置用于放置各类型广告,根据网站流量和网站人群精度标定广告位价格,然后再通过各种形式向客户出售。如果 C2C 网站具有充足的访问量和用户黏度,广告业务会非常大。但是 C2C 网站出于对用户体验的考虑,均没有完全开放此业务,只有个别广告位不定期开放。

4. 搜索排名竞价

C2C 网站商品的丰富性决定了购买者搜索行为的频繁性,搜索的大量应用就决定了商品信息在搜索结果中排名的重要性,由此便引出了根据搜索关键字竞价的业务。用户可以为某关键字提出自己认为合适的价格,最终由出价最高者竞得,在有效时间内该用户的商品可获得竞得的排位。只有卖家认识到竞价为他们带来的潜在收益时,才愿意花钱使用。

5. 支付环节收费

支付问题一向是制约电子商务发展的瓶颈,直到阿里巴巴推出了支付宝,才在一定程度上促进了网上在线支付业务的开展。买家可以先把预付款通过网上银行打到支付公司的个人专用账户,待收到卖家发出的货物后,再通知支付公司把货款打入到卖家账户,这样买家不用担心收不到货还要付款,卖家也不用担心发了货而收不到款。而支付公司就按成交额的一定比例收取手续费。

3.3.4 未来的发展形势

从电子商务诞生开始,B2B,B2C,C2C 成为三大主流模式,而 B2B 这种中国电子商务最早期模式已经消亡,逐步退出历史舞台。目前号称中国最大的 B2B 网站绝大部分的业务来自 B2C 的交易,而非 B2B 的交易。

有一组公开的数据是,2016 年淘宝网和天猫加起来的销售额总和达到了 1.1 万亿元人民币,B2C(天猫)占据了 2 000 亿元,而 C2C(淘宝网)业务占据了近 9 000 亿元。

在中国,主流的电子商务模式事实上已经剩下了两种,B2C 和 C2C。前者包括了京东、苏宁易购等主流的被称为 B2C 的网站,后者就是占据统治地位的淘宝网和拍拍网等。

其实,在淘宝早期的宣传文案中,我们经常能看到诸如"下岗工人通过淘宝创业奔小康"和"残疾小伙淘宝卖特产重拾人生自信"之类的新闻,但现在我们发现更多的是"某某店铺单日销售破千万"和"淘宝网占据中国 GDP 一定比例"之类的报道。

在几年前,淘宝网为了明确分类 C2C 业务和 B2C 业务,新增了淘宝商城,后来为了进一步的细分,将 C 和 B 区分开来宣布将淘宝商城从淘宝网拆分,再后来干脆把淘宝商城改名为天猫,经过几年的发展,天猫已逐渐甩掉淘宝的影子。

在电子商务领域,马云是一个奇人,中国互联网界的天才预言家,马云早已预料到未来 C2C 模式难以在中国持久。

前段时间,张近东在两会提案中表示:"中国电子商务零售交易总规模达 1.2 万亿元,占社会零售商品总额的 7%。繁荣背后,电子商务行业面临着影响持续发展诸多挑战。我国电子商务年交易量的 90% 是以 C2C 的形式从事 B2C 的交易,大量的交易游离于现有法律监管之外，存在着严重的监管缺失、执法缺位现象。"

C2C 只是一种初期的策略，不管是中国还是日韩欧美，C2C 模式都难以成为主流，这种模式的消亡恰恰反映了我国电子商务时代已经逐渐由蛮荒走向文明。

3.3.5 案例一：eBay 易趣

eBay 易趣

1. 网站简介

eBay 是一个管理全球民众上网买卖物品的线上拍卖及购物网站。eBay 于 1995 年 9 月 4 日由 Pierre Omidyar 以 Auctionweb 的名称创立于加利福尼亚州圣荷西，人们可以在 eBay 上通过网络出售商品。当时 Omidyar 的女朋友酷爱 Pez 糖果盒，却为找不到同道中人交流而苦恼。于是 Omidyar 建立了一个拍卖网站，希望能帮助女友和全美的 Pez 糖果盒爱好者交流，这就是 eBay。令 Omidyar 没有想到的是，eBay 非常受欢迎，很快网站就被收集 Pez 糖果盒、芭比娃娃等物品的爱好者挤爆。

Omidyar 第一件贩卖的物品是一只坏掉的雷射指示器，以 14.83 元成交。他惊讶地询问得标者："您难道不知道这玩意儿坏了吗？" Omidyar 接到了一封回复信："我是个专门收集坏掉的雷射指示器玩家。"

eBay 网创始人皮埃尔·奥米迪亚

1997 年 9 月该公司正式更名为 eBay。起初该网站属于 Omidyar 的顾问公司 Echo Bay Technology Group。Omidyar 曾经尝试注册一个 EchoBay 的网址，却发现该网址已被 Echo Bay 矿业注册了，所以他将 EchoBay 改成他的第二备案：eBay。

1997 年 Omidyar 开始为 eBay 物色 CEO，他看中了哈佛 MBA 出身，先后在宝洁、迪斯尼担任过副总裁的梅格·惠特曼。惠特曼由于从未听说过 eBay 而拒绝加盟，后经职业猎头贝尼尔的软磨硬泡才同意，并把 eBay 带向今天的辉煌。

如今 eBay 已有 1.471 亿注册用户，有来自全球 29 个国家的卖家，每天都有涉及几千个分类的几百万件商品销售，成为世界上最大的电子集市。

2015 年 4 月 10 日，PayPal（在中国的品牌为贝宝，1998 年 12 月建立）从 eBay 分拆，协议规定，eBay 在 5 年内不得推出支付服务，而 PayPal 则不能为实体产品开发自主的在线交易平台。

2014 年 2 月 20 日，eBay 宣布收购 3D 虚拟试衣公司 PhiSix。

2017 年 6 月 6 日，《2017 年 BrandZ 最具价值全球品牌 100 强》公布，eBay 名列第 86 位。

该公司的经营策略在于增加使用 eBay 系统的跨国交易。eBay 已经将领域延伸至包括中国及印度在内的国家。

eBay 的主要竞争者是 Amazon、Yahoo 拍卖以及阿里巴巴集团。eBay 扩张失败的国家和地区是日本及中国台湾、中国大陆。雅虎在日本经营的拍卖业务在日本国内已占据领导地位，迫使 eBay 铩羽而归。而中国台湾的 eBay 亦敌不过雅虎奇摩拍卖网站的市占率，也以与 PChome 联名的名义间接退出台湾市场。eBay 最初通过收购易趣的方式进入中国大陆市场,但之后在与淘宝的竞争中落败,最终以与TOM合资成立"新易趣"的方式退出大陆市场。

2. eBay销售的产品

(1) 常规商品。

每天都有数以百万的家具、收藏品、电脑、车辆在eBay上被刊登、贩售、卖出。有些物品稀有且珍贵,然而大部分的物品可能只是个布满灰尘、看起来毫不起眼的小玩意儿。这些物品常被他人忽略,但如果能在全球性的大市场贩售,那么其身价就有可能水涨船高。只要物品不违反法律或是在eBay的禁止贩售清单之外,即可以在eBay刊登贩售。服务及虚拟物品也在可贩售物品的范围之内。eBay推翻了以往规模较小的跳蚤市场,将买家与卖家拉在一起,创造一个永不休息的市场。大型的跨国公司,如IBM会利用eBay的固定价或竞价拍卖来销售他们的新产品或服务。资料库的区域搜寻使得运送更加迅捷或是便宜。软体工程师们接着加入eBay Developers Program,得以使用eBay API,创造许多与eBay相整合的软件。

(2) 机器翻译。

2013年eBay公布了一种更技术化的策略——机器翻译。语言翻译影响了贸易双方的交流,因此eBay邀请机器翻译专家,开发上下文翻译技术,研发能通过大量数据"学习"的翻译引擎。如即使俄罗斯用户输入俄语搜索关键字,也能返回与关键字匹配、用英语描述的商品。语言翻译的技术更进一步,就可以使关键字更好地与品种描述相匹配。

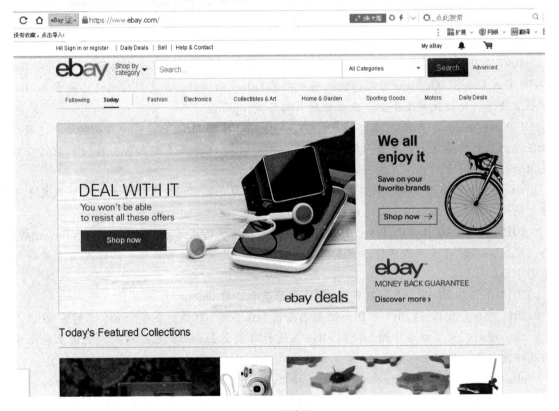

eBay网首页

3. 发展历程

1999年5月，eBay合并线上付款服务公司Billpoint。该公司于eBay购并PayPal后结束营业。1999年，eBay合并了Butterfield & Butterfield。该公司在2002年卖给了Bonhams。

2000年6月，eBay合并了Half，并将其整合在eBay。

2001年8月，eBay合并了Mercado Libre、Lokau及iBazar三家拉丁美洲的拍卖网站。

eBay

2002年6月，eBay以价值15亿元的股票合并了PayPal。

2003年7月11日，eBay以一亿五千万元现金合并了中国最大电子商务公司EachNet（中文名称"易趣"），并推出联名拍卖网站"eBay易趣"。

2004年9月，eBay将合并眼光摆到其在韩国的对手Internet Auction Co.（IAC），并以每股125 000韩元（约合美金109元）的价格取得该公司近三百万的股权。

2004年11月，eBay以2亿多欧元购并Marktplants。该公司凭借在小型广告上的专注取得了荷兰的八成市场，并成为eBay在荷兰的主要竞争者。

2005年9月，eBay以26亿元现金及股票购并VoIP业者Skype。

2006年9月6日，eBay与中国台湾PChome Online网络家庭宣布，将在2006年9月25日推出联名拍卖网站"露天拍卖"。

2006年12月，eBay宣布与中国Tom成立合资公司，新的合资公司Tom占51%股份，eBay占49%，将继续易趣国内交易，另成立新公司CBT负责跨国交易部分的业务。

2012年4月，易趣不再是eBay在中国的相关网站，易趣为Tom集团的全资子公司，易趣网站提供的各项服务均不受影响。

2013年4月，eBay集团于2013年4月17日发布了截至2013年3月31日的2013财年第一季度财报。报告显示，eBay第一季度净营收为37亿美元，较去年同期增长14%；基于美国通用会计准则计算的净利润为6.77亿美元，每股摊薄收益为0.51美元；未基于美国通用会计准则计算的净利润为8.29亿美元，每股摊薄收益为0.63美元。

2014年2月，国际电商eBay宣布收购了电脑图像公司PhiSix。PhiSix能够根据照片、图形文件及其他来源创立3D模型，并模拟服装上身后的效果。

2014年9月30日，eBay董事会批准公司旗下的eBay和PayPal业务2015年分拆成两家独立的上市公司的计划。分拆后，eBay市集业务现任总裁德文·韦尼希（Devin Wenig）执掌eBay，而新招揽的前美国运通高管丹·舒尔曼（Dan Schulman）出任PayPal CEO。

2015年6月18日，eBay宣布，苹果智能手表（AppleWatch）的eBayAPP上线，这意味着身为全球最大的交易平台之一的eBay被搬到了用户的手腕上。

2015年10月9日，拉丁美洲的eBay宣布将比特币加入到了MercadoPago支付平台。该地区已经成为比特币的温床，用户寻求替代当地货币的、更方便的在线支付方式。然而，创始公司仍然有各种障碍需要克服。

2015年11月，eBay为迎接"黑五"的到来，在全球范围开展了一场名为WishBigger的大型促销活动，不仅有更新鲜的玩儿法，在执行上也重点倾斜中国市场，提前8小时为中国用户抢先开启"黑五"抢购。

2016年4月5日，eBay将VR技术与旗下的票务交易平台StubHub结合在了一起，推出了一款关于购票前的现场体验应用，用户可以通过该应用查看球场的360度场景，既能让客户直观地了解到现场效果，也能进一步提高决策效率。

2016年7月13日，eBay已收购以色列客户购买和销售转换分析公司SalesPredict，但并未披露具体财务条款，这是该公司在AI（人工智能）相关领域中进行的一桩最新并购交易。

2017年4月13日，跨境电商巨头eBay进驻福州，为福建拓宽"网上丝绸之路"。

2017年7月28日，连云港举办的"丝路启程山海连云——2017年eBay连云港跨境电商合作峰会"在海州湾会议中心举行。峰会围绕如何打造跨境电商体系、跨境电商解决方案和传统企业如何向跨境电商成功转型及跨境物流新起点等主题进行了探讨。

2017年8月8日，以聚焦eBay API（应用程序接口）、全面推动跨境出口电商"自动化+智能化"运营为目标的eBay全球开发者大会深圳站拉开帷幕。数百位eBay卖家、eBay大中华区精选服务商、来自eBay开发者社区的合作伙伴以及创业者参与了此次盛会，与来自美国的eBay产品专家和eBay中国团队，共同探讨API的最新发展趋势及其对跨境出口电商业务腾飞的推动作用。

4. 评点

从传统观点来看，海外互联网公司在中国市场上与阿里巴巴集团和百度等本土公司相比存在竞争劣势。中国金融和零售等行业仍由中国银行和阿里巴巴集团等本土公司占据主导地位。eBay在中国市场上的营业额约为60亿美元，在eBay的平台上，多数中国公司都在向世界其他国家出售产品，原因是中国本土公司正在测试全球市场，中国市场的增长速度仍将高于世界其他国家。

为了更好地帮助中国卖家在eBay平台上进行销售，eBay成立eBay.cn致力于为中国商家开辟海外网络直销渠道。eBay.cn成立了专业的跨国交易服务团队，提供从跨国交易认证、业务咨询、疑难解答、外贸专场培训及电话培训、在线论坛外贸热线，到洽谈物流优惠、协同PayPal提供安全、快捷、方便的支付解决方案，帮助中国卖家顺利开展全球业务。eBay.cn的使命是为中国的企业和个人用户开辟新的网络丝绸之路，帮助更多中国用户走向世界。

3.3.6 案例二：拍拍网

拍拍网

1. 网站简介

拍拍是京东战略收购的原腾讯电商旗下业务。拍拍致力于打造一个卖家和买家互通的移动社交电商平台，通过提供包括服装服饰、母婴、食品和饮料、家居家装和消费电子产品等在内的丰富产品，来全面满足消费者的需求。与此同时，拍拍也为第三方卖家提供数据挖掘和分析等增值服务，这些增值服务将帮助卖家对消费者和市场做出精准分析，并为其产品规划和开展精准营销提供支持。通过布局拍拍，京东正式进军移动社交电商领域，京东原有的电商生态也在B2C的基础上更加丰富。

拍拍扶持包括大学生、中小商家、农民等广泛的电子商务创业者群体，建立公平、透明的商家生态，吸纳优质商家和商品入驻，并充分保障中小卖家的权益，在帮助中小卖家的健康成长的同时，服务好最终消费者。

2015年1月10日，拍拍微店 APP 上线，用户可登录 AppStore 和各大安卓应用市场下载。拍拍微店 APP 是面向卖家的一款开店工具，其突破了传统 PC 开店的烦琐程序，下载 APP 后，只需要通过 QQ 号码登录，就可以完成拍照上传商品、编辑商品详情、店铺模板、查询订单、数据统计、提现等诸多店铺管理功能。

除了开店方便快速外，拍拍微店 APP 还有一个核心功能，就是其强大的分销系统。卖家用手机登录拍拍微店 APP 后，可以在"分销系统"里挑选来自拍拍的优质商品，选择后，可以将这些商品一键选择放在自己的店铺里代销，销售完成后直接获取佣金返利，发货和售后都由上游供应商解决，整个过程完全用手机完成。

2015年11月10日，京东称，从即日起，拍拍网不再接受新卖家申请入驻，与当前卖家店铺的服务器于今年12月31日到期后不再续约，并在三个月的过渡期后将其彻底关闭。京东称，一年多来对于假冒伪劣商品采取零容忍的态度，采用了各种技术手段和创新的管理方式积极解决相关问题，然而在 C2C 的模式下，由于个人卖家不被要求在工商登记备案，导致工商行政执法部门也无法进行有效监管，售假者违法成本几近为零，因此决定彻底关闭 C2C 平台服务（PAIPAI.COM）。

2. 核心原则

拍拍在未来的发展中将充分保障中小卖家的权益，其中最核心的两条原则就是："坚决杜绝假货"和"更公平的流量分配体系"。

长期以来，假货问题是移动社交电商平台最大的弊病，不仅消费者权益得不到保障，而且大量的假货凭借低价恶意竞争导致了市场上劣币驱逐良币的现象。因此，假货对于拍拍来说是一条不能碰触的红线。杜绝假货对于平台来说，完全可以通过规则和系统的手段做到，但关键还是要看平台自己的意愿，拍拍在这个问题上的立场是非常坚决的，决不会为了获得收入而放任假货肆虐。

拍拍建立规则公平和透明的流量分发体系，尤其是要帮助中小卖家成长。由于移动社交电商平台市场内在的生态环境非常恶劣，优质的商家和商品需要支付高昂的广告和推广费用才能得到商品的曝光。拍拍会建立更加科学和公平透明的流量分配机制，重视商家的服务质量，降低刷销量带来的搜索权重等。拍拍将会充分保护中小卖家的权益，让他们在拍拍的平台上真正赚到钱。

3. 服务优势

（1）大流量引入。

京东集团在2014年对拍拍网进行大幅的流量补贴，包括站内流量和站外流量。其中，站内流量包括 PC 端（焦点投放、拍拍直通车等）、无线端（拍拍 App、手机 QQ、微信）；站外流量包括网络媒体、CRM、社会化媒体等。

（2）资源不再只倾斜大卖家，草根机会很大。

在流量补贴政策中，拍拍网特别提到将为商家做整站引流，会为商家外投进行补贴以及保证位置均衡分布给中小商家等，包括 QQ 空间广告、QQ 客户端广告、QQ 秀以及京东旗下的 DSP 平台"京东商务舱"也将被运用到商家的站外广告投放中。

（3）费用降低，卖家利润有保证。

个人商家费用全免。商家在拍拍上的推广投入显著减少，而是把更多的精力放在产品的选择和为提升店铺用户的体验上。

(4) 移动端优势巨大，顺势而为。

拍拍鼓励商家开设微店，并将为商家提供接入第三方微店运营工具，帮助商家降低微店的运营成本。

(5) 商品和服务决定流量。

拍拍的流量分配规则中，商家获取流量将更取决于商品质量和商家服务。搜索规则中，销量和价格的权重降低，商品质量和商家服务的权重将最重要。

4. 评点

拍拍最先是腾讯旗下的 C2C 电商平台，2006 年正式运营，2007 年就跃居国内 C2C 电商第二位，然而份额遭淘宝挤压，希望依托其 QQ 庞大的用户群来抗衡的计划落空。根据相关数据显示，2013 年 C2C 市场交易规模达 1.09 万亿元，淘宝网销售额占中国 C2C 市场交易份额的 96.5%。到了 2014 年，京东从腾讯接盘拍拍，并花了大力气重新打造新拍拍（上线拍拍小店、拍拍二手，采用多种技术手段和管理方式监督假货），可最终在市场份额小、假货又难以根除的现实下，拍拍网退场了。C2C 或许不是长远之计，但对于很多小卖家来说，这是最简单直白地加入电商的途径。山寨、假货、伪劣商品等确实是 C2C 的痛点，但换个角度看，产品低价是 C2C 模式的魅力所在，而差异化、个性化才是 C2C 未来的发展方向。

3.4 其他电子商务盈利模式分析

3.4.1 C2B

1. 简介

C2B（Consumer to Business，即消费者到企业），是互联网经济时代新的商业模式。这一模式改变了原有生产者（企业和机构）和消费者的关系，是一种消费者贡献价值、企业和机构消费价值的关系。

真正的 C2B 应该先有消费者需求产生而后有企业生产，即先有消费者提出需求，后有生产企业按需求组织生产。通常情况为消费者根据自身需求定制产品和价格，或主动参与产品设计、生产和定价，产品、价格等彰显消费者的个性化需求，生产企业进行定制化生产。

C2B 的核心是以消费者为中心，消费者当家做主。站在消费者的角度看，C2B 产品具有以下特征：第一，相同生产厂家的相同型号的产品无论通过什么终端渠道购买价格都一样，也就是全国人民一个价，渠道不掌握定价权（消费者平等）；第二，C2B 产品价格组成结构合理（拒绝暴利）；第三，渠道透明；第四，供应链透明（品牌共享）。

按定制主体和定制内容两个维度将 C2B 分为五类，分别是群体定制价格、个体定制价格、群体定制产品、个体定制产品和混合型。

2. C2B 产生的原因

长期以来由于定制生产成本很高，厂家、消费者双方在交易过程中存在空间障碍、时间障碍、金融支付障碍和沟通障碍等，导致交易成本很高，因此消费者和生产企业退而求其次，以牺牲个性化交换工业化生产的低成本，这就是以生产企业为中心、少品种大批量的 B2C 模式。进入 21 世纪，互联网技术为厂家、消费者双方提供了低成本、快捷、双向的沟通手段，现代物流畅达，金融支付手段便捷，以模块化、延迟生产技术为代表的柔性生产技术日益成熟，使交易成本和柔性生产成本大幅下降，为发展 C2B 创造了条件。

3. C2B 的经营模式

（1）如果从实现难度及层级来看，C2B 存在的经营模式有如下几种。

①聚定制。

即通过聚合客户的需求组织商家批量生产，让利于消费者。其流程是提前交定金抢占优惠价名额，然后在活动当天交尾款，这是该模式最大的亮点。从预热阶段各商家预售产品的火爆程度可管窥一二，带来了极大的增量，也奠定了活动当天的成交基础。此类 C2B 形式对于卖家的意义在于可以提前锁定用户群，可以有效缓解 B2C 模式下商家盲目生产带来的资源浪费，降低企业的生产及库存成本，提升产品周转率，对于商业社会的资源节约起到极大的推动作用。团购也属于聚定制的一种。

②模块定制。

聚定制只是聚合了消费者的需求，并不涉及在 B 端产品环节本身的定制，为消费者提供了一种模块化、菜单式的有限定制。考虑到整个供应链的改造成本，为每位消费者提供完全个性化的定制还不太现实，目前能做到的更多的还是倾向于让消费者去适应企业既有的供应链。

③深度定制。

深度定制也叫参与式定制，客户能参与到全流程的定制环节。厂家可以完全按照客户的个性化需求来定制。目前深度定制最成熟的行业当属服装类、鞋类、家具定制。以定制家具为例，每位消费者都可以根据户型、尺寸、风格、功能完全个性化定制，对现在寸土寸金的户型来说，这种完全个性化定制最大限度地满足了消费者对于空间利用及个性化的核心需求，因此正在蚕食成品家具的市场份额。而深度定制最核心的难题是如何解决大规模生产与个性化定制相背离的矛盾。

（2）如果从 C2B 产品属性来分，有实物定制、服务定制和技术定制。

上面定制案例中提到的服装、鞋、家具等都属于实物定制。而服务定制大家比较熟悉的就是家政护理、旅游、婚庆、会所等中高端行业的定制。技术定制类似于 3D 打印技术，遍及航空航天、医疗、食品、服装、玩具等各个领域。

4. 模式特性

（1）C2B 营销概念，即将庞大的人气和用户资源转化为对企业产品和品牌的注意力，转化为企业所迫切需要的营销价值，并从用户的角度出发，通过有效的整合与策划，改变企业营销内容及形式，从而形成与用户的深度沟通与交流。

（2）招集众商家联合营销，给顾客更多的选择。

（3）要约——买家发布商品的价格、大小、样式等构成要约成立的条件，让企业来找买家，从而促成双赢的局面。

（4）聚合分散的数量庞大的客户群，形成一个强大的采购集团，扭转以往一对一的劣势出价地位，享受批发商的价格优惠。

（5）客户个性化定制产品，要约厂商生产，实现以客户需求为引擎，倒逼企业"柔性化生产"。厂商也可实现以销定产，降低库存，同时减少销售环节，降低流通成本。

在 C2B 电子商务网的形式下消费者可以不用辛苦地寻找商家，而是经过 C2B 网站把需求信息发布出去，由商家上来报价、竞标，消费者可以选择与性价比最高的商家来交易，不花一分冤枉钱,让商家不开店、不打广告就可以把商品卖出去,削减中间环节。C2B 电子商务网的开发潜力是非常大的,因为它能帮助消费者快速购买到自己称心的商品。主要表现有下面几种:第一,省时。消费者不必为了买一件商品东奔西跑浪费时间,只需在 C2B 网站上发布一个需求信息,就会有很多商家上来竞标。第二,省力。不用再费心思到店里跟商家砍价,只要在 C2B 网站上发布需求时报一个自己能够承受的价钱,凡是来竞标的商家就是能接受这个价钱的。第三,省钱。C2B 模式网站会帮助消费者找很多有实力的商家来围着买家(消费者)竞价钱、比效能,买家可以从中选择性价比高的商家来交易。

3.4.2 O2O

1. 含义

O2O(Online to Offline),即线上与线下相结合的电子商务营销模式,又称离线商务模式,通过线上营销、线上购买带动线下经营、线下消费。O2O 通过打折、提供信息、预订服务等方式,把线下商店的消息推送给互联网用户,从而将他们转换为自己的线下客户,这就特别适合必须到店消费的商品和服务,比如餐饮、健身、看电影和演出、美容美发、摄影等。O2O 模式的优势在于:订单在线上产生,每笔交易可追踪;展开推广效果,透明度高;消费者在线上选择心仪的服务,再到线下享受服务。

随着互联网的快速发展,电子商务模式除了原有的 B2B,B2C,C2C 商业模式之外,一种新型的消费模式 O2O 已快速在市场上发展起来。在 B2B,B2C 商业模式下,买家在线拍下商品,卖家打包商品,找物流企业把订单发出,由物流快递人员把商品派送到买家手上,完成整个交易过程。这种消费模式已经发展得很成熟,也被人们普遍接受,但是在美国这种电子商务非常发达的国家,在线消费交易比例只占 8%,线下消费比例达到 92%。由于消费者大部分的消费是在实体店中实现,把线上的消费者吸引到线下实体店进行消费,有很大的发展空间,所以有的商家开始运用这种消费模式。

2. O2O 的特点(图 3-4-1)

(1) O2O 对用户而言。

获取更丰富的商家及其服务的内容信息;更加便捷地向商家在线咨询并进行预订;获得相比线下直接消费较为便宜的价格。

(2) O2O 对商家而言。

能够获得更多的宣传、展示机会,吸引更多新客户到店消费;推广效果可查,每笔交易可跟踪;掌握用户

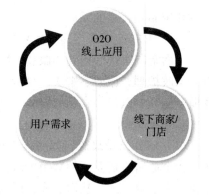

图 3-4-1 O2O 特点

数据,大大提升对老客户的维护与营销效果;通过用户的沟通、释疑更好地了解用户心理;通过在线有效预订等方式,合理安排经营,节约成本;对拉动新品、新店的消费更加快捷;降低线下实体对黄金地段旺铺的需求,大大减少租金支出。

(3) 对 O2O 平台本身而言。

与用户日常生活息息相关,并能给用户带来便捷、优惠、消费保障等服务,能吸引大量高黏性用户;对商家有强大的推广作用,可吸引大量线下生活服务商家加入;数倍于 C2C、B2C 的现金流;巨大的广告收入空间及形成规模后更多的盈利模式。

3. O2O 发展的核心

O2O 营销模式的核心是在线预付。数据显示，即使在电子商务最发达的美国，线下消费的比例依旧高达 92%。这不仅仅是因为线下的服务不能装箱运送，更因为快递本身无法传递社交体验所带来的快乐。但如果能通过 O2O 模式，将线下商品及服务进行展示，并提供在线支付"预约消费"，这对于消费者来说，不仅拓宽了选择的余地，还可以通过线上对比选择最令人期待的服务，以及依照消费者的地理位置享受商家提供的更适合的服务。但如果没有线上展示，也许消费者很难知晓商家信息，更不用提"消费"二字了。另外，目前正在运用 O2O 摸索前行的商家们，也常会使用比线下支付更为优惠的手段吸引客户进行在线支付，这也为消费者节约了不少的支出。

对于本地商家而言，原本线上广告的成效可以直接被转换成实际的购买行为，由于每笔完成的订单在确认页面都有"追踪码"，商家在更为轻松地获知在线营销的投资回报率的同时，还能持续深入地进行"客情维护"。O2O 是一个增量的市场，由于服务行业的企业数量庞大，而且地域性特别强，很难在互联网平台做广告，就如同百度上很少出现酒吧、KTV、餐馆的关键词，但 O2O 模式的出现，会让这些服务行业的商家们一跃线上展开推广。

从表面上看，O2O 的关键似乎是网络上的信息发布，因为只有互联网才能把商家信息传播得更快、更远、更广，可以瞬间聚集强大的消费能力。但实际上，O2O 的核心在于在线支付，一旦没有在线支付功能，O2O 中的 online 不过是替他人做嫁衣罢了。就团购而言，如果没有能力提供在线支付，仅凭网购后的自家统计结果去和商家要钱，结果双方就会因无法就实际购买的人数达成精确的统一而陷入纠纷。

在线支付不仅是支付本身的完成，是某次消费得以最终形成的唯一标志，更是消费数据唯一可靠的考核标准。尤其是对提供 online 服务的互联网专业公司而言，只有用户在线上完成支付，自身才可能从中获得效益，从而把准确的消费需求信息传递给 offline 的商业伙伴。无论是 B2C，还是 C2C，均是在实现消费者在线支付后，才形成了完整的商业形态。而在以提供服务性消费为主，且不以广告收入为盈利模式的 O2O 中，在线支付更是举足轻重。

4. 国内发展状况

采用 O2O 模式经营的网站有很多，团购网就是其中一类，另外还有一种为消费者提供信息和服务的网站，再有就是房地产网。

（1）百度系。

百度凭借流量入口的优势，其很多业务的进展都相当顺利。让商户自主通过百度的平台开展 O2O 业务是百度更愿意接受的方式。2010 年 6 月，百度旗下的 Hao123 上线了团购导航，2011 年 6 月，"hao123 团购导航"升级为"百度团购导航"，百度团购开始由单纯的导航向 O2O 的方向进化。

百度地图 2008 年上线，2010 年 4 月开放 API，开始引入第三方网站增加 POI 信息。百度的 O2O 战略以百度地图为中心，百度团购和百度旅游，包括去哪儿作为两翼，打造大平台和自营相结合的模式。

（2）阿里系。

阿里系是涉足 O2O 最早的一家，也是布局链条最长的一家。先是淘宝推出了地图服务，接着本地生活信息服务平台丁丁网正式宣布获得阿里巴巴与花旗银行的投资；2014年阿里巴巴集团对银泰商业进行战略投资，并组建合资公司。阿里O2O步伐如下：

◆团购：聚划算、美团、中团

淘宝2011年2月宣布，此前专注于网络商品团购的"聚划算"重心将调整为线下区域化的团购，正式加入"千团大战"。2011年7月，美团网完成的B轮融资是由阿里巴巴领投的，随后，阿里副总裁加入美团网担任CEO，负责管理与运营，加强线下队伍。

中团网隶属于中团集团旗下，于2006年正式上线运营，是O2O模式全球领跑者，家庭大宗消费品全球最大O2O购物平台，专业提供房产、装修、建材、家具、家电、结婚、汽车、教育等家庭大宗消费品服务。合作对象主要为行业一线品牌，全国已开通运营近200个城市分站，会员数量超过2 000万，合作商家3万多家，引起了业界及媒体的高度关注。

◆与线下零售业

2014年3月31日，阿里巴巴集团与银泰商业集团共同宣布，阿里集团将以53.7亿元港币对银泰商业进行战略投资。双方将打通线上线下的未来商业基础设施体系，并将组建合资公司。

◆线上线下比价：一淘网

淘宝旗下比价网站一淘网，提供有扫二维码比价应用"一淘火眼"，可查询商品在线上和线下的差价。

◆支付工具：支付宝

支付宝已经在手机摇一摇转账、NFC传感转账以及二维码扫描支付方面有所布局，并在线下和分众传媒、品折扣线下商场达成了合作。在之前的报道《支付宝O2O的为与不为？》中，支付宝CEO彭蕾明确表示，支付宝在阿里O2O的定位是工具，向后端靠，提供与支付相关的场景应用。

◆淘宝地图服务

在移动互联网时代，基于地理信息的搜索，向用户推荐地图及地理位置信息相关的商户信息变得十分重要。淘宝刚刚推出的地图服务，具有定位、找周边团购优惠、找本地商户等功能。其中团购优惠由聚划算提供，商家来自淘宝本地生活，地图由阿里云提供。

（3）腾讯系

腾讯O2O的路径选择是"二维码+账号体系+LBS+支付+关系链"，其重要环节包括：

◆入口

微信+二维码。马化腾多次强调，腾讯和微信就是要大量推广二维码，这是线上和线下的关键入口，"微信扫描二维码"成为腾讯O2O的代表型应用。

◆工具

财付通宣布与微信腾讯电商等进行深度整合，以O2O的方式打开手机支付市场。其核心业务"QQ彩贝"计划打通商户与用户的联系，实现精准营销，打通电商和生活服务平台的通用积分体系。

◆QQ 地图

地图是让线下的人和线上的东西产生关系的非常有价值的手段，腾讯的思路是通过多样化方式提供的地图平台、开放的 API 允许更多开发者的接入和调用。自从腾讯地图平台开始立项街景服务，全球定位数据遍布除非洲外的其他大洲，腾讯街景支持手机，LBS 的应用可以调用腾讯的街景和地图接口，直接在应用里显示所在地方的实际街景数据。

3.4.3　B2M

1. 含义

B2M（Business to Marketing），指面向市场营销的电子商务企业。B2M 电子商务公司以客户需求为核心建立营销型站点，并通过线上和线下多种渠道对站点进行广泛的推广和规范化的导购管理，从而使得站点作为企业的重要营销渠道。

相对于 B2B、B2C 等电子商务模式，B2M 注重的是网络营销市场，注重的是企业网络营销渠道的建立，是针对企业网络市场营销而建立的电子商务平台，通过接触市场、选择市场、开发市场，不断扩大对目标市场的影响力，从而实现销售增长、市场占有，为企业找到新经济增长点。

B2M 模式的执行方式是以建立引导客户需求为核心的站点为前提，通过线上或者线下多种营销渠道对站点进行广泛的推广，并对营销站点进行规范化的导购管理，从而实现电子商务渠道对企业营销任务的贡献。

2. 运作模式

B2M 网络营销托管服务商通过分析、研究企业产品及服务特性，通过实施企业网络营销的托管，精准高效地运用网络营销为企业提高销售额。

B2M 网络营销托管服务内容：网站运营托管、搜索引擎广告托管、B2B 营销托管、B2C 网店经营代售、博客营销、社区营销、软文广告、SEO 优化、视频营销、群营销、邮件营销、网络活动策划及网络营销培训等。

3. B2M 的特点

（1）营销渠道。

B2M 网络营销托管服务商，不是网络营销的广告商，不是企业一个简单的互联网窗口，也不是企业简单对产品进行宣传和服务的机构，而是以客户需求点为核心，对产品和服务进行整合，并对客户需求进行引导的营销型服务机构。客户通过 B2M 营销服务，可以很快地找到自己的需求点，B2M 在对需求点了解的同时，引导客户产生更多新的需求，从而满足客户需求，挖掘客户最大的价值。

在企业的营销渠道方式中，B2M 营销服务是企业在开拓市场中的一条重要渠道，它通过对企业产品或者服务的整合，将企业传统的商业模式通过 B2M 营销渠道，对企业产品或者服务进行更好的营销，向客户提供更好、更便捷、更及时的服务，从而拓展企业业务，成为企业的重要营销渠道和重要的经济增长点。

（2）企业营收。

B2M 营销服务作为企业的一种重要营销渠道，肩负着开拓市场、赢得销售收入和扩大企业知名度的重任，而对 B2M 营销服务渠道下达营销任务成了企业衡量 B2M 营销服务的重要指标，这也是企业是否构建 B2M 营销网站的重要标准。它是企业通过电子商务提升销售业务、扩大市场份额、进行多营销渠道发展的重要手段。

只有当企业的电子商务网站给企业的营销贡献达到10%及以上时，才能具备B2M公司的特性。此时企业的电子商务渠道及其营销网站将成为企业的重要关注对象。随着企业和电子商务的发展，B2M营销服务将在企业的营销贡献中扮演越来越重要的角色。

（3）产品推广。

B2M营销整合服务作为企业的重要营销渠道，为实现长尾效应，仍然需要较多的推广工作。推广不仅增加网站的流量，塑造企业品牌的良好形象，更是占据长尾优势的重要策略。

在线上推广方面，加强网络营销，如进行口碑营销、病毒式营销、博客营销、BBS营销、邮件营销、富媒体营销、搜索引擎营销等；而线下推广方面，包括户外广告、会议营销、媒体广告、甚至电视等多种形式。

（4）专业的导购服务。

专业的导购必须要了解网民的购物心态，及时在线解答客户疑问和引导客户销售。同时能够及时处理各类在线订购需求，保障电子商务快速、便捷的本质。

B2M营销服务是要管理和整合企业的供需，是涵盖企业办公、采购、生产、仓储、物流、销售、渠道等管理，以及市场促销和客户服务等生产和经营的营销应用管理平台。企业通过B2M营销服务实现企业产品或服务的营销，同时可以通过B2M营销服务发布需求信息实现广泛采购信息的获取。企业B2M营销服务还可以与企业的其他第三方平台营销站点进行信息整合，协助企业通过电子商务拓展其营销和采购渠道，扩大营收，降低成本，进一步实现企业利润最大化和长久发展。

4．发展优势

（1）站点审美。

不以炫目、怪异来夺人眼球，而是以专业的方式来展示独特的商品信息和服务，符合大众审美，并有艺术感的亮点存在，能在第一时间给潜在客户留下印象。

（2）可用性。

让企业站点专注于怎样让用户搜索、比较、购买流程更便捷，获得良好的用户体验。

（3）内容为王。

注重企业产品及业务的潜在需求，探寻潜在客户的需求，为潜在客户提供最有价值的信息；引导和教育客户怎样去选择和鉴定商品，并且让客户相信这些信息及服务足够让他们付诸行动购买；提供最具商业价值的网站结构布局。

（4）网站优化。

正确运用各种设计元素，让搜索引擎更易抓取，提升网站的营销价值。

综上所述，网站建设对于B2M网络营销有着举足轻重的作用，是客户了解企业最方便、最直观的途径，一个集审美、内容、实用且具营销价值的企业网站，在以用户体验为关注点的电子商务、网络购物的互联网经济中更具有战略意义。B2M企业一定要选择合适的网站建设服务商，量身打造适合自己的行业、产品及品牌风格的个性化营销型站点。

（5）营销专业。

支持全套网络营销服务，对企业实施网络营销服务专业进行调研、分析、选择、投放、实施、监管、评估。

B2M 模式是让消费者参与财富分配的购物平台，它为人们在互联网上创业提供了机会，必将引领新一轮电子商务的发展。

3.4.4 其他电子商务盈利模式

1. M2C

（1）含义。

M2C 即 Manufacturers to Consumer（生产厂家对消费者），是生产厂家直接对消费者提供自己生产的产品或服务的一种商业模式，特点是流通环节减少至一对一，销售成本降低，从而保障了产品品质和售后服务质量。

M2C（图 3-4-2）是 B2M 的延伸，也是 B2M 这个新型电子商务模式中不可缺少的一个后续发展环节。经理人最终还是要将产品销售给最终消费者，而这里面也有很大一部分是要通过电子商务的形式，类似于 C2C，但又不完全一样。C2C 是传统的盈利模式，赚取的基本就是商品进出价的差价。M2C 则是生产厂家通过网络平台发布该企业的产品或者服务，消费者通过支付费用获得自己想要的产品服务。

图 3-4-2　M2C 标志

（2）发展背景。

著名经济学家郎咸平在"GMC 中国制造商高峰论坛"上首次提出了"6+1"理论，这是 M2C 模式第一次在中国被正式推出。其中"6"是指产品设计、原料采购、仓储运输、订单处理、批发经营、终端零售这 6 个环节；"1"则指"加工制造"这个环节。

郎咸平指出，国内许多企业在现阶段把主要精力放在了"加工制造"环节上，这样做不仅很难再拓展出更多的利润空间，还给自身带来了难以避免的环境污染和资源浪费；而利润率较高的"产品设计""原料供应"等高利润环节却由于受到技术和财力限制一直没有得到广大企业的重视和支持。

（3）模式特点。

同样的产品在 M2C 运营模式下能够给消费者带来更实惠的价格。M2C 的特点是流通环节减少至一对一，销售成本降低，没有商家与厂家交易的差价，消费者所购买的产品的提供者就是生产厂家，故购买商品的价格更低。

消费者可在 M2C 平台上自定义所需要的产品，满足消费者的 DIY 欲望，增加产品的附加价值。同时商家还可根据消费者的定制产品对自身产品进行优化，达到双赢的目的。

消费者在 M2C 平台购买产品后，直接享受厂家提供的各项售后服务，缩短了中间交涉环节，尽快为消费者解决问题，让消费者无后顾无忧。

由于减少了中间销售环节，厂商研发的最新技术能够快速呈现给消费者，使用户更方便、快捷地感受到创新的魅力。同时，用户通过售后渠道将自己的使用体验反馈给厂商，也有利于厂商根据市场的需求来研发新的产品，在厂商与用户之间形成良好的互动。图 3-4-3 是 M2C 经营模式。

M2C 模式对厂家来说，不仅帮厂家搭建了一个产品展示和在线销售的平台，还由网络店长帮助厂家推广销售产品，真正为企业建立销售渠道。产品商家只需要制定好产品信息、

图 3-4-3 M2C 运营模式

销售价格、消费服务和创业提成,上传并发布供货到创业广场后,所有网络店长均可以选货销售或自助购物,产品商家只需做好发货配送和售后服务即可快速建立产品销售渠道和网络推广平台,节约商业成本,提高经营效益。

(4) 优势。

首先,价格优势。在 M2C 模式下,制造商直接将产品销售给最终消费者,绕开了中间商,从而大幅削减了多个环节、渠道费用,其价格也更加具有竞争力。

其次,资源优势。M2C 模式下,制造商把销售渠道资源完全掌握在手中,这样就可以将产品配送、物流、订单处理、消费者信息等环节进行有效整合,建立一套完整、高效的渠道信息系统,充分享受独有的销售分配资源。

最后,服务优势。区别于传统销售模式,M2C 模式正引领着消费市场沿着大众时代—小众时代—个众时代的路径演进。此销售模式使产品从设计、开发、制造、推广、销售按照以人为本的服务宗旨一贯而至,紧紧围绕消费者行为和需求展开,缩短了中间环节之后,制造商可以将营销职能前置,针对消费者需求,提供个性化的产品和服务。

2. B2Q

B2Q (enterprise online shopping introduce quality control,企业网购引入质量控制),从本质来讲是建立在 B2B 和 B2C 模式的基础上,创造性地引入了质量控制的创新模式,是一种站在巨人肩膀上的创新,也是一种应对市场需求的创新。B2Q 模式的交易双方先在网上达成意向交易合同,再在签单后根据买方需要引入第三方(验货、验厂、设备调试)工程师进行商品品质检验及售后安装调试服务。

买方:根据需要在平台内选择有资质的第三方工程师,对买卖双方达成的交易商品进行校验,第三方工程师利用自身的专业能力和经验最大限度地向买方(雇主)提供商品质量校验信息,供买方(雇主)参考商品是否符合之前双方的约定,最终决定双方是否成交。

卖方:根据商品类型在平台内选择有资质的第三方(安装、调试)工程师加入,对销到异地的商品提供现场安装、调试及后续的设备售后服务,以节省大量的人力、物力、经济成本。

第三方工程师：入驻卖家都需要经过严格的审核，并且原则上只允许生产型企业以及拥有区域总代理权的企业入驻。第三方工程师的入驻，同样要经过严格的审核（对工程师资质和工作能力经验的认定）。注册到平台内的各类工程师均以兼职的方式与平台合作，分布在全国各地，通过平台线上接单，线下为雇主提供专业、高效的服务。

只有这种在交易环节中把关产品质量的交易模式才能有效杜绝电商产品假货泛滥的问题，因为要验货，所以假货无处可逃。

3. B2A

B2A（Business to Administration），等同 B2G（Business to Government），即商业机构对行政机构的电子商务。它指的是企业与政府机构之间进行的电子商务活动。例如，政府将采购的细节在国际互联网络上公布，通过网上竞价方式进行招标，企业也要通过电子的方式进行投标。

这种方式发展得很快，因为政府可以通过这种方式树立政府形象，通过示范作用促进电子商务的发展。除此之外，政府还可以通过这类电子商务实施对企业的行政事务管理，如政府用电子商务方式发放进出口许可证、开展统计工作，企业可以通过网上办理交税和退税等。

我国的金关工程就是通过商业机构对行政机构的电子商务，如发放进出口许可证、办理出口退税、电子报关等，建立了我国以外贸为龙头的电子商务框架，并促进了我国各类电子商务活动的开展。

4. C2A

C2A（Consumer to Administration，即 C2G = Consumer to Government），是消费者对行政机构的电子商务，指的是个人对政府的电子商务活动。

随着商业机构对消费者、商业机构对行政机构的电子商务的发展，政府也会对社会的个人实施更为全面的电子方式服务。

另外还有 G2B 是政府对商家、企业的模式，G2C 是政府对个人的模式。

3.4.5 案例一：自主合资正面交锋　上汽大通 C2B 走向大众化

上汽大通 C2B 走向大众化

1. 新闻回顾

上汽大通最近转型了，这个以造商务车、皮卡为主的厂商最近开始玩 SUV 了，谁让 SUV 市场如此火爆。更与众不同的是，除了玩转互联网概念外，上汽大众还玩起了 C2B。你可能会问什么是 C2B？"吃土吧"？C2B 即 Customes To Business，客户可根据自身情况定制产品，而上汽大通推出的全新 D90 这款 SUV，除了车架、发动机、四个轮子外，其他部位甚至座椅、天窗、进气格栅都可以根据自己的需求定制。

"自主品牌和合资企业已经到了对峙期。"8 月 9 日，上汽集团副总裁蓝青松在接受记者采访时表示。就在前一天，上汽大通首款定制化 SUV 产品——D90 在上海宣布上市。

不同于之前车企的做法，D90 采取了 C2B 定制化的生产方式，从研发起步消费者就参与定制，是真正意义上由消费者来主导的开发，不仅 D90 的产品是定制化，D90 的价格也是由用户和厂家共同决定的。

上汽大通首款定制化 SUV 产品——D90 在上海宣布上市

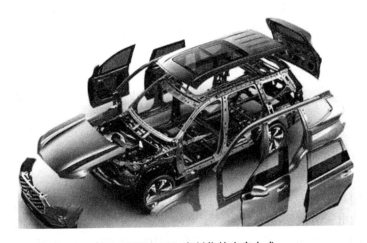

D90 采取了 C2B 定制化的生产方式

从诞生之日起,自主品牌一直就生存在合资企业的"高压"之下,处于战略防守阶段,缺乏竞争主动权。而现在,随着自身实力的增强、消费者的认可,自主品牌与合资品牌进入战略对峙阶段。

"下一步将很快进入战略进攻阶段。"蓝青松认为。不过,自主品牌要与有着上百年历史的合资企业比拼,必定要"不走寻常路",而 C2B 定制化就是上汽大通对峙合资产品的重要战略之一。

C2B 走向大众化产品

"我们跟客户之间是有温度的关系。"蓝青松说。因为 C2B 的关系,客户从最初的产品开发阶段起,就与产品联系在一起。

在上汽大通之前的"盲订"活动中,消费者并不知道车子的具体价格和配置时,就可以参与设计并且可以与上汽的工程师一起参与产品的测试以及定价等整个过程。

当天的上市仪式上,D90 总共发布了六个配置的车,价格为 15.67 万~26.38 万元。"虽然让客户出价,有人出 1 元也有人出 100 万元,但大部分还是理性的。"蓝青松在当天的上市仪式上表示。

消费者在企业的平台上，与企业之间互动，既能将自己的诉求表达出来，定制到自己中意的车型，同时，也能全程了解到自己定制车的设计、制造、试验过程，而一旦这种消费习惯养成，对于消费者忠诚度的培养是十分有利的。

C2B 项目在上汽大通 D90 上启动，是因为上汽大通之前的宽体轻客、MPV 和房车等业务都采用了定制化生产。

这也是首次将豪华车才有的定制化生产放到一个大众品牌上。"我们提供 40 多个门类，180 多种零部件进行选择。"蓝青松表示。比如，隔栅就一次性提供 5 个供消费者选择。

"10% 是极客，20% 到 30% 有自己的喜爱和偏好，50% 到 60% 看性价比。"蓝青松说。短期来看，此举给上汽大通一款新产品以品牌标签，就像荣威的互联网汽车那样，从长远来看，C2B 定制化的意义，还不仅仅那么简单。

2. C2B 背后的野心

实际上，在经历了前一阶段的集体转型之后，目前，自主品牌已经普遍小有成就。今年上半年自主品牌继续保持高于市场平均的增速，吉利、上汽、奇瑞增长率纷纷高于 50%。相反，合资企业出现普遍下滑，除了日系车，德系、欧系、美系、韩系无一幸免，其中，北京现代上半年跌幅最高，达 42.4%。

"现在是到了自主品牌和合资品牌正面展开交锋的时候了。"全国乘用车市场信息联席会秘书长崔东树在接受记者采访时表示，"自主品牌已经威胁到合资企业。"

但值得关注的是，目前，最明显的是自主品牌 SUV 对合资轿车带来市场份额的挤压。这也意味着，自主品牌现阶段的领先，仍是在性价比上的领先，而随着越来越多的自主品牌企业产品的提升，未来，同质化将是汽车行业共同面对的话题。

自主品牌在突围，合资企业在下探，虽然目前合资企业和自主品牌之间已经达到了相互对峙的阶段，但是，在蓝青松看来，自主品牌到了战略进攻阶段，也就是把竞争优势的主动权掌握在自己手中，才能赢得未来。

投资 30 亿元的 C2B 项目，实际上是上汽集团"互联网+新能源+X"战略的一部分，而这个战略是上汽"十三五"期间的重要战略，上汽集团计划总投资 180 亿元。

实际上，在上汽大通首款车 D90 上，不仅有定制化，还有互联网和新能源、无人驾驶等技术。"汽车电动化、智能化，上汽大通都在做，目前上汽大通的首款燃料电池车，已经在示范运营中。"蓝青松说。而这些面向未来的新技术，在蓝青松看来都是上汽大通主动反攻的机会。

3. 评点

当然，虽然 C2B 看上去很美，但面临的现实困难很大。这个合作虽然需要从互联网上收集客户数据，但其主要依靠整车厂平台能力的提升，且涉及几万个零部件以及厂家研发的保密性等问题，需要打通厂家的全业务链。无法与互联网企业合作，只能通过整车企业进行，这也为平台客户的收集带来一定难度。

此外，C2B 对客户需求的满足度，也考验上汽大通能力。上汽大通的产量不断上升，而消费者的需求多样化，成本和规模的矛盾如何解决？C2B 是有边界的，但这也正是其精彩之处。随着大通定制化的起步，合资企业也会用起来，这是个必然趋势。

3.4.6 案例二：O2O 经营模式的代表——美团网

美团网

1. 网站简介

美团网，是 2010 年 3 月 4 日成立的团购网站。美团网有着"吃喝玩乐全都有"的宣传口号。总部位于北京市朝阳区望京东路 6 号。

2014 年，美团全年交易额突破 460 亿元，较 2013 年增长 180% 以上，市场份额占比超过 60%，比 2013 年的 53% 增长了 7 个百分点。

2015 年 1 月 18 日，美团网 CEO 王兴表示，美团已经完成 7 亿美元融资，美团估值达到 70 亿美元，最近两年不考虑上市。

美团网

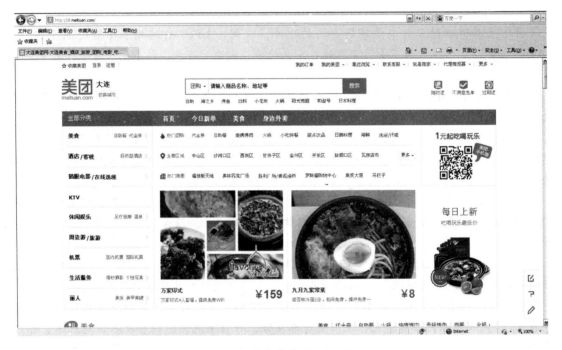

美团网首页

2015 年 10 月 8 日，大众点评与美团网宣布合并，宣布达成战略合作并成立新公司。美团 CEO 王兴和大众点评 CEO 张涛将会担任联席 CEO 和联席董事长，新公司将成为中国 O2O 领域的领先平台。11 月，阿里确认退出美团，阿里、腾讯 O2O 正式开战。

2016 年 1 月，美团点评完成首次融资，融资额超 33 亿美元，融资后新公司估值超过 180 亿美元。

2016 年 7 月 18 日，生活服务电商平台美团——大众点评（简称"新美大"）宣布，获得华润旗下华润创业联和基金战略投资，双方将建立全面战略合作。

2016 年 9 月 26 日，美团宣布收购钱袋宝，正式获得第三方支付牌照。

2017 年 1 月 18 日，美团点评双平台同时推出海外酒店。

2017 年 2 月 14 日，美团在南京推出"美团打车"服务。

2017 年 4 月 20 日，美团点评加码酒店、旅游业务，发布旅行品牌"美团旅行"。

2017年7月24日下午，美团点评等四家主要网络订餐平台在北京市食药监局的指导下分别设立食品安全专项基金（以下简称"基金"），用于对食品安全风险进行监测，首批资金共70万元。对于存在突出风险隐患的餐品，联盟平台都将禁售。

2. 服务体系

（1）可信性。

诚信是团购网站的生存根本，美团网之前没有作假，以后也不会在团购人数上作假。在公司制度和文化上，美团网严格要求每个员工诚信对待消费者，诚信对待商家。美团网的每一个单子正式上线之后，都不可更改，从流程上杜绝了团购人数作假的可能。美团网将成立"诚信监督委员会"，邀请媒体、名博、互联网业内人士以及普通网友加入。美团网将对"诚信监督委员会"全面开放后台数据，"诚信监督委员会"可以随机抽选一单查看后台各项数据，检查美团网购买人数的真实性。此外，"诚信监督委员会"还有权在任何时间对任何单子的数据进行抽查。

（2）承诺团购无忧。

美团网自2010年3月4日成立以来，一直努力为消费者提供本地服务电子商务。作为北京市海淀区首家申请加入12315绿色通道的团购企业，以及通过"电子商务信用认证""网信认证""可信网站"认证的团购企业，美团网在高速发展的同时，始终将用户满意放到第一位。

为了更好地服务用户，美团网除了严格的商家审核之外，还投入千万元进行呼叫中心建设，同时率先推出"7天内未消费，无条件退款""消费不满意，美团就免单"和"过期未消费，一键退款"等一系列消费者保障计划，构成了完善的"团购无忧"消费者保障体系，为用户提供最贴心的权益保障，免除消费者团购的后顾之忧，让消费者轻松团购，放心消费。

"7天内未消费，无条件退款"计划——美团网承诺，凡是在美团网申请团购成功的消费者，7天之内如有特殊情况尚未消费美团券，均可以致电美团网客服反映事实情况，经核实符合退款标准的，美团网会在第一时间给消费者退款。

"消费不满意，美团就免单"计划——美团网在推出"7天内未消费，无条件退款"计划的基础上，开创性地新增了"消费不满意，美团就免单"计划，为用户利益方面提供了更加完善的保护。

"过期未消费，一键退款"计划——2011年3月4日，美团网在成立一周年之际宣布"过期包退"计划正式启动，即今后美团网用户如过期未消费将获得退款服务。在3月31日之前，美团网已把过去一年内1 000多万元未消费的团购款返还给相应的美团网用户。这一举措在团购行业尚属全球首次，1 000万元巨额返款更是史无前例，可谓开行业之先河，最大限度地保障了用户的利益，解除了用户的后顾之忧。

随着"7日无条件退款+消费不满意美团就免单"服务和"过期包退"计划陆续推出，美团网已经形成了业界最为完善的服务保障体系，这套服务体系被称为美团网的"团购无忧"消费者保障计划。消费者参与团购之后，首先有7天的冷静期，7天之内可以无条件退款。如果消费者在消费期间因商家拒绝提供服务等原因无法兑现团购，那么美团网将在第一时间向用户先行赔付。如果错过了团购有效期没有产生消费，用户同样可以申请办理"过期包退"退款业务。美团网的"三保险"不仅体现出对消费者的重视，更展现出对规范团购行业的决心。

(3) 售前审核流程。

美团网与任何商家合作，都要经过美团网专门组建的品控团队进行严格的八层审核把关，审核没通过的商家一律不能和美团网合作，以确保消费者权益得到最大化的保障，层层为消费者着想。

网上调研；实地调研商家之后，销售谈方案、签合同；城市经理审核合同及相关材料；总部品控审核合同及相关材料；现场商家采访；总部品控审核采访内容，把材料交给编辑写文案；责任编辑审核文案；总部品控终审。

(4) 售后服务保障。

美团网始终遵循消费者第一、商家第二、美团第三的原则，自成立之初就非常重视诚信经营，迄今已有一整套体系为消费者提供好价格、好商品和好服务。

美团网是国内第一家在消费者消费后，让消费者对消费进行评价的团购网站，有利于能够及时地发现消费中存在的问题。

美团网是国内第一家在消费者美团券过期前会多次给消费者发短信提醒的团购网站。

美团网是国内第一家建大型客服中心的团购网站。销售额快速增长，客服电话是否能接通成为消费体验中一个非常重要的要素。

美团网是第一家推出团购券过期包退的团购网站，并在美团网成立一周年之际一次性退款上千万。在此之前，团购券过期后就不能用了，消费者预付的钱也无法取回，极大地影响了消费者对团购网站的信任。为了解决这个问题，美团网率先推出过期包退，把这笔不该拿的钱退给消费者。过期包退是美团网全球首创，连团购网站鼻祖 Groupon 至今也没实现。

美团网推出了"团购无忧"的售后服务计划。内容包括：购买七天后未消费无条件退款、消费不满意美团就免单、过期未消费一键退款。

3. 评点

美团网是目前国内最大的生活服务类电子商务公司，包括吃喝玩乐，常常有优惠折扣，用起来很方便。美团为消费者发现值得信赖的商家，让消费者享受超低折扣的优质服务，为商家找到合适的消费者，给商家提供优质的互联网技术服务。

思 考 题

1. B2B 的含义及盈利模式是什么？
2. B2B 行业网站的经营模式有哪些？
3. 说说 B2B 的发展现状及未来发展趋势。
4. B2C 的含义及网站功能有哪些？
5. B2C 有什么样的盈利模式？
6. 试分析天猫、京东、凡客这三种 B2C 电商模式的特点。
7. B2C 行业的发展有哪些特点？
8. B2C 发展面临的困难有哪些？
9. 说说你经常访问的 B2C 网站的盈利模式。
10. 简答 C2C 的含义及网站的盈利模式。

11. 根据 C2C 网站的盈利方式，思考不同网站的发展应该采取的有效措施。
12. C2B 的含义及核心是什么？
13. 简述 C2B 的经营模式及特征。
14. 什么是 O2O？O2O 的核心及特点有哪些？
15. 试分析国内 O2O 发展状况如何？
16. B2M 的含义及运作模式是什么？
17. 简答 B2M 特点及发展优势。
18. M2C 的含义及模式特点是什么？
19. M2C 有哪些优势？
20. 什么是 B2Q、B2A、C2A 经营模式？

资料来源及参考网站

1. B2B 盈利的五大经典模式 http://www.sohu.com/a/44193774_212475
2. 全球纺织网 http://www.tnc.com.cn/
3. 阿里巴巴中国站 https://www.1688.com
4. 阿里巴巴国际站 https://www.alibaba.com
5. B2C 百度百科 https://baike.baidu.com/item/B2C/325072?fr=aladdin
6. 天猫 https://www.tmall.com
7. 京东商城 https://www.jd.com
8. 凡客诚品 http://www.vancl.com
9. 梦芭莎 http://www.moonbasa.com/
10. 当当网 http://static.dangdang.com/
11. 易趣网 http://www.eachnet.com/
12. ebay 网 https://www.ebay.com，http://www.ebay.cn
13. 网易财经 http://money.163.com/17/0815/05/CRRVFK6J002580S6.html
14. 美团网 http://www.meituan.com/

第4章

电子商务网站运营与维护

教学目标

了解电子商务网站的运营和安全维护内容,包括选择硬件服务器环境、域名的注册、综合的网站推广技术和保障网站安全运行和在故障情况下的处理。商务网站的运营,内容从商务活动到技术保证,可以说是多种知识的结合。掌握这些相关技能是运营商务网站的必备条件和组成部分。

关键词汇

电子商务网站;网站推广;域名注册;商务网站安全;服务器供应商

知识回顾

1. 服务供应商的选择

服务供应商(ISP)所提供的服务,决定了电子商务网站的硬件环境。电子商务网站运营中最大的投资就是选择服务供应商并得到硬件服务。

硬件服务主要包括供应商提供的服务器主机和宽带能力。服务器主机是电子商务网站的宿主,服务器的质量很大程度上决定了电子商务网站的运营是否能够持续稳定。

2. 域名注册及管理

域名就像是互联网上的身份证或者门牌号码,只有为电子商务网站申请了域名,包括英文和中文域名,电子商务网站才能被众多互联网的用户找到并浏览。可以说域名的注册相当于现实业务中的租赁和购买店铺。

域名的申请和注册有相应的域名管理机构来完成,电子商务网站运营的中文域名的申请和注册是必不可少的环节,而且随着运营状况的改变(比如说服务供应商的改变)域名信息要发生变化,这都涉及域名的管理。

3. 电子商务网站推广

电子商务网站的运营,网站的推广是至关重要的。即使制作再优良的网站,没有好的策划宣传,不为用户所了解,业绩也只能是平平如也。如何做好电子商务网站的宣传是摆在每个电子商务网站管理者面前最难的问题，在几种常用的推广方法上进行结合自身特点的创新，是当前一种新的探索方向。

4. 电子商务网站安全与维护

互联网是开放的，开放性带来了无限的商机，也带来了形形色色的安全问题。电子商务网站自身的安全问题（如何保护好自己的商务网站）、电子商务交易的安全问题（如何保证用户的资金在交易过程中是安全的），等等，诸如此类的安全问题，困扰着每个电子商务的经营者和电子商务的用户，怎么做才能最大限度地实现电子商务的安全，是不容忽略的现实问题。

电子商务网站的运营，必然带来电子商务网站的维护，这个维护既包含硬件的维护、功能的维护，也包含数据的维护和安全的维护。商务网站的稳定运行，需要制定详细的维护方案，并依据此进行操作，以保证网站的正常经营。

4.1 服务供应商的选择

服务器是对于专门处理应用系统的计算机的统称。从包含处理器的个数来分，服务器分为单路服务器、双路服务器、4 路服务器、8 路服务器等，其中将 4 路以上统称多路服务器；从处理器架构来分，服务器包括 RISC 服务器和 X86 服务器，一般我们将通用的基于 X86 的服务器称为 PC 服务器。Web 应用的不同对服务器要求也不同。如采用静态页面处理的应用系统对系统要求不高，甚至可以使用单路服务器来满足要求，采用动态页面处理的机器，需要通过多台双路或更高的处理能力强的服务器组成集群系统来完成。

选择合适的服务器和宽带接入是电子商务网站成功运营的基础。在选择的时候，应从技术要求和资金消耗两个方面考虑。

服务器和宽带技术必须满足网站的访问需求。只有在稳定的服务器环境中，网站的程序才可以正常运行，不至于频频发生访问错误，在运行过程中积累的用户数据和商品数据信息可以安全地存储，不会丢失。必要的宽带，可以保证多用户的同时访问，不发生无法连接或者等待时间过长的情况。这都是运行一个商务网站基本的需求。

服务器和宽带的接入，投入的资金是比较大的。一般大中型的网站会考虑自己购买服务器放入服务商的机房并选择相应的宽带接入方式。在满足现有的运行要求并有一定冗余的基础上，尽可能减少资金的投入，缩小网站初期的投入，也是作为运营者应重点考虑的内容。

4.2 域名注册及管理

4.2.1 域名及管理体系

Internet 的 IP 地址、域名、协议号码都是由一个非营利的国际组织 ICANN（Internet Corporation for Assigned Names and Numbers）负责分配和管理的，这个组织管理着域名根服务器。根服务器负责给出 com、net、org 等顶级域名的服务器地址，也就是说 ICANN 可以决定起用哪些新的顶级域名。

在 1999 年之前，com、net 和 org 的域名注册全部由一家公司管理（Network Solutions

Inc，NSI），这种独家生意遭到了许多非议，最终美国商务部和 NSI 达成了一个协议，让 NSI 开放域名注册系统，即将原先由 NSI 独家拥有的注册平台改成可以由任意多个注册商共同使用的共享注册系统（Shared Registration System，SRS），使用这套系统的注册商身份是平等的，然后由一家非营利组织即 ICANN 负责管理和审批注册商的申请事宜。

审批新顶级域名也是由 ICANN 负责，通过审批的顶级域名也通过 SRS 注册。虽然注册过程基本相同，不过有些新的顶级域名的注册商审批并不是通过 ICANN 进行的，这种顶级域名称为"发起人域名"；而那些由 ICANN 审批注册商的顶级域名为"非发起人域名"（虽然都有一个发起人），不过现在大部分的新域名已经变成了非发起人域名了。

只有直接使用 SRS 的才是域名注册商（Registrar），其他的不过是注册商的代理罢了。用户通过注册商的代理或直接通过注册商将注册资料提交给 SRS，这样就完成了域名注册过程，在顶级服务器中设置了相应的记录。

4.2.2 域名注册的过程

关于域名注册的具体过程，每个注册商户代理商都会有一些不同，不过大体上是一样的。在注册域名之前首先必须确认该域名还没有被注册，然后做一些相应的准备工作。

（1）准备好身份资料。

（2）准备好用于域名解释的 DNS 服务器。

在注册域名的时候需要提交域名、身份资料和两台已经注册的 DNS 服务器名称。域名实际上是一种财产，所以需要有一个拥有人。身份资料在注册的时候将写入域名相关数据库，用以表示该用户对该域名的拥有权。所以身份资料必须正确无误，否则用户将没有办法证明拥有这个域名，在进行域名转让的时候会产生大麻烦。对于国内的用户来说，比较麻烦的是国际域名要求用户的身份资料是英文的；而对于一般的公司则不存在很大的困扰，因为公司一般都有相应的英文名称。如果是个人一般推荐使用护照上的名称或者拼音。身份信息还包括联系地址、电话等。这些属于联系信息的资料日后是可以更改的，只有名称是不能随便更改的，因此名称必须准确无误。

和域名相关的联系人一般有 4 个，分别是拥有人（注册人）、域名管理员、技术联系人和交费联系人。其中，拥有人标示了域名的拥有权。域名拥有人可以更改其他三个联系人的身份。域名管理员属于域名日常管理角色，可以更改除拥有人之外的其他三个联系人的身份。技术联系人则仅仅能够更改域名的 DNS 服务器记录。交费联系人用于注册商通知域名续费事宜。一般的注册商或代理都会提供相关的操作界面让域名的注册人管理这些信息，因为只要有对应的账号和密码就可以更改。但是如果忘记了密码或者因为其他状况没有办法修改这些资料，只有向注册商出示拥有人有效的身份证明，才可以获得域名的控制权。

域名注册中和此相关的内容是 DNS 服务器记录。在成功注册了域名之后，在顶级域名服务器中就会增加域名，然后在该域名下会增加两条 NS 记录，分别是在注册的时候填写的 DNS 服务器的域名，另外还会增加两条和 NS 记录域名对应的地址记录，用来解释域名服务器的 IP 地址。解释 NS 记录中域名的方法和普通的域名解释方法是不一样的。一般的域名解释都是通过授权服务器进行的。

在注册新的域名服务器的时候，需要注意以下几点：

（1）必须确保域名服务器的域名尚未被注册。

(2) 域名服务器必须对应一个固定的 IP 地址，因为在顶级域名服务器上记录的生存时间一般是 2 天，也就是说 IP 地址改变的时候至少需要 48 小时才会完全生效。如果服务器 IP 地址确实需要改变，必须保证新地址和旧地址至少有 48 小时的衔接期。

另外，必须能够在对应的 DNS 服务器上管理自己的域名，因为注册过程仅仅是在顶级服务器上开设了一个指针，具体的解释工作还需要在授权服务器上进行配置。

4.2.3 域名记录

成功注册域名之后，就要对各种域名记录进行配置和管理。下面对常用的三种域名记录进行一个简单的介绍，这三种域名记录类型分别是 A 记录（地址记录）、CNAME 记录（别名记录）和 MX 记录（邮件服务器记录）。前面两种主要作用是将一个域名解释成一个 IP 地址，用于几乎所有的 TCP/IP 通信。后一种是将一个域名解释成一个邮件服务器的域名，只用于 SMTP（互联网的邮件系统）通信过程。DNS 系统所做的事情不仅仅是将域名解释成 IP 地址，实际上做的是名字翻译工作。虽然在 TCP/IP 环境下最后基本上都会牵扯到 IP 地址，但是 DNS 允许通过不同的类型让同一个名称拥有不同的含义。比如同样的 oray.net 这个名称，在 Web/FTP 通信过程中对应的是一个地址，在 SMTP 通信中则变成一个邮件服务器。这样就允许我们将 Web 和 SMTP 服务器放在不同的 IP 地址上。DNS 服务器进行名字解释的时候依赖的是一个数据文件，每个域名都有一个独立的数据文件，这个文件包括了该域名所有的名称、名称对应的类型和对应的类型数据。DNS 规定的名称类型有近 20 个，下面我们介绍三种常用记录。

- A 记录（地址记录），最简单的一种记录。
- CNAME（别名记录）。
- MX（邮件服务器记录）。

4.3 电子商务网站推广

电子商务网站的推广是一个吸引人的话题，同时也是最难解决的问题。一个好的网站不但需要精深的主页设计技术和对整个网络的了解，还需要对网站进行广泛的宣传。现在许多优秀的商务网站还默默无闻，这并不是网站设计的失败，也不是没有吸引力，而是宣传的力度不够。

在当今的互联网上，电子商务网站的推广分为三个方向：
(1) 门户网站上的品牌建立。
(2) 在专业搜索引擎上的流量推广。
(3) 浏览器地址栏中输入中文名字对于网站保护性的推广。
为此，常用以下推广方法或方式。

4.3.1 品牌商务网站

商务网站的设计需要一些技术，而更多的是对整个网络的了解。在努力建造自己的站点时，使它产生更多吸引力，是提高访问量的关键。在开始改造商务网站使其具有品牌效应的时候，应考虑以下问题：

- 站点的定位是什么？
- 商品的设置分类合理吗？
- 浏览者能快速找到想要的商品吗？
- 怎样根据统计数据修改网页？
- 哪些商品是受欢迎的？

定位准确：建立商务网站站点，以销售商品或者寻找某种机遇。商品网站的定位必须明确，一个定位模糊的网站是很难得到别人的认同的。很多商务网站在设计内容上贪大求全，使本来不丰富的网站商品内容看起来更加少得可怜。要知道商务的运作是需要一定的周期的，在网站的创建初期，可以展示的商品数量和种类是比较有限的，这就需要合理地规划网页，添加一些导购知识，丰富网页的内容。在商品逐步增加的同时，再进行替换和修改。

快速浏览和查找：没有什么比花很长时间打开页面更糟糕的了。一个标准的网页应不大于 60K，用户下载不能超过 30 秒。因此，少在网站主页上放图片和长篇文章，少用插件、动画、Java、AxtiveX，少用框架和声音。

更好的平台兼容性：要为用户着想，最好能在 PC 和 Mac 机上都测试一下网站，也要在不同的浏览器上测试一下网站。

商品内容的优化：商品内容是网站的核心，好的商品信息才能在根本上吸引访问者。在网络上，获取商品信息变得十分容易，商务站点如果能经常提供有价值的商品信息，将更能吸引访客。很长时间的商品信息不更新，会给人网站停运的假相，使本来冷清的网站更加冷清，流量持续减少。

页面的优化：尽量使用最新的 Web 技术来设计页面，页面的美观程度和整体布局是网站给访问者的第一印象。因为即使内容是站点的关键，但没有好的视觉享受，会使得访客有枯燥无味的感觉，但在使用新技术时，不要凌驾于访客之上，尽量与每一个人的系统兼容。一是特殊字体的应用，虽然在你的 HTML 中使用特殊的字体，但是你不可能预测你的访问者在他的计算机上将看到什么，所以应当坚持使用通用字体。二是背景与文本的颜色。有些人为了表现自己很"酷"，用一些特别的背景和文本颜色，很可能使网页难以阅读，因此最好使用白色的背景和黑色的文本。

增加网站交互性：越来越多的访客希望有互动的内容，他们不想只是看，还想动动手，在站点上加点什么，所以，增加一个 BBS 或者聊天室，同浏览者共同探讨商品内容和信息，并解答浏览者的提问。

4.3.2 在搜索引擎注册

在网上信息资源迅速增加的今天，搜索引擎变得越来越重要。据最新的调查，有 85% 的上网者经常使用搜索引擎查找相关站点。把商务网站注册到搜索引擎是必做的工作，但这同样需要相应的技巧。根据经验，即使把站点注册到搜索引擎里，也并不能提高站点的流量。当有一万次搜索时，搜索到站点并进入的机会只可能会是一次，更有可能一次机会都没有。作为电子商务网站的设计和管理者要了解一下注册的技巧，而不是简单地告诉搜索引擎自己的商务网站在哪里。

搜索引擎分为两种：一种为人工登记，比如 yahoo；一种是自动登记，这是目前最多的类型。人工登记，就是靠人把站点的资料输入数据库，它的好处是目录会清晰明了，相对来说内容较少，但被搜索到的机会就会增加。而自动登记的站点，内容十分丰富，但搜索时，会把不相关的站点也搜索出来。这两种站点，都可以利用，但要知道一些技巧。

如果站点是中文的，最好登记到中文的搜索引擎里去，因为这样被找到的机会就能增加不少。而中文搜索引擎站点，首推 yahoo，虽然 yahoo 中文有点不尽如人意，但因为它的品牌深入人心，所以访问者非常多。而且它目前所含的内容不丰富，这样，当站点成功登记到 yahoo 后，被发现的机会要比其他站点多。但在登记站点时，要做好站点的归类设计，这样可以大大提高被访问的机会。

一个搜索站点可能会包含十分多的内容，这样，当搜索某一个站点时，会搜索出成千上万个，而更多的站点已经埋没在了后面。怎样提高自己站点的排位变成了成功登记的关键，因为即使登记到一个搜索站点上面，但被排在了后面，也一点效果都没有，这种情况在自动登记的站点出现的多些。网络上也出现了为站点提升排位的服务，当然是有代价的。因此，把一个站点登录到各个搜索引擎就变得非常重要和必要了。

方法一：选几个主要的搜索引擎（如：网易、搜狐、雅虎、新浪等），输入自己站点的关键词，然后"搜索"，最后归纳出自己网站的关键词。

方法二：从一些统计关键词的网站中找到常用的搜索词（即站点的关键词），然后进行选择，从而确定关键词。关键词不必太多，因为很多搜索引擎的注册，对站点的关键词是有限制的。

当访问者通过关键词在某一搜索引擎中找到一系列的网站，怎样才能使访问者选择你的网站呢？这就应当有一个清晰的网站介绍。

在填写网站介绍时应注意以下几点：

（1）避免夸张词语。如："最好、最全"等带有"最"的词，因为一些专业网站都不一定达到"最……"，何况是刚刚建立的商务网站了。

（2）避免面面俱到。如果你的网站商品信息涉及的范围很广，别人会认为你的网站只有广度没有深度。因此介绍网站时，尽量把你的网站最突出的地方亮出来。

（3）如果你的网站真的是商品内容广泛，可以多申请几个域名，并且都指向同一网站，每一个域名都有不同的介绍。

4.3.3 多种方式宣传

1. 拿出吸引人的广告标语

"广告交换"即互相做广告，的确能提高知名度，增加网站的访问量。怎样才能让别人点击你的广告条呢？关键就在你的广告词上。

2. 在传统媒体上宣传

如果你能够投稿到某些传统媒体（如报刊等），那你可以要求在刊登文章的同时，附带上你的网址，或在文章中加入你的网址。传统媒体的宣传面广泛，一般情况下，印刷媒体不会轻易消失，能持续很长时间，别人拿起来就可以看见你的网站了。

3. 抓住一切可利用的机会

每天与其他人交流，在 BBS 或 E-mail 中你可以加入自己的网址，收件人就很容易链接到你的网站；很多网页上都会有一个留言板，浏览别人的网站时，在留言板上留下你的网址，邀请他到你的网站上做客；参加邮件列表，试着发表你的观点，当你的讨论内容被其他人接受时，就可以开始宣传你的主页了，这样邮件列表里的人都可以看到你，包括你的 URL。

4. 留住固定客户

提高访问量要招揽新的访问者，但更重要的是要留住固定客户。只有抓住一些固定客户才能最有效地提高网站的访问量。他们不但能多次访问你的网站，还会向他的朋友介绍。以下是留住固定客户的几个方法：

- 在你的网页上搞一些小调查，问一个有趣的问题，让访客投票。投票者也许会在明天或下周再来查看调查结果的。
- 持续搞一些有奖活动，奖品不必太贵重，只要对你的访客来说稍有用即可。他们会常来看结果的。
- 在网页上放一些别的地方没有的东西。比如最新的商品供应信息、分析和时尚预测等信息。
- 要有小测验，每周公布答案。参加者会来看正确答案。
- 提供与主题相关的新闻。一般人都喜欢最新的新闻，你如能为他们提供第一手来源，他们就会重复访问。
- 人们都喜欢免费的东西。列出一份免费清单，可以是软件、服务、小产品、电子图书等，但要与你的主题相关。及时更新，访客就会定期再来。
- 在网页上列出与你主题相关的其他网站的链接。这些网站要有趣、有用。你的网站就会起一个"目录"的作用，别人会常来，通过你的商务网站访问其他网站。
- 利用电子邮件签名。比如 BBS 或者 E-mail，我们都要利用到签名，你可以加入自己的 URL 地址，而邮件程序会自动转换成链接，所以，收件人会很容易链接到你的网站。
- 邮件列表，你可以参加某一个热门邮件列表，然后试着发表你的讨论，当你的讨论内容被其他人接受的时候，就可以开始宣传你的商务网站了，在这个邮件列表里的人都可以看到你所发表的消息，包括你的 URL。记住，别一开始就说出你的网站在哪里。
- 印刷出你的 URL。你可以在刊登文章的同时，附带上你商务网站的 URL。传统媒体的宣传面是很广泛的，在一般情况下，印刷媒体不会轻易消失，别人拿起来就可以看见。
- 新闻组发言。新闻组与邮件列表有点相似，但新闻组比起邮件列表来，它所覆盖的空间更大，你只需要使得自己发言更吸引人，你的 URL 就会同时被人访问。
- 宣传语言的使用，在任何地方宣传自己的站点时，都记住告诉访问者你的服务宗旨和商品内容信息。

总之，为了提高网站的访问量，要明确建立网站的目标和需求，确立网站的主题，并且要注意整体的服务功能。

4.4 电子商务网站安全维护

4.4.1 网络安全技术

网络安全是电子商务安全的基础，一个完整的电子商务系统应建立在安全的网络基础设施之上。网络安全所涉及的方面比较多，如操作系统安全、防火墙技术、虚拟专用网 VPN

技术和各种反黑客技术和漏洞检测技术等。

（1）防火墙是建立在通信技术和信息安全技术之上的，它在网络之间建立了一个安全屏障，根据指定的策略对网络数据进行过滤、分析和审计，并对各种攻击提供有效的防范。主要用于互联网接入和专用网与公用网之间的安全连接。

目前国内使用的常见防火墙产品都是国外一些大厂商提供的，国内在防火墙技术方面的研究和产品开发方面比较薄弱，起步也晚。由于国外对加密技术的限制和保护，国内无法得到急需的安全而实用的网络安全系统和数据加密软件。因此，即使国外优秀的防火墙产品也不能完全在国内市场上使用，同时由于政治、军事、经济上的原因，我国也在研制开发并采用自己的防火墙系统和数据加密软件，以满足用户和市场的巨大需要，这对我国的信息安全基础设施建设具有重大的意义。

（2）Web 服务器的漏洞检测是保证电子商务网站安全的必要手段，随着 Web 软件的体积越来越多，代码长度得到增长，可能出现的漏洞也越来越多。这需要商务网站的管理者或设计者，对常见漏洞有深入的了解，并根据相应的漏洞进行设防。

（3）VPN 是一项保证网络安全的技术之一，是指在公共网络中建立一个专用网络，数据通过建立好的虚拟安全通道在公共网络中传播。企业只需要租用本地的数据专线，连接上本地的公众信息网，其各地的分支机构就可以相互之间安全传递信息；同时，企业还可以利用公众信息网的拨号接入设备，让自己的用户拨号到公众信息网上，就可以连接进入企业网中。使用 VPN 有节省成本、提供远程访问、扩展性强、便于管理和实现全面控制等好处。

4.4.2 加密技术

加密技术是保证电子商务安全的重要手段，许多密码算法已成为网络安全和商务信息安全的基础。密码算法利用密钥（secret keys）对敏感信息进行加密，然后把加密好的数据和密钥（要通过安全方式）发送给接收者，接收者利用同样的算法对密钥和数据进行解密，从而获取敏感信息并保证网络数据的机密性。

另外一种加密技术称为数字签名（digital signature），可以达到对电子商务安全的需求，保证商务交易的机密性、完整性、真实性和不可否认性等。

利用密钥的加密技术包括私钥加密和公钥加密。私钥加密，又称对称密钥加密，即信息的发送方和接收方用一个密钥去加密和解密数据，目前常用的私钥加密算法包括 DES 和 IDEA 等。对称加密技术的最大优势是加/解密速度快，适合于对大数据量进行加密，但密钥管理困难。对称加密技术要求通信双方事先交换密钥，当系统用户多时，例如，在网上购物的环境中，商户需要与成千上万的购物者进行交易，若采用简单的对称密钥加密技术，商户需要管理成千上万的密钥与不同的对象通信。另外，密钥通常会经常更换。

公钥密钥加密，又称不对称密钥加密系统，它需要使用一对密钥来分别完整加密和解密操作，一个公开发布，称为公开密钥（Public – Key）；另一个由用户自己秘密保存，称为私有密钥（Private – Key）。信息发送者用公开密钥去加密，而信息接收者则用私有密钥去解密。通过数学手段保证加密过程是一个不可逆的过程，即用公钥加密的信息只能是用与该公钥配对的私有密钥才能解密。常用的算法是 RSA、ElGamal 等。

公钥机制灵活，但加密和解密速度却比对称密钥加密慢得多，为了充分利用公钥密码和对称密码算法的优点，克服其缺点，解决每次传送更换密钥的问题，提出混合密码系统，即所谓的电子信封技术。

4.4.3 数字签名

数字签名中常用的就是散列（HASH）函数，也称消息摘要（Message Digest）、哈希函数或杂凑函数等，其输入为一可变长输入，返回一固定长度串，该串被称为输入的散列值（消息摘要）。日常生活中，通常通过对某一文档进行签名来保证文档的真实有效性，这样可以对签字方进行约束，防止其抵赖行为，并把文档与签名同时发送以作为日后查证的依据。

在网络环境中，可以用电子数字签名作为模拟，从而为电子商务提供服务。把 HASH 函数和公钥算法结合起来，可以在提供数据完整性的同时，保证数据的真实性。完整性保证传输的数据没有被修改，而真实性则保证是由确定的合法者产生的 HASH，而不是由其他人假冒的。而把这两种机制结合起来就可以产生所谓的数字签名（Digital Signature）。

将报文按双方约定的 HASH 算法计算会得到一个固定位数的报文摘要值。从数学而言，只要改动报文的任何一位，重新计算出的报文摘要就会与原先值不符，这样就保证了报文的不可更改。把报文的摘要值用发送者的私人密钥加密，然后将该密文同原报文一起发送给接收者，所产生的报文即称数字签名。接收方收到数字签名后，用同样的 HASH 算法对报文计算摘要值，然后与用发送者的公开密钥进行解密，解开的报文摘要值与原值相等，则说明报文确实来自发送者，因为只有用发送者的签名私钥加密的信息才能用发送者的公钥解开，从而保证了数据的真实性。

4.4.4 认证机构和数字证书

对数字签名和公开密钥加密技术来说，它们都面临公开密钥的分发问题，即如果把一个用户的公钥以一种安全可靠的方式发送给需要的另一方，这就要求管理这些公钥的系统必须是值得信赖的。在这样的系统中，如果 Alice 想要给 Bob 发送一些加密数据，Alice 需要知道 Bob 的公开密钥；如果 Bob 想要检验 Alice 发来的文档的数字签名，Bob 需要知道 Alice 的公开密钥。所以，必须有一项技术来解决公钥与合法拥有者身份的绑定问题。假设一个人自称某一个公钥是自己的，必须有一定的措施和技术来对其进行验证。数字证书是解决这一问题的有效方法。它通常是一个签名文档，标记特定对象的公开密钥。

数字证书是由认证中心（Certification Authority，CA）签发的，认证中心类似于现实生活中的公证人，它具有权威性，是一个普遍可信的第三方。当通信双方都信任同一个 CA 时，两者就可以得到对方的公开密钥从而进行秘密通信、签名和检验。证书机构 CA 是一个可信的第三方实体，其主要职责是保证用户的真实性。本质上，CA 的作用同政府机关的护照颁发机构类似，用于证实公民是不是其所宣称的那样（正确身份），而信任这个国家政府机关护照颁发机构的其他国家，则信任该公民，认为其护照是可信的，这也是第三方信任的一个很好实例。同护照类似，网络用户的电子身份是由 CA 来发布的，也就是说他是被 CA 所信任的，该电子身份就成为数字证书。

因此，所有信任 CA 的其他用户也信任该用户。在护照颁发机构，有一套由政府确定的政策来判定哪些人是可信任用户，以及护照的颁发过程。一个 CA 系统也可以看成由许多人组成的一个组织，它用于指定网络安全策略，并决定组织中的哪些人可以发给一个在网络上使用的电子身份。

思 考 题

1. 选择 Web 服务器主机应考虑哪些因素？
2. 域名注册的准备资料有哪些？
3. 域名解析的过程有哪些？
4. 如何配置 IIS 适合 Web 的需要？
5. 如何设计网站页面以提高访问量？
6. 对于网站推广，你有什么新的创意？
7. 电子商务网站使用哪些加密技术？

资料来源及参考网站

1. 国网电子商务平台 http：//ecp. sgcc. dlzb. com
2. 中国大唐电子商务平台 http：//www. qianlima. com/new/keywordzhuolu_invite. jsp
3. 国家电网公司电子商务平台 http：//ecp. sgcc. com. cn
4. 凡科建站 http：//jz. faisco. com/pro8. html？_ta＝51&kw＝10387
5. 国网新源控股有限公司 http：//gwxy. dlzb. com
6. 中国华能集团电子商务平台 http：//ec. chng. com. cn/ecmall
7. 中铁建采购电子商务平台 http：//121. 17. 167. 66
8. 新华网 http：//www. xinhuanet. com

第 5 章

跨境电子商务

教学目标

了解跨境电子商务的含义及行业特征；了解我国跨境电子商务及支付交易现状，熟悉常见跨境电子商务运营平台及规则；了解跨境电子商务运作中的常见问题，并进行合理分析。

关键词汇

跨境电子商务平台；网站流量；跨境电子商务物流

知识回顾

1. 跨境电子商务含义

跨境电子商务（Cross–border Business）是指分属不同关境的交易主体，通过电子商务平台达成交易，进行支付结算，并通过跨境物流送达商品、完成交易的一种国际商业活动。跨境电子商务作为推动经济一体化、贸易全球化的技术基础，具有非常重要的战略意义。跨境电子商务不仅冲破了国家间的障碍，使国际贸易走向无国界贸易，同时它正在引起世界经济贸易的巨大变革。对企业来说，跨境电子商务构建的开放、多维、立体的多边经贸合作模式，极大地拓宽了进入国际市场的路径，大大促进了多边资源的优化配置与企业间的互利共赢；对于消费者来说，跨境电子商务使他们可以非常容易地获取其他国家的信息并买到物美价廉的商品。

2. 跨境电子商务行业特征

跨境电子商务是基于网络发展起来的，网络空间相对于物理空间来说是一个新空间，是一个由网址和密码组成的虚拟但客观存在的世界。网络空间独特的价值标准和行为模式深刻地影响着跨境电子商务，使其不同于传统的交易方式而呈现出自己的特点。

跨国电子商务具有如下特征（基于网络空间的分析）：

（1）全球性（Global Forum）。

网络是一个没有边界的媒介体，具有全球性和非中心化的特征。依附于网络发生的跨境电子商务也因此具有了全球性和非中心化的特性。电子商务与传统的交易方式相比，其一个重要特点在于电子商务是一种无边界交易，丧失了传统交易所具有的地理因素。互联网用户不需要考虑跨越国界就可以把产品尤其是高附加值产品和服务提交到市场。网络的全球性特征带来的积极影响是信息最大程度的共享，消极影响是用户必须面临因文化、政治和法律的不同而产生的风险。任何人只要具备了一定的技术手段，在任何时候、任何地方都可以让信息进入网络，相互联系进行交易。美国财政部在其财政报告中指出，对基于全球化的网络建立起来的电子商务活动进行课税是困难重重的，因为电子商务是基于虚拟的电脑空间展开的，丧失了传统交易方式下的地理因素；电子商务中的制造商容易隐匿其住所，而消费者对制造商的住所是漠不关心的。比如，一家很小的爱尔兰在线公司，通过一个可供世界各地的消费者点击观看的网页，就可以通过互联网销售其产品和服务，只要消费者接入了互联网就可以发生交易，很难界定这一交易究竟是在哪个国家内发生的。

这种远程交易的发展，给税收当局制造了许多困难。税收权力只能在一国范围内实施，网络的这种特性为税务机关对超越一国的在线交易行使税收管辖权带来了困难。而且互联网有时扮演了代理中介的角色。在传统交易模式下往往需要一个有形的销售网点的存在，例如，通过书店将书卖给读者，而在线书店可以代替书店这个销售网点直接完成整个交易。而问题是，税务当局往往要依靠这些销售网点获取税收所需要的基本信息，代扣代缴所得税等。没有这些销售网点的存在税收权力的行使也会发生困难。

（2）无形性（Intangible）。

网络的发展使数字化产品和服务的传输盛行。而数字化传输是通过不同类型的媒介，例如数据、声音和图像在全球化网络环境中集中而进行的，这些媒介在网络中是以计算机数据代码的形式出现的，因而是无形的。以一个 E-mail 信息的传输为例，这一信息首先要被服务器分解为数以百万计的数据包，然后按照 TCP/IP 协议通过不同的网络路径传输到一个目的地服务器并重新组织转发给接收人，整个过程都是在网络中瞬间完成的。电子商务是数字化传输活动的一种特殊形式，其无形性的特性使得税务机关很难控制和检查销售商的交易活动，税务机关面对的交易记录都是体现为数据代码的形式，使得税务核查员无法准确地计算销售所得和利润所得，从而给税收带来困难。

数字化产品和服务基于数字传输活动的特性也必然具有无形性，传统交易以实物交易为主，而在电子商务中，无形产品却可以替代实物成为交易对象。以书籍为例，传统的纸质书籍，其排版、印刷、销售和购买被看作是产品的生产、销售。然而在电子商务交易中，消费者只要购买网上的数据权便可以使用书中的知识和信息。而如何界定该交易的性质、如何监督、如何征税等一系列问题却给税务和法律部门带来了新的难题。

（3）匿名性（Anonymous）。

跨境电子商务由于其非中心化和全球性的特性，很难识别电子商务用户的身份和其所处的地理位置。在线交易的消费者往往不显示自己的真实身份和自己的地理位置，重要的是这丝毫不影响交易的进行，网络的匿名性也允许消费者这样做。在虚拟社会里，隐匿身份的便利迅即导致自由与责任的不对称。人们在这里可以享受最大的自由，却只承担最小的责任，甚至干脆逃避责任。这显然给税务机关制造了麻烦，税务机关无法查明应当纳税的在线交易人的身份和地理位置，也就无法获知纳税人的交易情况和应纳税额，更不要说去审计核实。该部分交易和纳税人在税务机关的视野中隐身了，这对税务机关而言是致命的。例如，eBay 是美国的一家网上拍卖公司，允许个人和商家拍卖任何物品，到目前为止 eBay 已经拥有

3 000万用户,每天拍卖数以万计的物品,总计营业额超过50亿美元。但是eBay的大多数用户都没有准确地向税务机关报告他们的所得,存在大量的逃税现象,因为他们知道由于网络的匿名性,美国国内收入服务处(IRS)没有办法识别他们。

电子商务交易的匿名性导致了逃避税现象的恶化,网络的发展,降低了避税成本,使电子商务避税更轻松易行。电子商务交易的匿名性使得应纳税人规避税收监管成为可能。电子货币的广泛使用,以及国际互联网所提供的某些避税地联机银行对客户的"完全税收保护",使纳税人可将其源于世界各国的投资所得直接汇入避税地联机银行,规避了应纳所得税。美国国内收入服务处(IRS)在其规模最大的一次审计调查中发现许多居民纳税人通过离岸避税地的金融机构隐藏了大量的应税收入。而美国政府估计大约三万亿美元的资金因受避税地联机银行的"完全税收保护"而被藏匿在避税地。

(4) 即时性(Instantaneously)。

对于网络而言,传输的速度和地理距离无关。传统交易模式,信息交流方式如信函、电报、传真等,在信息的发送与接收间,存在着长短不同的时间差。而电子商务中的信息交流,无论实际时空距离远近,一方发送信息与另一方接收信息几乎是同时的,就如同生活中面对面交谈。某些数字化产品(如音像制品、软件等)的交易,还可以即时清结,订货、付款、交货都可以在瞬间完成。

电子商务交易的即时性提高了人们交往和交易的效率,免去了传统交易中的中介环节,但也隐藏了法律危机。在税收领域表现为:电子商务交易的即时性往往会导致交易活动的随意性,电子商务主体的交易活动可能随时开始、随时终止、随时变动,这就使得税务机关难以掌握交易双方的具体交易情况,不仅使得税收的源泉扣缴的控管手段失灵,而且客观上促成了纳税人不遵从税法的随意性,加之税收领域现代化征管技术的严重滞后作用,都使依法治税变得十分困难。

(5) 无纸化(Paperless)。

电子商务主要采取无纸化操作的方式,这是以电子商务形式进行交易的主要特征。在电子商务中,电子计算机通信记录取代了一系列的纸面交易文件。用户发送或接收电子信息。由于电子信息以比特的形式存在和传送,整个信息发送和接收过程实现了无纸化。无纸化带来的积极影响是使信息传递摆脱了纸张的限制,但由于传统法律的许多规范是以规范"有纸交易"为出发点的,因此,无纸化带来了一定程度上法律的混乱。

电子商务以数字合同、数字时间截取代了传统贸易中的书面合同、结算票据,削弱了税务当局获取跨国纳税人经营状况和财务信息的能力,且电子商务所采用的其他保密措施也将增加税务机关掌握纳税人财务信息的难度。在某些交易无据可查的情形下,跨国纳税人的申报额将会大大减少,应纳税所得额和所征税款都将少于实际所达到的数量,从而引起征税国国际税收流失。例如,世界各国普遍开征的传统税种之一的印花税,其课税对象是交易各方提供的书面凭证,课税环节为各种法律合同、凭证的书立或做成,而在网络交易无纸化的情况下,物质形态的合同、凭证形式已不复存在,因而印花税的合同、凭证贴花(即完成印花税的缴纳行为)便无从下手。

3. 跨境电子商务的行业模式

我国跨境电子商务主要分为企业对企业(即B2B)和企业对消费者(即B2C)的贸易模式。B2B模式下,企业运用电子商务以广告和信息发布为主,成交和通关流程基本在线下完成，本质上仍属传统贸易，已纳入海关一般贸易统计。B2C模式下，我国企业直接面对国外消费者，以销售个人消费品为主，物流方面主要采用航空小包、邮寄、快递等方式，其报关主体是邮政或快递公司，目前大多未纳入海关登记。

行业分类：跨境电子商务从进出口方向分为出口跨境电子商务和进口跨境电子商务。从交易模式上分为B2B跨境电子商务和B2C跨境电子商务。

4. 我国跨境电子商务及支付交易现状

（1）跨境电子商务起步晚增速快。

2011年在全球经济增长放缓的背景下，我国跨境电子商务小额出口业务的总体规模超过100亿美元，虽仅占2011年全国出口总额的0.5%，但同比增速超过100%。2011年全国电子商务用户增至2.03亿户，若以2009年跨境电子商务用户占全国电子商户总数的13%来计算，则2011年跨境电子商务用户达2 369万户，从电子商务发展速度上分析国内跨境电子商务用户实际增长额应远高于上述测算额。

（2）跨境电子商务及支付将成为企业新的盈利点。

Capgemini（凯捷咨询公司）、RBS（苏格兰皇家银行）和Efma（欧洲金融市场协会）联合发布的《2011年全球支付报告》显示，2013年全球电子支付交易额预计将达到1.6万亿美元，是2010年交易金额的近两倍。外贸电子商务发展的巨大空间及潜藏的盈利空间已引起国内涉外经济主体的关注。据有关机构统计数据显示，自2008年开始国内电子商务及支付传统细分领域的占比不断缩小，2011年网上支付在航空、电信等领域的总占比由2010年的72.9%下降为67.2%，经测算到2014年这一比例将下降到48%。同时，随着2010—2011年各大电子商务平台在教育、公共事业缴费和保险、股票、基金等金融产品应用上的积极布局，电子商务的国内支付领域格局将逐渐趋于稳定。面对激烈的细分市场竞争和海外电子商务平台的进入，跨境市场成为电子商务及支付的下一个争夺点。

（3）跨境电子支付结算方式多种多样。

跨境电子支付业务发生的外汇资金流动，必然涉及资金结售汇与收付汇。从目前支付业务发展情况来看，我国跨境电子支付结算的方式主要有跨境支付购汇方式（含第三方购汇支付、境外电商接受人民币支付、通过国内银行购汇汇出等）、跨境收入结汇方式（含第三方收结汇、通过国内银行汇款，以结汇或个人名义拆分结汇流入等）。

5. 我国跨境电子商务与支付业务管理缺陷

虽然跨境电子商务及支付业务的迅猛发展给企业带来了巨大的利润空间，但是如果管理不当也可能给企业带来巨大风险。当前我国跨境电子商务与支付业务的管理缺陷主要体现在以下方面。

（1）政策缺陷。

①电子商务交易归属管理问题。

从电子商务交易形式上分析，纯粹的电子交易在很大程度上属于服务贸易范畴，国际普遍认可归入GATS（服务贸易）的规则中按服务贸易进行管理，但只限于通过电子商务方式完成订购、签约等，通过传统的运输方式运送至购买人所在地等环节，则归入货物贸易范畴，属于GATT（货物贸易）的管理范畴。此外，对于特殊的电子商务种类，既非明显的服务贸易也非明显的货物贸易，如通过电子商务手段提供电子类产品（如文化、软件、娱乐产品等），国际上对此类电子商务交易归属服务贸易或货物贸易仍存在较大分歧。因我国尚未出台《服务贸易外汇管理办法》及跨境电子商务外汇管理法规，对电子商务涉及的外汇交易归属管理范畴更难以把握。

②交易主体市场准入问题。

跨境电子商务及支付业务能够突破时空限制，将商务辐射到世界的每个角落，使经济金融信息和资金链日益集中在数据平台。一旦交易主体缺乏足够的资金实力或出现违规经营、信用危机、系统故障、信息泄露等问题，便会引发客户外汇资金风险。因此，对跨境电子商务及支付业务参与主体进行市场准入规范管理极其重要与迫切。

③支付机构外汇管理与监管职责问题。

首先，支付机构在跨境外汇收支管理中承担了部分外汇政策执行及管理职责，其与外汇指定银行类似，是外汇管理政策的执行者与监督者；其次，支付机构主要为电子商务交易主体提供货币资金支付清算服务，属于支付清算组织的一种，又不同于金融机构。如何对此类非金融机构所提供的跨境外汇收支服务进行管理与职能定位，急需外汇管理局在法规中加以明确，制度上规范操作。

(2) 操作瓶颈。

①交易真实性难以审核。

电子商务的虚拟性，直接导致外汇监管部门对跨境电子商务交易的真实性、支付资金的合法性审核难度加大，为境内外异常资金通过跨境电子商务办理收支提供了途径。

②国际收支申报存在困难。

一方面，通过电子支付平台，境内外电商的银行账户并不直接发生跨境资金流动，且支付平台完成实质交易资金清算常需要7至10天，因此由交易主体办理对外收付款申报的规定较难实施。另一方面，采用不同的交易方式对国际收支申报主体也会产生一定的影响。如代理购汇支付方式实际购汇人为交易主体，应由交易主体进行国际收支申报，但依前所述较难实施；线下统一购汇支付方式实际购汇人为支付机构，可以支付机构为主体进行国际收支申报，但此种申报方式难以体现每笔交易资金实质，增加外汇监管难度。

③外汇备付金账户管理缺失。

随着跨境电子商务的发展，外汇备付金管理问题日益凸显，而国内当前对外汇备付金管理仍未有明确规定，如外汇备付金是归属经常项目范畴还是资本项目范畴（按贸易信贷管理），同一机构本外币备付金是否可以轧差结算等无统一管理标准，易使外汇备付金游离于外汇监管体系外。

6. 我国跨境电子商务及支付业务管理体系构建建议

(1) 管理政策层面。

①明确跨境电子商务交易的业务范围和开放顺序。

结合我国外汇管理体制现状，建议我国跨境电子商务及支付按照先经常性项目后资本性项目，先货物贸易后服务贸易再至虚拟交易，先出口后进口的顺序逐步推进。提供跨境支付服务的电子支付机构应遵循先开放境内机构，慎重开放境外机构的管理原则，限制货物贸易和服务贸易跨境外汇收支范围，暂时禁止经常转移项目和资本项目外汇通过电子支付渠道跨境流动，做好对支付机构的监督管理工作。

②建立跨境电子商务主体资格登记及支付机构结售汇市场准入制度。

一方面，对从事跨境电子商务的境内主体（除个人外）要求其必须在外汇局办理相关信息登记后，方可进行跨境电子商务交易，建立跨境电子商务主体资格登记制度。另一方面，对支付机构的外汇业务经营资格、业务范围、外汇业务监督等方面参照外汇指定银行办理结售汇业务市场准入标准，建立跨境支付业务准入机制，对具备一定条件的支付机构，给予结售汇市场准入资格。外汇局可在一定范围内赋予支付机构部分代位监管职能，并建立银行与支付机构责任共担机制，形成多方监管、互为监督的监管格局。

③适时出台跨境电子商务及支付外汇管理办法。

将跨境电子外汇业务纳入监管体系，在人民银行《非金融机构支付服务管理办法》的基础上，适时出台《跨境电子商务及电子支付外汇管理办法》，对跨境电子商务主体资格、真实性审核职责、外汇资金交易性质、外汇数据管理、外汇收支统计等方面做出统一明确的管理规定。

（2）业务操作层面。

①将跨境电子商务及支付主体纳入外汇主体监管体系。

结合当前国家外汇管理局监管理念由行为监管向主体监管的转变，建议将跨境电子商务及支付交易主体纳入外汇主体监管范畴，充分利用现有主体监管结果实行分类管理。一是跨境电子商务中境内交易主体为法人机构时，外汇局应依据已公布的机构考核分类结果，有区别地开放跨境电子商务范畴。电子支付机构在为电商客户办理跨境收支业务时，应先查询机构所属类别，再提供相应跨境电子支付服务。二是境内交易主体为个人时，除执行个人年度购结汇限额管理规定外，支付机构还要健全客户认证机制，对属"关注名单"内的个人应拒绝办理跨境电子收支业务。三是将支付机构纳入外汇主体监管范畴，实行考核分类管理。

②有效统计与监测跨境电子商务外汇收支数据。

要求开办电子商务贸易的境内机构无论是否通过第三方支付平台，均需开立经常项目外汇账户办理跨境外汇收支业务，对办理跨境电子商务的人民币、外汇收支数据需标注特殊标识，便于对跨境电子商务收支数据开展统计与监测。同时，在个人结售汇系统未向电子支付机构提供接口的情况下，同意支付机构采取先购结汇再由补录结售汇信息的模式。外汇局要加强对跨境电子商务外汇收支数据的统计、监测、管理，定期进行现场检查，以达到现场与非现场检查相结合的管理目标，增强监管力度。

③明确规范国际收支统计申报主体和申报方式。

一是在境内交易主体为法人机构的方式下，国际收支统计申报主体应规定为法人机构，申报时间为发生跨境资金收付日，申报方式由法人机构主动到外汇指定银行进行国际收支申报；二是在境内交易主体为个人的方式下，建议申报主体为支付机构，由其将当日办理的个人项下跨境外汇收支数据汇总后到银行办理国际收支申报，并留存交易清单等相关资料备查。

④规范外汇备付金管理。

明确规定电子支付机构通过外汇备付金专户存取外汇备付金。外汇局要规范外汇备付金专户外汇收支范围，将专户发生的外汇收支数据纳入外汇账户非现场监管体系进行监测。建议将外汇备付金按资本项下进行管理，收取外汇备付金的支付机构需定时向外汇局报送备付金收支情况，并将其纳入外汇指定银行外债指标范围。

5.1 跨境电商平台

5.1.1 跨境电商20强名单

2016年跨境电商20强名单：天猫国际、林德帕西姆、兰亭集势、京东全球购、聚优澳品、敦煌网、苏宁海外购、网易考拉海购、wish、聚美优品、亚马逊、小笨鸟、唯品国际、eBay、易单网、洋码头、速卖通、时光100、蜜芽、DX。

在资本与政策双红利的作用下，跨境电商一路高飞，不过，现在却品尝到"高处不胜寒"的一份苦涩。北商研究院2016年发布《跨境电商20强名单》（以下简称《名单》），正值2016中国（北京）电子商务大会召开前夕，该份报告引发行业关注，北商研究院方面认为：进口跨境电商受"新政"出台影响，资本收紧，"震荡"成主旋律；出口跨境电商则加速开发东欧、南美洲及非洲等市场，但品牌化进程慢、本土化运营匮乏依旧是企业面对的主要问题。

1. 格局：巨头林立，百花齐放

即便巨头牢牢占据大部分市场份额，但中小型创业公司已经在跨境电商市场觅得突围良机。据北商研究院发布的《名单》显示，跨境电商市场呈现巨头林立与百花齐放共存的局面。其中，进口跨境电商市场上，天猫国际、京东全球购、苏宁海外购等传统电商已经牢牢占据大部分市场份额，但包括蜜芽、洋码头等创业公司或通过细分市场发力，或通过率先布局物流等方式，先后斩获上亿美元融资，无论是在品牌知名度、销售业绩，还是在服务质量上，都拥有了与巨头相抗衡的能力。

出口跨境电商行业也呈现类似特点。既有速卖通、eBay、亚马逊等老牌电商雄踞市场，也有敦煌网、兰亭集势及DX等品牌进一步分羹，伴随wish、小笨鸟等后起之秀的崛起，百花齐放的局面逐渐显现。

北商研究院方面介绍，《名单》是首份针对跨境电商市场进行排名的数据报告，其以跨境电商市场主流进口、出口企业为样本，按照企业公开的经营业绩水平、品牌知名度、可持续资本量、服务质量及业态创新度等为维度，通过专家和媒体评分相结合的方式投票产生。

2. 进口：新政出台，资本收紧

曾经一度被认为已是巨头游戏的进口跨境电商市场，因新政出台重生悬念。《名单》显示，天猫国际、京东全球购等传统大型电商平台因背靠上市公司，资金和品牌资源方面都颇具优势，顺利上榜。而作为初创品牌的洋码头则因其一直坚守搭建海外仓、深耕国际物流和海外直邮，受到跨境电商新政的影响较小，也登上名单。但是，曾经被业内看好的小红书等无巨头背景、业务模式为保税进口的跨境电商等并未进入名单。

北京商报记者了解到，自2016年3月24日起，进口跨境电商先后迎来税率调整、两份进口商品正面清单及相关解释说明等多项政策调整。在税制方面，一度只征收行邮税的跨境电商改征关税、增值税和消费税"三税合一"的综合税，同时，行邮税也由原来的四档税目（对应税率分别为10%、20%、30%、50%）调整为三档（对应税率分别为15%、30%、60%）；正面清单上，相关部门规定，跨境电商进口商品商检方式参照一般贸易方式执行，这让推行保税进口模式的跨境电商备受打击。此前有消息称，受该政策影响，国内个别保税仓业务告急，不少知名的跨境电商平台也暂停部分业务观望后市。

此外，资本市场对于进口跨境电商企业也开始谨慎投资。一位跨境电商权威人士对北京商报记者表示，跨境电商市场已经进入资本寒冬期。在资本收紧的背景下，小公司进入跨境电商行业创业的时机已过，即便此前获得多轮融资的企业也可能受到新政的影响进入持续调整期，考验企业核心竞争力的关键时期已经到来。

3. 出口：培育品牌，拓展线下

与持续火爆的进口跨境电商市场相比，出口跨境电商持续稳定增长，不过，纵观整个行业也显现出新的特点。《名单》显示，俄罗斯、西班牙、巴西及非洲和中东的部分国家成为出口跨境电商争抢的对象，其中，俄罗斯市场被《名单》评选为最值得跨境电商进口掘金的市场之一。在开拓新市场的同时，缺乏品牌效应的中国制造成为出口跨境电商必须面对的问题。

在某些品牌上，中国制造已经达到世界一流水平，但由于缺乏品牌，商家还依旧扮演着为国外知名品牌贴牌做代工厂的角色，在传统外贸持续下滑的背景下，代工厂利润空间进一步被压缩，培育品牌成为当务之急。"正因为如此，与国内商家一起培育品牌成为出口跨境电商争夺市场的又一重要利器。"包括敦煌网、小笨鸟在内的企业目前已分别实施"全球梦想合伙人"和"订单倒逼品牌升级"等措施，意在与国内商家一起培育品牌。

同时，在跨境O2O之风影响下，出口跨境电商纷纷开始布局线下，开设海外展示中心。小笨鸟总裁刘寅对北京商报记者表示，小笨鸟的海外运营中心与传统海外仓的性质存在较大差异，它集展示、销售、物流分拨为一体，可提供全方位、立体化的服务。目前小笨鸟的海外运营中心已经在美国、欧洲、澳大利亚、巴林等国家和地区开始运营，并可通过本土化平台、本土化语言进行营销。

5.1.2 案例一：速卖通哪些情况下会产生纠纷？如何有效避免速卖通纠纷

速卖通

全球速卖通，是阿里巴巴旗下唯一面向全球市场打造的跨境电商出口平台，覆盖全球200多个国家及地区，海量资源助力中国品牌出海，但较高的成交数量往往导致纠纷的产生。速卖通买家提起的纠纷主要有两大类，"货不对版"和"未收到货"，这两大类又有不同的小类，分别是：

未收到货：运单号无效、发错地址、物流途中、海关扣关、包裹退回。

货不对版：货物与描述不符、质量问题、货物破损、货物短装、销售假货。

案例分析：若买家提起纠纷，不仅会使订单回款周期变长，还会影响潜在客源。那么，有效避免速卖通纠纷具体应对方法如下：

全球速卖通网

1. 货不对版

（1）产品描述真实全面。

在编辑产品信息时，务必基于事实，全面而细致地描述产品。例如，电子类产品需将产品功能及使用方法给予全面说明，避免买家收到货后因无法合理使用而引起纠纷。又如服

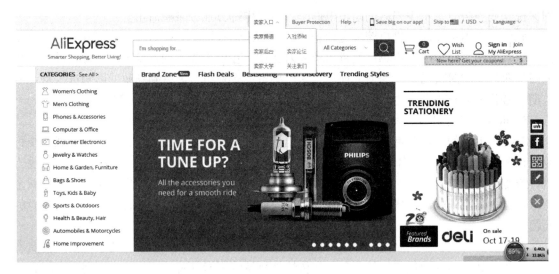

速卖通网首页

饰、鞋类产品,应提供尺码表,以便买家选择,避免买家收到货后因尺寸不合适而引起纠纷等。不可因急于达成交易而对买家有所欺骗,如实际只销售 2G 容量的 U 盘却刻意将容量大小描述成 256G,此类欺诈行为一经核实,速卖通平台将被严肃处理。

产品描述中对于产品的瑕疵和缺陷也不应有所隐瞒。产品描述中建议注明卖家货运方式、可送达地区、预期所需的运输时间。同时也建议向买家解释海关清关缴税、产品退回责任和承担方等内容。买家是根据产品的描述而产生购买行为,买家知道得越多,其预期也会越接近实物,因此真实全面的描述是避免纠纷的关键。

(2)严把质量关。

在发货前,需要对产品进行充分检测:产品的外观是否完好,产品的功能是否正常,产品是否存在短装,产品邮寄时的包装是否抗压抗摔适合长途运输,等等。若发现产品质量问题应及时联系厂家或上游供应商进行更换,避免因产生纠纷而造成退换货,外贸交易中退换货物的运输成本是极高的。

2. 杜绝假货

全球速卖通一向致力保护第三方知识产权,并为会员提供安全的交易场所,非法使用他人的知识产权是违法、违反速卖通政策的。若买家提起纠纷投诉卖家"销售假货",而卖家无法提供产品的授权证明的,将被速卖通平台直接裁定为卖家全责,卖家在遭受经济损失的同时也将受到平台相关规则的处罚。因此,对于涉及第三方知识产权,且无法提供授权证明的产品,不可以在速卖通平台上进行销售。

3. 未收到货

(1)物流选择很重要。

国际物流往往有很多不确定因素,例如,海关问题、关税问题、派送转运等。在整个运输过程中,这些复杂的情况很难被控制,难免会产生包裹清关延误,派送超时甚至包裹丢失等状况。对于买家来说,长时间无法收到货物或者长时间不能查询到物流更新信息将会直接导致其提起纠纷。

同时,没有跟踪信息的快递方式对于卖家的利益也是没有保障的,当买家提起"未收到货"的纠纷，而货物信息无法跟踪对卖家的举证是非常不利的。因此，在选择快递方式时，可以结合不同地区、不同快递公司的清关能力以及包裹的运输期限，选择 EMS、DHL、FEDEX、UPS、TNT、SF 等物流信息更新较准确、运输时效性更佳的快递公司，这些快递方式相比航空大小包来说，风险值会低很多。

如需找寻货代公司帮助发货，优先选择正规、能同时提供发货与退货保障的货代公司，最大程度上保证用户利益不受损害。总的来说，选择快递方式时，要权衡交易中的风险与成本，尽可能地选择可提供实时查询货物追踪信息的快递公司。

（2）有效沟通。

如果包裹发生了延误，要及时通知买家，解释包裹未能在预期时间内达到的原因，获得买家谅解。如果包裹因关税未付被扣关，也要及时告知买家，声明在产品描述中已注明买家缴税义务，如果此时提出为买家分担一些关税，不仅能避免物品退回，还能让买家为商家的诚意而给予好评高分。如果包裹因无人签收而暂存于邮局，及时提醒买家找到邮局留下的字条，在有效期内领取。及时处理买家关于物品未收到的询问，让买家体会到商家的用心服务。在交易过程中，与买家保持有效的沟通不仅能够使交易顺利完成，也将获得买家二次青睐的机会。

5.1.3 案例二：如何在搜索结果中，让你的产品从竞品中脱颖而出

增强搜索功能

无论亚马逊的新卖家，还是有经验的老手，都清楚只有具有特色的产品才能获得关注。如何真正与竞争对手区别开来是值得思考的。下面将通过"腰包"这一利基商品，揭示品牌卖家是如何实现产品的特异性，提高产品排名的。

1. 通过"大小"凸显产品

在亚马逊搜索"腰包"时，下图品牌腰包就出现在搜索结果的第一页。

并不是因为这个品牌腰包图片的专业性，而是因为产品标题中多了一个词"Small"（小）。人们通常认为"小"带有负面否定含义，会有"有大的谁要小的？"的想法。但试想你只是晚上出去散个步，会愿意在腰上戴个大包吗？

当然这并不意味着全写"小"，"大"也能帮你获得人们的注意（要根据实际情况），下图产品的标题就强调了"large"（大）。

在腰包这个利基市场中，这两个品牌懂得利用尺寸来突出产品的特点。细心研究产品，

通过强调商品的容量大小、长短、重量、宽窄等来与竞争对手区别开来。毕竟有时竞争对手的产品可能与自己的完全相同,但他们没有意识到可以用标题来强调产品的尺寸。

2. 通过产地突出产品

虽然并非所有的亚马逊卖家都能采取这个方法,但它适用的范围远比想象的广。请看下图,也是在搜索结果第一页就弹出的"腰包"。

这款腰包的标题加了一个"Handmade in Guatamala"(瓜地马拉手工制作)。虽然拼错了("t"后是"e"),但这一做法突出了腰包的来源,多了个值得关注的点,使它从众多产品中脱颖而出。

并非建议商家向孟加拉国村民收购产品,而是强调只需简单指出产品的来源,就能为产品赢得更多的关注。如下图的这家宠物狗公司,本可以简单地将产品品牌命名为"Pet Naturals",可他们却加了个来源"Vermont"(佛蒙特州)。人们看到这个名字的时候,会对这个产品产生一种安全、可信、天然的感觉。

比如产品是在一个特定的州、国家或地区生产的,可以在产品的标题或品牌名中凸显出来。有时,可能竞争对手的产品与自己的产品来自同一地方,但只有注意到了产品来源,你的产品就能赢得更多的关注。

3. 通过品牌来凸显产品

品牌化不能保证提升你的产品销量,因为即便你雇用了最好的平面设计师,但产品质量不好,你的生意也不会长久。

但如果你的产品本质上与竞争对手一样,更好的品牌推广将为你获得优势。就好像一样的杯子,但外部装饰不同,杯子的价钱、销量也就有所不同。

Everest 就是一个典型的例子,该品牌腰包在亚马逊搜索结果中占据榜首。

Everest 专营各式箱包,因装备齐全在旅行消费品牌中闻名。除此之外,公司的品牌名"Everest"(珠穆朗玛峰)也为该公司带来了一定的人气。简单、干净的名字给人一种耐用、值得探索的感觉,带上它使客户产生了要去丛林探险的刺激感。

与其相比，Bridger Supply（腰包品牌公司）就逊色不少。

Bridger Supply 并不是一家糟糕的公司。只是 Everest 比 Bridger Supply 更有优势。Everest 的设计干净、容易识别，能唤起人们的情感，而 Bridger 就品牌名字来说，就缺少记忆点，难以唤起人们的特殊情绪，产生信任感。

在与同类产品竞争时，在品牌方面进行创新，将为你获得更多的优势。如果资金充足，聘请专业人士是个不错的选择。

4. 通过包装突出产品

因为腰包的包装是标准化的，无法在包装上做文章。而"Pet Naturals of Vermont"（如下图），则充分利用了产品包装。

Pet Naturals of Vermont 的特别之处在于把产品装在袋子里，而它的许多竞争对手则把产品装在瓶子里。Pet Naturals of Vermont 的做法不仅降低了整体的生产成本，还使它从竞争中脱颖而出。并且该包装是用可降解材料制成，对环境无害，刚好迎合了其品牌"Naturals"这个词，容易让人产生好感。

你可以根据自己的产品，改变包装，使它看上去更高端、环保。比如把包装的瓶子换成杯子；把塑料袋换成塑料管；把包装的形状换一换，长方形改成圆形等。

特殊的包装常常能产生不同寻常的效果，能让客户从满屏的同类产品中一眼就能看到你的产品。

5. 通过添加简单的功能或成分来凸显产品

如果你的制造商允许你定制产品，你可为产品添加一些简单的功能或成分，让它更特别。一个简单的小心机能使你的产品与其他品牌形成很大的对比。

下图是 Sunhiker 的腰包，它在这方面就做得不错。

Sunhiker 腰包设计了很多很好的功能（防水、可压缩等），而且颜色多样，但市面上许

多其他品牌也有相同的功能。Sunhiker腰包之所以独具优势，全因为其腰包上的"水瓶架"。在"腰包"搜索结果的前两页中，它是唯一带有此功能的产品。

你也可以尝试为产品添加一个不会增加整体制造成本的简单功能。比如用尼龙搭扣代替普通纽扣，用可调节的配件替代固定配件，把黄色改成白色等。

6. 提供奖励来凸显产品

为了让消费者喜欢上你的产品，你可以尝试提供一些奖品。提供一些小奖品并不会减少你的利润，但能为产品增加一些额外的价值，如Elite Goods（腰包公司）。

凡是购买了Elite Goods腰包的顾客，都能获得一条"多功能围巾"。不论围巾是不是多功能的，Elite Goods清晰地向顾客传递了一个信息——支付一个产品的钱就能获得两样东西，这将对一些客户的购买决定产生深刻的影响。

你可能在电视广告上看到过多次这样的促销，但你是否思考过自己也可以这么做。你可

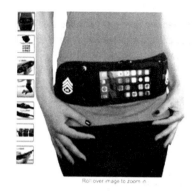

以批量购买一些小物品,在顾客购买主要商品时,附送出去。比如你是专门销售为救生员设计的腰包,鉴于腰包的目标受众是救生员,便宜的小口哨、一瓶迷你防晒霜就是不错的奖品。这对正在寻找救生员腰包的消费者具有一定的吸引力,毕竟赠送的小礼品对他们而言也是有用的。

另外,你还可以为消费者提供数字内容,既有价值,又能降低成本消耗。产品指南、数字日历等都是不错的推荐。

为客户提供额外的礼品,可以为消费者提供一些额外的动机或理由考虑购买你的产品。

7. 通过突出某一功能来区分产品

这个方法最简单,但也最容易被忽视。下面是两个很好的范例:

Value on Style 在页面中突出腰包的腰带可调节。很多使用腰包的消费者非常关注腰带的长度和能不能手动调节。

Egogo 的腰包强调可用于旅行、运动。腰围较宽的顾客就会担心它的腰带是否会太短。而有趣的是,事实上 Egogo 腰包的腰带比 Value on Style 腰包的更长,但消费者必须滚动到下方的产品问题部分才能发现。

两个腰包都具有可调节的长腰带,但只有一个卖家突出显示。你能像 Value on Style 一样,注意到其他卖家没有注意到的优点吗?建议你对产品进行更深入的研究,发现其优点

(如产品的成分等),写在标题中。

对产品功能了解得越多,越有可能发现其中意想不到的闪光点。最重要的是,你不必再花钱投入,因为闪光点本来就是产品拥有的。

8. 通过其他品牌的弱点来突出你的产品

如果你实在找不到你的产品与众不同之处,查看客户评论是最有效的方式。你可以浏览客户的意见,寻找竞争对手产品的共有的缺点,在自己的产品标题、产品描述中点出来。

如下图,Egogo 的客户抱怨道:"腰包的皮带扣调整后卡不住,常常需要反复调节。"

如果这样的抱怨只出现过一次,且其他品牌的产品没有这个问题,可以直接忽略。但如果多个消费者都提到了皮带扣滑落的问题,你就可以利用这个弱点,在标题中强调自己的产品皮带扣不会滑落。当然你应保证产品确实没有这类问题。

在实际操作中,比如竞争对手的客户抱怨其产品太重、不耐脏、使用麻烦等,首先你需要对自己的产品进行核实,确保产品完美克服了这些缺点,就可以利用如"耐脏""超轻"等词来武装你的产品。

案例分析:

亚马逊市场庞大,每个卖家都挖空了心思吸引客户,如果你的产品、标签、包装和差评页码只是模仿别的公司的,消费者是不可能注意到你的产品的。

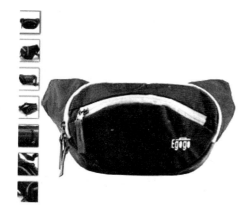

通过上述八种方法优化突出产品。这需要投入一定的时间和精力,但当客户开始关注你的产品时,这些时间和精力的投资都是值得的。

5.2 跨境电商物流

5.2.1 令人心力交瘁的跨境电商物流,谁来拯救

中国跨境电商发展迅猛,有目共睹的成绩更是聚拢了无数关注,然而作为跨境电商必不可少的跨境物流与跨境电商却相差甚远。

造成跨境电商和跨境物流趋势相差巨大是诸多因素综合作用的结果,但最为重要的一点还是业界对跨境物流的重视度不够,了解匮乏。

案例 1:一位卖家向某跨境物流公司的经理反映,寄到欧洲的小包半个多月都没有显示妥投信息。该经理表示货物已经到达目的地,派送后产生问题不在该公司责任范围。但是出于客户关系帮忙排查了下,结果发现客户填的收件信息只到某幢大楼而没有具体到门牌号。

案例 2:有位深圳做电子产品的卖家有一天微信联系某跨境物流公司负责人,说有一批寄往欧洲的货物被扣。排查后才发现该卖家寄的带电产品全部没有带 CE 安全认证标志,欧洲那边自然不会接受。

案例分析:

当前跨境电商的卖家队伍中大致分为两部分人群:一部分是之前做淘宝、京东等国内电商的"80""90"后卖家,这部分人群惯用国内的"四通一达"的物流标准要求跨境物流,这也是占大部分的人群;当然还有一部分从传统 B2B 外贸转型的卖家,这部分人群对国际物流有一定的了解。跨境电商卖家对跨境物流认知的扭曲,加之当前市场上低质量的货代滋生,都给跨境物流服务带来了严重的影响,从而拉低跨境物流服务的质量,给跨境卖家带来诸多困扰和损失。

上面的案例暴露出跨境电商行业内普遍存在的问题:国际物流各个环节中出现问题该由谁来处理?产品不合格找物流供应商,收件地址不详找供应商,为什么要收税也要问供应商?很多时候很多电商卖家就像个行业巨婴一样,而供应商就是他们的保姆。过于依赖物流供应商,不能分清服务的界限往往只会多走弯路。此类一些错误往往是造成低妥投率、高丢

包率的重要因素。只有梳理标准，分清责任才能真正提高效率。

5.2.2 跨境电商物流方式大比拼

跨境物流一直是制约整个跨境电商行业发展的关键性因素，尽管问题不断地在解决、服务水平不断地在提高，似乎境况仍不理想，卖家只能感叹"适合自己的就是最好的"。面对各式各样的物流方案、物流服务商，从业人员又该如何从中选择那个"适合自己的"呢？

1. 邮政小包

据不完全统计，中国跨境电商出口业务70%的包裹都通过邮政系统投递，其中中国邮政占据50%左右的份额，香港邮政、新加坡邮政等也是中国跨境电商卖家常用的物流方式。

优势：邮政网络基本覆盖全球，比其他任何物流渠道都要广。而且，由于邮政一般为国营，有国家税收补贴，因此价格非常便宜。

劣势：一般以私人包裹方式出境，不便于海关统计，也无法享受正常的出口退税。同时，速度较慢，丢包率高。

2. 国际快递

国际快递主要是指 UPS、Fedex、DHL、TNT 这四大巨头，其中 UPS 和 Fedex 总部位于美国，DHL 总部位于德国，TNT 总部位于荷兰。国际快递对信息的提供、收集与管理有很高的要求，以全球自建网络以及国际化信息系统为支撑。

优势：速度快、服务好、丢包率低，尤其是发往欧美发达国家非常方便。比如，使用 UPS 从中国寄包裹送到美国，最快可在 48 小时内到达，TNT 发送欧洲一般 3 个工作日可到达。

劣势：价格昂贵，且价格资费变化较大。一般跨境电商卖家只有在客户强烈要求时效性的情况下才会使用，且会向客户收取运费。

3. 专线物流

跨境专线物流一般是通过航空包舱方式将货物运输到国外，再通过合作公司进行目的地国国内的派送，是比较受欢迎的一种物流方式。

目前，业内使用最普遍的物流专线包括美国专线、欧洲专线、澳洲专线、俄罗斯专线等，也有不少物流公司推出了中东专线、南美专线。EMS 的"国际 E 邮宝"、中环运的"俄邮宝"和"澳邮宝"、俄速通的"Ruston 中俄专线"都属于跨境专线物流推出的特定产品。

优势：集中大批量货物发往目的地，通过规模效应降低成本，因此，价格比商业快递低，速度快于邮政小包，丢包率也比较低。

劣势：相比邮政小包来说，运费成本高了不少，而且在国内的揽收范围相对有限，覆盖地区有待扩大。

4. 海外仓

所谓海外仓储服务是指由网络外贸交易平台、物流服务商独立或共同为卖家在销售目标地提供的货品仓储、分拣、包装、派送的一站式控制与管理服务。卖家将货物存储到当地仓库，当买家有需求时，第一时间做出快速响应，及时进行货物的分拣、包装以及递送。整个流程包括头程运输、仓储管理和本地配送三个部分。

目前，由于优点众多，海外仓成为了业内较为推崇的物流方式。比如，eBay 将海外仓作为宣传和推广重点,联合万邑通推出 Winit 美国仓、英国仓、德国仓;出口易、递四方等物流服务商也大力建设海外仓储系统,不断上线新产品。

优势:用传统外贸方式走货到仓,可以降低物流成本;相当于销售发生在本土,可提供灵活可靠的退换货方案,提高了海外客户的购买信心;发货周期缩短,发货速度加快,可降低跨境物流缺陷交易率。此外,海外仓可以帮助卖家拓展销售品类,突破"大而重"的发展瓶颈。

劣势:不是任何产品都适合使用海外仓,最好是库存周转快的热销单品,否则容易压货。同时,对卖家在供应链管理、库存管控、动销管理等方面提出了更高的要求。

5. 国内快递的跨国业务

随着跨境电商火热程度的上升,国内快递也开始加快国际业务的布局,比如 EMS、顺丰均在跨境物流方面下了很大功夫。

由于依托邮政渠道,EMS 的国际业务相对成熟,可以直达全球 60 多个国家。顺丰也已开通到了美国、澳大利亚、韩国、日本、新加坡、马来西亚、泰国、越南等国家的快递服务,并启动了中国大陆往俄罗斯的跨境 B2C 服务。

优势:速度较快,费用低于四大国际快递巨头,EMS 在中国境内的出关能力强。

劣势:由于并非专注跨境业务,缺乏经验,对市场的把控能力有待提高,覆盖的海外市场也比较有限。

思 考 题

1. 跨境电子商务和电子商务的本质区别在于什么?
2. 现有的跨境电子商务平台有哪些?平台运行规则是什么?
3. 跨境电子商务平台运行时的瓶颈包括哪些?
4. 以具体产品为例,分析其跨境电商物流解决方案。
5. 跨境电子商务平台运营中,产品如何选择?

资料来源及参考网站

1. 中国投资咨询网 http://www.ocn.com.cn
2. 亚马逊网站 https://www.amazon.cn
3. 互联法网 http://www.hlfw.com
4. 易趣网 http://www.eachnet.com
5. 中国法制网 http://www.law.cn
6. 中国网络法 http://www.wangluofa.com
7. 中国电子商务研究中心 http://b2b.toocle.com
8. 洋码头 http://www.ymatou.com
9. 网易考拉海购 https://www.kaola.com
10. 天猫国际 https://www.tmall.hk

第6章

电子商务支付

教学目标

电子支付和结算是实现电子商务的基础。通过本章的学习,学生要掌握电子支付的基本知识,对电子现金、信用卡、电子支票、智能卡和电子钱包等支付工具在不同类型网站中的应用有所了解;了解各支付平台的作用及各种支付工具的支付过程。

关键词汇

电子交易;电子支付;网上银行;支付平台

知识回顾

电子支付:是指从事电子商务交易的当事人,包括消费者、商家、金融机构和认证机构等,使用安全的电子支付手段,通过网络进行的货币支付或资金流转。

电子商务支付系统的安全要求包括保密性、认证、数据完整性、交互操作性等。目前,国内外使用的保障电子商务支付系统安全的协议包括 SSL(Secure Socket Layer,安全套按字层)、SET(Secure Electronic Transaction)等协议标准。

电子货币:电子货币是以金融电子化网络为基础,以商用电子化机具和各类交易卡为媒介,以电子计算机技术和通信技术为手段,以电子数据(二进制数据)形式存储在银行的计算机系统中,并通过计算机网络系统以电子信息传递形式实现流通和支付功能的货币。

我国流行的电子货币主要有4种类型。①储值卡型电子货币,一般以磁卡或IC卡形式出现。②信用卡应用型电子货币,指商业银行、信用卡公司等发行主体发行的贷记卡或准贷记卡。③存款利用型电子货币,主要有借记卡、电子支票等,用于对银行存款以电子化方式支取现金、转账结算、划拨资金。④现金模拟型电子货币,主要有两种:一种是基于互联网环境使用的且将代表货币价值的二进制数据保管在微机终端硬盘内的电子现金;一种是将货币价值保存在IC卡内,并可脱离银行支付系统流通的电子钱包。该类电子货币具备现金的匿名性,可用于个人间支付、可多次转手,是以代替实体现金为目的而开发的。

电子支付工具:电子信用卡、电子支票、电子现金、电子零钱、安全零钱、在线货币、数字货币、智能卡。

网上银行：网上银行又称网络银行、在线银行，是指银行利用互联网技术，通过互联网向客户提供开户、销户、查询、对账、行内转账、跨行转账、信贷、网上证券、投资理财等传统服务项目，使客户可以足不出户就能够安全便捷地管理活期和定期存款、支票、信用卡及个人投资等。可以说，网上银行是在互联网上的虚拟银行柜台。

第三方支付：第三方支付，就是一些和国内外各大银行签约、具备一定实力和信誉保障的第三方独立机构提供的交易支持平台。在通过第三方支付平台的交易中，买方选购商品后，使用第三方平台提供的账户进行货款支付，由第三方通知卖家货款到达、进行发货；买方检验物品后，就可以通知付款给卖家，第三方再将款项转至卖家账户。

6.1 电子商务支付相关知识

6.1.1 电子商务支付的含义

电子商务支付是指消费者、商家和金融机构之间使用安全电子手段交换商品或服务，即把新型支付手段包括电子现金、信用卡、借记卡、智能卡等支付信息通过网络安全传送到银行或相应的处理机构来实现电子支付。电子商务支付是以金融购物流程、支付工具、安全技术、认证体系、信用体系以及现代的金融体系为一体的综合大系统。

在我国电子商务发展的过程中，B2C、C2C电子商务产生了多种支付方式，包括汇款、货到付款、网上支付、电话支付、手机短信支付等方式，并且这些方式并存。

6.1.2 电子商务支付方式

网上购物的支付方式，是影响中小电子商务企业发展的一个重要因素，国内现在电子支付方式主要有以下几种。

1. 第三方支付平台

现在用得比较多的有支付宝、财付通、快钱、易宝支付、百付宝、网易宝、环迅支付等。

第三方支付平台是指客户和商家首先都要在第三方支付平台处开立账户，并将各自的银行账户信息提供给支付平台。客户把货款先转给第三方支付平台，第三方支付平台然后通知商家已经收到货款，商家发货；客户收到并检验货物之后，再通知第三方支付平台付款给商家，最后第三方支付平台再将款项划转到商家的账户中。

由于第三方支付平台的介入，有效地降低了网上购物的交易风险，解决了电子商务支付过程中的一系列问题，如安全问题、信用问题、成本问题。

这些第三方支付工具都良好地促进了电子商务产业的高速发展，也应该是未来电子商务网上购物的主要支付方式之一。

2. 网银转账

网银转账即通过网上银行进行转账。网上银行又称网络银行、在线银行，是指银行利用互联网技术，通过互联网向客户提供开户、查询、对账、行内转账、跨行转账、信贷、网上证券、投资理财等传统服务项目，使客户可以足不出户就能够安全便捷地管理活期和定期存款、支票、信用卡及个人投资等。可以说,网上银行是互联网上的虚拟银行柜台。

转账是一种常见的资金处理业务,过去转账主要在银行柜台办理,后来 ATM 机也提供这种服务。近年来,随着电子商务的迅猛发展,企业和个人的资金来往日益频繁,网银使用率渐高,网上转账同时也对金融服务业提出了更高的要求。方便实用是现代人们对工具类产品最高层次的要求,网上银行的服务功能也正向这个方向发展,要实现这个目标,网上银行就应全面考虑用户的需求,提供更人性化、性价比更高的服务。

3. 货到付款

货到付款,是指客户订购商家的货物以后,商家直接把客户所订购的货物按照客户所给地址送货上门,客户在确认货物无误后直接把货款交纳的一种付款方式。

目前,很多电子商务网站都开始支持这种支付方式。这应该说是一个充满中国特色的电子商务支付方式。货到付款可以说是国内用户最喜欢的支付方式之一。但是,将支付方式与物流结合在一起也存在很多问题,因为货到付款的成本比较高,对于大多数电子商务企业来说不可能像京东商城那样自建物流体系,京东在部分城市,在客户订购 12 小时内就可以把货物送达,这大大提高了它的服务质量和行业竞争力。对于大多数中小电子商务企业来说自建物流那是不太现实的,只能依托于第三方物流。货到付款业务更适合一些价格高、利润大的产品,不过羊毛出在羊身上,最终还是要消费者买单的;还有就是货到付款受区域的限制,大多快递公司货到付款的业务只支持一、二线城市。

货到付款无疑为电子商务产业的发展做出了重要贡献,也是主要付款方式之一。

4. 银行汇款或邮局汇款

银行汇款或邮局汇款是一种传统的付款方式。银行或邮局汇款是指客户把所需购买货物的金额通过邮局或银行直接给商家打款的一种支付方式。但采用此方式还必须到银行或邮局才能进行支付,比较烦琐,并不能适应电子商务的高速发展。

6.1.3 电子商务支付的特点

与传统的支付方式相比,电子商务支付具有以下特点:

(1) 电子商务支付是采用先进的技术通过数字流转来完成信息传输的,都是采用数字化的支付方式进行款项支付的;而传统的支付方式则是通过现金的流转、票据的转让及银行的汇兑等物理实体的流转来完成款项支付的。

(2) 电子商务支付的工作环境是基于一个开放的系统平台(即互联网);而传统支付则是在较为封闭的系统中运作。

(3) 电子商务支付使用的是最先进的通信手段,如 Internet、Extranet;而传统支付使用的则是传统的通信媒介。电子商务支付对软、硬件设施的要求很高,一般要求有联网的微机、相关的软件及其他一些配套设施,而传统支付则没有这么高的要求。

(4) 电子商务支付具有方便、快捷、高效、经济的优势。用户只要拥有一台上网的 PC 机,便可足不出户,在很短的时间内完成整个支付过程。支付费用仅相当于传统支付的几十分之一,甚至几百分之一。

支付的电子化与创新经历了后端到前端的发展过程。银行后端 IT 系统与电信网络的应用使货币债权能够被电子化地记录与保存,实现行间支付清算与结算的电子化处理,这个阶段的变革几乎不被公众所注意。

银行前端支付工具与渠道的创新则为消费者带来了真实的便利，ATM/POS、支付卡、互联网、手机、机顶盒逐步成熟与流行，极大地改变了银行与客户、消费者与商家之间的交互方式，节省了成本，提高了效率。同时，支付交易流程各个环节的电子化程度越来越高，信息与电信技术使整个支付流程能够以电子化的方式进行全程自动化处理。

6.1.4 案例一：百度联手 PayPal 提振跨境电商，股价双双大涨

百度联手 PayPal

1. 看好合作资本市场，用股价"点赞"

波澜不惊的跨境电商市场风云再起，这次主角却是 PayPal 和百度。前者是全球支付行业的鼻祖，是全球使用最为广泛的国际贸易支付工具，后者是 BAT 三巨头之一，全球领先的人工智能领导者和智能金融领域的开拓者。

前者一直苦于没有第三方支付牌照无法在中国开展业务，后者在中国拥有包括支付在内的多个牌照；前者一直想进入中国市场，后者则想借机扩大国际业务，实现国内国际双线作战。资本市场倾向于认为，双方的技术背景、业务理念一致，且商业模式、客户资源互补是结合的关键。

百度与 PayPal 开展合作后，中国消费者可以在中国境内通过百度钱包，在境外的数百万 PayPal 国际商户进行购物和付款，中国消费者跨境在线购物将拥有新的选择。同时，这一伙伴关系也将使近 1 700 万 PayPal 的美国和国际商户，有更多的机会通过百度钱包连接起中国的消费者。（百度和 PayPal 股价双双创近期新高，进军 700 亿美元行列）

PayPal 选择财报日披露与百度的战略合作，而百度钱包的财报披露日则为随后一天。资本市场的反应对于这次合作是最直接的"点赞"态度。

数据显示，北京时间 7 月 27 日（美国时间 26 日）早晨，纳斯达克股市收盘，PayPal 股价上涨 0.53 美元/股，收于 58.79 美元/股，再创历史新高，总市值突破 700 亿美元，达到 706.22 亿美元市值。而此前的 7 月 13 日，PayPal 与苹果的合作，则让股价到了 56.99 美元/股的高度。

同时，百度股价也创下同期新高度，股价突破 200 美元/股，报收于 201.17 美元/股票，涨幅 2.09%，总市值 697.81 亿美元，即将迈入 700 亿美元俱乐部。

2. 各取所需有望长期共赢

资本市场一贯是看未来、看成长、用钱投票。因此，百度、PayPal 两大巨头的合作显然是被市场认可的。

从百度方来看，增强国际竞争力，国内国际两个市场齐头并进，让百度金融开辟国际国内两个市场是其核心诉求。作为中国领先的在线支付应用和服务平台之一，百度钱包已拥有超过 1 亿激活用户，国内发展速度较快，但海外很多业务则有很大的拓展空间，也急需跨境电商这样的元素来激活、带动。

在国内市场，百度钱包的平台功能进一步增强，涵盖了外卖、电影、生活交费、充值等生活支付服务，还一键加入百度金融的理财、"有钱花"信贷两大服务平台。在国际市场，2016 年 5 月，百度钱包进军海外支付市场，一举覆盖泰国四大旅游城市的吃、购、行等热点消费场景。同年 8 月，百度钱包上线的签证业务，覆盖英国、法国、美国、日本等 30 个

主流目的地国家及地区。随后,百度钱包还上线了外币零钱兑换业务。

2017年,自百度All in人工智能以来,百度金融积极布局"智能金融",通过向合作伙伴输出智能金融技术解决方案及能力,业务发展迅速,形成了以智能获客、身份识别、大数据风控、智能投顾、智能客服、金融云、区块链为代表的七大金融科技发展方向,通过双方的底层数据合作、技术合作让智能金融战略"出海",在人工智能时代快速布局。

对于PayPal来说,百度自身体系内的数据,如每天响应60亿次搜索请求,海外足迹遍布200多个国家和地区,百度钱包激活用户已经达到1亿多,这些用户跟众多的海淘人群非常吻合,对PayPal构成了巨大的吸引力。对于PayPal来说,与百度的合作使得其久攻中国今日方"破门"。PayPal是全球在线支付巨头,美国版"支付宝"。虽然有着很强的全球影响力,但在中国发展一直不顺利。阿里巴巴、京东等中国电子商务巨头都不接受PayPal支付,更大的困难来源于金融牌照的限制,不能在中国大陆开展本地支付,这意味着国内消费者无法用PayPal来支付国内商户的交易,这也是PayPal在中国市场始终发展缓慢的重要原因。与百度的合作就成为其"脱困"的重要抓手。

同时,从市场来看,亚太地区是全球支付业务的增长核心,预计在五年内将占全球总额的56%。其中,中国占亚太区市场份额的40%,对该业务在全球范围内的开展有主导性作用。而西欧和亚洲的部分发展中国家包括日本、韩国等,它们在近几年是负增长。

有分析机构将PayPal在未来五年走势的关键点总结如下:掌上数码技术和人工智能发展对支付技术的革命性改变;利用社交网络和定位进行数据收集、处理到程式运用推广;快速便利的无卡、实时电子转账和付款;数码革新使跨境转账手续不再烦琐;支付手段是数字银行发展的重心。以上这些关键点的达成,以"智能金融"为目标的百度则成为PayPal合作伙伴的不二选择。

3. 评点

共赢,是一切商业合作的基础。百度与PayPal这两家巨头联合,给中国消费者、全球消费者带来了更多的购物体验期待。

6.1.5 案例二:电商平台医保在线支付 打造"智慧医院"新体验

1. 事件回顾

到医院不仅可以手机挂号不用排队,看完病还能直接走人,手机上直接医保付账后到就近的指定药店拿药……2017年8月3日,国家级医药高新区——江苏泰州医药高新技术产业开发区(即"泰州中国医药城")与京东宣布签署战略合作协议。双方将通过建设现代化医药流通体系、智慧医院和现代化医药电商等重点合作内容,推动"互联网+"医疗改革。泰州的市民不仅能享受到"智慧医院"带来的就医新体验,还将成为首批体验在电商平台上用医保在线支付的用户。

★ "智慧医院"全程手机搞定

"看病难,看病贵",是普通百姓最关心的切身事儿。而未来"智慧医院"能不能解决这些难题?记者了解到,泰州市中西医结合医院将成为京东"智慧医院"的首个试点医院。届时,当地市民的就医流程将发生很大变化:普通市民在家即可通过互联网或者手机享受在线预约挂号,如果是并不严重的疾病,还能进行在线简易门诊,医生诊断后可以在线缴费。医院拿药要排队怎么办?不想排队的可以进行处方流转,直接在手机平台上购买药品并且享受配送等全流程就医服务，配送人员会把药品直接送到家。

★处方流转真正"医药分开"

什么是处方流转？据了解，京东为泰州市建设的"处方流转平台"将打通泰州市各级医院与医保定点零售药店间的信息系统。届时，患者无论是接受在线医疗服务，还是线下医院就诊，均可通过微信公众号等渠道选择在医院门诊取药或在指定零售药店购药。同时，患者选择在零售药店购药时还可选择到店自取、送药上门服务，实现"网订店取，网订店送"的便捷购药模式。此举将购药选择权彻底交由患者，实现真正的"医药分开"。在线远程医疗服务等还将大幅提升患者就医便利性，节省看病时间。

值得一提的是，京东与泰州医保系统对接完成后，患者将可通过绑定医保账户，实现电商平台医保在线支付，大幅提升医保使用的便利性。同时电子化的交易记录使得每笔交易均可查询、可追溯，有助于实现医保控费的目标。

★更多医疗机构将接入

据了解，随后将有更多泰州医疗机构接入"智慧医院"平台。据悉，京东还将在泰州建设现代化医药流通体系，打造医药物流中心。依托泰州的医药工业资源和区位优势，以及京东的技术优势和仓配服务能力，让医药工业企业可以更好地服务，希望京东与泰州中国医药城合作打造的"泰州模式"能够为更多"互联网+"医疗改革提供参考。

2. 评点

除了老百姓能够享受"互联网+医疗"的红利，医院、药店也将从中体会到巨大益处。"智慧医院"能够降低医院运营成本，优化配置优质医疗资源，尤其是可以减少慢病复诊和多发病者对医疗资源的过度占用，有利于积极探索分级医疗。此外，经由"处方流转平台"开展的"处方外配"将促进零售药店合法、合规地销售处方药，使市场进行充分公平竞争。

6.1.6 案例三：联合国关于中国社交、电子商务和中国数字支付研究报告

联合国环境署下的无现金联盟发布了一份《中国社交和电子商务平台和中国数字支付生态的成长》（Social Networks, E-Commerce Platforms, and the Growth of Digital Payment Ecosystems in China）的报告，报告认为，中国在移动支付领域已经领先于全世界，普及率也最高。报告也大大点赞了中国的微信支付和支付宝在推动无现金支付方面取得的成效，并将两家公司的成功经验总结下来，建议全球政府和机构吸取经验推广。

1. 中国数字支付市场发展令全球瞩目

报告指出：中国利用现有平台和网络发展的数字支付手段带来了非常丰富的金融服务，为个体和企业创造了新的价值和机会。根据麦肯锡2016年发布的一份报告，2025年数字金融服务可以为全球带来3.7万亿美元的产值贡献，相当于在现有水平上提升6%。对中国而言，这则意味着增加1.05万亿美元，相当于4.2%的GDP提升。

在2010年以前，中国还是个重度依赖现金的社会。2010年中国有61%的零售消费主要通过现金交易方式进行，尽管当时人均已经拥有1.8张银行借记卡。造成这种现象的原因包括人们更信赖现金、交易方便、支付习惯等。但这个状况很快因为电子商务的发展而改变，2015年，现金交易比例下降至40%；而2016年现金交易仍然占英国所有交易额的45%。2010年到2015年，互联网支付和移动支付占零售消费的比例从3%上升至17%。

这份报告预测，2020年在中国零售支付中，移动支付将占到12%，其他网络支付占到

16%，现金支付占到三成，银行卡支付占到41%。同时中国的线下零售业非现金使用也非常发达。中国银联是线下的主要支付和清算提供商，全国有2 670万合作商家，现在中国人均拥有3.1张卡。最新的POS终端都要求植入NFC等技术以支持移动支付功能。非现金比例的高速发展与中国快速发展的移动互联网不可分割。中国移动上网资费、手机终端成本都在快速降低，促进了市场的繁荣。

支付宝2016年在中国实现了1.7万亿美元的支付额，而在2012年，这一数字仅为700亿美元。支付宝最大的竞争对手微信支付2016年支付总额为1.2万亿美元，远远高于2012年的116亿美元。这得益于在电子商务上的主导地位，阿里旗下的支付宝牢牢占据约50%的互联网支付市场份额，而腾讯旗下的财付通市场份额一直维持在20%左右。支付宝在各个金融业务的布局和营收领先于腾讯，但是在支付软件的活跃用户上，微信达到了8亿人，支付宝只有4.5亿人，庞大的用户规模将成为微信支付的发展优势。在微信的压力之下，支付宝做了社交的尝试但都以失败而告终。因此，蚂蚁金服在资产管理和征信方面布局较早，动作也很快。

在移动支付领域，腾讯的财付通一开始被支付宝压制得很惨，但最终通过微信的高频和线下商家的铺开，迅速打开了线下移动支付市场。2014年支付宝在支付市场的份额为82.3%，微信占10.6%，而到2016年，支付宝的份额跌至68.4%，微信支付的份额上升至20.6%。鉴于支付宝和微信支付的垄断性地位，其他苹果支付、小米支付等厂商，在中国市场中基本上没有存在感，统计显示其他厂商的移动支付总额，还不到两大巨头的一个零头。

在移动支付领域，中国银联和大量的手机厂商遭遇了重挫。银联已经开始对NFC支付心灰意冷，开始发展支付宝微信所推崇的手机软件扫码支付。而各大银行也纷纷与支付宝或微信支付开展了二维码支付互通的计划。

报告认为中国移动支付爆发式增长，一个原因是中国并未进入信用卡时代，刷卡支付并未普及，这使中国消费者可以跳过信用卡，直接进入了手机支付时代。而在欧美市场，刷卡支付相当便捷，消费者认为手机支付相比刷卡，并未有明显的用户体验增长，不值得去尝试。

2. 中国推动数字支付的经验和益处值得全球借鉴

(1) 创新的金融服务非常流行，惠及大众。

以蚂蚁金服与天弘基金合作推出的支付宝为例，这项货币基金服务以低风险、高收益、存取便捷的特点吸引了大量用户使用。余额宝的资金规模从2013年的2 000亿元增至三年后的8 100亿元，服务超过1.52亿的用户，成为世界上最大的基金之一。

(2) 数字金融显著增加了商家和用户之家的经济活动。

2016年9月，蚂蚁金服向411万中小商家贷款7 400亿元。新的商业模式得以向中国79%拥有银行账户，但只有10%能够从传统金融机构获得贷款的低收入群体获得贷款。2014年推出的花呗，在2016年光棍节，用户通过花呗的消费达到268亿元。

(3) 有效的激励手段和优势在吸引用户初次使用数字支付和塑造忠诚度上的作用非常明显。

以微信红包为例，用户想要收发微信红包，就需要关联自己的银行账号到微信，首周微信就吸引了超过800万用户使用这个服务，新增的银行账号达到数百万。2017年春节期间，微信用户一共发了460亿个红包，比2016年春节高43%。

（4）新的征信数据可用，尤其对低收入人群和中小企业而言。

蚂蚁芝麻信用分覆盖3.5亿实名注册用户，3 700万在阿里体系内做生意的中小企业，经用户许可后，这些数据也正在被政府和私营企业广泛使用。

（5）中国主要的支付玩家快速扩张到海外，并收购新的金融科技公司。

现在用户可以在泰国使用支付宝和微信支付，阿里巴巴在印度投资了PayTM18，腾讯则投资了印度的PayU，腾讯还在非洲与其他企业合办了支付公司。

3. 各国政府、企业和人民可以结合本国实际发展数字支付

根据中国两大支付企业的经验，国外的支付提供商在结合本国本地实际的情况下，可以做以下工作。

（1）利用现有的电商或社交平台，通过有效的激励手段去加强用户对支付的使用黏性，比如腾讯微信就在现有的平台上搭建了广泛被使用的支付服务。中国主要支付提供商想出了各种办法来提高用户对支付的使用率，如优惠券、折扣，结合当地流行文化打造游戏化的玩法等。

（2）保持支付平台的开放性，吸引创新者可以无缝整合创新。比如通过开放SDK和API的方式让中小企业根据用户的需求和偏好来增加创新服务，从而扩大生态圈。

（3）通过跨平台的生态圈服务让服务随处获取。中国两大支付企业均提供了跨平台的支付解决方案，可以在iOS和安卓终端使用，而不局限于某个品牌。

4. 评点

对政府而言，上述经验的借鉴是：①创造有利的环境，平衡创新和风险监管；②优先投入加快数字化的建设。以中国为例，2017年中国4G用户有5.3亿人，超过美国和欧洲总和，未来三年中国还将在宽带和移动接入上投入1.2万亿元。

而政府和企业应该齐头推进的工作还有：①鼓励公私合作发展用户统一认证系统或用相似的方法来识别玩家；②将即时通信平台上的支付成功经验运用到自己的市场上来。

6.2 网络银行

6.2.1 网络银行的含义及分类

1. 含义及发展

网络银行，又称网上银行或在线银行（Internet bank 或 Network bank），指一种以信息技术和互联网技术为依托，通过互联网平台向用户开展和提供开户、销户、查询、对账、行内转账、跨行转账、信贷、网上证券、投资理财等各种金融服务的新型银行机构与服务形式，为用户提供全方位、全天候、便捷、实时的快捷金融服务系统。

1995年10月18日，全球首家以网络银行冠名的金融组织——安全第一网络银行（Security First Network Bank，SFNB）打开了它的"虚拟之门"。到1997年年末，美国可进行交易的金融网站有103个，这其中包括银行和存款机构，到1998年年末跃升至1 300个。网络银行凭借着自己存款利息高和实时、方便、快捷、成本低、功能丰富的24小时服务获得越来越多客户的喜爱，其自身数目也迅速增长，成为银行业非常重要的一个组成部分。

1996年2月，中国银行在国际互联网上建立了主页，首先在互联网上发布信息。目前

工商银行、农业银行、建设银行、中信实业银行、民生银行、招商银行、太平洋保险公司、中国人寿保险公司等金融机构已经在国际互联网上设立了网站。

2. 认证机制

为了确保安全，网上银行一般都引进权威的第三方认证机制，使用第三方认证中心的证书完成网上交易，以可靠地解决网上信息传输安全和信用问题。目前，国内网上银行的第三方认证机构通常是CFCA（中国金融认证中心）。CFCA是由中国人民银行牵头，工行、农行、中行、建行及深圳发展银行在内的12家商业银行参与组建的专门金融认证机构，为目前国内最具权威性的金融认证机构。

3. 分类

（1）按照有无实体分类。

一类是完全依赖于互联网的无形的电子银行，也叫"虚拟银行"，就是指没有实际的物理柜台作为支持的网上银行。这种网上银行一般只有一个办公地址，没有分支机构，也没有营业网点，采用国际互联网等高科技服务手段与客户建立密切的联系，提供全方位的金融服务。

另一类是在现有传统银行的基础上，利用互联网开展传统的银行业务交易服务，即传统银行利用互联网作为新的服务手段为客户提供在线服务，实际上是传统银行服务在互联网上的延伸。这是网上银行存在的主要形式，也是绝大多数商业银行采取的网上银行发展模式。

（2）按照服务对象分类。

①个人网上银行。个人网上银行主要适用于个人和家庭的日常消费支付与转账。客户可以通过个人网上银行服务，完成实时查询、转账、网上支付和汇款功能。个人网上银行服务的出现，标志着银行的业务触角直接伸展到个人客户的家庭PC桌面上，方便使用，真正体现了家庭银行的风采。

②企业网上银行。企业网上银行主要针对企业与政府部门等企事业客户。企事业组织可以通过企业网上银行服务实时了解企业财务运作情况，及时在组织内部调配资金，轻松处理大批量网上支付和工资发放业务，并可处理信用证相关业务。

6.2.2 网络银行的功能

网上银行在电子商务中有着非常重要的作用。无论是传统的交易，还是新兴的电子商务，资金的支付都是完成交易的重要环节，不同的是，电子商务强调支付过程和支付手段的电子化。能否有效地实现支付手段的电子化和网络化是网上交易成败的关键，直接关系到电子商务的发展前景。网上银行创造的电子货币以及独具优势的网上支付功能，为电子商务中电子支付的实现提供了强有力的支持。作为电子支付和结算的最终执行者，网上银行起着连接买卖双方的纽带作用，网上银行所提供的电子支付服务是电子商务中的关键要素和最高层次。

电子商务与网上银行的发展是互动互利、相互影响的，电子商务也给网上银行带来了巨大的业务发展空间，因此随着电子商务的发展，网上银行的发展是必然趋势。

6.2.3 网络银行的优势

网上银行的特点是客户只要拥有账号和密码，便能在世界各地通过互联网，进入网络银行处理交易，与传统银行业务相比，网上银行的优势体现在以下几点：

（1）大大降低银行经营成本，有效提高银行盈利能力。开办网上银行业务，主要利用公共网络资源，不需设置物理的分支机构或营业网点，减少了人员费用，提高了银行后台系统的效率。

（2）无时空限制，有利于扩大客户群体。网上银行业务打破了传统银行业务的地域、时间限制，具有3A特点，即能在任何时候（Anytime）、任何地方（Anywhere）、以任何方式（Anyhow）为客户提供金融服务，这既有利于吸引和保留优质客户，又能主动扩大客户群，开辟新的利润来源。

（3）有利于服务创新，向客户提供多种类、个性化服务。通过银行营业网点销售保险、证券和基金等金融产品，往往受到很大限制，主要是由于一般的营业网点难以为客户提供详细的、低成本的信息咨询服务。利用互联网和银行支付系统，容易满足客户咨询、购买和交易多种金融产品的需求，客户除办理银行业务外，还可以方便地进行网上买卖股票、债券等，网上银行能够为客户提供更加合适的个性化金融服务。

6.2.4 网络银行的技术要求

从技术的角度来看，网上交易至少需要四个方面的功能，即商户系统、电子钱包系统、支付网关和安全认证。其中后三者是网上支付的必要条件，也是网上银行运行的技术要求。

1. 电子钱包系统

电子钱包是电子商务购物（尤其是小额购物）活动中常用的一种支付工具。电子钱包用户通常在银行里都有账户。在使用电子钱包时，先安装相应的应用软件，然后利用电子钱包服务系统把自己账户里的电子货币输进去。在收付款时，用户只需在计算机上单击相应项目即可。系统中设有电子货币和电子钱包的功能管理模块，称为电子货币钱包管理器。用户可以用它来改变口令或保密方式等，以及用它来查看自己银行账户上电子货币收付往来的账目、清单及其他数据。系统中还提供了一个电子交易记录器，顾客通过查询记录器，可以了解自己购物的记录。

2. 支付网关

支付网关是银行金融系统和互联网之间的接口，是连接银行内部网络与互联网的一组服务器。其主要作用是完成两者之间的通信、协议转换和进行数据加密、解密，以保护银行内部网络的安全。离开了支付网关，网上银行的电子支付功能就无法实现。

随着网络市场的不断发展，网络交易的处理将成为每一个支付系统的必备功能。以前商户在数据传输方面常常是低效率的，有了支付网关，这个问题便可得到有效的解决，它使银行或交易商在网络市场高速发展和网络交易量不断增长的情况下，仍可保持其应有的效率。

3. 安全认证

电子商务认证机构（Certification Authority，CA）是为了解决电子商务活动中交易参与各方身份、资信的认定，维护交易活动的安全，从根本上保障电子商务交易活动顺利进行而设立的。它对于增强网上交易各方的信任、提高网上购物和网上交易的安全、控制交易风险、推动电子商务的发展都是必不可少的。

6.2.5 网络银行的业务范围

一般来说，网络银行的业务品种主要包括基本网银业务、网上投资、网上购物、个人理财助理、企业银行及其他金融服务。

1. 基本网银业务

商业银行提供的基本网上银行服务包括在线查询账户余额、交易记录，下载数据，转账和网上支付等。

2. 网上投资

由于金融服务市场发达，可以投资的金融产品种类众多，国外的网上银行包括股票、期权、共同基金投资等多种金融产品服务。

3. 网上购物

商业银行设立的网上购物协助服务，大大方便了客户网上购物，为客户在相同的服务品种上提供了优质的金融服务或相关的信息服务，加强了商业银行在传统竞争领域中的竞争优势。

4. 个人理财助理

个人理财助理是国外网上银行重点发展的一个服务品种。各大银行将传统银行业务中的理财助理转移到网上进行，通过网络为客户提供理财的各种解决方案，提供咨询建议，或者提供金融服务技术的援助，从而极大地扩大了商业银行的服务范围，并降低了相关的服务成本。

5. 企业银行

企业银行服务是网上银行服务中最重要的部分之一。其服务品种比个人客户的服务品种更多，也更为复杂，对相关技术的要求也更高，所以能够为企业提供网上银行服务是商业银行实力的象征之一。一般中小网上银行或纯网上银行只能部分提供，甚至完全不提供这方面的服务。

6. 其他金融服务

除了银行服务外，大商业银行的网上银行均通过自身或与其他金融服务网站联合的方式，为客户提供多种金融服务产品，如保险、抵押和按揭等，以扩大网上银行的服务范围。

6.2.6 使用网络银行的注意事项

1. 避免使用搜索引擎

从正规银行网点取得网络银行网址并牢记，登录网上银行时尽量避免使用搜索引擎等第三方途径。因为一些假的网上银行网址很可能就隐藏在搜索结果之中，一旦你单击进入，很可能不知不觉掉入陷阱。最好的办法是将正确的网络银行网址登记在浏览器的收藏夹中，以后的访问都通过单击收藏夹中的链接进入。

2. 设置混合密码、双密码

网上银行的密码设置应避免与个人资料相关，建议选用数字、字母混合密码，提高密码破解难度并妥善保管，交易密码尽量避免与信用卡密码相同。

3. 定期查看交易记录

定期查看网上银行办理的转账和支付等业务记录，或通过短信定制账户变动通知，随时掌握账户的变动情况。

4. 妥善保管数字证书

避免在公用计算机上使用网上银行，以防数字证书等机密资料落入他人之手。

5. 警惕电子邮件链接

网上银行一般不会通过电子邮件发出"系统维护、升级"提示，若遇重大事件，系统会暂停服务，银行会提前公告顾客。因此，当你收到类似的电子邮件时，就要当心有诈了。一旦发现资料被盗，应立即修改相关交易密码或进行银行卡挂失。

6.2.7 案例一：阿里网络银行——网商银行

网商银行

网商银行

1. 关于网商银行

（1）简介。

浙江网商银行股份有限公司是中国首批试点的民营银行之一，于2015年6月25日正式开业。

网商银行手机版

网商银行将普惠金融作为自身的使命，希望利用互联网的技术、数据和渠道创新，来帮助解决小微企业融资难、融资贵，农村金融服务匮乏等问题，促进实体经济发展。

网商银行是中国第一家将核心系统架构在金融云上的银行。基于金融云计算平台，网商银行拥有处理高并发金融交易、海量大数据和弹性扩容的能力，可以利用互联网和大数据的优势，给更多小微企业提供金融服务。

网商银行定位为网商首选的金融服务商、互联网银行的探索者和普惠金融的实践者，为小微企业、大众消费者、农村经营者与农户、中小金融机构提供服务。

（2）标志。

专家认为，这将成为中国互联网金融的一个标志性事件。这意味着，"狼"真的要来

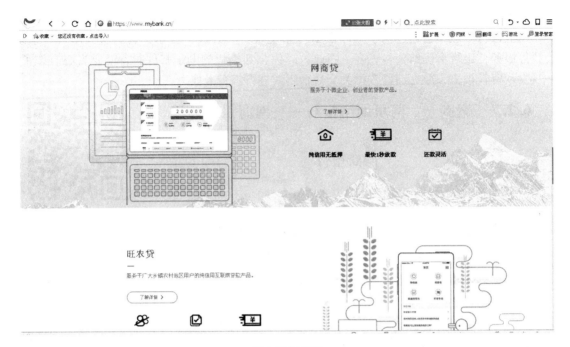

网商银行首页

了。阿里网络银行并不设立具体网点,而是通过互联网技术展开小微金融服务,而且注册资本金的 10 亿元也非常小,一时之间对传统银行的冲击还不会那么明显。但毋庸置疑,阿里巴巴、腾讯甚至苏宁等互联网大佬,将成为中国金融业生态系统最具变革能力的参与者。

（3）背景。

阿里巴巴集团不断涉足金融领域。2003 年设立支付宝；2007 年,推出网络联保贷款业务；2010 年,成立阿里小额贷款公司；2010 年年底,坊间传出消息阿里欲设商业银行；2013 年 3 月,阿里金融宣布将推出信用支付试点,并在 9 月向全国各大城市推开。

"如果银行不改变,我们改变银行。"就在 2013 年 6 月,马云还曾表示,"未来的金融有两大机会,一个是金融互联网,金融行业走向互联网；第二个是互联网金融,纯粹的外行领导,其实很多行业的创新都是外行进来才引发的。金融行业也需要搅局者,更需要那些外行的人进来进行变革。"

（4）门槛。

牌照是最大的门槛,短期落地难。行内人士认为,在一系列问题未明确之前,网络银行短期内不太可能落地。这在短期内还取决于监管政策的调整以及利率市场化的推进,一位银行人士私下表示："比如在我国的监管政策中,开户是需要到网点面审的,如果没有实体网点,现行的政策是不允许开户的。"再者,高息揽存也是被监管部门严格限制的,网络银行就没有办法通过高息的方式吸引存款,只有利率完全市场化以后,这一武器才能拿出来用。

还有业内人士指出："在国内开展银行业务,牌照是最为重要的一个资源,传统银行手中都握有不少牌照,而且在监管上也受到如核心资本率、存贷比、不良贷款率等指标的考核,这一整套在传统银行业的做法,如何在网络银行上落地还存在疑问。"还有人士说,现行的《商业银行法》及央行和银监会的相关规定并不支持网络银行,若真要批准设立网络银行，首先必须修改相关条款，恐怕不会那么简单。

另外，阿里金融的股权结构也是一大障碍。从阿里金融的主要资产支付宝来看，支付宝由浙江阿里巴巴电子商务有限公司全资控股，后者由马云和谢世煌控制，两人分别占80%、20%的股份。有人说，支付宝除非马云让出实际掌控权，否则阿里网络银行批不了。

2. 国外网络银行的发展

他山之石：利率更优惠，偏重理财性质。

另一位股份制银行人士也认为，即使是在互联网金融发达的美国，网络银行也没有对传统银行形成实质性的威胁，"确实会分掉一部分蛋糕，但还不太可能取代传统银行成为主流"。

从美国来看，网络银行已有这方面的先例，阿里巴巴也意在引入这种创新模式。1995年10月，"美国安全第一网络银行"在网络上开业，这是在互联网上提供银行金融服务的第一家银行，也是在互联网上提供大范围和多种银行服务的第一家银行。美国成为全球网络银行最为发达的区域之一。

"在美国，网络银行还是比较受欢迎的，有几家都做得不错。"一位美国网络银行 ING DIRECT 的客户向本报记者介绍。以 ING DIRECT 为例，该网络银行的产品不多，网站也比较简洁，但每一款产品在市场上都具有明显的优势。"这种优势主要体现在存款利率较高或贷款利率较低上，"上述客户表示，"由于 ING DIRECT 存款具有明显优势，因此我把它作为我的理财性质的银行，除此之外，选择一家大行（美国银行）作为结算行，这是我最重要的两个银行账户"。

3. 评点

阿里网络银行实际上是虚拟银行，与传统银行相比，阿里网络银行的最大区别是没有实体网点，没有总分支组织机构，并大量使用互联网技术开展业务。拟成立的阿里网络银行注册资本为10亿元，提供小微金融服务，涉及存款、贷款、汇款等业务。

网络银行的兴起会对传统银行造成冲击。传统银行业与互联网企业可以在链条上的不同环节发挥各自的优势，没有谁能吞下整个互联网金融。网络银行等平台可以成为客户的入口，而银行则在背后提供解决方案，通过这种有机结合达到双赢的效果。

6.2.8 案例二：中国工商银行网上银行

工行网上银行

1. 简介

中国工商银行网上银行即中国工商银行的网上银行，含个人金融服务、企业金融服务、电子银行（分个人和企业）、网上理财和网上商城。

2. 个人网上银行

个人网上银行为客户提供的全新网上银行服务，包含账户查询、转账汇款、捐款、买卖基金、国债、黄金、外汇、理财产品、代理缴费等功能服务，能够满足不同层次客户的各种金融服务需求，并可为客户提供高度安全、高度个性化的服务。

工商银行网站

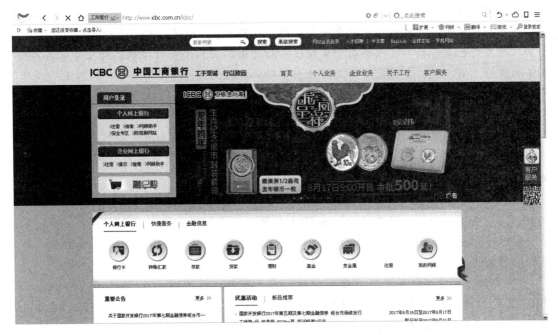

中国工商银行网上银行首页

(1) 业务简述。

个人网上银行是指通过互联网,为工行个人客户提供账户查询、转账汇款、投资理财、在线支付等金融服务的网上银行渠道,品牌为"金融@家"。

(2) 适用对象。

凡在工行开立本地工银财富卡、理财金账户、工银灵通卡、牡丹信用卡、活期存折等账户且信誉良好的个人客户,均可申请成为个人网上银行注册客户。

(3) 特色优势。

①安全可靠:采取严密的标准数字证书体系,通过国家安全认证。

②功能强大:多账户管理,方便客户和客户的家庭理财;个性化的功能和提示,体现客户的尊贵;丰富的理财功能,成为客户的得力助手。

③方便快捷:24 小时网上服务,跨越时空,省时省力;账务管理一目了然,所有交易明细尽收眼底;同城转账、异地汇款,资金调拨方便快捷;网上支付快捷便利。

④信息丰富:可提供银行利率、外汇汇率等信息的查询功能,配备详细的功能介绍、操作指南、帮助文件及演示程序,帮助客户了解系统各项功能。

3. 企业网上银行

企业网上银行是指通过互联网或专线网络,为企业客户提供账户查询、转账结算、在线支付等金融服务的渠道,根据功能、介质和服务对象的不同可分为普及版、标准版和中小企业版。

(1) 业务简述。

企业网上银行业务功能分为基本功能和特定功能。基本功能包括账户管理、网上汇款、在线支付等功能;特定功能包括贵宾室、网上支付结算代理、网上收款、网上信用证、网上票据和账户高级管理等业务功能。

(2) 适用对象。

在工行开立账户、信誉良好的企业客户,包括企业、行政事业单位、社会团体等均可开通企业网上银行。

(3) 特色优势。

①稳定高效的系统、发达的结算网络。

②强大丰富的产品、持续的更新能力。

③3A(Anytime、Anywhere、Anyhow)式的服务、优质的管理。提供7×24小时全天候不间断服务,无论地处何方、身处何境,只需接入互联网即可享受迅速优质的银行服务。

④多级组合授权机制,为客户提供多人顺序授权和无序授权的便捷服务。

4. 评点

中国工商银行一直以来以科技和业务创新为动力,致力于为客户创造更多的价值。企业网上银行凭借强大的技术和管理优势,已经发展成为集账务信息管理、收付款、资金集中调度、投资理财等十大类服务,全方位、一体化的企业客户资金管理平台。

6.3 支付工具介绍

6.3.1 支付工具的含义

支付工具就是实现经济活动的一种交易方式,它是随着商品赊账买卖的产生而出现的。在赊销赊购中,最初是用货币来支付债务。后来,它又被用来支付地租、利息、税款、工资等。最初的支付工具是货币。支付工具是用于资金清算和结算过程中的一种载体,可以是记录和授权传递支付指令和信息发起者的合法金融机构账户证件,也可以是支付发起者合法签署的可用于清算和结算的金融机构认可的资金凭证。它是加快资金周转、提高资金使用效率的保障。

随着全球经济的高速发展,支付工具也越来越多,逐渐产生一批虚拟支付工具,并开始向电子化支付工具转变。现在流行的网上银行、支付宝、财付通、百付宝、手机支付、快钱、手机充值卡等都是最新的虚拟支付工具。

20世纪90年代,国际互联网迅速走向普及化,逐步从大学、科研机构走向企业和家庭,其功能也从信息共享演变为一种大众化的信息传播手段,商业贸易活动逐步进入这个王国。通过使用互联网,既降低了成本,也造就了更多的商业机会,电子商务技术从而得以发展,使其逐步成为互联网应用的最大热点。为适应电子商务这一市场潮流,电子支付随之发展起来。

电子支付是指消费者、商家和金融机构之间使用安全电子手段把支付信息通过信息网络安全地传送到银行或相应的处理机构,用来实现货币支付或资金流转的行为。

6.3.2 支付工具的发展阶段

1473年,世界上第一家银行在意大利的威尼斯问世,这是支付系统结构演变过程中的一个里程碑。随着经济的发展,支付工具经历了以下阶段。

1. 实物支付阶段

从实物交换到货币交换的转变是支付技术发生的第一次重要变革,此后一切商品的价值都集中地、统一地表现在一种贵金属商品如黄金白银上。贵金属黄金或白银充当了一般等价物——货币,并具有支付工具的职能,这是实物货币阶段。马克思指出:"金银天然不是货币,但货币天然是金银。"金银具有以下特点:①币值稳定,便于携带;②价值大,易于分割;③不受场景、季节的影响,易于贮藏;④具有统一的价值衡量标准。

2. 信用支付阶段

纸币的出现是支付技术发生的第二次重大变革。纸币是在信用没有充分发展的条件下,由国家印制、强行发行并代替金属货币使用的价值符号。从由贵金属做后盾的纸币发展到与贵金属无关的纸币,意味着货币形式发展到了一个新的阶段,即信用货币阶段。

3. 电子支付阶段

目前,支付系统正在进行着一场变革,电子支付系统正逐渐取代传统支付系统,支付工具和支付手段也在发生变革。一种以电子数据形式存储在计算机中并能通过计算机网络而使用的资金被人们形象地称为"电子货币"。电子钱包、网络货币的出现,不仅从支付方式上进行了变革,而且从货币本质上对现代金融理论以及中央银行的货币政策提出了挑战。

6.3.3 支付工具的类型

1. 传统纸基与现代电子方式的选择

一些支付工具,既可以纸基方式发起,也可以电子方式发起。如贷记转账,既可在银行柜面填写单据,以签名/签章方式对支付进行授权,也可利用网上银行功能以电子化方式授权发起;如银行卡,既可以纸基通过签名方式进行授权,也可在终端(POS/ATM)通过刷卡与密码发起。

另一些支付交易可通过纸基与电子化步骤相结合的方式进行,如支票可被截留并以电子化方式进行处理,截留地点与时间的不同(如在POS或在交换中心)反映了电子化程度的差异。

支付交易也可包含现金与非现金步骤,如付款人以银行存款发起汇款,而接收人以现金支取。

2. 电子支付工具的分类

随着计算机技术的发展,电子支付的工具越来越多。这些支付工具可以分为三大类。

第一类,电子货币类:如电子现金、电子钱包等。

第二类,电子信用卡类:包括智能卡、借记卡、电话卡等。

第三类,电子支票类:如电子支票、电子汇款(EFT)、电子划款等。

这些方式各有自己的特点和运作模式,适用于不同的交易过程。以下介绍电子现金、电子钱包、电子支票和智能卡。

(1)电子现金。

电子现金是(E-Cash)是一种以数据形式流通的货币。它把现金数值转换成为一系列的加密序列数,通过这些序列数来表示现实中各种金额的市值,用户在开展电子现金业务的银行开设账户并在账户内存钱后,就可以在接受电子现金的商店购物了。

(2)电子钱包。

电子钱包是电子商务活动中网上购物顾客常用的一种支付工具,是在小额购物或购买小商品时常用的新式钱包。

电子钱包一直是全世界各国开展电子商务活动中的热门话题，也是实现全球电子化交易和互联网交易的一种重要工具。全球已有很多国家正在建立电子钱包系统，以便取代现金交易的模式。使用电子钱包购物，通常需要在电子钱包服务系统中进行。电子商务活动中的电子钱包的软件通常都是免费提供的，可以直接使用与自己银行账号相连接的电子商务系统服务器上的电子钱包软件，也可以从互联网上直接调出来使用。现在世界上有 VISA cash 和 Mondex 两大电子钱包服务系统，其他电子钱包服务系统还有 HP 公司的电子支付应用软件（VWALLET）、微软公司的电子钱包 MS Wallet、IBM 公司的 Commerce POINT Wallet 软件、Master Card cash、Euro Pay 的 Clip 和比利时的 Proton 等。

（3）电子支票。

电子支票（Electronic Check，E - check 或 E - cheque）是一种借鉴纸张支票转移支付的优点，利用数字传递将钱款从一个账户转移到另一个账户的电子付款形式。这种电子支票的支付是在与商户及银行相连的网络上以密码方式传递的，多数使用公用关键字加密签名或个人身份证号码（PIN）代替手写签名。

用电子支票支付，事务处理费用较低，而且银行也能为参与电子商务的商户提供标准化的资金信息，故而可能是最有效率的支付手段。

（4）智能卡。

智能卡是在法国问世的。20 世纪 70 年代中期，法国 Roland Moreno 公司采取在一张信用卡大小的塑料卡片上安装嵌入式存储器芯片的方法，率先开发成功 IC 存储卡。经过 20 多年的发展，真正意义上的智能卡，即在塑料卡上安装嵌入式微型控制器芯片的 IC 卡，由摩托罗拉和 Bull HN 公司于 1997 年研制成功。

在美国，人们更多地使用 ATM 卡。智能卡与 ATM 卡的区别在于两者分别是通过嵌入式芯片和磁条来储存信息的。但由于智能卡存储信息量较大，存储信息的范围较广，安全性也较好，因而逐渐引起人们的重视。2001 年，美国智能卡使用占全球的比例增加到 20%。美国纽约 Jupiter 通信公司公布的一份报告称，2000 年，美国联网商业的营业额预计将达 73 亿美元，其中几乎有一半的金额将用智能卡、电子现金和电子支票来支付。

近些年来，中国国家金卡工程取得了令人瞩目的成绩，目前，IC 卡已在金融、电信、社会保障、税务、公安、交通、建设及公用事业、石油石化、组织机构代码管理等许多领域得到广泛应用，像第二代居民身份证（卡）、社会保障 IC 卡、城市交通 IC 卡、三表（水电气）IC 卡、消费 IC 卡等行业 IC 卡应用已经渗透到百姓生活的方方面面，并取得了较好的社会效益和经济效益，这对提高各行业及地方政府的现代化管理水平，改变人民的生活模式和提高生活质量，推动国民经济和社会信息化进程发挥了重要作用。

3. 新兴支付工具的崛起

新兴的支付工具在国内主要有两种表现形式：一是依托大型 B2C、C2C、M2C 网站的支付工具，比如淘宝网上交易的时候由支付宝完成支付；二是第三方支付平台（如快钱等），整合了网上支付、电话支付、移动支付等多种支付手段，目前正在迅速成长中。

网购已经成为消费者购物的主要渠道之一，而第三方支付工具则是网购达人不可不学习的技术之一。如今的第三方支付工具除了付款购物之外，还可以缴纳生活中的水、电、煤气、暖气费，甚至还可以买火车票、机票和彩票，还可以在手机上随时随地使用第三方支付工具来进行网络支付。

6.3.4 电子支付的特征

与传统的支付方式相比，电子支付具有以下特征。

（1）电子支付是采用先进的技术通过数字流转来完成信息传输的，其各种支付方式都是通过数字化的方式进行款项支付的；而传统的支付方式则是通过现金的流转、票据的转让及银行的汇兑等物理实体来完成款项支付的。

（2）电子支付的工作环境基于一个开放的系统平台（即互联网）；而传统支付则是在较为封闭的系统中运作的。

（3）电子支付使用的是最先进的通信手段，如 Internet、Extranet，而传统支付使用的则是传统的通信媒介；电子支付对软、硬件设施的要求很高，一般要求有联网的微机、相关的软件及其他一些配套设施，而传统支付则没有这么高的要求。

（4）电子支付具有方便、快捷、高效、经济的优势。用户只要拥有一台上网的 PC 机，便可足不出户，在很短的时间内完成整个支付过程。支付费用仅相当于传统支付的几十分之一，甚至几百分之一。

在电子商务中，支付过程是整个商贸活动中非常重要的一个环节，也是电子商务中准确性、安全性要求最高的业务过程。电子支付的资金流是一种业务过程，而非一种技术。但是在进行电子支付活动的过程中，会涉及很多技术问题。

6.3.5 推动支付工具的发展建议

要促进电子商务的健康快速发展，就必须全面推动法律、信用、技术、社会等方面的发展。要积极推动立法，用法律手段保障网上支付，营造良好的网上支付法律环境。要建立健全信用体系，因为只有完善的信用体系才能更好地推动网上支付的发展和进步。要推动技术创新，加强网络通信基础设施建设，逐步普及网络通信，增强安全措施，防止网上诈骗等。要积极推广电子支付，促进互联网经济的发展，为电子支付营造良好的社会环境。

1. 加快推进人民币资本项下自由兑换，扩大人民币对外结算范围

目前，人民币跨境贸易正在逐步发展壮大，人民币资本项下自由兑换只是时间问题，人民币如果能够实现完全自由可兑换，这将给我国支付工具的拓展创新提供更为广阔的发展空间。将来人民币作为国际贸易结算货币，对我国的支付工具发展将带来一个质的飞跃，中国市场将有自己的 PayPal。

2. 完善电子支付相关法律法规，为发展创新提供良好的法律环境

随着电子支付行业及新型支付工具的迅猛发展，因管理滞后而引起的法律问题不断凸显。通过完善法律法规严格第三方支付机构的准入和退出以及对支付工具的监管，加强对大量在途和沉淀资金及孳息管理，规范虚拟货币的发行，确保交易资金安全和消费者权益，积极改善支付工具发展环境。

3. 发挥央行支付清算中介作用，加快人民币跨境支付业务发展

人民银行应充分发挥央行支付清算的中介作用，大力发展大额支付系统、小额支付系

统、支票影像业务系统等业务系统功能，为创新支付工具提供交易平台，扩大支付工具的使用范围。

4. 着力建设网络在线安全交易平台，提高安全等级和技术标准

一是人民银行、公安等职能部门建立"网络支付交易安全区域"，重点监测该区域的数据传输、信息发送等异常情况，提高系统的安全等级；二是建立 SET 通用安全国际标准，对交易的每个环节进行认证，是当前国际流行的安全技术标准；三是制定符合中国国情的网上支付标准规范，减少标准不一带来的风险。

5. 大力宣传支付工具相关金融知识，提高消费群体的认知度

一是通过电视媒体、印制宣传单等形式加大支付工具相关知识的宣传力度，逐步改变老百姓热衷使用传统支付工具的观念，提高公众对现代支付工具的认知度；二是要向消费者重点宣传如何安全使用电子支付工具，减少消费顾虑，增强使用意愿，改善传统习惯，扩大电子支付工具使用人群。

6.3.6 案例一：支付工具——百度钱包

百度钱包

1. 简介

百度钱包是由全球最大的中文搜索引擎公司百度所创办，是中国领先的在线支付应用和服务平台。百度钱包将百度旗下的产品及海量商户与广大用户直接"连接"，提供超级转账、付款、缴费、充值等支付服务，并全面打通O2O生活消费领域，同时提供"百度金融中心"业务，包括提供行业领先的个人理财、消费金融等多样化创新金融服务，让用户在移动时代轻松享受一站式的支付生活。

百度钱包

百度钱包标志

2016年11月，百度钱包开启"常年返现计划"，打造一个能返现金的钱包，常年立返现金1%起，资金实时返还至用户百度钱包账户余额，可提现，可消费，永不过期，将权益真正反馈给用户。

2. 功能

百度钱包致力于为消费者打造"一个能返现金的钱包"，可以满足用户在线充值、在线

百度钱包首页

支付、交易管理、生活服务、提现、账户提醒等支付工具功能。同时，致力于打造成为用户资产管理平台、会员权益的消费运营平台。

(1) 超级转账功能。

通过此功能，用户不需要使用网银、U 盾、安装控件等便可完成转账支付；支持转账到百度钱包账户或者银行卡，无任何手续费；到账快，最快能在 10 秒内到账；百度钱包还提供付款方和收款方的"双方"免费短信通知；手机或 PC 均可使用。支持免费还款短信提醒，还款方便快捷；透明小金库可用于社团、班费、公益捐款甚至聚会 AA 等各种活动、组织的收缴费和账目管理。

(2) 信用卡开卡功能。

用户可以使用该产品随时随地申请各银行的信用卡，信息填写简单、批卡快，可实时获知批卡进度，成功激活卡片后用户还将获得百度和银行联手提供的丰富权益和优惠，并可在百度钱包查询账单，及时获得还款提醒，并提供一键还款操作，让用户轻松管理信用卡，实现用户的开卡—消费优惠—账单查询—还款的一站式管理。

(3) 充值功能。

目前百度钱包支持话费充值、流量充值、网游充值、加油卡充值等生活缴费类功能，并在行业内保持最有竞争力的充值优惠价格。

(4) 理财功能。

百度理财平台自上线以来，先后推出的百度理财、百赚、百发、百赚利滚利几款理财产品在收益稳健性、安全性上一直广受用户好评。2015 年 9 月，还推出百度消费众筹平台，陆续上线优质投资众筹项目。

(5) 返现功能。

单单立返现金 1% 起，随时提现，让用户花得越多，赚得越多。

3. 安全保障

百度钱包拥有行业内领先的支付技术,为用户的信息、支付及账户安全保驾护航。

(1) HCE-NFC 云支付。

百度钱包成为第一家采用 HCE 云技术的第三方支付机构。支持 HCE 云聚合支付技术,NFC 手机秒变银行卡。

(2) AutoAuth 静默验证。

消除验证短信泄露风险,大幅提升到达率,支付验证提速更精准。

(3) 声纹支付。

领先业界的生物特征支付技术,将声音转为信号支付密码。

同时,为用户提供全方位的支付安全保障,让用户安心支付。

(1) 双重密码及动态验证保护用户资金安全:用户登录需要登录密码,支付需要单独设置支付密码。同时,百度钱包根据用户交易风险判断,差异化进行手机动态验证码校验,在双重密码的基础上再加一层保护。

(2) 用户信息安全保障:百度钱包通过 PCI DSS 合规性评估,在安全管理、策略、过程、网络体系结构、软件设计等方面符合支付卡行业数据安全标准,全面保障用户信息安全。

(3) 用户实名认证:用户注册账户信息,通过政府部门数据库、商业银行账户信息系统有效验证用户身份基本信息,防止开立假名支付账户。

(4) 商家身份认证:百度钱包具备完善的商户资质审核流程和标准,严格审核商户经营资质文件。通过合法安全的官方渠道对商户资质信息进行验证,确保有效核实商户身份。

(5) 风险交易识别:百度钱包自建风控系统进行欺诈、洗钱等风险交易的全方位识别,实现 7×24 小时人工事中监控。

4. 评点

"百度钱包"是百度公司的支付业务品牌及产品名称。百度钱包打造"随身随付"的"有优惠的钱包",它将百度旗下的产品及海量商户与广大用户直接"连接",提供超级转账、付款、缴费、充值等支付服务,并全面打通 O2O 生活消费领域,同时提供"百度理财"等资产增值功能,让用户在移动时代享受一站式的支付生活。

相关新闻链接 **PayPal 与百度宣布达成战略伙伴关系**

近日,全球领先的开放性数字支付平台——PayPal(纳斯达克代码:PYPL)和全球领先的中文互联网搜索服务提供商——百度(纳斯达克代码:BIDU)宣布签署战略合作协议。根据协议,中国消费者将可以在中国境内通过百度钱包,在境外的数百万 PayPal 国际商户进行购物和付款,中国消费者跨境在线购物将拥有新的选择。同时,这一伙伴关系也将使近 1 700 万 PayPal 的美国和国际商户,有更多的机会通过百度旗下广受欢迎的在线支付应用和服务平台——百度钱包,连接起中国的消费者。

PayPal 和百度计划为用户提供连接中国消费者与境外商户的跨境支付方式和交易体验。百度钱包用户将享受到升级后的支付体验,并因连接显著增长的 PayPal 全球商户而受益。通过帮助数以百万计的境外商户服务百度钱包的用户,PayPal 将进一步扩大其数字支付平台的覆盖面。作为中国领先的在线支付应用和服务平台之一,百度钱包已拥有超 1 亿激活用户。

"通过与百度的合作，PayPal 的 1 700 万国际商户将有更多机会接触到使用百度、百度钱包搜索全球市场、购买全球商品的数以百万计的中国消费者。"PayPal 总裁兼首席执行官 Dan Schulman 先生表示，"我们希望能基于 PayPal 成功的战略合作伙伴模式，与世界领先的互联网公司结成战略联盟，从而进一步扩大数字和移动支付在中国的覆盖率，并为我们的商户开拓新的商机。"

百度高级副总裁朱光先生表示："在金融创新的时代，我们希望通过与全球领先的支付公司 PayPal，在技术与产品创新方面强强联手，为百度用户带来极致的跨境消费体验。"

根据协议，PayPal 将与百度金融服务事业群组（FSG）合作，通过百度钱包拓展中国消费者的国际购物选择，并提供更好的支付体验。

（信息来源：飞象网 http://www.cctime.com/html/2017-8-1/1308606.htm）

6.3.7 案例二：财付通

财付通

1. 简介

财付通（Tenpay）是腾讯公司于 2005 年 9 月正式推出的专业在线支付平台，其核心业务是帮助在互联网上进行交易的双方完成支付和收款。财付通致力于为互联网用户和企业提供安全、便捷、专业的在线支付服务。

财付通标志

个人用户注册财付通后，即可在拍拍网及 20 多万家购物网站轻松购物。财付通支持全国各大银行的网银支付，用户也可以先充值到财付通，享受更加便捷的财付通余额支付体验。

财付通与拍拍网、腾讯 QQ 有着很好的融合，按交易额来算，财付通排名第二，份额为 20%，仅次于支付宝。

2. 开通及交易流程

（1）开通。

每个 QQ 都有钱包标志，点下会出现"我的钱包"窗口，在窗口的左上角点击"立即激活"，输入自己的姓名、支付密码、身份证号，然后点发送验证码，QQ 上绑定的手机号就会接到验证码，再输入这个验证码就可以提示数字证书安装成功。

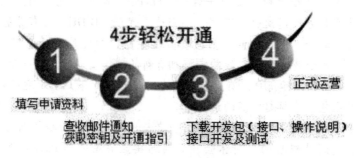

财付通的开通流程

（2）交易流程。

用户使用财付通完成在线交易的流程如下：

①网上买家开通自己的网上银行，拥有自己的网上银行账户。

②买家和卖家点击QQ钱包，激活自己的财付通账户。

③买家向自己的财付通账户充值。资金从自己网上银行账户划拨到自己的财付通账户。

④卖家通过中介保护收款功能，选择实体或虚拟物品，如实填写商品名、金额、数量、类型提交。提交后系统将通知买家付款，买家付款以后，系统通知卖家发货。

⑤等待卖家发货。实体物品此时可以点击"交易管理"查看交易状态，而虚拟物品查收E-mail，状态以邮件为准。

⑥财付通向卖家发出发货通知。

⑦卖家收到通知后根据买家地址发送货物。

⑧买家收到货物后，登录财付通确认收货，同意财付通拨款给卖家。

⑨财付通将买家财付通账户冻结的应付账款转到卖家财付通账户。

⑩卖家提现，卖家只需要设置上自己姓名的银行卡就可以完成提现，没开通网银的卡也可以提现。

3. 充值方法

（1）网上银行充值。

选择使用和财付通公司合作的任意一家银行，开通网上支付服务，即可完成充值。

（2）一点通充值。

选择招商、工行、建行、邮政储蓄银行的一点通对财付通账户进行充值。

（3）邮政网汇通充值（不需要银行卡）。

需到邮局办理网汇通汇款业务，再登录财付通账户即可进行充值。

（4）上门充值（不需要银行卡）。

在网上提交充值财付通订单，由专业的人员将上门为财付通账户进行充值。

温馨提示：目前不支持使用Q币、支付宝、存折充值财付通。

4. 财付通的功能

（1）充值：指从绑定银行卡账户向财付通账户划款。

（2）提现：指从财付通账户把资金转入银行卡、银行账户上。

（3）支付：将资金从买家财付通账户转入卖家财付通账户下。

（4）交易管理：用户可以通过交易管理查看自己的交易状态。

（5）信用卡还款业务：从财付通账户往信用卡账户划拨资金。信用卡只支持兴业银行卡。

（6）财付券服务：财付通为广大拍拍网卖家、第三方商户提供的一项增值服务，拍拍网或卖家可以赠送财付券给任意想回馈或吸引的QQ用户。财付券可以用于在财付通交易中抵扣商家的现金，但是不支持抵扣物流费用，它可作为一种互联网代金券。

（7）生活缴费业务：部分城市已经开通了使用财付通缴纳水费、电费、燃气费、通信费等。如南京开通了水、电、燃气、通信费的缴纳，太原、西安、重庆也可以用财付通缴纳通信费。

（8）彩票购买：与500wan合作。

(9) 虚拟物品中介保护交易功能。如果用户玩的是腾讯旗下的网游,那么在用户出售装备、游戏币的时候,可以通过财付通里的虚拟物品中介保护交易来进行操作,此交易的步骤和现有的游戏交易平台步骤一样,操作上略做修改,买卖双方通过 E-mail 通知进行付款、发货的操作。提现也相对简单。此功能在处理交易纠纷方面更加人性化。

腾讯把游戏后台的交易数据,直接运用到了交易的安全方面。如果在买卖中,用户出现了被骗现象,那么在被骗以后,用户可以直接打电话给财付通客服进行投诉,客服会去游戏中调查买卖双方的游戏后台交易数据,只要双方确实交易过,游戏后台就有交易数据记录,那么客服就会帮助受害者找回装备。

除了上面列举的服务之外,财付通还提供了商家工具,以方便用户使用财付通出售自己的商品。主要的商家工具为财付通交易按钮、网站集成财付通等。

5. 评点

财付通是腾讯集团旗下中国领先的第三方支付平台,致力于为互联网用户和企业提供安全、便捷、专业的在线支付服务。自成立伊始,财付通就以"安全便捷"作为产品和服务的核心,不仅为个人用户创造 200 多种便民服务和应用场景,还为 40 多万大中型企业提供专业的资金结算解决方案。

经过多年的发展,财付通服务的个人用户已超过 2 亿,服务的企业客户也超过 40 万,覆盖的行业包括游戏、航旅、电商、保险、电信、物流、钢铁、基金等。结合这些行业特性,财付通提供了快捷支付、财付通余额支付、分期支付、委托代扣、微支付等多种支付产品。

财付通的品牌主张是"会支付,会生活",强调"生活化"为财付通独特的品牌内涵,这一主张发布后受到业界的极大关注,支付业内流行起一场"生活风"。

6.4 第三方支付平台选择

6.4.1 第三方支付的含义

第三方支付是买卖双方在交易过程中的资金"中间平台",是在银行监管下保障交易双方利益的独立机构。在通过第三方支付平台的交易中,买方选购商品后,使用第三方平台提供的账户进行货款支付,由第三方通知卖家货款到达,进行发货;买方检验物品后,通知付款给卖家,第三方再将款项转至卖家账户。

第三方支付平台是指平台提供商通过通信、计算机和信息安全技术,在商家和银行之间建立连接,从而实现消费者、金融机构以及商家之间货币支付、现金流转、资金清算、查询统计的一个平台。作为网络交易的监督人和主要支付渠道,第三方支付平台提供了更丰富的支付手段和可靠的服务保证。

6.4.2 第三方支付的概况

1. 第三方支付的由来

第三方支付平台的产生源于电子商务的需要。电子商务交易离不开电子支付,而传统的银行支付方式只具备资金的转移功能,不能对交易双方进行约束和监督;另外,支付手段也比较单一，交易双方只能通过指定银行的界面直接进行资金的划拨，或者采用汇款方式；交易也基本采用款到发货的形式。在整个交易过程中，货物质量方面、交易诚信方面、退换要求方面等环节都无法得到可靠的保证；交易欺诈行为也时有发生。于是第三方支付平台应运而生。

2. 第三方支付的结构

在中国，已经出现了数十个第三方支付平台，这些平台的业务模式和技术实现方法不尽相同，但平台的结构则具有一个相似的特点，即第三方支付平台前端直接面对网上客户，平台的后端连接各家商业银行，或通过人民银行支付系统连接各家商业银行。

3. 第三方支付的功能

第三方支付平台的功能大致可归纳为三项：第一，接收、处理，并向开户银行传递网上客户的支付指令；第二，进行跨行之间的资金清算（清分）；第三，代替银行开展金融增值服务。

在这三项功能中，第一项接收、处理、传递支付指令是第三方支付平台必不可少的基本功能。第二项资金清算的功能则为选项，不同平台各有取舍，有的支付平台只具有第一项功能，不负责资金清算。第三项功能代替银行开展金融增值服务，是指在一些银行业务之外的领域，第三方支付平台可以协助、代替银行开发很多金融产品，比如针对专门市场（缴纳水电费等）、社区市场（比如物业结算、小区管理费）、独立单位市场（比如大型连锁企事业单位可能搞一套自己的东西或者委托第三方进行处理，拓展银行服务）、移动市场的相关产品。

6.4.3 第三方支付的运行模式

1. 运行机制

第三方支付使商家看不到客户的信用卡信息，同时避免了信用卡信息在网络多次公开传输而导致的信用卡被窃事件。第三方支付一般的运行机制为：

（1）消费者在电子商务网站选购商品，最后决定购买，买卖双方在网上达成交易意向。

（2）消费者利用第三方支付平台作为交易中介，用借记卡或信用卡将货款划到第三方账户，并设定发货期限。

（3）第三方支付平台通知商家，消费者的货款已到账，要求商家在规定时间内发货。

（4）商家收到消费者已付款的通知后按订单发货，并在网站上做相应记录，消费者可在网站上查看自己所购买商品的状态；如果商家没有发货，则第三方支付平台会通知顾客交易失败，并询问是将货款划回其账户还是暂存在支付平台。

（5）消费者收到货物并确认满意后通知第三方支付平台。如果消费者对商品不满意，或认为与商家承诺有出入，可通知第三方支付平台拒付货款并将货物退回商家。

（6）消费者满意，第三方支付平台将货款划入商家账户，交易完成；消费者对货物不满，第三方支付平台确认商家收到退货后，将该商品货款划回消费者账户或暂存在第三方账户中等待消费者下一次交易的支付。

2. 第三方支付的模式

（1）第三方支付市场将会形成"割据"形势。

第三方支付市场潜力巨大，市场前景广阔，客户对象级差范围大，服务种类形式繁多，不可能出现"一枝独秀"的局面。由于市场的虚拟性，没有时空的限制，很难出现传统市场中的真空地带，而且服务的提供者是机器，也难以形成个性化的服务，所以市场的形式也不可能是"百花齐放"。在市场的厮杀中，资本雄厚的、技术实力强的、市场定位、准确的、有创新能力的少数几个企业将会占据整个市场，最终会形成"割据"之势。

(2) 第三方支付的服务将更深入、更细化。

随着第三方支付平台行业化服务的深入，第三方支付业务也将更细化。同时这也会让第三方支付商的产品具有差异化和专业化，摆脱恶性价格竞争，步入良性循环。那些能最早深入某具体行业的支付商，还可以形成在该行业支付平台的竞争优势，抢占先机。从现在的电子商务发展来看，电子客票、数字娱乐和电信充值，最有希望打造行业性支付平台。

(3) 大力开发增值服务是第三方支付的必经之路。

目前第三方支付企业的服务大同小异，在未来竞争中要想留住客户，提高客户的忠诚度，必须在更大程度上给自己的产品附加增值服务。未来的第三方支付平台，不仅是一个支付平台，还应该是一个综合咨询平台。第三方支付就是以非金融机构的第三方支付公司为信用中介，通过和国内外各大银行签约，具备很好的实力和信用保障，是在银行的监管下保证交易双方利益的独立机构，在消费者与银行之间建立一个某种形式的数据交换和信息确认支付的流程。

3. 第三方支付平台的经营模式

纵观中国当前经营状况相对较好的第三方支付平台，其主要基于以下两种经营模式。

(1) 支付网关模式。

第三方支付平台将多种银行卡支付方式整合到一个界面上，充当了电子商务交易各方与银行的接口，负责交易结算中与银行的对接。消费者通过第三方支付平台付款给商家，第三方支付为商家提供一个可以兼容多银行支付方式的接口平台。

(2) 信用中介模式。

为了增强线上交易双方的信任度，更好地保证资金和货物的流通，充当信用中介的第三方支付服务应运而生，实行"代收代付"和"信用担保"。交易双方达成交易意向后，买方须先将支付款存入其在支付平台上的账户内，待买家收货通知支付平台后，由支付平台将买方先前存入的款项从买家的账户中划至卖家在支付平台上的账户。这种模式的实质便是以支付公司作为信用中介，在买家确认收到商品前，代替买卖双方暂时保管货款。

6.4.4 第三方支付的优势

第三方支付平台具有以下优势：

1. 第三方支付平台可以促成商家和银行的合作

对于商家，作为中介方的第三方支付平台可以降低企业运营成本，同时对于银行，可以直接利用第三方的服务系统提供服务，帮助银行节省网关开发成本。

2. 第三方支付服务系统有助于打破银行卡壁垒

由于中国实现在线支付的银行卡"各自为政"，每个银行都有自己的银行卡，这些自成体系的银行卡纷纷与网站联盟推出在线支付业务，客观上造成消费者要自由地完成网上购物，手里面必须有十几张卡。同时商家网站也必须装有各个银行的认证软件，这样就会制约网上支付业务的发展。第三方支付服务系统可以很好地解决这个问题。

3. 第三方支付平台能够提供增值服务

第三方支付平台帮助商家网站解决实时交易查询和交易系统分析，提供方便及时的退款和止付服务。

4. 第三方支付平台为交易双方进行交易记录

第三方电子支付平台可以对交易双方的交易进行详细的记录，从而防止交易双方对交易行为可能的抵赖以及为在后续交易中可能出现的纠纷问题提供相应的证据，虽没有使用较先进的 SET 协议却起到了同样的效果。第三方电子支付平台是当前所有可能的突破支付安全和交易信用双重问题中较理想的解决方案。

相对于其他的资金支付结算方式，第三方支付较有效地保障了货物质量、交易诚信、退换要求等环节，在整个交易过程中，都可以对交易双方进行约束和监督。在不需要面对面进行交易的电子商务形式中，第三方支付为保证交易成功提供了必要的支持，因此随着电子商务在中国的快速发展，第三方支付行业也发展迅猛。

6.4.5 第三方支付的风险

全国"两会"之后，央行进一步加大了对于互联网金融的监管力度，在风控体系端，要立足"风险防范、风险监测、风险调查、风险处理"四大核心环节，搭建了入网资格审核，到风险系统实时监控交易数据，再到调查风险案件，采取风控措施，直至处置风险案件、报送监管机关及公安部门的全流程一站式风险预防保障体系。同时，在安全技术方面，以"网络安全措施、交易授权安全措施、后续补救"三大核心模块，为用户实现资金安全保障矩阵。在当前支付革命性创新的时代大潮下，央行对于互联网金融的监管，有利于市场纠偏，平衡权益，降低风险累积，也是进一步强化第三方支付企业完备自身风控和安全体系的有效措施。

1. 第三方支付平台存在着资金安全和支付风险问题

第三方支付平台从事资金吸存，并且有很大的资金沉淀。资金沉淀、资金吸存这种行为会导致资金安全隐患方面的或者支付风险方面的问题。网上支付机构一般都有一种资金吸存行为，买家把钱付给企业，或者电子商务平台也好，第三方平台也好，然后再经过一段时间，卖家确认以后，平台把钱再付给卖家，在滞留的过程中，钱沉淀在支付机构里；另外，开立账户后，随着交易额的增加，一些提供支付服务的企业都和客户签约，约定如每周清算两次，或者每周一次，或者每月清算一次。随着这种业务量的逐渐增加，资金沉淀量将加大。这种安排是为了增强网上交易信心，维护公正性，确实是有效的做法，但问题是保证了交易双方之间的信心，提供了信誉增强的服务，但自身的信用和安全性却无法保证。当交易规模发展到一定程度，特别是第三方支付服务不是对一家企业，而是对着很多家企业，出了问题以后，其影响面将非常大。

2. 第三方支付突破特许经营限制，影响资金监管

第三方支付服务涉及支付结算账户和提供支付结算服务，突破了现有的一些特许经营的限制，按照商业银行法等一些法律法规，整个支付结算业务和支付清算业务实际上还是属于银行专有的一种业务。开立账户后，在账户里沉淀的资金怎么定性，到底是不是视作存款，很多企业为了避开吸收公共存款这样一个说法，提出其只是提供代理服务。而这种代理服务在商业银行法里作为代理收付款业务，也是银行的业务。这类业务实际上还是属于特许业

务，非银行机构从事这方面的业务面临着法律上的突破。电子商务发展速度很快，很难预料一两年后会发展到什么规模，而达到一定规模后，肯定会对整个支付结算体系产生一定影响。在美国发展得比较好的 PayPal，发展到这个阶段以后，也引起了监管方面的考虑，到了一定规模以后，政府必须采取措施。

3. 第三方支付平台可能会成为资金非法转移和套现的工具

当网上支付单笔交易金额或者总体交易金额还不是很大的时候，非法资金转移、套现的现象还不是特别明显，但是也有所表现。比如，有的网上交易实际上并不是进行真正的消费，而是制造一笔虚假交易，通过银行卡支付后，钱进入了支付平台的账户，通过账户转移到银行，从银行取现，实际上是为了套取现金。对银行卡来讲，信用卡限定一个额度，在这个额度内使用，可以预见现金量，提供这种支付工具是为了促进或者满足支付需要或者消费需要，并不是为了让人大量使用现金。对信用卡的取现有一套控制制度，或者通过交易成本限制它的使用，而网上交易则避开了这些。很多网站买卖都还是不收费的，成本几乎为零，通过这样一种途径，套现更为方便。

6.4.6 第三方支付的创新

传统金融机构开展的金融互联网业务，仍遵循线下严格的金融监管要求，风险相对较小。而第三方支付机构从事的线上业务，与线下金融业务无本质区别，不用承担线下的金融监管要求。在客户数爆发式的增长下，这将存在巨大的金融风险隐患。"在越发开放的互联网金融环境下，作为第三方支付企业自身，首要任务便是抓牢风险控制体系和安全保障技术这条生命线，先夯实内功，再图创新博弈。"乐富支付相关负责人指出。

纵观当前的第三方支付市场，在风控与安全模式、技术的规范落地方面，乐富支付已实现银行级的风控与安全保障。在风控体系端，通过整合人行、银联、商业银行全平台资源，以国家政策为基础，全维度、全链条实施资金监管和交易监测，立足"风险防范、风险监测、风险调查、风险处理"四大核心环节，从入网资格审核，到风险系统实时监控交易数据，再到调查风险案件，采取风控措施，直至处置风险案件、报送监管机关及公安部门，搭建一套全流程一站式的风险预防保障体系。在安全技术方面，乐富以"网络安全措施、交易授权安全措施、后续补救"三大核心模块，为用户提供资金安全保障矩阵。有业内专家指出，在当前支付革命性创新的时代大潮下，央行对于互联网金融的监管，有利于市场纠偏，平衡权益，降低风险累积，同时也是进一步强化第三方支付企业完备自身风控和安全体系的有效措施。

6.4.7 案例一：第三方支付平台——支付宝

支付宝

1. 发展历程

（1）简介。

支付宝（中国）网络技术有限公司是国内领先的第三方支付平台，致力于提供"简单、安全、快速"的支付解决方案。支付宝公司从2004年建立开始，始终以"信任"作为产品和服务的核心。旗下有

支付宝

"支付宝"与"支付宝钱包"两个独立品牌。自2014年第二季度开始成为当前全球最大的移动支付厂商。

支付宝标志

支付宝与国内外180多家银行以及VISA、MasterCard国际组织等机构建立战略合作关系,成为金融机构在电子支付领域最为信任的合作伙伴。

2016年5月31日,支付宝与深圳人社局合作上线的医保移动支付平台,开始在深圳6家医院落地试运行。

8月,支付宝与微信同获香港首批支付牌照,意欲争夺新市场。

9月,支付宝宣布自2016年10月12日起,将对个人用户超出免费额度的提现收取0.1%的服务费,个人用户每人累计享有2万元基础免费提现额度。

11月1日,支付宝入驻苹果App Store。中国大陆用户已经能在App Store的付款方式和充值两个地方看到支付宝的加入,可以用于购买应用,给账户充值,或给Apple Music等订阅服务付费等。

12月6日,支付宝宣布,已与欧洲4家金融服务机构签署合作协议,致力于为赴海外旅游的中国消费者提供服务,此举有望将支付宝在国外的合作零售店数量增加近9倍。

2017年1月5日,支付宝推出2016年个人年账单,网友们炸了锅。许多人看了去年"剁手"情况后,纷纷感叹"我都不知道我这么有钱!""难怪自己那么穷!"除了支出和消费状况，个人账单还记录了低碳环保、爱心公益等情况，全面展示了现代人的生活观念和面貌。

2017年3月15日晚，支付宝针对央视315晚会曝光的人脸识别漏洞发表声明称，支付宝只对在当前手机上用密码登录成功过的用户才开放人脸登录。

2017年5月24日，支付宝宣布推出香港版电子钱包——支付宝HK，正式为香港居民提供无现金服务。港版支付宝上线后，所有香港居民都可以通过绑定香港当地银行信用卡或余额充值使用支付宝，直接用港币付款。

支付宝最早于2007年开始服务香港市场，2016年8月，香港金融管理局发布第三方支付牌照，支付宝香港公司成为首批支付牌照获得者，可以为当地用户提供数字金融服务。经过大半年的准备，香港版支付宝终于上线。港版支付宝提供了扫码付、商家优惠和集印花三大服务。其中，扫码付与内地的使用体验完全一样，只要打开付款码，让商户扫一下即可完成付款。

除了上述基础功能外，港版支付宝将陆续开通充话费、水电煤缴费、转账、打车、保险等功能，让香港人的"无现金"生活与内地接轨。

2017年6月，摩纳哥与支付宝签订战略合作协议（MOU），举国商户将接入支付宝。这是蚂蚁金服第一次与主权国家政府签订战略合作协议，成为第12个接入支付宝的欧洲国家。

（2）软件介绍。

支付宝，是以每个人为中心，拥有超4.5亿实名用户的生活服务平台。支付宝已发展为融合了支付、生活服务、政务服务、社交、理财、保险、公益等多个场景与行业的开放性平台。

支付宝除提供便捷的支付、转账、收款等基础功能外，还能快速完成信用卡还款、充话费、缴水电煤费等。用户不仅能享受消费打折，跟好友建群互动，还能轻松理财，累积信用。

2. 支付分类

（1）快捷支付。

快捷支付是指支付机构与银行合作直连，形成一个高效、安全、专用（消费）的支付方式。在推出快捷支付之前，大部分网络支付借由网络银行完成。但网络银行存在支付成功率低、安全性低等固有问题。此外，除了大银行之外，国内1 000多家银行中仍有大量城镇银行未提供网银服务。

快捷支付解决了上述问题，支付成功率达到95%以上，高于网银的65%左右；快捷支付用户资金由支付宝及合作保险公司承保，若出现资损可获得赔偿。在支付宝推出该业务之后，财付通、银联等第三方支付机构都推出了"快捷支付"。

（2）手机支付。

2008年，支付宝开始介入手机支付业务；2009年，推出首个独立移动支付客户端；2013年年初，更名为"支付宝钱包"，并于10月成为与"支付宝"并行的独立品牌。用户下载安装"支付宝钱包"，使用支付宝账号登录就能使用。支付宝的用户数、支付笔数均超过PayPal，成为全球最大平台。这一优势仍在不断强化，每天支付宝的手机支付笔数已经达到2 500万笔以上。

（3）二维码支付。

2010年10月，支付宝推出国内首个二维码支付技术，帮助电商从线上向线下延伸发展空间。用户在"支付宝钱包"内，点击"扫一扫"，对准二维码按照提示就能完成支付。

（4）条码支付。

2011年7月1日，支付宝在广州发布条码支付（Barcode Pay），适合便利店等场景使用。这是国内第一个基于条形码的支付方案。使用时，用户在"支付宝钱包"内点击"付款码"，收银员使用条码枪扫描该条码，完成付款。

（5）声波支付。

2013年4月12日，支付宝与青岛易触联合推出全球首个声波售货机。用户在支持声波支付的售货机等场景下，选择商品，然后在"支付宝钱包"内点击"当面付"，按照提示完成支付。

（6）NFC支付。

2012年7月31日，支付宝推出利用NFC、LBS等技术的新客户端，随后这一技术方案得到进一步改进。将公交卡等放置在具有NFC的安卓手机后，即可查询公交卡余额以及充值。

值得注意的是，支付宝移动支付均为远程在线支付方案，NFC在当中的作用为"近场握手、远程支付"，与统称的NFC略有差异。

（7）指纹支付。

2014年7月16日，移动支付平台支付宝钱包宣布试水指纹支付服务。支付宝钱包用户在三星智能手机GALAXY S5上已能使用这一服务。这是国内首次在智能手机上开展的指纹支付尝试，此举不仅给用户带去更安全、更便捷的支付体验，也意味着国内移动支付产业从数字密码时代跨入生物识别时代。

3. 新增服务

（1）全国H&M可以刷支付宝。

全球十大快时尚品牌：ZARA、H&M、UNIQLO（优衣库）、MUJI、GAP、M&S、C&A、UR、FOREVER21、MANGO都可以用支付宝购买产品。

（2）全国超2 000个汽车客运站可刷支付宝买票。

除了用支付宝买票，如果你是从上海长途客运总站出发的话，还不用取纸质票，只要亮出电子票二维码，就能扫码上车。

（3）支付宝里找电动汽车充电站、启动充电桩。

全国119个城市的电动汽车车主可以在支付宝"城市服务－汽车充电站"里，找到最近的充电站并查看使用状态、操作启动或停止充电桩、付款。

（4）南京人可刷支付宝坐公交。

南京公交多条线路及轮渡上实现刷支付宝乘坐。杭州、济南、武汉、南京、绍兴等城市已经实现刷支付宝搭公交车服务。

（5）深圳人可扫脸查公积金。

利用支付宝的人脸识别技术，深圳公积金全国首推扫脸登录，深圳的用户打开支付宝城市服务中的"深圳公积金"，脸一扫，就能快速登录公积金账户查看。

（6）在日本打车可以用支付宝。

日本最大出租车公司"日本交通"接入支付宝，打开支付宝的付款码，对准出租车内的扫码屏一扫就可以结账。东京地区的 3 500 辆"日本交通"出租车已经支持,很快就会扩展到日本全国 50 000 辆出租车。

(7) 全日本的罗森便利店都可以用支付宝。

日本全境近 1.3 万家罗森便利店将全部支持支付宝。目前,包括无印良品、高岛屋、近铁百货、唐吉柯德、优衣库、大阪关西国际机场等,日本当地已有近 2 万个商户可以使用支付宝。

4. 支付宝的新动态

近年来,以微信、支付宝为首的第三方支付,用互联网金融手段快速占领市场,商场购物、买早餐、叫外卖、餐饮连锁店支付等,手机支付比现金、刷卡更便捷。支付宝和微信支付已经占据了中国移动支付 90% 的市场。如今支付宝的市场越来越大,支付宝一步步占据世界市场。

首先,支付宝进入印度市场,利用支付宝独特的功能产生了印度支付宝。其次,支付宝和微信在我国香港获得第三方支付牌照,在香港市场风生水起。再次,支付宝和微信支付同时进入韩国和日本,并代替了韩国本土的三星付,在日本 ApplePay 也销声匿迹,退出市场,支付宝一步步攻城略池。最后,阿里巴巴马云与法国支付巨头 Ingenico 达成战略合作,支付宝将为欧洲大批采购商和零售商提供完整的线下和店内支付服务,欧洲国家摩纳哥宣布举国接入支付宝,打造全球首个无现金国家!这是历史上第一个派出国家首脑、由最高政府与支付宝签约的国家,也是马云第一次与主权国家政府签订协议。

支付宝创始人马云

从这一刻起,马云正式拿下包含英国、法国、意大利在内的 12 大欧洲国家。把中国的移动支付、普惠理念带到了全世界!

随着中国移动支付企业无现金服务全球化的步伐不断加快,中国移动支付也已成为全球的领跑者。目前,在欧美、东南亚等国家和地区,支付宝已接入了 20 万家海外线下商户,支持 18 种外币结算。而微信支付已登陆十多个国家及地区,覆盖逾 13 万家境外商户,支持 10 余种外币直接结算。

德国《商报》刊文称,中国移动支付企业也有力地推动了"一带一路"沿线国家普惠金融的发展。

世界银行的数据显示,东盟国家人口超过 6.8 亿,其中 3.6 亿人口迄今无法获得最基础

支付宝随"一带一路"走向海外

的银行服务。蚂蚁金服董事长彭蕾表示,近年来,蚂蚁金服赴"一带一路"沿线国家展开了很多合作,把中国先进的移动支付技术带到泰国、印尼、菲律宾等多国。她还表示,可以运用在互联网技术方面的优势,把中国做得成熟的普惠金融模式带到"一带一路"沿线国家和地区。

在印尼,近3亿的人口生活在农村,一辈子没办过银行卡。许多在城里打工的年轻人只能通过中介把钱汇给在老家的父母,为此需要付出10%~30%的高额手续费,而且得等上很久,钱才能到父母手中。2016年4月,蚂蚁金服和印尼Emtek集团宣布成立一家合资公司,共同开发移动支付产品。印尼合作伙伴和印尼官员对此非常兴奋,他们希望借此在基础设施建设上"弯道超车",直接进入移动支付时代,通过"印尼版支付宝"让在农村的印尼人享受到金融服务。

此后,支付宝宣布进入南非,将无现金服务带到非洲。支付宝中东北非负责人刘宇表示,与东南亚类似,非洲的传统金融基础设施相对落后,而移动支付可以帮助当地解决这一问题,这是支付宝进入非洲的出发点。中国移动支付企业在"一带一路"建设中,会进一步将中国普惠金融的成功模式普及开来,让更多国家受益。

2017年,支付宝将目光瞄准了海外尤其是美国,希望在这个全球最大的消费市场分得一杯羹。虽然美国是互联网产业大国,但在移动支付领域却远远落后于中国。据Forrester统计,美国2016年的移动支付交易总额仅为1 120亿美元,不足中国的1/50。一项针对海外在华留学生的调查显示,高铁、网购、支付宝、共享单车已经并列为中国"新四大发明",成为他们最想带回国的东西了。此次支付宝在美国大幅推广,网友调侃,支付宝真是义务帮美国人普及移动支付。

不过对于蚂蚁金服来说,美国市场也只是其向全球扩张的其中一步。蚂蚁金服称,未来的三年内,蚂蚁金服的用户将有30%来自海外;十年内,用户量将有望增至20亿,其中海外用户将占到六成。

目前,蚂蚁金服已在美国、新加坡、韩国、英国、卢森堡和澳大利亚六个国家设立了分支机构,在印度、泰国、韩国、印度尼西亚等国家的战略投资,也显示了其全球市场的野心。

5. 评点

支付宝的世界之旅解决了中国游客在外购物支付障碍的问题,这一行为是支付宝国际化的重要一步,同时,还可以通过境内旅游用户及华人华侨用户的首场开辟逐渐培养起境外市场的支付宝情愫。

支付宝凭借推出的理财工具如蚂蚁花呗、蚂蚁借呗、招财宝、余额宝等获得广大用户的青睐。支付宝完全在不看条件的情况下,授信人们开通花呗、借呗以及提额,这也是马云的一个大手笔。支付宝现在已经不是当初的支付宝,现在的支付宝可以购物、叫外卖、买电影票、理财、信贷、做公益、做社交,支付宝遍布世界,正在打造一个属于阿里巴巴、中国的"世界银行"。

6.4.8 案例二:国际贸易支付工具——PayPal

PayPal

1. 公司简介

PayPal, PayPal Holdings, Inc.,在中国大陆品牌为贝宝,是美国 eBay 公司的全资子公司。1998 年 12 月由 Peter Thiel 及 Max Levchin 建立,总部位于美国加利福尼亚州圣荷西市。

在使用电子邮件来标识身份的用户之间转移资金,改变了传统的邮寄支票或者汇款的方法。PayPal 也和一些电子商务网站合作,成为它们的货款支付方式之一,但是用这种支付方式转账时,PayPal 收取一定数额的手续费。

2017 年 4 月,Android Pay 与 PayPal 合作,PayPal 将成为 Android Pay 用户可使用的移动支付平台,至此,两大支付竞争对手正式化敌为友。2017 年 6 月 6 日,《2017 年 BrandZ 最

PayPal 标志

PayPal 网站首页

具价值全球品牌100强》公布，PayPal名列第52位。

2. 发展历程

PayPal是倍受全球亿万用户追捧的国际贸易支付工具，即时支付、即时到账，全中文操作界面，能通过中国的本地银行轻松提现，可解决外贸收款难题，开展海外业务。

作为世界第一的在线付款服务，PayPal拥有全世界超过2.2亿的用户。最大的好处是，注册完全免费！它集国际流行的信用卡、借记卡、电子支票等支付方式于一身，帮助买卖双方解决各种交易过程中的支付难题。在跨国交易中超过90%的卖家和超过85%的买家认可并正在使用PayPal电子支付业务。

2010年4月27日，阿里巴巴公司和PayPal联合宣布，双方达成战略合作伙伴。2012年8月18日，PayPal与麦当劳合作测试移动支付服务，并在法国的30家麦当劳餐厅部署了这一功能。在法国的试点项目中，麦当劳顾客可以通过麦当劳的移动应用订餐，或通过网上订餐，然后利用PayPal付款。PayPal发言人表示，参与试点的餐厅专门为这类用户开辟了一个服务台。2013年3月，PayPal进入实体支付。

PayPal贝宝创始人埃隆·马斯克（Elon Musk），出生于南非，18岁时移民美国，他集工程师、企业家和慈善家身份于一身，并且是贝宝、空间探索技术公司以及特斯拉汽车三家公司的创始人。目前他是空间探索技术公司的首席执行官兼首席技术官、特斯拉汽车的产品设计师。

3. 文化理念

PayPal，就是我们通常说的"PayPal贝宝国际"，是针对具有国际收付款需求用户设计的账户类型。它是目前全球使用最为广泛的网上交易工具。它能进行便捷的外贸收款，提现与交易跟踪；从事安全的国际采购与消费；快

PayPal创始人埃隆·马斯克

捷支付并接收包括美元、加元、欧元、英镑、澳元和日元等25种国际主要流通货币。

PayPal是eBay旗下的一家公司，致力于让个人或企业通过电子邮件，安全、简单、便捷地实现在线付款和收款。PayPal账户是PayPal公司推出的最安全的网络电子账户，使用它可有效降低网络欺诈的发生。PayPal账户所集成的高级管理功能，使用户能轻松掌控每一笔交易详情。

4. PayPal与贝宝

PayPal和PayPal贝宝是PayPal公司提供面向不同用户群的两种账户类型。许多用户在注册时将两者混淆。究竟该如何区分两者呢？首先让我们了解一下两类账户的不同定位。

PayPal账户，就是我们通常说的"PayPal国际"账户，主要针对具有国际收付款需求用户设计的账户。它是全球使用最为广泛的网上交易工具。它能帮助我们进行便捷的外贸收款，提现与交易跟踪，从事安全的国际采购与消费，快捷支付并接收包括美元、加元、欧元、英镑、澳元和日元等24种国际主要流通货币。

PayPal贝宝账户，我们通常说的"贝宝"账户，则是PayPal专为中国用户推出的本土

化产品。产品面向拥有人民币单币种业务需求的企业与个人,帮助我们在贝宝账户和银行账户之间进行人民币转账。贝宝为用户提供免费的业务服务。但目前贝宝还没有取得中国国内支付牌照。

5. 评点

PayPal 账户被允许在 190 个国家和地区的用户间进行跨境网上收款交易,只需一个 PayPal 账户,全球 1.9 亿网购用户可以用该账户接收包括美元、加元、欧元、英镑、澳元和日元等 24 种货币的付款,同时通过简单地添加国际信用卡,也可以使用该账户支持 PayPal 的网站消费。PayPal 不遗余力地为用户打造安全便捷的网购体验,买家保障将能确保用户所购得的商品物有所值。

6.4.9 案例三:网联对支付宝、财付通等收入模式造成冲击

网联对电子支付的冲击

1. 央行一纸通知,第三方支付业务格局顿时生变

近日,《中国人民银行支付结算司关于将非银行支付机构网络支付业务由直连模式迁移至网联平台处理的通知》要求,自 2018 年 6 月 30 日起,支付机构受理的涉及银行账户的网络支付业务全部通过网联平台处理。同时,各银行和支付机构应于 2017 年 10 月 15 日前完成接入网联平台和业务迁移相关准备工作。

这意味着支付宝、财付通要纳入监管了!第三方支付机构原先的三方直连模式(用户、支付机构、银行)彻底终结,进入四方模式(用户、支付机构、网联、银行)时代。21 世纪经济报道记者多方了解到,支付宝、财付通等大型第三方支付机构已经开始切量,将部分网络支付业务转移到网联处理。

一个时代的终结,一个时代的开始,网联崛起,银联没落,网联全称"非银行支付机构网络支付清算平台",通俗一点说,也就是大家熟悉的"银联"的亲弟弟。

多位第三方支付机构负责人向记者表示,当前整个支付运营过程顺利,客户体验不受影响,但业界普遍担心,在"双十一"电商支付,或除夕夜微信支付宝红包等特定时点,网联系统能否应付清算需求骤增的极端高峰期。

"业界更担心的是,网联对第三方支付机构收入模式造成冲击。"一家第三方支付机构业务主管坦言,网联面世后,备付金不再沉淀在支付机构,而是集中统一交到央行,导致众多中小型支付机构难以通过备付金获取利息;对大型第三方支付机构而言,以往可以依托巨大流量与备付金优势,提高和金融机构的议价能力,网联面世后,其议价能力可能减弱。

"可以预见的是,第三方支付机构将推动收入模式转型,比如盘活客户数据,结合各种消费场景拓展金融服务等。"上述业务主管表示。

2. "网联"的成行有几个意思?对金融市场有何影响?

(1) 互联网支付,直接连接银行的模式终结,银联统一天下的美梦破碎,但是所有的交易数据有了平台接入和清算,效率提高,金融风险减小,监管快速到位。

(2) 全国强大的统一信用机制完善,以前央行的征信系统靠银行,现在"网联"将开始识别互联网的资金流向,资金数据库更强大。

(3) 大数据体系建立,通过网络洗钱的黑色地带被遏制,互联网金融风险缓解。

消费大数据、金融大数据正以前所未有的姿态奔向未来，有了数据的控制权，就有了未来发展的核心资本。

支付宝、财付通要纳入监管了，这对于金融的稳定是非常积极的，但是一旦纳入监管，支付宝、财付通的扩张就会受到限制。对于老百姓而言是好事，不仅网络违法洗钱行为被打击，数据趋势还将造福人类。

3. 中小银行或成最大受益者

网联的面世，某种程度利好中小支付机构。在以往的直连模式下，大型第三方支付机构拥有大额交易量、资金沉淀与备付金存款，可与银行深入合作开发消费支付场景；而中小支付机构资金沉淀有限，难以获得银行青睐，加之直连银行数量不多费率也不具优势，在商户拓展、业务布局过程中困难重重。

中小支付机构接入网联后，降低了与银行开展业务合作的准入门槛和操作成本。"但是中小支付机构享受政策红利前，首先要迈过经营关。"上述第三方支付机构业务主管说，接入网联后支付机构将失去备付金利息收入，可能导致中小支付机构面临经营困境。

相比而言，大型支付机构虽然备付金利息损失更多，但其消费场景下的金融业务众多，备付金利息收入占比并不高。

一位熟悉网联政策的知情人士表示，网联新政对支付机构的冲击，需要辩证看待，虽然备付金利息收入对大型机构影响不大，但就与银行合作层面而言，网联新政利好中小支付机构而利空大型机构。

21世纪经济报道记者从多位第三方支付机构负责人处了解，中小银行或许是网联面世的最大受益者。一方面对大型支付机构的议价能力提高，另一方面原先停留在支付机构的大量用户交易信息，通过网联流向银行体系，为银行开展各类业务创新提供数据基础。

更重要的是，中小银行无须再花费大量成本对接逾百家支付机构，接入网联后就能分享支付机构与电商平台的众多消费场景，推动零售业务创新。

"这足以抵消部分中小银行失去备付金合作所衍生的业务收入损失。"一家中小银行资金托管部人士表示。

4. 收费模式待考

网联面世后，能否应付日益增长的网络支付清算处理需求，是第三方支付机构最为关心的话题之一。有第三方支付机构算了一笔账，当前网联的目标容量是每秒处理12万笔的平稳运行能力，峰值期的目标是每秒18万笔，但能否应付业务高峰期，仍是未知数。

数据显示，2016年"双十一"期间，支付宝支付业务峰值达8.4万笔/秒；2016年春节期间，微信和支付宝的红包等业务高达12万笔/秒；若2017年"双十一"与春节红包支付业务处理量同比增长30%，当前整个网联系统设定的容量，未必能处理过高的清算需求高峰。

一位了解网联运作模式的人士透露，为此网联采取分布式架构，确保未来交易处理容量具有扩展性，解决快速增长的支付清算量。

在他看来，当前网联亟待解决的是收费模式。上述了解网联运作模式的人士透露，当前网联拟定的结算规则是按笔收费，但鉴于其股东背景多是第三方支付机构，其利润将远远低于银联，更多起到将第三方支付机构直连模式纳入监管的作用。

5. 评点

网上购物、手机点餐、App打车出行……移动支付，已渗透于人们日常生活的各个方面,正在逐步成为主流的支付方式。然而,身为用户的你是否知道,你每通过第三方支付机构从银行卡上划走一笔钱,银行只能看到这笔钱去了第三方支付机构处,但这笔钱最终去了哪儿、做了什么,银行对此并不知情。不过,这种现象由于网联的出现而成为历史,网联的成立,显示了央行加强第三方支付机构交易监管的决心,也有助于对第三方支付行业的风险进行有效管控。

众所周知,在刷卡时代,中国银联相当于一个清算中介,负责在各大银行或金融机构之间理清账目、划转资金。同理,在网络支付时代,由央行牵头组建的全新巨型清算机构,即是网联。网联相当于在第三方支付和银行之间设立了一个"中转站"。未来,第三方支付机构想要接入银行,用户进行跨行转账,只有两种方式,一种是走银联的清算渠道,另一种是通过网联。

在一定意义上,网联的成立也是为客户备付金集中存管铺路,因为央行只有将所有的资金清算信息掌握后,才能知道各家支付机构到底有多少客户备付金,从而将其按时收取上来。

思 考 题

1. 什么是电子商务支付?
2. 电子商务支付方式有哪些?
3. 与传统的支付方式相比,电子商务支付具有哪些特点?
4. 简答网络银行的含义及分类。
5. 简答网络银行的优势。
6. 网络银行对技术有哪些要求?
7. 网络银行有哪些业务范围?
8. 网络银行需注意哪些事项?
9. 什么是支付工具?
10. 支付工具经历了怎样的发展阶段?
11. 支付工具有哪些常见类型?
12. 与传统的支付方式相比,电子支付具有哪些特征?
13. 对于推动支付工具的发展有哪些好的建议?
14. 简答第三方支付的含义及功能。
15. 第三方支付有什么样的运行机制?
16. 第三方支付的模式有哪些?
17. 第三方支付平台都有什么样的经营模式?
18. 第三方支付有哪些优势?
19. 第三方支付存在哪些风险?
20. 如果你经营一个网上花店,你会选择什么样的支付方式?
21. 访问相关网站,了解网上购物流程及网上支付的流程。
22. 谈谈你对中国电子支付发展的看法及建议。

资料来源及参考网站

1. 电子商务支付系统
   https://baike.baidu.com/item/电子商务支付系统/4399558？fr=aladdin
2. 电子支付具有的特征
   http://www.cshixi.com/article-8018-1.html
3. 联合国：中国社交和电子商务平台和中国数字支付生态研究报告
   http://www.199it.com/archives/585524.html？from=groupmessage
4. 百度联手PayPal 提振跨境电商 双双股价大涨
   http://finance.ynet.com/2017/07/28/323219t632.html
5. 经济频道
   http://finance.china.com/industrial/11173306/20170807/31048517_all.html
6. 网络银行百度百科
   https://baike.baidu.com/item/网络银行/586535？fr=aladdin
7. 网上银行百度百科
   https://baike.baidu.com/item/网上银行/1066165？fr=aladdin
8. 网商银行 https://www.mybank.cn
9. 阿里网络银行百度百科
   https://baike.baidu.com/item/阿里网络银行/10205106
10. 工商银行百度百科
    https://baike.baidu.com/item/中国工商银行网上银行/10200127？fr=aladdin
11. 工商银行官网 http://www.icbc.com.cn/icbc/
12. 电子支付
    https://baike.baidu.com/item/电子支付？fr=aladdin
13. 第三方电子支付平台百度百科
    https://baike.baidu.com/item/第三方电子支付平台/4762719？fr=aladdin
14. 支付工具百度百科
    https://baike.baidu.com/item/支付工具/4611161？fr=aladdin
15. 支付宝 https://www.alipay.com
16. 支付宝百度百科
    https://baike.baidu.com/item/支付宝/496859？fr=aladdin
17. 网易新闻 http://dy.163.com/v2/article/detail/CQOG7V1P0515AFI7.html
18. Paypal https://www.paypal-biz.com
19. Paypal百度百科 https://baike.baidu.com/item/paypal/4418314？fr=aladdin
20. 网易新闻 http://tech.163.com/17/0816/08/CRUQ9RR400097U7R.html
21. 全景网 http://www.p5w.net/weyt/201708/t20170807_1909837.htm
22. 和讯网 http://bank.hexun.com/2017-08-15/190458075.html

第 7 章

电子商务与物流案例分析

教学目标

物流是电子商务活动中不可或缺的部分,现代化物流是电子商务实现"以顾客为中心"理念的根本保证,是电子商务的基础,物流现代化的水平是电子商务活动成功与否的关键。通过本章的学习,辨证地分析电子商务与物流的关系。电子商务下的物流配送逐渐显示出反应速度快、功能集成化、服务系统化、作业规范化、手段现代化、组织网络化、流程自动化、经营市场化等特点。

关键词汇

物流;配送;电子商务与物流

知识回顾

信息流:是指商品从生产领域向消费领域转移过程中所发生的一切信息收集、传递和处理活动。

商流:是指商品从生产领域向消费领域转移过程中的一系列买卖交易活动。

资金流:是指商品从生产领域向消费领域转移的交易活动中所发生的货币运动。

物流:是指商品从生产领域向消费领域转移过程中的一系列产品实体运动。

物流配送:是指在经济合理区域范围内,根据用户的要求,对物品进行拣选、加工、包装、分割、组配等作业,并按时送达到指定地点的物流活动,简称配送。

物流是信息流、商流、资金流最终实现的保证。同时,由于只有通过物流配送,才能将商品或服务转移到消费者手中,商务活动才能成功完成。因此,物流配送的效率成为客户评价电子商务满意度的重要指标,也是客户选择电子商务企业的重要因素。所以,物流服务水平的高低将直接影响电子商务企业的市场竞争力。

随着互联网信息技术的发展,电子商务迅速渗透到每个行业领域,使得原有的产业发生巨大变化。原有的一些行业将逐渐消亡,例如,信件投递业、电报业等;同时出现一批新行业，例如，网络广告业、信息服务业等；还将压缩一些行业，例如造纸业等；也将扩张一些行业，例如物流业、通信业等。

电子商务的发展对物流行业产生了深远的影响，使物流行业有了深刻的变化。本章通过实际案例分析了电子商务与物流的互相制约发展的关系。

7.1 电子商务与物流

7.1.1 电子商务物流的含义

电子商务物流是一整套电子物流解决方案，就是俗话说的 ERP 系统，电子上的物流显示及相关操作，实体物流还是需要机器和人搬运的。

电子商务作为一种新的数字化商务方式，代表未来的贸易、消费和服务方式，因此，要完善整体商务环境，就需要打破原有工业的传统体系，发展建立以商品代理和配送为主要特征，物流、商流、信息流有机结合的社会化物流配送体系。电子商务物流的概念是伴随电子商务技术和社会需求的发展而出现的，是电子商务真正的经济价值实现不可或缺的重要组成部分。

7.1.2 电子商务物流的特点

电子商务时代的来临，给全球物流带来了新的发展，使物流具备了一系列新特点。

1. 信息化

电子商务时代，物流信息化是电子商务的必然要求。物流信息化表现为物流信息的商品化、物流信息收集的数据库化和代码化、物流信息处理的电子化和计算机化、物流信息传递的标准化和实时化、物流信息存储的数字化等。因此，条码技术（Bar Code）、数据库技术（Database）、电子订货系统（Electronic Ordering System,）EOS、电子数据交换（Electronic Data Interchange，EDI）、快速反应（Quick Response，QR）及有效的客户反映（Effective Customer Response，ECR）、企业资源计划（Enterprise Resource Planning，ERP）等技术与观念在中国的物流中将会得到普遍的应用。

没有物流的信息化，任何先进的技术设备都不可能应用于物流领域，信息技术及计算机技术在物流中的应用将会彻底改变世界物流的面貌。

2. 自动化

自动化的基础是信息化，自动化的核心是机电一体化，自动化的外在表现是无人化，自动化的效果是省力化，另外还可以扩大物流作业能力，提高劳动生产率，减少物流作业的差错等。物流自动化的设施非常多，如条码/语音/射频自动识别系统、自动分拣系统、自动存取系统、自动导向车、货物自动跟踪系统等。这些设施在发达国家已普遍用于物流作业流程中，而在中国由于物流业起步晚，发展水平低，自动化技术的普及还需要相当长的时间。

3. 网络化

物流领域网络化的基础也是信息化，是电子商务下物流活动主要特征之一。这里指的网络化有两层含义：一是物流配送系统的计算机通信网络，包括物流配送中心与供应商或制造商的联系要通过计算机网络，另外与下游顾客之间的联系也要通过计算机网络通信，比如物流配送中心向供应商提出订单这个过程，就可以使用计算机通信方式，借助增值网（Value-Added Network，VAN）上的电子订货系统（EOS）和电子数据交换技术（EDI）来自动实现，物流配送中心通过计算机网络收集下游客户订货的过程也可以自动完成；二是组织的网络化，即企业内部网（Intranet）。比如，我国台湾的电脑业在20世纪90年代创造了"全球运筹式产销模式"，这种模式的基本点是按照客户订单组织生产，采取分散形式，即将全世界的电脑资源都利用起来，采取外包的形式将一台电脑的所有零部件、元器件、芯片外包给世界各地的制造商去生产，然后通过全球的物流网络将这些零部件、元器件和芯片发往同一个物流配送中心进行组装，由该物流配送中心将组装的电脑迅速发给订户。这一过程需要有高效的物流网络支持，当然物流网络的基础是信息、电脑网络。

物流的网络化是物流信息化的必然，是电子商务下物流活动的主要特征之一。当今世界互联网等全球网络资源的可用性及网络技术的普及为物流的网络化提供了良好的外部环境，物流网络化不可阻挡。

7.1.3 电子商务物流的模式

1. 自营物流

（1）简介。

企业自身经营物流，称为自营物流。自营物流是在电子商务萌芽时期，那时的电子商务企业规模不大，从事电子商务的企业多选用自营物流的方式。企业自营物流模式意味着电子商务企业自行组建物流配送系统，经营管理企业的整个物流运作过程。在这种方式下，企业也会向仓储企业购买仓储服务，向运输企业购买运输服务，但是这些服务都只限于一次或一系列分散的物流功能，而且是临时性的纯市场交易的服务，物流公司并不按照企业独特的业务流程提供独特的服务，即物流服务与企业价值链的松散联系。

如果企业有很高的顾客服务需求标准，物流成本占总成本的比重较大，而企业自身的物流管理能力较强时，企业一般不应采用外购物流，而应采用自营方式。因此，很多企业借助它们开展电子商务的经验也开展物流业务，即电子商务企业自身经营物流。

（2）自营物流的企业分类。

目前，在中国，采取自营模式的电子商务企业主要有两类：

一类是资金实力雄厚且业务规模较大的电子商务公司。电子商务在中国兴起的时候，国内第三方物流的服务水平远不能满足电子商务公司的要求。

二类是传统的大型制造企业或批发企业经营的电子商务网站，由于其自身在长期的传统商务中已经建立起初具规模的营销网络和物流配送体系，在开展电子商务时只需将其加以改进、完善，就可满足电子商务条件下对物流配送的要求。

（3）自营物流的特点。

选用自营物流，可以使企业对物流环节产生较强的控制能力，易于与其他环节密切配合，全力专门地服务于该企业的运营管理，使企业的供应链更好地保持协调、简洁与稳定。此外，自营物流能够保证供货的准确和及时，保证顾客服务的质量，维护了企业和顾客间的长期关系。

但自营物流所需的投入非常大，建成后对规模的要求很高，大规模才能降低成本，否则将会长期处于不盈利的境地。而且投资成本较大、时间较长，对于企业柔性有不利影响。另外,自建庞大的物流体系,需要占用大量流动资金。更重要的是,自营物流需要较强的物流管理能力,建成之后需要工作人员具有专业化的物流管理能力。

2. 物流联盟

(1) 简介。

物流联盟是制造业、销售企业、物流企业基于正式的相互协议而建立的一种物流合作关系,参加联盟的企业汇集、交换或统一物流资源以谋取共同利益;同时,合作企业仍保持各自的独立性。物流联盟为了取得比单独从事物流活动更好的效果,在企业间形成了相互信任、共担风险、共享收益的物流伙伴关系。企业间不完全采取导致自身利益最大化的行为,也不完全采取导致共同利益最大化的行为,只是在物流方面通过契约形成优势互补、要素双向或多向流动的中间组织。

联盟是动态的,只要合同结束,双方又变成追求自身利益最大化的单独个体。选择物流联盟伙伴时,要注意物流服务提供商的种类及其经营策略。一般可以根据物流企业服务的范围大小和物流功能的整合程度确定物流企业的类型。

(2) 物流联盟服务的范围及功能。

物流服务的范围主要是指业务服务区域的广度、运送方式的多样性、保管和流通加工等附加服务的广度。物流功能的整合程度是指企业自身所拥有的提供物流服务所必需的物流功能的多少。必要的物流功能是指包括基本运输功能在内的经营管理、集配、配送、流通加工、信息、企划、战术、战略等功能。

(3) 物流联盟的特点。

一般来说,组成物流联盟的企业之间具有很强的依赖性,物流联盟的各个组成企业明确自身在整个物流联盟中的优势及担当的角色,内部的对抗和冲突减少,分工明晰,使供应商把注意力集中在提供客户指定的服务上,最终提高了企业的竞争能力和竞争效率,满足企业跨地区、全方位物流服务的要求。

3. 第三方物流

(1) 含义。

第三方物流(Third-Party Logistics,3PL 或 TPL)是指独立于买卖之外的专业化物流公司,长期以合同或契约的形式承接供应链上相邻组织委托的部分或全部物流功能,因地制宜地为特定企业提供个性化的全方位物流解决方案,实现特定企业的产品或劳务快捷地向市场移动,在信息共享的基础上,实现优势互补,从而降低物流成本,提高经济效益。

(2) 第三方物流的服务内容。

它是由相对"第一方"发货人和"第二方"收货人而言的第三方专业企业来承担企业物流活动的一种物流形态。第三方物流公司通过与第一方或第二方的合作来提供其专业化的物流服务,它不拥有商品,不参与商品买卖,而是为顾客提供以合同约束、以结盟为基础的、系列化、个性化、信息化的物流代理服务。服务内容包括设计物流系统、EDI 能力、报表管理、货物集运、选择承运人、货代人、海关代理、信息管理、仓储、咨询、运费支付和谈判等。在国内,第三方物流企业一般都是具有一定规模的物流设施设备(库房、站台、车辆等)及专业经验、技能的批发、储运或其他物流业务经营企业。

(3) 第三方物流的意义。

第三方物流是物流专业化的重要形式,它的发展程序体现了一个国家物流产业发展的整体水平。第三方物流是一个新兴的领域,企业采用第三方物流模式对于提高企业经营效率具有重要作用。首先,企业将自己的非核心业务外包给从事该业务的专业公司去做;其次,第三方物流企业作为专门从事物流工作的企业,有丰富的专门从事物流运作的专家,有利于确保企业的专业化生产,降低费用,提高企业的物流水平。最后,物流产业的发展潜力巨大,具有广阔的发展前景。

4. 第四方物流

(1) 含义。

第四方物流主要是指由咨询公司提供的物流咨询服务,但咨询公司并不等于第四方物流公司。目前,第四方物流在中国还停留在"概念化"层面,南方的一些物流公司、咨询公司甚至软件公司纷纷宣称自己的公司就是从事"第四方物流"服务的公司。这些公司将没有车队、没有仓库当成一种时髦,号称拥有信息技术,其实却缺乏供应链设计能力,只是将第四方物流当作一种商业炒作模式。

(2) 第四方物流的职能。

第四方物流公司应物流公司的要求为其提供物流系统的分析和诊断,或提供物流系统优化和设计方案等。所以第四方物流公司以其知识、智力、信息和经验为资本,为物流客户提供一整套的物流系统咨询服务。它从事物流咨询服务就必须具备良好的物流行业背景和相关经验,但并不需要从事具体的物流活动,更不用建设物流基础设施,只是对于整个供应链提供整合方案。

(3) 第四方物流的特点。

第四方物流的关键在于为顾客提供最佳的增值服务,即迅速、高效、低成本和个性化服务等。第四方物流有众多优势。

第一,它对整个供应链及物流系统进行整合规划。第三方物流的优势在于运输、储存、包装、装卸、配送、流通加工等实际的物流业务操作能力,在综合技能、集成技术、战略规划、区域及全球拓展能力等方面存在明显的局限性,特别是缺乏对整个供应链及物流系统进行整合规划的能力。而第四方物流的核心竞争力在于对整个供应链及物流系统进行整合规划的能力,也是降低客户企业物流成本的根本所在。

第二,它具有对供应链服务商进行资源整合的优势。第四方物流作为有领导力量的物流服务提供商,可以通过其影响整个供应链的能力,整合最优秀的第三方物流服务商、管理咨询服务商、信息技术服务商和电子商务服务商等,为客户企业提供个性化、多样化的供应链解决方案,为其创造超额价值。

第三,它具有信息及服务网络优势。第四方物流公司的运作主要依靠信息与网络,其强大的信息技术支持能力和广泛的服务网络覆盖支持能力是客户企业开拓国内外市场、降低物流成本极为看重的,也是取得客户的信赖、获得大额长期订单的优势所在。

第四,具有人才优势。第四方物流公司拥有大量高素质国际化的物流和供应链管理专业人才和团队,可以为客户企业提供全面、卓越的供应链管理与运作,提供个性化、多样化的供应链解决方案,在解决物流实际业务的同时实施与公司战略相适应的物流发展战略。

发展第四方物流可以减少物流资本投入,降低资金占用。通过第四方物流,企业可以大大减少在物流设施(如仓库、配送中心、车队、物流服务网点等)方面的资本投入,降低资金占用,提高资金周转速度,减少投资风险。降低库存管理及仓储成本。第四方物流公司通过其卓越的供应链管理和运作能力可以实现供应链"零库存"的目标，为供应链上的所有企业降低仓储成本。同时，第四方物流大大提高了客户企业的库存管理水平，从而降低库存管理成本。发展第四方物流还可以改善物流服务质量，提升企业形象。

5. 物流一体化

（1）含义。

物流一体化是指以物流系统为核心，由生产企业、物流企业、销售企业、消费者的供应链整体化和系统化。它是在第三方物流的基础上发展起来的新的物流模式。20 世纪 90 年代，西方发达国家如美、法、德等国提出物流一体化现代理论，并应用和指导其物流发展，取得了明显效果。

（2）物流一体化的发展。

物流一体化分为三个层次：物流自身一体化、微观物流一体化和宏观物流一体化。物流自身一体化是指物流系统的观念逐渐确立，运输、仓储和其他物流要素趋向完备，子系统协调运作，系统化发展。微观物流一体化是指市场主体企业将物流提高到企业战略地位，并且出现了以物流战略作为纽带的企业联盟。宏观物流一体化是指物流业发展到这样的水平：物流业占到国家国民总产值的一定比例，处于社会经济生活的主导地位，它使跨国公司从内部职能专业化和国际分工程度的提高中获得规模经济效益。

（3）物流一体化的特点。

在这种模式下物流企业通过与生产企业建立广泛的代理或买断关系，使产品在有效的供应链内迅速移动，使参与各方的企业都能获益，使整个社会获得明显的经济效益。这种模式还表现为用户之间的广泛交流供应信息，从而起到调剂余缺、合理利用、共享资源的作用。在电子商务时代，这是一种比较完整意义上的物流配送模式，是物流业发展的高级和成熟的阶段。

7.1.4 电子商务与物流的关系

电子商务是 20 世纪信息化、网络化的产物，由于其日新月异的发展，已广泛引起了人们的注意。电子商务中的任何一笔交易，都包含着以下基本的"流"，即信息流、商流、资金流和物流。

信息流，是指商品从生产领域向消费领域转移过程中所发生的一切信息收集、传递和处理活动。商流，是指商品从生产领域向消费领域转移过程中的一系列买卖交易活动。物流，是指商品从生产领域向消费领域转移过程中的一系列产品实体运动。资金流，是指商品从生产领域向消费领域转移的交易活动中所发生的货币运动。

商品交换过程中通过商流活动发生商品所有权的转移。商流是物流、资金流和信息流的起点，也可以说是后"三流"的前提，一般情况下，没有商流就不太可能发生物流、资金流和信息流。反过来，没有物流、资金流和信息流的匹配和支撑，商流也不可能达到目的。"四流"之间是互为因果关系。比如 A 企业与 B 企业经过商谈，达成了一笔供货协议，确定了商品价格、品种、数量、供货时间、交货地点、运输方式并签订了合同，也可以说商流活动开始了。要认真履行这份合同，下一步要进入物流过程，即货物的包装、装卸搬运、保管、运输等活动。如果商流和物流都顺利进行了，接下来进入资金流的过程，即付款和结算。无论是买卖交易，还是物流和资金流，这三个过程都离不开信息的传递和交换，没有及时的信息流,就没有顺畅的商流、物流和资金流。没有资金的支付,商流不成立,物流也不会发生。

商流是动机和目的,资金流是条件,信息流是手段,物流是过程。就是说由于需要或产生购买欲望,才决定购买,购买的原因和理由就是商流的动机和目的;因为想购买或决定购买某种商品,才考虑购买资金的来源或筹措资金问题。如不付款,商品的所有权就不归你,这就是条件;又因为决定购买,也有了资金,然后才付之行动,这就是买主要向卖主传递一个信息,或去商店向售货员传递购买信息,或电话购物、网上购物,这些都是信息传递的过程,但这种过程只是一种手段;然而,商流、资金流和信息流产生后,必须有一个物流的过程,否则商流、资金流和信息流就没有意义。比如一个单位搬进新办公地点后要购买几台空调,这个单位可能直接去商店选购,也可能打电话或网上采购,这就产生了商流活动。由此也伴生资金流(如现金支付、支票付款或银行走账)和信息流。可是只完成这"三流",并不是事物的完结,还必须将空调送给买主,最终还是少不了运输、装卸等物流过程。

电子商务中的"四流"与传统商务相比,主要是借助了现代的计算机通信技术,使"四流"的传递有了新的载体和传播网络。传统商务中"四流"经常是同时完成,或是除物流外其他"三流"同时完成,物流是受商流制约,随商流变化而变化。而电子商务中的商流、物流、资金流、信息流各自在不同的系统中进行,有自身的运行规律,"四流"是一个相互联系、互相伴随、共同支撑流通活动的整体。信息流在互联网中传播,资金流在银行的专用网络安全系统中传播,商流通过专业的电子商务网站系统实现,物流的实现有专用的配送服务网络,一般由物流信息系统和物流作业系统组成。在中国,物流与商流、资金流以及信息流相比,发展进度缓慢,成熟程度差,物流管理科学化水平较低。物流在商品总成本中的费用比例很大的问题过去不被人们重视,物流被称为企业"第三利润源泉",被公认为新经济时代最有前景的领域。

综上,现代物流是电子商务发展的必备条件:第一,现代物流技术为电子商务快速推广创造条件;第二,物流配送体系是电子商务的支持系统;第三,电子商务促进物流基础设施的改善和物流管理水平的提高;第四,电子商务影响和改变着物流运作形态;第五,电子商务环境要求物流企业创新客户服务模式。

7.1.5 案例一:下一个风口,物流中的智慧物流

智慧物流

1. 事件回放

2017年6月初,"丰鸟大战"引爆网络,物流界两支重要力量相互招架,各自商圈好友也是相互站队表态,一时间好不热闹,互不相让的态势最后还得"国家队"出面才得以平息。

2017年6月18日,京东配送机器人首次出现在人大校园,成功将快递送达顾客手中,智能物流又迈出了坚实的一步。

无论是物流中的数据之争还是配送过程的智能化均指向了一个方向,这个方向就是智慧化。总说市场经济有一只无形的手会将资源进行配置,是的,资源配置是市场经济运行的结果。但是配置资源这个过程就需要物流了。物流效率越高,市场进行资源配置的效率也越高,反之低效的物流将阻碍资源配置过程。

2. 我国物流业发展政策及现状

近年来,国家相继颁布重大政策来支持引导物流业的健康发展,从颁布政策的部门及政策规划的时间长度均可以看出物流业在经济发展中的重要地位。

(1) 市场规模不断扩大。

通过 2014—2016 年的物流数据可以看出,我国物流行业市场规模不断扩大,但是占 GDP 的比重却不断下降。2014 年物流总费用为 10.6 万亿元,占全国 GDP 比重为 16.46%;2016 年物流总费用达到 11.1 万亿元,占 GDP 比重为 14.92%。这一结果与我国经济规模的不断壮大及物流行业效率的提高密切相关。

(2) 整体水平有待提高。

我国物流业虽然近年来取得了重大发展,但是相比发达国家的物流效率仍有很大的差距。2016 年我国全社会物流费用占 GDP 比重为 14.9%,远高于发达国家的 8%。另外我国物流基础设施也较为落后,现代化仓储、冷链物流、多式联运等体系的建设仍处于初步阶段,尚没有统一的行业标准。

(3) 物流行业前景广阔。

根据《营造良好市场环境推动交通物流融合发展实施方案》中提到的发展目标,到 2018 年我国物流费用占 GDP 的比重较 2015 年下降 1 个百分点以上,假如占比为 14.5%,那么结合我国 GDP 未来 6.5% 的增速目标可知,到 2018 年全社会物流总费用约为 12.24 万亿元。

3. 评点

面对着未来十多万亿的大市场,每一家物流企业都想在其中分得一杯羹。而未来物流的发展方向毫无疑问将是智慧化。运用大数据、云计算等先进的信息技术对物流体系进行优化,使物流、信息流、资金流实现无障碍流通,一方面及时满足客户的消费需求,另一方面降低企业库存,指导企业的生产安排,为企业减负。

目前,我国智慧物流的发展还处于初级阶段,虽然大家都知道数据很重要,数据是智慧化的基础,但是如何使用数据以及如何在数据之上构建一种体现智慧的商业模式尚有待探索实践。

相关新闻链接　　　　"丰鸟大战"背后:在"最后一公里"厮杀

2017 年 6 月 1 日,菜鸟和顺丰围绕数据传输和信息安全问题掀起一场"互撕大战",双方各执一词。随后,腾讯、京东、美团、圆通、苏宁等公司悉数卷入并各自站队,混战局面犹胜于当年腾讯大战 360。"丰鸟大战"最后在国家邮政局的协调下,双方"握手言和",同意从 6 月 3 日 12 时起,全面恢复业务合作和数据传输。

"丰鸟大战"漫画

然而"丰鸟之争"并未就此偃旗息鼓,随着快递包裹量的急剧攀升,以丰巢为主导者的智能快递柜和菜鸟驿站在末端市场依旧充满竞争与博弈。据《IT时报》记者调查了解,面对丰巢等快递柜的崛起,菜鸟驿站确实受到不小的冲击,合作店面有缩减之势;另外,急速扩张的智能快递柜由于重资产产生的高成本以及创收模式的不明晰,营收乏力同样是一个很大的难题。

6月8日消息,菜鸟将参股智能快递柜速递易。"末端之战"已经开始,从物流层到商流层,这片疆土终将何去何从,或许,只有时间才能给出答案。

★圆通"禁令":不许放丰巢

就在"丰鸟之争"正热之际,有网友爆料,圆通速递在内网发布通知称,严禁将快件放入顺丰旗下丰巢自提柜,提倡自建终端,对于一次未妥投的快件,可以放在就近的菜鸟驿站,这被外界解读为在美团、京东以及网易明确表示支持顺丰之后,圆通选择和菜鸟站在一起。

★菜鸟驿站受冲击:收入没有房租多

圆通速递尝试用禁令的方式限制使用丰巢快递柜并引导快件往菜鸟驿站投放,在电子商务研究中心快递行业研究员姚建芳看来,快递柜和菜鸟驿站具有相同的服务功能,二者之间的竞争也就不可避免。她认为,在智能快递柜崛起的情况下,菜鸟驿站难免会受到一定的冲击。

据上述圆通加盟网点负责人透露的数据得知,该网点每天有8 000~9 000份快件单,2016年下半年,走菜鸟驿站的件量大约占两成,而丰巢快递柜只有半成左右,而从2017年开始尤其是从3月末起,呈现出此消彼长的趋势,二者的占比都在总件量的1/10上下徘徊。

对此,菜鸟驿站相关负责人表示"夸大其词",菜鸟驿站的存在依旧满足了众多用户的需求,同时实现了多方共赢,至于是否会与上海农工商超市集团重启合作,他认为这需要具体的业务部门进行对接沟通。

★菜鸟进军"快递柜"

零点有数快递物流研究中心研究员丁威认为,快递市场处于一个迅速发展的阶段,尽管菜鸟驿站在与一些便利店合作的过程中出现了问题,但并不代表菜鸟驿站这种商业模式出现了严重的问题,也不能简单下结论说菜鸟驿站市场份额在减少。相反,许多小超市、夫妻店非常乐意对接菜鸟驿站,因为引流效果好,也确实在一定程度上给超市的销售带来了有利影响。而且目前的末端市场空间足够大,智能快递柜的铺设扩张还远没达到饱和的状态,二者仍会在市场上并存,谁也取代不了谁。与此同时,菜鸟驿站也开始选择多元化经营。搜狐科技此前报道,菜鸟正在谋求收购或控股另一家快递柜公司。

丁威认为,这正是快递末端市场竞争的核心价值,即从物流层面到商流层面的转变,通过数据接口与消费者产生"亲密关系",从而搭载更多的商业衍生服务。在他看来,随着包裹量越来越多,且人工成本逐渐攀升,智能化、无人化的快递柜一定是各方积极发展的一个方向,在经过"丰鸟之争"后,菜鸟一定会加强对快递柜的重视,不论是参股、投资还是收购,未来都将可能会有新的布局。

★智能快递柜使用率达七成

目前,智能快递柜在国内呈现三足鼎立之势,以丰巢、速递易和创赢联盟(包括富友、云柜、中集e栈)三家为代表的公司占据快递柜70%以上的市场。公开数据显示,云柜目前拥有 2.6 万台快递柜、富友 2.5 万台、中集 e 栈 1.5 万台、速递易 5.6 万台。而据丰巢科技相关人士介绍，目前丰巢在全国 70 多个城市完成了逾 5 万台柜机的布局，其中上海占据 1/10 左右，接下来将在高档小区和写字楼开展进一步的网点铺设。

★ 快递柜的盈利难题

尽管快递柜铺设较快，但实际盈利情况却并不乐观，目前主要靠存放收费和柜体广告。据丰巢科技相关人士介绍，丰巢快递柜的收费依照不同片区具体来定，一般情况收费都在一个柜子 0.2~0.3 元。而铺设成本方面，中集 e 栈人士透露，目前上海的行情，一台快递柜入驻到小区的租赁费用为每年 3 000~5 000 元，目前 e 栈在全国的布局约为 1.5 万台，上海 4 000 多台，每台快递柜的格子大约为 80 个，按照每天 70%的使用率，每间 0.3 元的收益来算，全国一天的收费收益为 15 万元左右，一年则在 5 500 万元上下，而按照平均 4 000 元/年的租赁成本，一年则在 6 000 万元，收益低于成本。虽然此外还有一些广告收益，但他透露目前这部分还并不明显，"快递柜赚钱还是遥远的一件事"。

有业内人士认为，2016 年我国快递业务量达到 313 亿件，随着人工成本上升，快递末端的投递压力越来越大，快递柜和自提点等多元化服务模式因此兴起，尽管目前的盈利模式还不清晰，盈利效果也不鲜明，但依旧成为资本青睐的对象。

（信息来源：http://tech.sina.com.cn/roll/2017-06-10/doc-ifyfzhpq6415152.shtml）

7.1.6 案例二：日日顺物流发展的案例

日日顺物流

1. 公司发展历程

青岛日日顺物流有限公司成立于 1999 年，定位于为居家大件（家电、家居、出行产品等）提供供应链一体化解决方案的服务平台。企业经历了企业物流→物流企业→平台企业的三个转型阶段。

第一阶段：企业物流再造——打造家电供应链一体化服务能力

日日顺物流成立之初将原先分散在 28 个产品事业部的采购、原材料配送和成品分拨业务进行整合，创新提出了三个 JIT（just in time）

日日顺网

的管理模式，赢得了基于速度与规模的竞争优势。同时，提出"一流三网"同步模式，即整合全球供应商资源网、全球配送资源网、计算机网络，三网同步流动，为订单信息流提速，建立了贯穿供应链一体化的服务能力。

第二阶段：物流企业的转型——为客户提供管理 CCC 一体化解决方案

凭借多年来打造的供应链一体化服务能力、业务流程再造经验和专业化物流团队等资源，日日顺物流开始从企业物流向社会化物流企业转型。随着全国三级物流网络的快速布局，建立起服务订单/产品的全程透明可视化信息平台，并为客户定制供应链一体化提供解决方案。

第三阶段：平台企业的颠覆——打造大件物流信息互联生态圈

互联网时代物流企业单一服务、简单仓配服务、打价格战已经很难满足客户/用户的需求，因此企业开始向平台企业转型。定位于为居家大件提供供应链一体化解决方案服务平台，以用户的全流程最佳体验为核心，用户付薪机制驱动，日日顺物流建立起开放的互联互

图 7-1-2 日日顺网首页

通的物流资源生态圈,快速吸引物流地产商、仓储管理合作商、设备商、运输商;区域配送商、加盟车主、最后1公里服务商、保险公司等一流的物流资源进入,实现了平台与物流资源方的共赢。

2. 日日顺打造"四网融合"新平台

日日顺物流依托先进的管理理念和物流技术、整合全球的一流网络资源,建立"四网融合"的核心竞争力(覆盖到村仓储网、即需即送配送网、送装一体服务网和即时交互信息网),搭建起开放的专业化、标准化、智能化大件物流服务平台和资源生态圈平台,为客户和用户提供差异化的服务体验。

(1) 覆盖到村仓储网。

日日顺物流建立起辐射全国的分布式三级云仓网络,拥有10个前置揽货仓、100个物流中心,2 000个中转HUB库,总仓储面积500万平方米以上,实现全国网络无盲区覆盖。

(2) 即需即送配送网。

建立即需即送的配送网,在全国规划3 300多条班车循环专线,9万辆车小微,为客户和用户提供到村、入户送装服务,并在全国2 915个区县已实现"按约送达,送装同步"。

(3) 送装一体服务网。

全国建立6 000多家服务网点,实现全国范围内送货、安装同步上门服务,为用户提供安全可靠、全程无忧的服务体验。

(4) 即时交互信息网。

建立开放智慧物流平台,不仅可以实现对每一台产品、每一笔订单的全程可视,还可以实现人、车、库与用户需求信息即时交互。

依托"四网融合"竞争力,日日顺物流为客户提供供应链一体化服务解决方案,并被美国供应链管理专业协会评选为十大"中国供应链管理示范企业"。多年来,日日顺坚持以用户需求为中心搭建全流程竞争力,赢得市场和社会的认可,被中国物流与采购联合会授予的首家"中国物流示范基地"、首届"国家科技进步一等奖"、国家标准化委员会授予中国物流行业第一家"国家服务业标准化示范单位"等。

发展18年来,日日顺物流在全国拥有15个发运基地、100个TC库、6 000个大件送装HUB库、3 300条循环班车线路、9万辆车小微和18万服务兵,成为行业唯一能够做到进村入户、送装同步的大件物流领导品牌。

3. 评点

日日顺物流作为居家大件物流专业品牌,致力于家电行业供应链一体化解决方案,为品牌商、平台商、渠道商等提供专业化、定制化、标准化、一体化的物流解决方案,全流程可视化,零距离交互,保证用户拥有最佳体验。日日顺物流未来将不断探索与实践,继续推进虚实融合最后一公里大件物流生态圈平台核心能力建设,打造用户全流程的最佳服务标准引领。

凭借在大件物流领域的优势,日日顺物流先后为天猫、京东等平台企业,小米、微鲸、联想17TV等互联网电视品牌,美乐乐、芝华士、喜临门、顾家、酷漫居等家居类客户,以及小牛电动车、亿健、伊吉康、蓝堡等健身器械品牌等2 000多个品牌提供全品类、全渠道、全流程、一体化物流服务,形成了一个开放的物流生态圈。

业内专家指出,在用户需求和大件物流配送能力日臻完善的双力驱动下,整个物流行业的发展结构也将逐步从趋于饱和的小件市场向空间广阔的大件市场倾斜,物流行业有望越做越"大"。日日顺物流凭借不断完善的物流体系,正积极推动物流行业由小变大,由大变强。

7.1.7 案例三:菜鸟物流的发展案例

菜鸟物流

1. 关于菜鸟

菜鸟网络科技有限公司是2013年5月28日,阿里巴巴集团、银泰集团联合复星集团、富春集团、顺丰集团、"三通一达"(申通、圆通、中通、韵达),以及相关金融机构共同合作组建的中国智能物流骨干网(CSN)。

菜鸟物流网

"菜鸟",小名字,大志向,其目标是通过5~8年的努力打造一个开放的社会化物流大平台,在全国任意一个地区都可以做到24小时送达。2016年3月14日,阿里巴巴旗下大数据物流平台公司菜鸟网络宣布已经完成首轮融资,融资额超百亿元,估值近500亿元人民币。

菜鸟的愿景是建设一个数据驱动、社会化协同的物流及供应链平台。它是基于互联网思考、互联网技术、对未来判断而建立的创新型互联网科技企业。它致力于提供物流企业、电商企业无法实现,但是未来社会化物流体系必需的服务,即在现有物流业态的基础上,建立一个开放、共享、社会化的物流基础设施平台,未来可实现中国范围内24小时内送货必达、全球范围内72小时送货必达。

截止到2015年11月,菜鸟网络通过接入快递公司、仓配服务商、日日顺、苏宁物流、落地配公司等,实现了中国超过70%的快递包裹、数千家国内外物流、仓储公司以及170

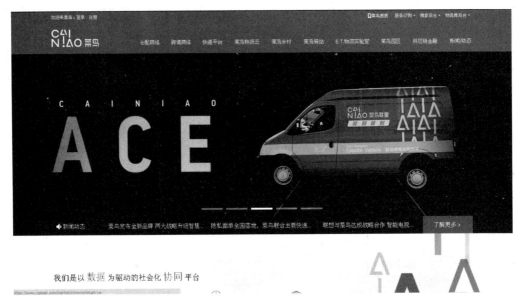

菜鸟物流网首页

万物流及配送人员都在菜鸟数据平台上运转。

秉承和发扬开放、透明的互联网文化,菜鸟网络将通过开放的平台,与合作伙伴建立共赢体系,服务整个电商生态圈内的所有企业,支持物流行业向高附加值领域发展和升级,最终促使建立社会化资源高效协同机制,提升中国社会化物流服务品质。

2. 特点

自成立以来,菜鸟网络以数据为核心,通过社会化协同,打通了覆盖跨境、快递、仓配、农村、末端配送的全网物流链

菜鸟物流标志

路,提供了大数据联通、数据赋能、数据基础产品等。菜鸟网络还打通跨境、仓库、配送链条,将不同服务商串接在一起,为商家提供了仓配一体解决方案、跨境无忧物流解决方案等服务,商家可以专心进行营销,仓储物流解决方案只需交给菜鸟即可。

菜鸟网络专注打造的中国智能物流骨干网将通过自建、共建、合作、改造等多种模式,在全国范围内形成一套开放的社会化仓储设施网络。同时利用先进的互联网技术,建立开放、透明、共享的数据应用平台,为电子商务企业、物流公司、仓储企业、第三方物流服务商、供应链服务商等各类企业提供优质服务,支持物流行业向高附加值领域发展和升级。最终促使建立社会化资源高效协同机制,提升中国社会化物流服务品质。菜鸟通过打造智能物流骨干网,对生产流通的数据进行整合运作,实现信息的高速流转,而生产资料、货物则尽量减少流动,以提升效率。有人认为这种运作模式将颠覆传统物流模式。

3. 评点

"菜鸟"的诞生实质上就是淘宝大物流计划,不过这次是阿里借助第三方物流的路子来实现,因此阿里或者说马云并未放弃过物流,同时阿里巴巴也在和发宝网进行密切接触,不排除阿里收购发宝网或者双方达成战略合作共同打造智能物流,马云再次搅动电商物流,将引发新一轮电商物流竞赛。

7.2 电子商务物流配送方案选择

7.2.1 电子商务物流配送的含义

电子商务物流配送是指物流配送企业采用网络化的计算机技术和现代化的硬件设备、软件系统及先进的管理手段，针对社会需求，严格地、守信用地按用户的订货要求，进行一系列分类、编码、整理、配货等理货工作，定时、定点、定量地交给没有范围限度的各类用户，满足其对商品的需求。这种新型的物流配送模式带来了流通领域的巨大变革，越来越多的企业开始积极搭乘电子商务快车，采用电子商务物流配送模式。

7.2.2 电子商务物流配送的特征

与传统的物流配送相比，电子商务物流配送具有以下特征。

1. 虚拟性

电子商务物流配送的虚拟性来源于网络的虚拟性。通过借助现代计算机技术，配送活动已由过去的实体空间拓展到了虚拟网络空间，实体作业节点可以虚拟信息节点的形式表现出来；实体配送活动的各项职能和功能可在计算机上进行仿真模拟，通过虚拟配送，找到实体配送中存在的不合理现象，从而进行组合优化，最终实现实体配送过程达到效率最高、费用最少、距离最短、时间最少的目标。

2. 实时性

虚拟性的特性不仅有助于辅助决策，让决策者获得高效的决策信息支持，还可以实现对配送过程的实时管理。配送要素数字化、代码化之后，突破了时空制约，配送业务运营商与客户均可通过共享信息平台获取相应的配送信息，从而最大限度地减少各方之间的信息不对称，有效地缩小配送活动过程中的运作不确定性与环节间的衔接不确定性，打破以往配送途中的"失控"状态，做到全程"监控配送"。

3. 个性化

个性化配送是电子商务物流配送的重要特性之一。作为"末端运输"的配送服务，所面对的市场需求是"多品种、少批量、多批次、短周期"的，小规模的频繁配送将导致配送企业的成本增加，这就必须寻求新的利润增长点，而个性化配送正是这样一个开采不尽的"利润宝矿"。电子商务物流配送的个性化体现为"配"的个性化和"送"的个性化。"配"的个性化主要指通过配送企业在流通节点（配送中心）根据客户的指令对配送对象进行个性化流通加工，从而增加产品的附加值；"送"的个性化主要是指依据客户要求的配送习惯、喜好的配送方式等为每一位客户制定量体裁衣式的配送方案。

4. 增值性

除了传统的分拣、备货、配货、加工、包装、送货等作业以外，电子商务物流配送的功能还向上游延伸到市场调研与预测、采购及订单处理，向下延伸到物流咨询、物流方案的选择和规划、库存控制决策、物流教育与培训等附加功能，从而为客户提供具有更多增值性的物流服务。

7.2.3 电子商务物流配送的方案

1. 分析配送需求

了解配送需求是制定物流配送方案的第一步，也是制定配送方案的基础，只有在充分了解需求的基础上制定的方案才能做到切合实际。如果是自营物流，企业可以根据生产、销售情况来进行预测；如果是社会物流，则必须通过市场调查来取得客户配送的具体数据；配送方案要根据产品的特性、销售的渠道和需求来制定不同配送方案。

2. 拟定配送计划

（1）拟定配送计划应考虑的因素。
- 配送的对象（客户）
- 配送的货物种类
- 货品的配送数量或库存量
- 物理渠道
- 物理的服务水平
- 物流的交货时间
- 配送货物的价值

（2）拟定配送计划的主要依据。
- 客户订单
- 客户分布、运输路线、距离
- 配送的各种货物的体积、形状、重量、性能、运输要求
- 运输、装卸条件

（3）货物的配送数量或库存量。
- 配送中心的出货数量
- 配送中心的库存量
- 配送中心的库存周期

（4）配送计划的主要内容。

第三方物流配送计划一般常见为：
- 专线配送，从指定的仓库/地方运输到指定的仓库/地方。主要注意细节：订单（品名、规格、数量等）——配货（配送要求）——运输（安全）——验收（品名、规格、数量等）。
- 销售配送、零担配送都可以叫终端配送，主要是由仓库到门店销售或者是快递行业门到门的配送。在这个过程中，主要细节：订单——拣货（按区域）——分货（按路线）——核对（与订单）——配送（安全）——签收（订单收货人）。

如果属于其他的特殊物资配送，可单独制作配送方案。

7.2.4 电子商务物流配送的优势

相对于传统的物流配送模式而言，电子商务物流配送模式具有以下优势。

1. 高效配送

在传统的物流配送企业内，为了实现对众多客户大量资源的合理配送，需要大面积的仓库来用于存货，并且由于空间较少，存货的数量和种类受到了很大的限制。而在电子商务系

统中，配送体系的信息化集成可以使虚拟企业将散置在各地分属不同所有者的仓库通过网络系统连接起来，使之成为"集成仓库"，在统一调配和协调管理之下，服务半径和货物集散空间都放大了。这种情况下，货物配置的速度、规模和效率都大大提高，使得货物的高效配送得以实现。

2. 实时控制

传统的物流配送过程是由多个业务流程组成的，各个业务流程之间依靠人来衔接和协调，这就难免受到人为因素的影响，问题的发现和故障的处理都会存在时滞现象。而电子商务物流配送模式借助网络系统可以实现配送过程的实时监控和实时决策，配送信息的处理、货物流转的状态、问题环节的查找、指令下达的速度等都是传统的物流配送无法比拟的，配送系统的自动化程序化处理、配送过程的动态化控制、指令的瞬间到达都使得配送的实时控制得以实现。

3. 简化

传统物流配送的整个环节由于涉及主体的众多及关系处理的人工化，极为烦琐。而在电子商务物流配送模式下，物流配送中心可以使这些过程借助网络实现简单化和智能化。比如，计算机系统管理可以使整个物流配送管理过程变得简单和易于操作；网络平台上的营业推广可以使用户购物和交易过程变得效率更高，费用更低；物流信息的易得性和有效传播使得用户找寻和决策的速度加快、过程简化。很多过去需要较多人工处理、耗费较多时间的活动都因为网络系统的智能化而得以简化，这种简化使得物流配送工作的效率大大提高。

7.2.5 案例一：沃尔玛蔬菜物流配送模式的优化

沃尔玛蔬菜物流配送模式优化

1. 优化超市蔬菜配送模式，迫在眉睫

目前我国蔬菜交易有两个主渠道：一是基于传统推式经营体系、以批发市场为主销售窗口的物流系统；二是近年来出现的基于拉式经营体系，即以蔬菜流通企业为主体，通过连锁店、超市及直接面向消费者配送的物流系统。连锁店及超市的蔬菜供应，也将直接影响消费者得到蔬菜的质量。因此，优化超市蔬菜配送模式迫在眉睫。

沃尔玛网

许多去沃尔玛超市购物的人都会有一个意识，在沃尔玛超市里的有些蔬菜的新鲜程度还不如菜市场。这是什么原因造成的呢？要保证蔬菜的新鲜程度，最主要的就是减少运输时间和运输中造成的货损。以沃尔玛为例，其蔬菜流通以毛菜为主，每100吨蔬菜可产生20吨垃圾，无效物流成本很高。蔬菜在物流环节上的损失率为25%～30%，蔬菜流通还处在时间较长、消耗较大、效率较低的层次上。本文就从沃尔玛的经营模式、配送环节等角度出发，分析现状、解决问题。

2. 蔬菜物流配送的含义及特点

（1）蔬菜物流配送的含义。

蔬菜物流是指蔬菜从生产地到消费地整个过程中的实体流动，包括蔬菜生产、收购、运输、储存、装卸、搬运、包装、配送、流通加工、分销、信息活动等环节，并且在这一过程

沃尔玛网首页

中实现蔬菜的价值增值和组织目标。蔬菜因具有水分大、易腐烂等特点，使蔬菜物流同一般商品相比有其自身的特点，如保鲜要求高、注重时效、产品破损率高、物流成本所占比重较大、管理更复杂等。蔬菜产业在我国农业结构中占据着重要部分，其发展水平的高低已成为影响我国农村经济发展的重要问题。但是由于历史、技术等原因我国的蔬菜产业发展水平整体较低，在流通中存在着巨大的损失和浪费，严重影响了产业的健康发展。

（2）蔬菜物流的特点。

变价快：蔬菜的进货价格随时间的变动而变动，也随市场需求的变动而变动。同时生产商或零售商的促销频繁也引起经常变价。

订单频繁：连锁零售的店铺多，订单频率高且有时间要求。

需要拆零：配送中心需要按照店铺的补货单进行拆零、分拣。

保质期短：消费品通常有不同保质期，需要有针对性的保质期管理。蔬菜易于腐烂，保质期短。

3. 沃尔玛蔬菜物流配送发展现状及存在的问题

（1）缺乏与供应链上各利益主体的战略联盟。

生鲜农产品属于生活必需品，需求弹性小，配送频率高。沃尔玛连锁超市生鲜蔬菜物流链的畅通，很大程度上取决于和供应商的关系。超市与供应商维持良好的厂商关系是供应链顺畅的重要保证。一些超市在刚开张需要货品的时候争夺供应商，后来再压榨供应商，随意扣押、挪用、拖欠供应商货款等问题频发，造成不良影响。除此之外，作为核心企业，超市更应该注重在供应链下游市场营销观念的运用，用现代化管理分析手段不断关注、分析和挖掘消费者及其消费行为，并与自身的经营创意相结合，把生产者推动的生鲜农产品供应链向顾客需求拉动的生鲜农产品供应链转移，通过整合供应链上各个环节的资源，来指导超市生鲜的采购、销售服务和整体经营工作。

（2）物流配送中心功能不健全。

由于我国许多的连锁企业的配送中心是在原来的商品仓库、物流仓库、运输公司、批发站的基础上改造的，所以功能不健全，仅限于原有的存储、保管、运输，有的连基本的分拣设备都没有，管理和配送效率极低，并且缺乏对商品的深加工能力，限制了配送商品的规格种类。所以分店对于一些鲜活易腐货物不愿统一配送，而是直接送货上门，这就造成了统一配送率低。在我国一些设有配送中心的连锁超市，统一配送的比例只有30%~60%，显然违背了连锁经营的要求，使得连锁经营"质优价廉"的这一商业竞争"卖点"因配送中心功能不足而备受打击。

（3）物流配送信息化程度低。

在我国，不少配送中心运作和管理还以表章、账簿为主，整个作业过程都是手工管理，有关信息不能及时反映出来，容易出现账货不符、商品货位不清、发错货以及缺货率高等现象。这与物流信息系统和配送技术设备的现代化程度低有关。另外，在配送中心的运作中，由于管理人员观念老化，对先进的物流技术缺乏了解，也无法根据零售企业的营运变化对配送中心的流程及技术进行调整，缺乏对操作人员进行应有的培训，造成运作效率低下，错误率高，从而使物流配送拖了店铺的后腿。

这些都严重地制约着蔬菜的配送效率，不能保证消费者收到新鲜的蔬菜，降低了客户的满意度。

4. 沃尔玛蔬菜物流配送的优化

针对上述对沃尔玛蔬菜物流配送现状的研究，发现其存在一些问题，并提出了相应的解决方案。

（1）规范农产品供应链上各主体间的利益机制。

农户—农产品经销商（农产品批发市场）—生鲜蔬菜加工配送中心—超市—消费者以及农产品采购基地—生鲜蔬菜加工配送中心—超市—消费者这两种流通环节，是目前以连锁超市企业主导的生鲜蔬菜农产品物流模式，各主体位于农产品供应链的不同节点，存在相互依存的有机联系。因此需要通过培育市场流通中介组织，把分散的农户连接起来，可以解决小生产与大市场的矛盾，增强农民抵御自然风险和市场风险的能力，推进农业的规模化和产销的衔接。

例如，用"公司+合作社"模式代替"公司+农户"模式，这样可以提高农民的谈判地位和农民进入市场的组织化程度，"公司+合作社"模式的具体运作形式是多样的，可以企业牵头创办合作社，也可以合作社主动同企业挂钩，签订长期合同或让企业向合作社入股，联结成一体化的战略联盟。"公司+农户（公司）+保险"模式不失为另一种使联盟体间减少不确定性，降低各主体经济运行成本的物流模式，由国家参股，吸引保险公司加盟，给"公司+农户（公司）"模式上一道农业保险，并且对公司和农户区别对待，公司主要从事农副产品的加工，附加值较大，适合商业保险的形式，对从事种植业的农户适合采取政策性的保险形式，国家应给予适当补贴。

（2）加强物流配送中心建设。

生鲜蔬菜加工配送中心可以通过提高配送水平来降低整个系统的物流成本，实现规模化配送和销售利润的最大化。生鲜蔬菜为达到保鲜的目的，要求快速进入消费环节，流通中的环节越少越好，但农产品生产和消费上的分散性又使生鲜蔬菜在流通中不可避免地要进行一次或多次集散。承载这些集散功能的生鲜供应链管理所追求的经营目标并不是流通链条的增多和拉长，而是追求生鲜农产品的品种、质量、数量与价格最大限度地适应于市场和消费者的需求。基于这样的考虑，连锁超市生鲜蔬菜加工配送中心向生产基地或产地批发市场集中采购生鲜蔬菜，减少中间环节，建立直接、有效的流通渠道。

（3）物流配送新技术的应用。

①引进、开发先进的物流装卸、清洗、包装机械。引进先进的装卸机械，实现物流系统中装卸机械化；研制适用于叶菜类、瓜菜类分级包装的传送装置，降低劳动强度；增加农村就业机会；减少运输成本；减少城市垃圾。

②建设与电子商务相结合的生鲜果蔬物流信息平台。通过建立超市外部物流信息平台，利用互联网把产地生产者、供货商、配送中心、超市联系起来，共享商品的销售、库存信息，在电子订货、商品验收、退货、促销、变价、结算、付款等环节提供协同支持，实现供需数据的及时共享，提高企业竞争力。

建立从产地生产过程到终端销售全程无公害质量保障系统。通过实施优质优价，确保无公害蔬菜栽培技术规程的落实，确保采前无公害化。通过对清洗、包装、储存、运输、销售过程中所用设施、设备、环境卫生和安全的监管，配合动态监测，确保蔬菜产品符合无公害标准。

5. 评点

通过对沃尔玛物流配蔬菜物流配送体系的研究，了解了蔬菜物流应具有的特性与其他一般商品的区别。我们在进行物流系统的设计时，要根据不同商品的不同种类、不同特征，制定不同的配送方案，保证配送的时效性和商品的质量，也就是根据实际情况，开展符合客观条件的配送方式以及建立现代化的配送中心是未来正确的方向。而作为其核心技术的物流配送，在连锁企业中的地位与作用将会日益被人们重视，随着人们对物流配送理论研究的深入，新设备新技术的运用，企业管理水平的提高，连锁企业的物流配送系统必然会改变现在相对落后的局面，成为不断提高连锁企业效率与效益的巨大推动力量。

7.2.6　案例二：7-ELEVEN 便利店的物流配送案例

7-ELEVEN 的物流配送

1. 公司简介

每一个成功的零售企业背后都有一个完善的配送系统支撑，在美国电影新片《火拼时速Ⅱ》（Rush Hour Ⅱ）中，唠叨鬼詹姆斯·卡特有一个绰号叫 7-11，意思是他能从早上 7 点钟起床开始一刻不停地唠叨到晚上 11 点钟睡觉。其实 7-11 这个名字来自遍布全球的便利名店 7-11。

7-ELEVEN 网

7-ELEVEN 便利店（商标中的标记方式为：7-ELEVEN）品牌原属美国南方公司，2005 年成为日本公司。Seven & I Holdings 公司是 Seven-Eleven Japan 公司、Ito-Yokado 公司、Dennys Japan 公司在 2005 年 9 月合并成立的新公司。1927 年在美

国德克萨斯州创立,7-ELEVEN 的名称则源于 1946 年,借以标榜该商店营业时间由上午 7 时至晚上 11 时,后由日本零售业经营者伊藤洋华堂于 1974 年引入日本,从 1975 年开始变更为 24 小时全天候营业。发展至今,店铺遍布中国、美国、日本、新加坡、马来西亚、菲律宾、泰国等国家和地区。

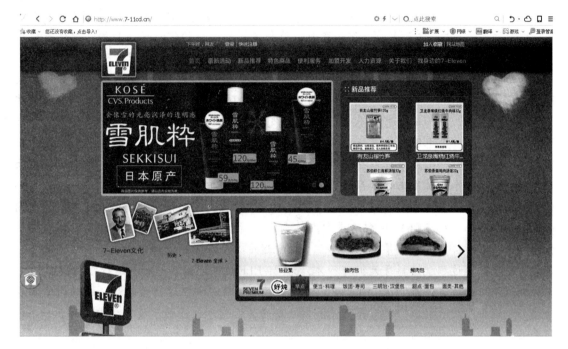

7-ELEVEN 网首页

2. 高效的物流配送管理

(1) 高效的配送管理系统。

一家成功的便利店背后一定有一个高效的物流配送系统,7-ELEVEN 从一开始采用的就是在特定区域高密度集中开店的策略,在物流管理上也采用集中的物流配送方案,这一方案每年能为其节约相当于商品原价 10% 的费用。

一间普通的 7-ELEVEN 连锁店一般只有 100~200 平方米,却要提供两三千种食品,不同的食品有可能来自不同的供应商,运送和保存的要求也各有不同,每一种食品又不能短缺或过剩,还要根据顾客的不同需要随时调整货物的品种,这给连锁店的物流配送提出了很高的要求。一家便利店的成功,很大程度上取决于配送系统的成功。

(2) 物流管理模式的变革。

7-ELEVEN 的物流管理模式先后经历了三个阶段三种方式的变革。

第一阶段:批发商进行物流配送。起初,7-ELEVEN 并没有自己的配送中心,它的货物配送是由批发商来完成的。早期的供应商都有自己特定的批发商,而且每个批发商一般都只代理一家生产商,这个批发商就是联系 7-ELEVEN 和其供应商间的纽带,也是 7-ELEVEN 和供应商间传递货物、信息和资金的通道。供应商把自己的产品交给批发商以后,对产品的销售就不再过问,所有的配送和销售都会由批发商来完成。对于 7-ELEVEN 而言,批发商就相当于自己的配送中心,它所要做的就是把供应商生产的产品迅速有效地运送到便利店。为了自身的发展,批发商需要最大限度地扩大自己的经营,尽力向更多的便利店送货,并且对整个配送和订货系统做出规划,以满足7-ELEVEN的需要。

第二阶段:集约化的配送管理。渐渐地,这种分散化的由各个批发商分别送货的方式无法满足规模日渐扩大的7-ELEVEN便利店的需要,7-ELEVEN开始和批发商及合作生产商构建统一的集约化的配送和进货系统。在这种系统下,7-ELEVEN改变了以往由多家批发商分别向各个便利点送货的方式,改由一家在一定区域内的特定批发商统一管理该区域内的同类供应商,然后向7-ELEVEN统一配货,这种方式称为集约化配送。集约化配送有效地降低了批发商的数量,减少了配送环节,为7-ELEVEN节省了物流费用。

第三阶段:建立共同配送中心。配送中心的好处是有特定批发商(又称为窗口批发商),与其让别人掌控自己的经脉,不如自己把自己的脉。7-ELEVEN的物流共同配送系统就这样浮出水面,共同配送中心代替了特定批发商,分别在不同的区域统一集货、统一配送。配送中心有一个电脑网络配送系统,分别与供应商及7-ELEVEN店铺相连。为了保证不断货,配送中心一般会根据以往的经验保留4天左右的库存,同时,中心的电脑系统每天都会定期收到各个店铺发来的库存报告和要货报告,配送中心把这些报告集中分析,最后形成一张张向不同供应商发出的订单,由电脑网络传给供应商,而供应商则会在预定时间之内向中心派送货物。7-ELEVEN配送中心在收到所有货物后,对各个店铺所需要的货物分别打包,等待发送。第二天一早,派送车就会从配送中心鱼贯而出,择路向自己区域内的店铺送货。整个配送过程就这样每天循环往复,为7-ELEVEN连锁店的顺利运行修石铺路。

配送中心的优点还在于7-ELEVEN从批发商手上夺回了配送的主动权,能随时掌握在途商品、库存货物等数据,对财务信息和供应商的其他信息也能握于股掌之中。对于一个零售企业来说,这些数据都是至关重要的。

有了自己的配送中心,7-ELEVEN就能和供应商谈价格了。7-ELEVEN和供应商之间定期会有一次订价谈判,以确定未来一定时间内大部分商品的价格,其中包括供应商的运费和其他费用。一旦确定价格,7-ELEVEN就省下了每次和供应商讨价还价这一环节,少了口舌之争,多了平稳运行,为自己节省了时间和费用。

3.7-ELEVEN的物流配送发展之路

配送随着店铺的扩大和商品的增多而细化。7-ELEVEN的物流配送越来越复杂,配送时间和配送种类的细分势在必行。以我国台湾地区的7-ELEVEN为例,全省的物流配送就细分为出版物、常温食品、低温食品和生鲜食品四个类别的配送,各区域的配送中心需要根据不同商品的特征和需求量每天做出不同频率的配送,以确保食品的新鲜度,以此来吸引更多的顾客。新鲜、即时、便利和不缺货是7-ELEVEN配送管理的最大特点,也是各家7-ELEVEN店铺的最大卖点。

日本7-ELEVEN也是根据食品的保存温度来建立配送体系的。日本7-ELEVEN对食品的分类是:冷冻型(零下20摄氏度),如冰淇淋等;微冷型(5摄氏度),如牛奶、生菜等;恒温型,如罐头、饮料等;暖温型(20摄氏度),如面包、饭食等。不同类型的食品采用不同的方法和设备配送,如各种保温车和冷藏车。由于冷藏车在上下货时经常开关门,容易引起车厢温度的变化和冷藏食品的变质,7-ELEVEN还专门用一种两仓式货运车来解决这个问题,一个仓中温度的变化不会影响到另一个仓,需冷藏的食品就始终能在需要的低温下配送了。

除了配送设备,不同食品对配送时间和频率也会有不同要求。对于有特殊要求的食品如冰淇淋，7-ELEVEN会绕过配送中心，由配送车早中晚三次直接从生产商门口拉到各个店铺。对于一般的商品，7-ELEVEN实行的是一日三次的配送制度，早上3点到7点配送前一天晚上生产的一般食品，早上8点到11点配送前一天晚上生产的特殊食品，如牛奶、新鲜蔬菜等，下午3点到6点配送当天上午生产的食品，这样一日三次的配送频率在保证了商店不缺货的同时，也保证了食品的新鲜度。为了确保各店铺供货万无一失，配送中心还有一个特别配送制度来和一日三次的配送相搭配。每个店铺都会随时碰到一些特殊情况造成缺货，这时只能向配送中心打电话告急，配送中心则会用安全库存对店铺紧急配送，如果安全库存也已告罄，中心就转而向供应商紧急要货，并且在第一时间送到缺货的店铺手中。

4. 评点

随着生活方式的不断变化，消费者对"无须多花时间，即可在附近的便利店购买到生活必需品"的需求日益增加。为给顾客带来方便，"对应变化"将成为7-ELEVEN肩负的使命。

现在，7-ELEVEN将重新诠释便利店的"身边便捷"这一观念，推进新时代下便利店的各种革新。自主研发高品质的"便当""好炖"等现场制作的商品；大力开发点心、饮料等集团自主品牌"SEVEN PREMIUM"商品，并扩大从食品到洗涤等家庭必需品的规模，进一步提供满足顾客需求的各种服务。在国内，密切结合地域需求的同时，强力推进全球化。以海外7-ELEVEN为例，厂家共同开发的商品为主，将店铺设备材料、信息系统等共有化纳入视野，力图提高"世界的7-ELEVEN"这一品牌影响力。7-ELEVEN将把全球规模与地域特点相融合，挑战新时代下的流通业。

在中国流通现代化高度发展的过程中，消费者的生活需求也在发生着巨大变化。流通改变生活，7-ELEVEN将在不断为顾客提供便利化服务的同时，力争引领潮流，对应变化，为社会做出贡献。

7.2.7 案例三：联想物流管理模式案例

联想物流管理模式

1984年11月1日，联想集团公司的前身——中国科学院计算所公司正式创立，中科院"一院两制"正式实施，计算所曾茂朝所长提出"两个拳头出击"的口号。

联想中国网

1. 从"提篮小卖"到"一叶小舟"

(1)"提篮小卖"。

公司刚成立时，除了20万元的投资、20平方米的房子、11个人之外，几乎是一无所有。11个人挤在两间原是传达室的平房里，没有招牌，没有门市部，也无须门市部，因为他们事实上也没有产品可供销售。

由于缺乏资本，他们想到了政治经济学的术语——资本原始积累，他们积累资本的办法是，为人家维修机器、讲课，帮人家攻克技术难题，做销售维修代理等。

几个月过去了，他们居然赚了70万元人民币和6万美元，他们笑了。这是他们资本积累的第一大战果。通常的原始积累是疯狂榨取别人，而他们这些书生则是疯狂地榨取自己。这70万元为他们开发拳头产品提供了必要的资金。后来，柳传志把创业初期的这一段拼搏

联想中国网首页

形象地戏称为"提篮小卖"。

(2) "一叶小舟"。

联想自成立起,始终坚持一个宗旨:"以科研成果为国民经济做贡献"。当时,我国进口了几十万台 PC 微型机。由于文字障碍和懂得计算机科学的人员有限,大批微机闲置或只顶一台打字机用,原因在于计算机"汉化"这个国际难题上。公司领导敏锐地看到微机汉化与各项事业的紧密关系,只要能使计算机网络彻底汉化,就能赢得用户,打开市场,为社会做出贡献。于是,他们五六个人挤在一间小房子里,废寝忘食,通宵达旦地干起来。1985年 11 月,"联想式汉卡"正式通过了中国科学院的鉴定。国外学者认为,"中科院计算所的汉字信息处理技术居世界首位",是"对中文发展的一大贡献"。联想集团公司最先由开发联想汉卡开始,公司也由此得名。

经过几年的奋斗,联想已开发出 156 项计算技术实用产品,有明显经济效益的 27 项,公司自制产品和二次开发的产品占总营业额的 80% 以上。公司开发生产的高技术产品应用于各行各业,全国各地,有些还远销国际市场。同时,公司的资产、人员、营业额、税利等也在迅速增长。但是,公司总裁柳传志却认为,联想"还只是一叶飘零小舟,经不起大风大浪的冲击"。他明确提出:"争取在几年内创办成全国第一流的外向型计算机企业,为国民经济做出更多的贡献。"为实现这一战略目标,1988 年公司便制定并实施了一个海外发展战略。探索进军海外市场的途径。

2. 进军海外市场

创建外向型高科技企业是联想的目标。为实现这个战略目标,联想制定了一个海外发展战略。这个战略主要包括"三部曲"和"三个发展策略"。

(1) 三部曲。

①在海外建立一家贸易公司,进入国际流通领域,目的是了解海外市场行情,摸索商业

规律，积累资金，特别是寻找开发外向型产品的突破口。1998年4月，联想电脑有限公司在香港成立，开业时仅投资90万港币，3个月就收回全部投资，第一年营业额高达1.2亿港币。

②建立一个有研究开发中心、有生产基地、有国际经销网点的跨国集团公司。这是整个外向型事业的重心，是关键的一步。1989年11月14日，北京联想计算机集团公司正式宣告成立，是实现这一步的重要标志。

③在海外股票市场上市，形成规模经济，努力跻身于发达国家计算机产业之中，这三部曲于1993年实现。

（2）三个发展策略（海外发展战略）

"瞎子背瘸子"的产业发展策略。所谓"瞎子背瘸子"，即取其优势互补之意。香港联想公司是由3家各有优势的公司合资而成，其中，香港导远公司熟悉当地和欧美市场，有长期海外贸易经验。另一家中国技术转让公司能提供可行的法律保证和紧实的贷款来源。北京联想公司的技术和人才实力在香港无与伦比。在海内外产业结构上，联想也运用了互补原理。香港是国际贸易窗口，信息灵敏，渠道畅通，适合于搞开发和贸易，而生产基地则需要建在内地，香港地皮、劳动力昂贵，同时香港移民倾向严重，缺少高技术人才。基于这种情况，公司决定派一批高技术人员在香港成立研究开发中心，而把生产基地主要放在国内。

"田忌赛马"的研究开发策略。战国时代，齐国的田忌与齐威王赛马，以下马对上马、上马对中马、中马对下马，最后三局两胜。现在联想的做法是，摸准市场需求，选准突破点，集中优势兵力，断其一指。当时286微机在欧美有极其广阔的市场，而充斥这个市场的主要是我国台湾和韩国产品，联想微机可以与其较量。从技术上说，在国际市场上286属于"中马""下马"的范围，联想决定拿出"上马"来对阵。于是公司投入较为充裕的资金，调动一流技术人才，在认真分析了国际上各种类型的286之后，运用先进的设计思想，选用国际通用的、集成度最高的、最新生产的元器件，使设计出来的机器成为上乘产品，性能远远优于我国台湾、香港地区及韩国的产品。

"汾酒与二锅头酒"的产品经营策略。公司领导几次去欧美计算机展览会，几乎没有看到中国的产品。由此他们认识到，要想跻身国际市场就必须优质低价。由于公司技术和人才实力强，国内劳动力便宜，生产成本低，完全可以做到这一点。联想286可以说达到了"汾酒"的质量，但卖的是"二锅头"的价格。这使联想产品挤进了国际市场。

经过几年进军海外市场的实践，联想亲身体验到开创海外事业的艰难。海外产品更新换代的突发性，海外用户对产品要求的苛刻程度，价格竞争之激烈，企业间倾轧之残酷，等等，都远远超出国内科技人员的想象力。海外计算机市场之战，说到底是技术的较量、智慧的较量、意志的较量，真正的"刺刀见红"的拼杀。联想研制286微机几乎投进去一半家产，整个过程也是几起几落。经过几个回合的较量，总算初步站稳了脚跟。但是，以柳传志为首的公司决策层清醒地知道，海外市场就像是一片汪洋大海，随时都会掀起惊涛骇浪。在这样的汪洋大海中，企业之"船"要想稳稳当当地到达胜利的彼岸，依靠短桨轻划的飘零"小舟"是绝对不行的，必须铸造能抗惊涛骇浪的"大船"。

3. "大船结构"管理模式

联想的决策者认识到，没有一支组织严密、战斗力很强的队伍，企业就成不了气候，也就无从谈起进军海外市场。在这样的背景下，他们提出了"大船结构"管理模式，使之产生"1+1>2"的总体效益。

（1）"大船结构"。

这种模式的主要特点是"集中指挥，分工协作"，具体包括四层意思。

集中指挥，统一协调。公司以开发、生产、经营三大系统为主体，围绕这三大主体，公司设置了一个决策系统、一个供货渠道、一个财务部门，人员统一调动，资金统一管理。根据市场竞争规律，企业内部实行目标管理和指令性工作方式，统一思想，统一号令，接近于半军事化管理。

"船舱"式管理，实行经济承包合同制。1988年起，公司按工作性质划分了各专业部，比如业务部下设汉卡、微机、网络、小型机、CAD工控、软件、资料等专业部，实行"船舱式"管理，任务明确，流水作业，有利于提高工作质量和效率，有利于实现按劳分配，调动职工的积极性，体现企业主人翁地位。

逐步实现制度化管理。从1998年起，公司开始完善各种企业管理制度。比如，财务制度、职工培训制度、干部聘任制度、库房管理制度等，着力进行规范化企业管理，为创建大规模外向型企业做准备。实行制度管理，使各"船舱"衔接起来，既要提高各自的工作效率，又要注重整体目标和利益，制度化管理使企业不但有了强大的动力机制，同时也建立起一套企业约束机制，以保证企业高速正常运转。

实行集体领导，董事会下设总经理（总裁）室。总经理室四名成员，两个在香港，两个在国内，实行海内外统一指挥。公司高度重视领导班子的团结和带头作用。由于领导班子成员有共同的理想、共同的思想基础，又配合默契，使总经理一班人成为公司的坚强核心，在职工面前具有很强的号召力，并保证了企业决策的正确性，避免在竞争中产生失误和失利。

（2）"大船文化"。

"大船文化"是联想在改革开放的历史条件下，在创建新兴科技企业的过程中提炼升华而成的。

灌输全新的价值观。一是提出"讲功劳不讲苦劳"的价值观，即对科技人员的评价不是以学历、资历和成果鉴定会评价为依据，而是以实际贡献为依据，要求科技人员发挥实际作用，创造经济效益；二是提倡"研究员站柜台"，要求开发人员跟踪市场、完善产品，直到产生效益；三是要求开发人员强化市场观念、用户观念、时间观念、效益观念。另外，公司对职工的要求是德才兼备，综合评价，既忠诚又精明。公司任人唯贤，量才用人，亲仇不避，不计较个人恩怨。

树立事业上的共同理想。"创办计算机企业，跻身国际市场"，是联想人的共同理想。共同的理想、宏伟的目标，是联想集团凝聚力的根源所在。

铸造集团公司的整体意识。"同舟共济""协同作战"、全局意识、合作意识等，是联想集团的主导思想。公司极力反对内部分裂，反对小山头、小摊贩、小作坊和部门所有，倡导透明的人际关系，强调内部凝聚力，引发向心力，视团结如生命。

塑造高科技企业的社会形象。联想集团把产品质量、公司信誉和售后服务视为企业生存的三大基础。公司投入2/3的人力和相当大的财力用于保证产品质量和产品服务，并提出"用户是我们的皇后""信誉比金子还宝贵"，产品开发、生产、经销"全过程质量控制"等口号，并认真实施，坚决落实。

弘扬拼搏、创业的公司精神。联想集团有句著名的口号:"把5%的希望变成100%的现实"。公司制定目标、计划的时候,慎重小心,稳扎稳打。一旦目标确立,就要发扬轮番拼搏的精神,不达目的,决不罢休,公司号召大家既然上了'大船'就要断绝退路,拼命向前!"

4. 面向未来

为把联想办成一个长久的、有规模的高科技企业,最终成为具有世界级水平的高科技产业集团,联想制定了企业发展的近期、中期和远期目标。

提出这一战略的依据有四个方面:

第一方面,是国内微机市场。由于IBM、COMPAQ这些世界级的公司受WINTEL模式的限制,在主要技术性能上已无法有大的发挥。而在次要的技术性能上,联想凭借其对中国用户特殊要求的掌握和在成本、服务网络上的优势,市场优势是十分明显的。

第二个方面,是国内系统集成领域。由于中国的特殊环境,在应用软件开发和服务网络的建设方面,国内比国外公司具有优势。又由于这是个技术性很强的领域,长期做下去会使这种优势扩大和难以动摇。

第三个方面,是代理销售领域,在今后很长的时间内,外国公司的各种先进设备会源源不断地进入中国市场,代理这个行业将长期存在下去。

第四个方面,是面向国际市场开发生产销售PC机的主机板。这部分市场过去被认为是"鸡肋",美国、日本由于人工成本较高都放弃了。实际上在芯片(CPU)发展到奔腾(586)以后,主机板的频率越来越高,每个元器件都成了一个小小的发射源,设计难度加大了,对生产设备的要求提高了,毛利也大幅增加,联想集团看准了这个机会,通过控制成本提高净利,以此为保底市场,以期进入芯片研发生产领域。这部分业务是联想集团凭借研发力量进入世界市场的试点。

这四个方面的业务是联想集团实现30亿美元经营收入的最重要途径。除此之外,精明的联想人还准备了两个"伏兵",用以保证既定战略的顺利实施。一是新开发的工业项目,如CDROM、可换盘组硬磁盘、大屏幕显示器等,在海外合资建厂并销售;二是在广东惠阳建立了一个联想科技园,逐渐形成规模。这两方面被联想人笑称为"锅里的饭",和电脑、系统集成、代理分销以及板卡制造四个"碗里的饭",共同形成联想集团决胜21世纪的巨大优势。

5. 评点

联想集团创造了极为丰富、极为宝贵的成功经验,这些经验融汇在整个案例之中,概括起来,主要有以下几个方面:

(1) 能正确确定企业的宗旨和目标,并成为指导企业一切工作的指针。联想自成立起,始终坚持一个宗旨:以科研成果为国民经济做贡献。他们把"创办计算机产业,跻身国际市场"作为联想人的共同理想和目标。

(2) 善于制定并实施企业的发展战略。从1988年开始,联想就制定并实施了一个海外发展战略,并达到了预期的目标。1998年,联想又制定了一个面向未来的跨世纪发展战略和策略。

(3) 强调科研成果要产业化、商品化、效益化。他们提出"讲功劳不讲苦劳"的价值观,强调对科技人员的评价不是以学历、资历、成果鉴定会评价为依据的,而是以实际贡献为依据的。要求科技人员强化市场观念、用户观念、时间观念、效益观念,发挥积极作用,创造经济效益。

(4) 创立贸、工、技产业发展道路,建立开发、生产、销售、信息、服务五位一体的良性循环的产业结构。由于联想创立之初只有 20 万元人民币的投资,所以必须走贸、工、技的产业发展道路,这既是联想的特点,也是联想的创造。

(5) 建立"集中指挥、分工协作"的"大船模式"。联想的决策者认识到,没有一支组织严密、战斗力很强的队伍,企业就成不了气候,形不成产业,也就无从谈起进军海外市场。于是,他们实行了"大船结构"的管理模式,收到了很好的成效。

思 考 题

1. 电子商务物流含义及特点有哪些?
2. 简答电子商务物流的模式。
3. 试比较第三方物流和第四方物流的异同。
4. 简述自营物流、物流联盟与物流一体化的含义及特点。
5. 简述物流与电子商务的关系。
6. 你如何理解智慧物流?
7. 简答电子商务物流配送的含义及特征。
8. 如何制定电子商务物流配送的方案?
9. 电子商务物流配送的优势有哪些?

资料来源及参考网站

1. 电子商务物流

https://baike.baidu.com/item/电子商务物流/5221? fr = aladdin

2. 电子商务物流配送

https://zhidao.baidu.com/question/394575483165272005.html

3. 智慧物流

https://www.rrswl.com/front/wmdt/qiyegonggao/qiye_ zixun_ details? fabLeix = gonggaozx&id = 2033245

4. 日日顺大件物流官网

https://www.rrswl.com

5. 菜鸟物流

https://www.cainiao.com

6. 百度百科

https://baike.baidu.com/item/菜鸟物流/5198723? fr = aladdin

7. 菜鸟公司简介

http://www.cainiaocc.com/gsjj

8. 7 - ELEVEN

http://www.wangxiao.cn/wl/94069406135.html

9. 日本伊藤洋华堂公司所属便利店官网

http://www.7-11bj.com.cn

10. 沃尔玛蔬菜物流配送模式的优化

http://3y.uu456.com/bp_7wh3480kd69y6ym8bd0r_1.html

11. 联想物流管理模式

http://www.wangxiao.cn/wl/78807880772.html

12. 丰鸟大战

http://tech.sina.com.cn/roll/2017-06-10/doc-ifyfzhpq6415152.shtml

第 8 章

网络营销案例分析

教学目标

通过本章的学习，理解网络营销的概念；掌握网络营销的作用；掌握网络营销工具的特点和使用以及网络营销的方式；熟悉网络营销的策略；在掌握基础知识的前提下，能够对不同的营销案例进行分析，并根据不同企业的实际情况进行营销策划。

关键词汇

网络营销；网络营销的作用；网络营销方式；网络营销策略；网络促销；网络广告

知识回顾

1. 网络营销的概念

营销是企业经营和运作的一项重要内容，制定合理的营销策略是企业将自己的劳动成果转化为社会化劳动的一种努力，是企业实现其劳动价值和目的的一项十分重要的工作。营销管理专家菲利普·科特勒认为："营销是个人和集体通过创造并同别人交换产品和价值以获得其所需之物的一种社会过程。"网络和电子商务的出现彻底改变了原有市场营销理论和实务存在的基础，基础变了，环境变了，市场变了，随之而来的营销和管理模式也发生了根本的改变，于是产生了网络营销的概念。

网络营销是企业营销实践和现代通信技术、计算机技术相结合的产物，是企业以电子信息技术为基础，以计算机网络为媒介和手段而进行的各种营销活动的总称。

2. 网络营销工具和网络营销方式

开展网络营销需要一定的网络营销工具和方式，基本的网络营销工具包括企业网站、搜索引擎、电子邮件、网络实名/通用网址、即时信息、电子书、网络日志（Blog）等，了解这些基本工具及其特性，是认识网络营销的基础。网络营销方式是对网络营销工具和各种网络资源的合理应用。网络营销工具与网络营销方式是相辅相成的，只有工具而没有应用，网络营销的价值就不会自动发挥出来，离开了网络营销工具，网络营销方式也将无所依托。

网络营销作用的实现需要通过一种或多种网络营销方式，常用的网络营销方式除了搜索引擎注册之外还有关键词搜索、网络广告、交换链接、信息发布、邮件列表、许可 E-mail 营销、个性化营销、会员制营销、病毒性营销等。

按照一个企业是否拥有自己的网站，企业的网络营销方式可以分为两类：无站点网络营销和基于企业网站的网络营销。

3. 网络营销策略

网络营销是在传统营销的基础上发展起来的，因此，传统营销中的基本营销策略仍然适用于网络营销，成为网络营销中的基本策略，其主要包括产品、价格、渠道和促销。作为传统营销中的4Ps策略在网络营销中又与传统的营销存在着较大的差异。

在传统的市场营销组合策略中，产品策略是企业营销策略的一个重要组成部分，但是，随着社会生产力以及网络和信息化的发展，传统产品策略已开始变化，逐渐演变为满足消费者需求的营销策略。产品策略主要可分为实物产品策略和信息产品策略。其中包括对与产品有关的品种、规格、式样、质量、包装、特色、商标、品牌以及各种服务措施等可控因素的组合和运用。

价格策略是企业营销策略中最富有灵活性和艺术性的策略，是企业的一种非常重要的竞争手段，是企业营销组合策略中的重要组成。在进行网络营销的过程中，企业应特别重视价格策略的运用，以巩固企业在市场中的地位，增强企业的竞争能力。

营销渠道是指在某种商品和服务从生产者向消费者转移过程中，取得这种商品和服务所有权或帮助所有权机构转移的所有企业或个人。简单地说，营销渠道就是商品和服务从生产者向消费者转移过程的具体通道或路径。在网络营销活动中，也有一个怎样实现商品由推销方向购买方转移的问题，企业必须通过一定的分销策略来实现网络营销目标。

网络促销策略是指企业以各种信息传播手段刺激消费者的购买欲望，促进产品销售，来实现其营销目标的方式，其中包括对与促销有关的广告、公共关系等可控因素的组合和运用。

8.1 网络营销的作用

8.1.1 网络营销的定义

网络营销（On-line Marketing 或 E-Marketing）是随着互联网进入商业应用而产生的，尤其是万维网（www）、电子邮件（E-mail）、搜索引擎等得到广泛应用之后，网络营销的价值才越发明显。

广义来说，企业利用一切网络（包括社会网络、计算机网络、企业内部网、行业系统专线网及互联网、有线网络、无线网络、有线通信网络与移动通信网络等）进行的营销活动都可以称为网络营销。

狭义来说，凡是以国际互联网为主要营销手段，为达到一定营销目标而开展的营销活动，都称为网络营销。

网络营销，亦称作线上营销或者电子营销，指的是一种利用互联网的营销形态。互联网为营销带来了许多独特的便利，如低成本传播资讯与媒体到寰宇听众/观众手中。互联网媒体在术语上立即回响与引起回响双方面的互动性本质，皆为网络营销有别于其他营销方式的独一无二的特性。网络营销（On – line Marketing 或 E – Marketing）就是以国际互联网络为基础，利用数字化的信息和网络媒体的交互性来辅助营销目标实现的一种新型的市场营销方式。简单地说，网络营销就是以互联网为主要手段进行的，为达到一定营销目的的营销活动。

网络营销是企业整体营销战略的一个组成部分，是为实现企业总体经营目标所进行的，以互联网为基本手段营造网上经营环境的各种活动。其中可以利用多种手段，如 E – mail 营销、博客与微博营销、网络广告营销、视频营销、媒体营销、竞价推广营销、SEO 优化排名营销、大学生网络营销能力秀等。总体来讲，凡是以互联网或移动互联为主要平台开展的各种营销活动，都可称为整合网络营销。简单地说，网络营销就是以互联网为主要平台进行的，为达到一定营销目的的全面营销活动。

8.1.2 网络营销的起源

网络营销是 20 世纪 90 年代互联网媒体，以新的方式、方法和理念，通过一系列网络营销策划，制定和实施的营销活动，可以更有效地促成交易的新型营销模式。

简单地说，网络营销就是以互联网为主要手段进行，为达到一定的营销目的而进行的营销活动。随着互联网影响的进一步扩大，人们对网络营销理解的进一步加深，以及出现的越来越多的网络营销推广的成功案例，人们已经开始意识到网络营销的诸多优点并越来越多地通过网络进行营销推广。

网络营销不单单是一种营销手段，更是一种文化，信息化社会的新文化，引导媒体进入一个新的模式。

8.1.3 网络营销的作用

网络营销有传播广、信息量大等特点，而且企业在网络营销投入的成本比传统营销模式要低很多。如今是网络时代，互联网成了各种信息传播的载体。近几年网络营销方式发展渐渐成熟，消费者对网络营销也从刚开始的怀疑与不接受逐渐变成了信赖与喜爱。网络推广不仅仅是对企业形象的塑造，更是在建立企业品牌，借助互联网覆盖面广的特点，打造知名品牌。

1. 改变传统营销方式

传统营销信赖层层严密的渠道，辅助以大量人力和宣传投入来争夺市场，不仅费时费力而且成本高。在网络时代，由于国际互联网的广泛普及，商家可以利用这个世界性的网络将商务活动的范围扩大到全球。电子商务使买卖双方在网络上形成简单易行的良好界面，使供需双方远在千里之外，通过网络像面对面一样迅速完成交易，使各种网上交易以电子票据进行支付、清算与决算。企业的原材料采购、生产的组织协调和产品的广告宣传、销售，都会发生一系列变化。

2. 改变企业竞争形态

通过开展电子商务，网络上信息的公开性使得市场竞争更为公平，产业界限也将变得更为模糊，大企业不仅面临同行中小企业的竞争，同行企业也面临着其他行业企业的竞争，因此，如何顺应潮流，采取相应策略再创竞争优势，已是企业经营面临的一大挑战。电子商务为企业提供了巨大的市场潜力和全新的销售方式，企业的生产首先是为信息网络生产，然后再由网络完成商品和顾客的互动。在网络的冲击下,如果企业没有创新意识,不及时更新产品和服务,就难以在网络时代生存。

3. 改变人们传统的消费习惯

据统计,上网者中60%具有大专以上学历,全球用户年龄平均在33岁左右,这些人的消费行为往往较为独立,对商品和服务的个性化要求越来越高,他们不再满足于被动地接受企业生产、销售的产品,对商品的质量、规格、式样、造型以及包装等会不断提出自己的新的要求。随着电子商务的发展,顾客的行为、偏好也有新的变化。在电子商务条件下,每个顾客获得信息的速度和内容都比以往要快得多、多得多,因此他们求新求变的愿望也就越发强烈。随着新技术的不断产生,产品的升级换代也不断加快,从而顾客对消费品的要求也就更高。再加上今后生活节奏的加快、工作压力的增大,顾客对购物方便及乐趣的要求也将不断提高。

4. 改变市场营销环境

电子商务使顾客购买行为日趋个性化,生产者对市场机会的反应更加敏捷,生产者与顾客直接交易的可能性在增加,中介商的作用将被削弱。同时,顾客在交易中的主导权会更加突出,而生产者的市场营销战略会强调如何更方便、及时地满足顾客的特定购买欲望。

5. 改变企业营销模式

电子营销的模式就是顾客和企业的对话,企业在清楚地了解每个顾客个性化的需求后,做出相应的企业利润最大化的策略。这样,企业与顾客之间的关系是一对一的营销关系,是密不可分、牢不可破的,网络的即时交互、超越时空等特点即成为这种模式的强大技术依托。

现代社会新事物不断涌现,消费者心理在这种趋势的影响下,其消费理念已慢慢改观,使传统营销方式稳定性降低,企业开始寻找与社会同步的营销方式。消费者消费心理的改变给了其他营销方式一个发展机会,网络营销成为企业的另一种营销手段,是企业实现盈利的必经之路,网络的可视化与互动性,使企业的品牌变得更加突出,品牌意义同时得到提升。国际品牌网通过互联网为客户服务创建一个更好、更方便的平台,使企业与客户之间的互动更方便及时。国际品牌网所提供的众多网络营销方面的优质服务能有效提升企业的广告效果和业绩,迅速提升客户对企业的信赖度,直接提升企业本身的品牌影响公信力。

8.1.4 案例一:小米手机的网络营销案例

小米手机网络营销

1. 小米手机的市场发展

(1) 简述。

如果你关注手机类市场的话,你一定知道手机"黑马"——小米手机,一个创造了首日预订超过10万,两天内预订超过30万记录的国产手机。而今天,小米手机能达到这样的成绩,网络营销策略功不可没!接下来让我们了解一下小米手机的网络营销策略吧!

小米手机是小米公司研发的高性能发烧级智能手机。小米手机坚持"为发烧而生"的设计理念,将全球最顶尖的移动终端技术与元器件运用到每款新品,同时

小米官网

小米官网首页

小米手机超高的性价比也使其成为当年最值得期待的智能手机。雷军是小米的董事长兼CEO。手机ID设计全部由小米团队完成,该团队包括来自原谷歌中国工程研究院副院长林斌、原摩托罗拉北京研发中心高级总监周光平、原北京科技大学工业设计系主任刘德、原金山词霸总经理黎万强、原微软中国工程院开发总监黄江吉和原谷歌中国高级产品经理洪锋。手机生产由英华达代工,手机操作系统采用小米自主研发的MIUI操作系统。小米公司创始人雷军在谈及为何做小米手机时说,就目前发展趋势看,未来中国是移动互联网的世界。智能手机和应用会承载用户大部分需求,虽然过去的很多年,花了很多钱买手机。从诺基亚、摩托罗拉、三星到现在的iPhone,但在使用过程中都有很多诸如信号不好、大白天断线等不满意的地方。作为一个资深的手机发烧友,深知只有软硬件的高度结合才能出好的效果,才有能力提升移动互联网的用户体验,基于这个想法和理想,又有一帮有激情有梦想的创业伙伴,促成了做小米手机的原动力。

雷军在介绍小米名字的由来时,表示:小米拼音是mi,首先是Mobile Internet,小米要做移动互联网公司;其次是mission impossible,小米要完成不能完成的任务,希望用"小米"和"步枪"来征服世界;最后,希望"小米"这个亲切可爱的名字成为大家的朋友。另外,小米全新的LOGO倒过来是一个心字,少一个点,意味着让用户省一点心。

(2)状况分析。

根据"2011年上半年中国智能手机市场研究报告"得知:①近八成手机用户把智能手机作为下一部手机的购买对象。②Android操作系统以42.4%的关注度成为近年中国用户最关注的智能操作系统。③智能手机市场上超七成的用户关注的手机价位处于1 000~3 000元。

小米手机在这个时候发布,当然是十分应景的,在智能手机最受欢迎的时候推出,不论是硬件配置、操作系统还是销售价格，都是令人无可挑剔的。

小米手机与其他智能手机的硬件配置相比也处于绝对的中上等，而 CPU 更是超人一等，但它的售价却只有千元上下。

2. 网络营销方案

小米营销是当今互联网时代最成功的营销模式之一，广受营销人士的赞誉，其近乎免费的营销模式使广大营销精英望尘莫及。也许它的成功模式我们无法复制，但是从它的成功中我们可以学到很多。在这里梳理一下小米公司的营销方式，即网络营销方式。

（1）信息发布。

从小米公司内部和供应商爆料开始，到其关键信息正式公开，小米手机的神秘面纱被一点点揭开，引发了大量猜测，并迅速引爆成为网络的热门话题。小米手机的创始人——雷军凭借其自身的名声号召力，自称是乔布斯的超级粉丝，于是一场酷似苹果的小米手机发布会在中国北京召开。如此发布国产手机的企业，小米是第一个！不可否认，小米手机这招高调宣传发布会取得了众媒体与手机发烧友的关注，并且网络上到处充斥了小米手机的身影，在各大 IT 产品网站上随处可见小米手机的新闻，拆机测评、比较等。

（2）建论坛。

2011 年中期，借鉴 MIUI 论坛，手机论坛迅速建立起来。之后相续建立了几个核心的技术板块（资源下载、新手入门、小米学院），后来增加了生活方式的板块（酷玩帮、随手拍、爆米花等）。这些板块的人气为小米手机后期实施的"饥饿营销"起到了极大的宣传推广作用。

（3）病毒式营销（口碑营销）。

也许你不关注 IT 产品，可是你仍然知道了小米手机，因为你的手机控朋友们都在讨论小米手机，出于好奇心，你也开始在网上去了解小米手机，了解到小米手机的种种优越性，于是你也不由自主地当起了"病毒传播者"，小米手机通过制造各种各样的"绯闻"：小米手机的创意是"偷师"来的，小米手机的发布是模仿苹果的，许多名人要把苹果手机扔进垃圾桶改用小米手机……通过人们之间各种途径的交流中，小米手机实现了品牌的输入与推广。

（4）事件营销。

超强的配置、极低的价格、极高的性价比，小米手机凭借这些特点赚足了媒体的眼球，而雷军也以乔布斯风格召开的"向乔布斯致敬"的发布会而被媒体所八卦。就在这次的新闻发布会之后，小米手机在网络上的关注从几千上升到了 20 多万。

（5）微博营销。

小米手机在正式发布前，其团队充分发挥了社交媒体——微博的影响力。比如，在小米手机发布前，通过手机话题的小应用和微博用户互动，挖掘出小米手机包装盒"踩不坏"的卖点；产品发布后，又掀起微博送小米手机活动，以及分享图文并茂的小米手机评测等。在小米手机之前，雷军每天发微博的数量控制在两三条，但在小米手机发布前后，他不仅利用自己微博高密度宣传小米手机，还频繁参与新浪微访谈，出席腾讯微论坛、极客公园等活动。雷军的朋友们，包括过去雷军投资过的公司高管，如凡客 CEO 陈年，多玩网 CEO 李学凌，优视科技 CEO 俞永福，拉卡拉 CEO 孙陶然、乐淘网 CEO 毕胜等，纷纷出面在微博里为小米手机造势。作为 IT 界的名人，他们中的每一个人都拥有着众多粉丝，因此，微博的营销功能被小米团队运用到了极致。

(6) 饥饿营销。

前段时间,有媒体爆出小米手机硬件采购的细节,发现小米手机第一批产能只有1万台,这个消息确实让不少垂涎的米粉神经立马紧张起来,如此优秀的手机居然第一批产量只有一万台?这则消息除了让消费者神经绷紧,媒体方面也出现了诸多猜测,有的说小米实力不足,有的说小米搞饥饿营销等,虽然小米官方辟谣否定这些消息的真实性,但是这一万台的营销效果,直接引发了在网络上更广泛的讨论。对于网络营销来说,引发广泛讨论是必备的,很多朋友说推广要准备很多推广文案内容和信息,其实只要你找出几个有讨论价值的论点结合自己的产品,让用户来对你的生产内容和信息进行讨论,这样你的推广效果就会事半功倍。

3. 评点

小米手机没有做任何广告,但是凭借网络媒体,小米团体主要靠病毒式营销成功地实现了品牌的推广,让很多人认识了小米手机以及小米公司这个大家庭。同时也创造了国产手机的一个纪录,其中,网络营销手段可谓是功不可没!

谈到小米的网络营销,这里不得不提一下小米的营销团队。小米是一个新兴的互联网公司,主要借助的营销手段也是网络营销。所以在营销团队的组织上也和其他的公司大相径庭,近来,小米新媒体营销团队有近百人,小米论坛30人,微博30人,微信10人,百度、QQ空间等10人。从小米的这种组织架构上,可以清晰地看到这种网络营销战略。

黎万强在解读几大新营销渠道的配合时说:"论坛是我们用户的大本营,一些深度的用户沉淀还是会通过论坛来完成的,微博和微信上你所能够提供的方式是有限的,用数据库的管理也是一个问题。微博本身还是一个媒体,在客服的管理基础上,会有很多天然的这种营销传播的优势。在今天来看,我们更多的是把微信当成客服工具来用,还没有想把它当成营销工具,因为它本身是私密圈子。"不管怎样,小米营销给我们带来的启示应该是多于惊讶。

8.1.5 案例二:可口可乐公司的网络营销案例

可口可乐公司

1. 电子商务现状

电子商务目前在我国处于起步阶段,业内人士觉得很有发展前途,行外人则有可能还不知道电子商务是什么,虽然电子商务目前正在向企业靠拢,而很多企业经营者也很想了解电子商务,但在电子商务与企业互动的过程中企业经营者不知道电子商务是什么,搞不懂电子商务。实际上,电子商务市场正在慢慢壮大,因为低成本、高效益是企业选择电子商务的最大理由。随着网购成为一种潮流,电子商务在企业的应用也

可口可乐网

会成为商业界的趋势,并且还涌现了像中国制造&中国创造、中国创造网、中小企业电子商务决策支持等这些新兴的电子商务网站。创新是企业的生存之本,企业结合电子商务同步创新对企业的发展将会有大的帮助。所以电子商务在我国的发展潜力是巨大的。电子商务已经成为经济危机时相对成本较低的宣传渠道,而且毋庸置疑的是,电子商务将来一定是企业

做推广、做市场的主流方式。但是随着 B2B 网站的不断增多，大的、小的，良莠不齐，综合的行业的，分门别类，企业真的应该擦亮眼睛去选择适合自己公司的 B2B 网站。

2. 可口可乐公司的网络营销

(1) 可口可乐公司简介。

可口可乐公司成立于 1892 年，总部设在美国佐治亚州亚特兰大，是全球最大的饮料公司，拥有全球 48% 市场占有率可口可乐在 200 个国家拥有 160 种饮料品牌，包括汽水、运动饮料、乳类饮品、果汁、茶和咖啡，亦是全球最大的果汁饮料经销商（包括 Minute Maid 品牌），在美国排名第一的可口可乐为其取得超过 40% 的市场占有率，而雪碧（Sprite）则是成长最快的饮料，其他品牌包括伯克（Barq）的 root beer（沙士）、水果国度（Fruitopia）以及大浪（Surge）。

可口可乐网首页

(2) 可口可乐公司的网络营销关键。

由于快速消费品领域的竞争较耐用消费品、高价值产品市场竞争更加激烈，新产品与新品牌的涌现更加频繁，因此互联网媒体及其受众的特性使得其在快速消费品市场营销中的独特作用和价值具有巨大的吸引力和不可替代性，网络正在成为快速消费品重要的营销手段。可口可乐算是快速消费品品牌中应用网络最深、最丰富的品牌，而年轻人一直是可口可乐在市场定位和推广中重要的一个群体，这个群体也是百事可乐与可口可乐在定位上差异化的核心目标群体，因此如何利用互联网的力量影响这部分年轻群体，自然成为可口可乐网络营销的重点。

分析可口可乐的网络营销案例，会发现有以下几个特点，而这几个特点也是作为一个网络营销活动成功的关键元素。

第一，品牌的消费者属性定位清晰，并且与选择的营销媒介的受众属性高度吻合。可口可乐诸多营销活动的主要目标族群都锁定在 16~24 岁的中国年轻人，以高中生、大学生及年轻上班族为主，而这个族群不仅是当前碳酸饮料的主要消费者，也是网络的重度使用者，并且这部分群体乐于接受新鲜事物，并愿意和朋友分享他们的体验，使得互联网可以非常有效地到达他们。

第二，营销创意和活动主题引起了目标群体的心理共鸣。"新年第一瓶可口可乐，你想与谁分享？"抓住了新年开始这样的一个交界时间点，鼓励人们跨越过去，冀望未来，而将可口可乐作为一个关键词穿插起来，引发了年轻人在情感上的共鸣；在线"宴遇"飞轮海活动，则是让年轻消费者与自己喜欢的偶像互动，还可以带来体验；零度可口可乐的案例则是号召中国青年人发挥创意，展现自我，体现"没有不可能"及"中国制造"的精神，这些案例都体现了在叩击年轻消费者的心灵、激发参与上有着独特的创意。互联网作为一个时尚生活和娱乐的平台，网络营销一定要创意独特，要能够洞悉年轻消费者的心理才能引发他们的参与。

第三，在网络营销平台上的选择上，采取了注重创新和互动的优秀媒体。可口可乐的营销活动充分整合了目前国内年轻人热衷的大部分网络资源，QQ、51.com、校内这些年轻人聚集的社交型网站，Youku、Ku6这样的热点视频网站，这些网站在定位上也是以年轻人为主，因此在这些网站上的互动活动可以吸引大量年轻人的参与和互动。网络营销平台的选择以及媒介组合策略也是网络营销取得成功的关键。

第四，突破广告本身，而是强调参与、互动，传播品牌文化。很多企业在采取网络营销的时候，都想直接推动对于产品的销售，更多在强调产品本身，实际上这在互联网上是不可取的，因为互联网本身是一个文化圈，过于强调产品本身反而会让消费者失去兴趣。可口可乐的网络营销活动，就巧妙地将年轻人欢迎的网络内容进行嫁接，而不局限在单纯的产品的广告投放上，并塑造了轻松愉快的环境，来与消费者达成互动的沟通，在传递流行的、快乐的内容同时实现品牌推广的目的，可口可乐的品牌性格在整个营销过程中都表现得非常鲜明而不落俗套。

3. 评点

从以上营销案例掀开可口可乐的网络营销面纱，或许不少人想到可口可乐的网络营销，会把思维伸到那场"可口可乐在线火炬传递"，也许是更早些时候的"要爽由自己，畅享3DQQ秀"活动，其实这里提到的是上述网络活动之后的三次推广：一是新年的第一瓶"可口可乐"你想与谁分享活动；二是畅爽加倍、更添美味——在线"宴遇"飞轮海活动；三是"零度可口可乐"创意无限度活动。

当然，可口可乐的营销案例还有一些不足之处。比如对于网络营销资源的利用不够，只是选择了少量年轻人感兴趣的媒体，导致一些年轻人可能覆盖不到。另外过于强调线上，对于线下的互动活动还不够丰富，因为可乐本身是一个终端依存度比较高的产品，年轻人在网络上体验了其品牌文化以及参加了有意思的活动之后，最终还是要走进终端，而很多消费者是比较喜欢终端体验的，因此如果能和终端实现互动，比如在终端也可以通过手机等方式参与活动，甚至包括如今可以利用微博平台来进行互动，效果会更好。

根据赢道顾问快消品营销中心的观察，可口可乐在网络营销上的创新步伐仍然保持着强劲的态势。在快消品丛林中，可口可乐算得上网络传播的先行者，虽然还不至于大肆在网上卖饮料，但除此之外的网络营销手段基本上都能看到它的踪影，每年都会爆出几个较为经典的创意案例。

利用网络开展大规模的营销,在国外快速消费品市场中早已司空见惯。有关数据显示,美国 50% 以上的企业都使用了网络营销,已经构成品牌推广和产品推广的核心策略之一,但在国内,如果排除建立企业官方网站这种网络营销基础手段,那么这个比例可能不到 1%。往往榜样的力量是无穷的,正是有了先行者,才带动了大量跟随者;正是有了大品牌的创新尝试,才有了大量的成长型企业跟进。也许这样最安全,也最稳健。

8.1.6 案例三:亚马逊公司网络营销策略

亚马逊网络营销

亚马逊网站是一家财富 500 强公司,总部位于美国华盛顿。它创立于 1995 年 7 月,目前已经成为顾客涵盖 160 多个国家和地区、全球商品品种最多的网上零售商。亚马逊致力于成为全球最以顾客为中心的公司,以使人们能在网上找到与发掘任何他们想购买的商品,并力图提供最低价格。

亚马逊网

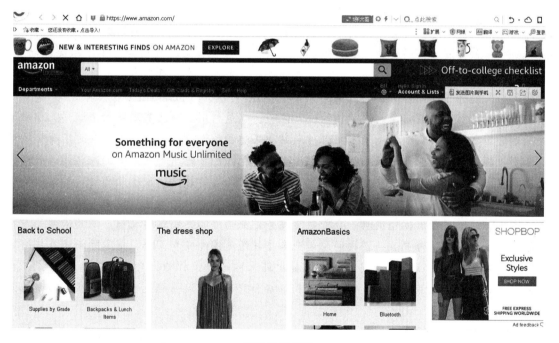

亚马逊网首页

1. 亚马逊网络经营特点分析

(1) 4P 原则分析。

亚马逊的发展有两个特点:第一个是扩张速度快而且猛;第二个是资金消耗多又快。亚马逊书店的商业活动主要表现为营销活动和服务活动。它的工作目标是以顾客体验为主,以顾客为中心,吸引顾客购买它的商品,同时树立企业良好的形象。它使用的网络营销策略如下:

①产品策略。亚马逊公司的第一个产品策略是全:全面收藏各种出版物,建立高质量、数目庞大的数目数据库。第二个产品策略是大:扩大规模和商品的多样化,使顾客在网上可以买到任何想要的东西。第三个产品策略是广:在世界各地建立营销网络。亚马逊已不再满

足于美国市场的成功,它开始向世界各地扩展。

②品牌策略。品牌是网络信息服务企业最重要的无形资产。在营销市场上,网络信息服务企业和产品的品牌将占据越来越重要的地位,具有高附加值的名牌信息产品将具有更大的优势。亚马逊书店把营业收入的大部分投入到品牌的宣传上,极力使自己的服务设计独具特色,富有魅力,吸引用户。品牌最主要的价值在于消费者对产品和服务的评价。亚马逊书店创造了读者在网上购买的参与权,为读者提供信息反馈的机会和热情的服务,为扩大影响,它允许任何网址免费与亚马逊相连,并将这种"同志站点"带来的效益以5%~15%的比例返还。这种"同志参政会"成为最好的品牌宣传方式。

③定价策略。亚马逊书店采用了折扣价格策略。以实惠的价格建立竞争力,并回馈顾客,始终是贝索斯的重要经营策略。

④促销策略。亚马逊网站根据网络的特点策划了各种促销策略。

首先,以虚为实。在亚马逊书店的主页上,除了不能直接捧到书外,这种乐趣并不会减少,精美的多媒体图片、明晰的内容简介和权威人士的书评、读者的评价都可以使上网者有身临其境的感觉。经过精心设计,亚马逊为读者提供了全方位的服务:第一,有内容丰富的书评。第二,有功能强大的搜索引擎。亚马逊具有高质量的综合书目数据库和方便的图书检索系统,不仅涉及丰富的检索入口,还在这些入口的位置和层次的设计上下了很大的功夫。具体做法是:主页空间利用、推荐中心、帮助信息、全文检索。第三,超级服务 Your Store。亚马逊公司发布了面向回头客的能够定制的在线商店"Your Store"服务。

其次,博客营销策略。网络营销的一大优势,就是利用互联网实现互动,这样既缩短了企业和顾客之间的距离,提高了上网者对网站的兴趣和关注程度,同时又能及时了解市场动态和引导消费市场。亚马逊网站注重与上网者的互动,经常邀请一些作者上网与读者展开面对面的交流,大大调动了公众参与的积极性,提高了读者的热情,使得亚马逊网站访问的流量大增。亚马逊网站先后建立了互动式小说、BBS论坛、作者博客平台作为网络营销工具。

最后,亚马逊物流促销策略。免费送货服务是亚马逊的促销策略之一。亚马逊网站在物流配送模式上选择了外包。将国内的配送业务委托给美国邮政和UPS,将国际物流委托给国际海运公司等专业物流公司。同时,在送货中还采取一种被称为"邮政注入"的方式,再由邮局向顾客送货。亚马逊制定的物流促销策略和完善的物流系统是电子商务生存与发展的命脉。

(2)经济性与便利性。

亚马逊网上书店是网络营销的典范。它最吸引人的特点是其经济性和便利性。

①经济性。

第一,成本低廉。网上开商店,其成本主要是涉及网站的建设成本,包括软件费用、硬件购置、网络使用费及网络维护费等。网上在线零售集销售、展示、广告于一身,而且不需要店铺资金、店铺装修费用、水电费、营业费用等,甚至不需要支付营业人员的工资。

第二,无须库存。亚马逊没有传统商店的实体陈列,实现了零库存运作,它是先卖后买,即接到顾客订单后,才向实体商家或生产厂家下订单,也不需要将实物质形态的商品陈列出来,因而没有普通意义上的货架,也没有货物仓库。

第三,无场地限制。网上商场可以无限大。它可以在网上容纳和展示无限多的货物,不受空间因素的限制。

第四，全天候营业。网上商店可以实现一天 24 小时、一周 7 天、一年 365 天的全天候营业。而且不存在时差的问题，顾客可以在任何时间前来购物。

第五，跨国经营。网络是无国界的，只要一连上互联网，就可面向全球市场开展经营。因此，从这种意义上讲，网上商店是国际性的，是可以跨国经营的。通过网上商店可以将其产品和服务，以最低的成本、最快的速度打入国际市场。亚马逊在全世界的客户已超过 1 000 万人。

第六，直接销售。在网上商店里，传统的中间商已经取消了，消费者也无须通过售货员，而是直接面对商品、面对生产者，超级市场式的顾客自助服务搬到网上进行。只不过是一次生产者已经可以用低廉的成本、简洁的建店程序直接向最终客户提供服务。

② 便利性。

第一，极强的选择性。亚马逊书店借网络优势，提供的书目选择可以高达 372 万种。亚马逊上网的时候，资料库的书目已达 100 万种，现增至 372 万种，并且每月还以 2.7 万种的速度增加。此外，亚马逊还在不断扩展自己的经营范围，已由书籍延伸到 CD、录像带、玩具、家庭用品、电子产品和软件等。

第二，节省时间。网上零售是 24 小时开放的，用户可以随时随地上网寻求商品和服务，而且不用等待，同时还可以利用计算机的检索功能，迅速找到自己需要的信息。物流配送的低效率往往成为网络优势充分发挥的"瓶颈"，而亚马逊则基本打通了这一"瓶颈"。它实行 24 小时全天候购物，给顾客送货的时间等于找到订购商品加上装运时间，中间没有任何滞留。一般购物者在网上下了订单以后，只要 4~8 天就可以收到所购货物。

第三，充分的信息。由于不受版面的限制，网上服务的信息数量十分丰富，企业可以为顾客提供尽可能详细的信息。亚马逊处理信息的能力令人难以置信。比如，它所累积的书评资料已超过 500 万页，亚马逊不仅是庞大的零售帝国，也是一个庞大的信息帝国。它的战略是，掌握更多关于顾客的数据，从而给每个顾客提供一种独特而又无法抗拒的选择。

第四，个性化服务。利用互联网的交互性，企业能以较低的成本给顾客提供定制服务，满足客户的个性化需求。另外，通过客户数据库分析顾客以前的购买行为，企业可以有针对性地为顾客提供咨询与建议。

第五，享受低价格。网络商业与传统商业相比，是属于规模化商业，具有高额的固定成本以及低度的可变成本的特征。目前，亚马逊已经有超过 40 万件以上的商品，包括书籍、音乐制品，以及影音光碟，可以省下高达 40% 的费用，而且，所有的精装书享有 30% 的折扣，所有的平装书也享有 20% 的优惠。

3. 评点

（1）成功的网络营销离不开信息化的大环境。实践证明，电子商务的应用与企业信息化、自动化管理有着极为密切的关系。企业只有在自身信息化发展到一定程度，才能真正利用电子商务开展网络营销等活动。亚马逊的成功就是一个有力的例证。

（2）选择良好的市场机会，不能盲目跟风。可以按照 SWOT（优势、劣势、机会、威胁）分析法，分析市场机会、预估规模、竞争情况、进入障碍、行业领先者的优势大小、物流水平、达到规模经济所需的资源、人才等。时机相对成熟时，宜早不宜迟。因为网络有"先入为主"的优势。

（3）有领先的网上品牌形象。应特别注意树立网络中的品牌意识，一旦顾客建立了自己的品牌评价，那么就会通过经常光顾喜欢的站点来加强这种感受。在提供的产品和服务类似的情况下，争夺了顾客的注意力就赢得了竞争的胜利。亚马逊具有前瞻的战略眼光，不在意眼前利益（连续亏损），投巨资扩大品牌的影响，从而使人们一提电子商务，就会想起亚马逊。

（4）拥有强有力的数据库管理和交互式多媒体技术，网络不断创新。网络技术发展迅猛，一项新的技术往往能够改观商业网站的所有方面，比如提高链接速度、美化网页页面，接纳顾客意见、保护顾客隐私等，所以关注并合理利用新技术是网站成功的保证。

（5）为消费者提供多样选择、快速送货、简易使用等良好的服务功能。B2C模式相对传统店铺的区别在于重新搭建价值链，提供更多的便利。因而，成功的电子商务网站应具备的基本内容有：无条件退货、网上商品检索、多样化的网上促销、信息服务、个性化服务、免费赠送商品目录、保留顾客的购货记录。

（6）提供特色产品与特色服务，不断创新。以批量生产的成本提供个性化商品，是网上企业的一大竞争优势。通过与顾客互动的营销服务，满足顾客个性化需求。网络需要不断创新，包括创造新的游戏规则。亚马逊最近推出一个定制网页，名为"个人商店"。用户只要一登录该网页就会受到热烈的欢迎，每位用户都可以看到网站为新产品提供的性能介绍以及基于每位不同用户推出的相关商品专栏等。"个人商店"的推出是亚马逊拓展业务范围、增加用户浏览量的又一大举措。

8.1.7 案例四：韩都衣舍网络营销案例

韩都衣舍网络营销

在天猫历年的"双十一"促销中，韩都衣舍销量都跻身前列，而且也是各电商平台销量第一的女装品牌。继渠道的多元化铺设之后，韩都衣舍正在展开多品牌覆盖全年龄段的网络布局。

韩都衣舍网

1. 韩都衣舍品牌简介

（1）品牌基本情况

韩都衣舍品牌创立于2008年，是国内知名的互联网快时尚品牌。2010年，韩都衣舍这家网店一跃成为淘宝网服饰类综合人气排名第一、会员多达200万、长江以北最大的淘宝卖家、山东电子商务的领头羊。2008年，韩都衣舍年销售额就达到170万元人民币，2011年销售额超过3亿元，预计2012年销售额达到6亿元。韩都衣舍产品的风格是韩国风格，产品的价格主要为100～200元，经营以女装、男装、童装、女鞋、女包以及配饰为主的商品，其中女装为主打产品。目标客户是18～35岁的都市时尚人群。

（2）品牌发展情况

韩都衣舍（HSTYLE），由山东韩都衣舍电子商务有限公司全资经营。韩都衣舍品牌创立于2008年，专注于互联网时尚品牌运营。2009年4月，经过了一年的探索和人员培养，韩都衣舍转型为互联网自有品牌，并开始了"基于产品小组制为核心的单品全程运营体系"这一独特商业模式的探索。2010年获得了"全国10大网货品牌""全球最佳实践网商"

韩都衣舍网

"全球网商30强"等荣誉称号。2011年入驻京东、凡客诚品、当当、麦考林等各大电子商务平台,确立了"互联网韩风快时尚"第一品牌管理的行业地位,并获得了国际知名风投IDG以及韩国KIP投资。目前,韩都衣舍基于互联网的多品牌运营已经完成基本布局:韩风快时尚女装HSTYLE、韩风OL时尚女装Soneed、韩风快时尚男装AMH、韩风快时尚童装MiniZaru、欧美风快时尚女装niBBuns、东方复古设计师品牌素缕Souline 6个子品牌可支撑未来3年的发展,另外还有3个种子品牌已经立项,为5年后的发展做准备。

2. 品牌网络推广情况分析

(1)推广思路:线上推广,多渠道宣传。做互联网营销要勇于尝鲜,敢做第一人。行业的竞争是源源不断的,企业营销不管是传统营销还是网络营销,要做到行业的领头羊,前期的市场是最好做的。任何行业发展都提倡创新,富有新意的东西也往往可以获得更多关注,企业营销也是如此,企业要懂得抓住先机,在同行业中做到创新营销第一人,先机的品牌建设可以进入用户潜在意识中。同时,对一个已有品牌的公司来说,启动电子商务相对来说容易些,对一个初始没有品牌没有市场客户的公司来说,起步要困难许多,做任何事总要从基础做起的,不可能一蹴而就,早做早受益,早起的鸟儿有虫吃。

大范围扩大品牌影响力。韩都衣舍的成功之处在于品牌的影响力。韩都衣舍如今在年轻朋友中的影响是非常大的,这和品牌创立之初的定位是远远分不开的。韩都衣舍作为典型的淘品牌,有鲜明的特色:定位于中国"互联网韩风快时尚",目标对象为18~35岁的都市时尚人群,拥有百余位专业选款师和设计师,在韩国拥有分公司,同800余家韩国时尚品牌有合作关系。强大的品牌影响力是韩都衣舍强大销售数据的有力支撑。

新颖媒体营销不可缺少。目前上网时间的碎片化、移动电商的普及,是电商碎片化越来越明显的表现。但对卖家而言,流量碎片化、消费者需求的碎片化,为站长导购网站及社会化分享网站等不同渠道提供了良好的发展机遇。做网络营销的企业可抓住新颖媒体进行营销,新媒体的普及带来了消费者行为模式和购买决策的改变,如时下的微信营销、微博营销等,都将成为各大电商网站的主要流量来源。微信是与个人信息紧密相关的软件,而新媒体的智能手机能够随时随地上网,这让微信平台相比于其他网络平台在传播方面具有显著优势。

韩都衣舍的高性价比首先在于商品本身定价的实惠,同时,韩都衣舍还用常规的折扣促销提升重复消费的黏性,拓展用户价值的广度和深度。韩都衣舍目前的常规折扣主要以两种方式进行:会员制度和舍友独享优惠。正是会员制度和舍友独享优惠,尤其是后者造就了韩都衣舍的高性价比,套牢了顾客的心,在提高销量的同时有效降低了营销策划成本,为韩都衣舍带来了重复消费的黏性。

(2) 推广工具:淘宝上的一些付费推广方式,如淘宝直通车、Cps 广告,是按照成交来计费的推广模式,由淘宝客(个人或网站)帮助淘宝卖家推广商品,买家通过推广的链接进入完成交易后,淘宝卖家支付一定比例的佣金给帮助推广的淘宝客,如百度上搜索引擎推广、论坛推广等。韩都衣舍的店铺流量来自搜索的免费流量占比为 30%,通过淘宝客、直通车和钻展等付费推广方式获得的流量占比为 30%,来自老客户的流量占比为 30%,其他等碎片化的流量占比为 10%。同时韩都衣舍也在试图和国内的广告联盟进行更广泛的合作。另外,韩都衣舍还推出专门的"韩都衣舍"手机客户端,更方便消费者随时随地进行购物体验。

(3) 广告宣传:"没空去韩国?就来韩都衣舍!"广告词朗朗上口,定位准确,告诉消费者"在韩都衣舍就可以买到你需要的所有韩国的潮流服饰,你没有必要特意跑到韩国去"。韩都衣舍的视频广告都是以一种亲民、时尚、活泼的感觉,没有大品牌给人的一种高高在上的疏离感。韩都衣舍在各大浏览器首页都有链接广告,并且会定时搞各种促销活动,在淘宝和天猫商城首页都会定期投放链接广告。另外韩都衣舍拍摄情人节微电影,以一种新颖、打动人心的方式博得消费者的好感。

3. 评点

首先,韩都衣舍是一个快时尚品牌,每天的新款达七八十种,最早从韩国 3 000 多个品牌中选取了 1 000 个适合 25~35 岁的女性品牌,作为产品更新的资源库,产品包罗万象,这一点与设计师品牌有很大差别。利用单款产品的运营模式,以单款来考虑,这一款衣服从设计到销售,全部有数据把控。这是互联网品牌可以做到的,但是线下品牌很难精准到每一款。这种运作方式保证了从设计到生产的快速、标准化操作,同时可以避免过量库存。同时韩都衣舍定位十分精准,主打韩国风,网罗"哈韩"人群。近年,随着韩剧流行,韩国明星在中国频频出镜、亮相,韩式着装被越来越多的年轻消费者认可,韩国服饰销售一直呈上涨之势。

其次,韩都衣舍从 2012 年开始涉足多品牌运营,不再局限于韩流女装品牌,这是一种非常积极的探索。韩都衣舍的潮流韩风女装运营已经非常稳定,培养了一片忠诚的消费者,在此基础上推出男装品牌、童装品牌,以及不同风格年龄段的女装品牌,有利于"韩都衣舍"品牌家族的成熟壮大。如韩都衣舍还收购了女装品牌素缕,韩都衣舍目标客户群是 18~35 岁的年轻人,消费能力相对有限,素缕的目标客户群是 35~45 岁年龄段的人,消费单价提高，这有利于全方位锁定客户群，这是战略上的高瞻远瞩。

但在营销推广上并没有特别有利的策略性活动，韩都衣舍其他品牌并没有被人们广泛认同和熟知，在网络营销上还是可以看到一些不足。如韩都衣舍有一个"韩都衣舍·无穷花开公益活动"，目的是让每一个孩子穿上干净的校服。但是该活动的相关情况只有在旗舰店里"品牌故事"中有展示，在其官方微博和博客、店铺首页都看不到。这也创造了一个很好的话题营销契机，应该把这个公益性活动的影响扩大化，可以在新浪微博的话题榜上做推广，有利于品牌口碑的宣传。

另外，韩都衣舍在新媒体营销方面做得还是不到位。应该在微博、微信、博客等新媒体平台上即时推送更新品牌信息，在着力于购物平台上推广的同时，更注重与消费者进行深度沟通。

8.2 网络营销方式的种类

8.2.1 网络营销的方式简介

网络营销的方式很多，主要包括网上调研营销、通用网址营销、网络黄页营销、搜索引擎营销、电子商务营销、电子邮件营销、论坛（BBS营销）、社区营销、分类信息营销、呼叫广告营销、资源合作营销、网络体验营销、博客营销、威客营销、电子地图营销、电子杂志营销、网络视频营销、游戏置入式营销、RSS营销、3D虚拟社区营销、网络会员制营销、手机短信营销等。

8.2.2 网络营销方式的种类

1. 搜索引擎营销

搜索引擎营销分两种：SEO与PPC。

SEO，即搜索引擎优化，是通过对网站结构（内部链接结构、网站物理结构、网站逻辑结构）、高质量的网站主题内容、丰富而有价值的相关性外部链接进行优化而使网站更适合搜索引擎的索引原则，以获得在搜索引擎上的优势排名为网站引入流量。

PPC，是指购买搜索结果页上的广告位来实现营销目的。各大搜索引擎都推出了自己的广告体系，相互之间只是形式不同而已。搜索引擎广告的优势是相关性，广告只出现在相关搜索结果或相关主题网页中，因此，搜索引擎广告比传统广告更加有效，客户转化率更高。

2. 电子邮件营销

电子邮件营销是以订阅的方式将行业及产品信息通过电子邮件的方式提供给所需要的用户，以此建立与用户之间的信任与信赖关系。

大多数公司及网站都已经利用电子邮件营销方式。毕竟邮件已经是互联网基础应用服务之一。开展邮件营销需要解决三个基本问题：向哪些用户发送电子邮件、发送什么内容的电子邮件以及如何发送这些邮件。邮件营销的优势：精准直效、个性化定制、信息丰富、全面，具备追踪分析能力。

3. 即时通信营销

即时通信营销，顾名思义，即利用互联网即时聊天工具进行推广宣传的营销方式。品牌建设、非正常方式营销也许获得了不小的流量，可用户不但没有认可你的品牌名称，甚至已经将你的品牌名称拉进了黑名单。所以，有效的开展营销策略要求我们考虑为用户提供对其个体有价值的信息。

4. 病毒式营销

病毒营销模式来自网络营销，利用了用户口碑相传的原理，是通过用户之间自发进行的、费用低的营销手段。病毒式营销并非利用病毒或流氓插件来进行推广宣传，而是通过一套合理有效的积分制度引导并刺激用户主动进行宣传，是建立在用户基础之上的营销模式。

病毒营销的前提是拥有具备一定规模的、具有同样爱好和交流平台的用户群体。病毒营销实际是一种信息传递战略，低成本，是一种概念，没有固定模式，最直接有效的方法就是许以利益。

5. 论坛营销

论坛是互联网诞生之初就存在的形式，历经多年洗礼，论坛作为一种网络平台，不仅没有消失，反而越来越焕发出巨大的活力。其实人们早就开始利用论坛进行各种各样的企业营销活动，当论坛成为新鲜媒体的论坛出现时，就有企业在论坛里发布企业产品的一些信息了，其实这也是论坛营销的一种简单的方法。

论坛营销可以成为支持整个网站推广的主要渠道，尤其是在网站刚开始的时候，是个很好的推广方法。利用论坛的超高人气，可以有效地为企业提供营销传播服务。而由于论坛话题的开放性，几乎企业所有的营销诉求都可以通过论坛传播得到有效实现。论坛营销是以论坛为媒介，参与论坛讨论，建立自己的知名度和权威度，并顺带着推广一下自己的产品或服务。若运用得好，论坛营销可以是非常有效的网络营销手段。

论坛营销的主旨，无疑是讨论营销之道，论坛营销应在多样化的基础上，逐渐培养和形成自己的主流文化或文风。比如，设一些专栏，聘请或培养自己的专栏作家和专栏评论家，就网友广泛关心的话题发言，不是为了说服别人或强行灌输什么，而是引导论坛逐渐形成自己的主流风格。

海纳百川，有容乃大。营销论坛，包容多样化的观点、多样化的文风，是营销人强烈自信心的表现。资深互动营销专家、隆文互动营销总监冯延认为，网络营销并非就是简单发帖、发新闻，营销人要深刻理解企业的定位及盈利模式，深挖品牌内涵，并借互联网的特性更广泛深入地与目标用户进行互动，从以前传统媒体直接"骚扰用户"的模式变成让用户主动参与，并愿意与人分享，这样品牌才能展现更强的生命力。

6. 博客营销

博客营销是建立企业博客，用于企业与用户之间的互动交流以及企业文化的体现，一般以如行业评论、工作感想、心情随笔和专业技术等作为企业博客内容，使用户更加信赖企业深化品牌影响力。博客营销可以是企业自建博客或者通过第三方 BSP（Board Support Package，板级支持包）来实现，企业通过博客来进行交流沟通，达到增进客户关系，改善商业活动的效果。

企业博客营销相对于广告是一种间接的营销，企业通过博客与消费者沟通、发布企业新闻、收集反馈和意见、实现企业公关等，这些虽然没有直接宣传产品，但是让用户接近、倾听、交流的过程本身就是最好的营销手段。企业博客与企业网站的作用类似，但是博客更大众随意一些。

另一种最有效而且可行的是利用博客（人）进行营销，这是博客界始终非常热门的话题，如 KESO 的博客广告、和讯的博客广告联盟、最近瑞星的博客测评活动等，这才是博客营销的主流和方向。博客营销有低成本、分众、贴近大众、新鲜等特点，博客营销往往会形成众人的谈论，达到很好的二次传播效果，这个在外国有很多成功的案例，但在国内还比较少。

7. 微博营销

微博的火热催生了有关的营销方式，就是微博营销。微博营销是指通过微博平台为商家、个人等创造价值而执行的一种营销方式，也是指商家或个人通过微博平台发现并满足用户各类需求的商业行为方式。每一个人都可以在新浪、网易等注册一个微博，然后不断更新自己的微博。每天的更新内容就可以跟大家交流，或者谈谈大家感兴趣的话题，这样就可以达到营销的目的。

8. 微信营销

微信营销是网络经济时代企业营销模式的一种创新，是伴随着微信的火热而兴起的一种网络营销方式。微信不存在距离的限制，用户注册微信后，可与周围同样注册的"朋友"形成一种联系，用户订阅自己所需要的信息，商家通过提供用户需要的信息，推广自己的产品，从而实现点对点的营销，比较突出的如体验式微营销。

9. 软文营销

软文广告是相对于硬性广告而言，由企业的市场策划人员或广告公司的文案人员来负责撰写的"文字广告"。与硬广告相比，软文之所以叫作软文，精妙之处就在于一个"软"字，好似绵里藏针，收而不露，克敌于无形。

等到你发现这是一篇软文的时候，你已经冷不丁地掉入了被精心设计的"软文广告"陷阱。它追求的是一种春风化雨、润物无声的传播效果。如果说硬广告是外家的少林功夫，那么，软文则是绵里藏针、以柔克刚的武当拳法，软硬兼施、内外兼修，是有力的营销手段。

10. 体验式微营销

体验式微营销以用户体验为主，以移动互联网为主要沟通平台，配合传统网络媒体和大众媒体，通过有策略、可管理、持续性的 O2O 线上线下互动沟通，建立和转化、强化顾客关系，实现客户价值的一系列过程。体验式微营销是站在消费者的感官、情感、思考、行动、关联五个方面，重新定义、设计营销的思考方式。

此种思考方式突破"理性消费者"的假设，认为消费者消费时是理性与感性兼具的，消费者在消费前、消费时、消费后的体验，才是研究消费者行为与企业品牌经营的关键。体验式微营销以 SNS、微博、微电影、微信、微视、微生活、微电子商务等为代表，为企业或个人达成传统广告推广形式之外的低成本传播提供了可能。

11. 创意广告营销

企业创意型广告可以深化品牌影响力以及品牌诉求。

12. 事件营销

事件营销可以说是炒作，可以是有价值的新闻点或突发事件在平台内或平台外进行炒作来提高影响力。例如，好房网刚被黑客攻击几分钟就被发现了，于是最短时间内写出一篇文章简单介绍事件，并发给了几个经常活动的 QQ 群及论坛，当然，如果能根据该事件写出一篇深度报道会更好，会使更多人注意到。

13. 口碑营销

口碑营销虽然并非2.0时期才有的，但是在2.0时代表现得更为明显，更为重要。如今的口碑网、360口碑资讯网在这些方面都做得很出色。

14. 在新闻组和论坛上发布网站信息

互联网上有大量的新闻组和论坛，人们经常就某个特定的话题在上面展开讨论和发布消息，其中当然也包括商业信息。实际上专门的商业新闻组和论坛数量也很多，不少人利用它们来宣传自己的产品。但是，由于多数新闻组和论坛是开放性的，几乎任何人都能在上面随意发布消息，所以其信息质量比起搜索引擎来要逊色一些。而且在将信息提交到这些网站时，一般都被要求提供电子邮件地址，这往往会给垃圾邮件提供可乘之机。当然，在确定能够有效控制垃圾邮件的前提下，企业不妨考虑利用新闻组和论坛来扩大宣传面。

15. 形象营销

企业形象是企业针对市场形势变化，在确定其经营策略应保持的理性态度，即现在口语化的称谓"CI"。也就是在企业经营过程中，要求企业进一步个性化，与众不同，保持持续的经营目标、方针、手段和策略。企业形象不是一朝一夕建立起来的，它需要一个有始有终的过程，企业形象不但要在观念上引入，而且要将企业的市场营销行为导入"CI"的轨道。

16. O2O立体营销

O2O立体营销，基于线上、线下全媒体深度整合营销，以提升品牌价值转化为导向，运用信息系统移动化，帮助品牌企业打造全方位、多渠道的立体营销网络，并根据市场大数据分析为企业制定整套完善的多维度立体互动营销模式。立体营销以全方位视角，针对受众需求进行多层次分类，选择性地运用报纸、杂志、广播、电视、音像、电影、出版、网络、移动在内的各类传播渠道，以文字、图片、声音、视频、触碰等多元化的形式进行深度互动融合，涵盖视、听、光、形象、触觉等人们接受资讯的全部感官，对受众进行全视角、立体式的营销覆盖，帮助企业打造多渠道、多层次、多元化、多维度、全方位的立体营销网络。

17. 网络视频营销

网络视频营销，是指通过数码技术将产品营销现场实时视频图像信号和企业形象视频信号传输至互联网网上，客户只需上网登录公司网站就能看到对公司产品和形象进行展示的电视现场直播。在网站建设和网站推广中，为加强浏览者对网站内容的可信性、可靠性可专门制作相关视频。

企业或者组织机构利用各种网络视频，比如科学视频、教育视频、企业视频等网络视频发布企业信息、企业产品的展示、企业的各种营销活动，把最需要传达给最终目标客户的信息通过各种网络媒体发布出去，最终达到宣传企业产品和服务、在消费者心中树立良好的品牌形象的目的。

18. 网络图片营销

网络图片营销现在已经成为人们常用的网络营销方式之一，我们时常会在QQ上接收到朋友发过来的有创意图片，在各大论坛上看到以图片为主线索的帖子，这些图片中多少也添加了一些广告信息，比如，图片右下角带有网址等。这其实就是图片营销的一种方式，目前，国内的图片营销方式千花百样，如果很有创意，也可以很好地使用图片营销。

19. 交换链接/广告互换

网站之间互相交换链接和旗帜广告有助于增加双方的访问量，但这是对个人主页或非商业性的以提供信息为主的网站而言。企业网站如借鉴这种方式则可能搬起石头砸自己的脚，搞不好会将自己好不容易吸引过来的客户拱手让给别人！因此，企业在链接竞争者的网站之前，一定要慎重权衡其利弊。然而，如果你的网站提供的是某种服务，而其他网站的内容刚好和你形成互补，这时不妨考虑与其建立链接或交换广告，一来增加双方的访问量，二来可以给客户提供更加周全的服务，同时避免了直接的竞争。此外还可考虑与门户或专业站点建立链接，不过这项工作负担很重。首先要逐一确定链接对象的影响力，其次要征得对方的同意。

20. 新媒体营销

新媒体营销是指利用新媒体平台进行营销的模式。在 Web2.0 带来巨大革新的年代，营销思维也带来巨大改变——体验性、沟通性、差异性、创造性、关联性，互联网已经进入新媒体传播 2.0 时代。

8.2.3 案例一：微信营销四大案例

微信营销

微信公众平台自开通以来，敏感的企业已在微信营销起航，并已在微信营销战场拥有了自己的强大阵地。

一、招商银行微信查余额

1. 简介

招商银行微信营销可以说是国内最成功的典范之一。他们首先在推广环节采用漂流瓶的方式加快了粉丝的增加，而真正的亮点是招商银行实现的功能：招行信用卡中心的微信公众号可查询账户余额。

2. 具体实施过程

首先招商银行发起了一个微信"爱心漂流瓶"活动：微信用户用"漂流瓶"功能捡到招商银行漂流瓶，回复之后，招商银行便会通过"小积分，微慈善"平台为自闭症儿童提供帮助。根据观察，在招行展开活动期间，每捡 10 次漂流瓶便基本上有一次会捡到招行的爱心漂流瓶。不过，漂流瓶的内容是重复的，如果可提供更加多样化的灵活信息，用户的参与度会更高。

而在功能实现方面，首先进行业务逻辑分析，将微信开放平台成功与招行信用卡中心业务程序打通，实现电话银行具备的功能。微信可能会成为继中国移动、中国联通、中国电信后的国内第四大运营商，在微信上开设公众账号并且为客户提供服务是众多金融机构必备的。

用户在招商银行微信公众平台上绑定了自己的微信号和招商银行信用卡信息（通过弹出页面提交身份证、护照或其他证件）后，这个简单的机器人已可实现电话银行的部分服务。查询"金额"可以查询信用额度，同时该账号还能返回带有部分关键字的相关交互内容。

3. 评点

招商银行为金融行业开了个好头。金融类企业、电信类企业均可参照招行案例进行微信营销，对于所有金融、电信行业企业来说，微信公众账号将更加便捷地打通企业移动互联网客服乃至销售平台，并且成本低廉，技术性高。

不过，招商银行作为微信营销的先行者还是有一些缺陷的：

一是爱心活动将本来前期必须需要纯人工回复的工作，完全套用聊天机器人进行回复。机器人很多时候是答非所问；

二是活动页面采用非HTML5技术搭建，微信端打开后，非常不适合阅读。

基于此提出两条改进建议：

首先，必须配备精通业务的人工客服人员，积极应答客户疑问。在此基础上，逐渐将每日用户咨询内容进行归类整理，填充完美答案，技术开发问答知识库，实现更佳回答。

其次，将活动页面用适合手机浏览的HTML5技术搭建，以提供完美的用户体验。

二、星巴克《自然醒》

1. 互动操作流程

登录微信，添加"星巴克中国"为好友，即可与之展开一场内容丰富的互动对话。工作繁忙、身心疲惫时，只需发送一个表情符号，星巴克将即时回复你的心情，即刻享有星巴克《自然醒》音乐专辑，获得专你调配的曲目，感受自然醒的超能力。

2. 目标人群的设定分析

星巴克在实施过程中首先从全国的门店开始，让经常光顾星巴克的顾客先成为星巴克微信公众平台的粉丝，然后再利用活动等方式让粉丝自主推荐给自己的朋友，让星巴克微信公众平台的粉丝短时间内暴增。

星巴克针对目标人群的特点进行了细致入微的分析，同时对微信公共平台功能也进行了充分开发，不仅破除了传统商业经营模式辐射面积小、用户参与度不高、受时间地点等制约的弊端，还具有了轻松时尚、趣味性大、商家与用户互动性强等优势，让用户能尽享商家带来的轻松惬意。

3. 评点

星巴克的这个案例将微信的及时性、个性化、互动性的优势充分发挥了出来。星巴克依靠这个案例的完美执行，不仅将所有老客户牢牢地抓在自己手中，也让游荡于各种咖啡厅的客户更加信赖它。同时在推广方面也起到了事半功倍的效果，活跃的目标人群粉丝让星巴克的微信公众平台持续释放威力。

如果要说缺陷的话，恐怕就是功能太少了，毕竟星巴克在中国有千余家店。如果增加全国性和趣味性的功能（如天气预报、星座运势查询等）就更加完美了，粉丝的依赖会更强。而且最好能设置星巴克微信个性化的功能，对于品牌传播和建立粉丝的依赖作用会更大。

总的来说，星巴克无疑给所有连锁行业开了个好头。

连锁店生存最大的法则在于傻瓜式的执行、简单的选择和聚变性的模式，而星巴克的微信之道告诉了所有连锁店企业，用微信可以轻易实现这些东西。连锁店只需对目标人群进行深入的分析，然后进行功能化和内容化的开发并营销推广即可。

同时我们有一套针对连锁行业的"微信的连锁行业管理"一站式解决方案，将连锁店管理最精准化，将各个地方分店整合统筹管理，从而强化各个方面的执行力度，而这是在以往时期都不能实现的。

三、1号店"我画你猜"

1. 1号店的微信营销简介

微信公众账号可以通过后台的用户分组和地域控制，实现精准的消息推送。普通公众账号可以群发文字、图片、语音三种内容。认证的账号则有更大的权限，不仅能推送单条图文信息，还能推送专题信息。

1号店搞的"我画你猜"微信营销活动，每天微信推送一张图画给用户，用户猜中后在微信上回复就可能中奖。

1号店基于微信的互动属性，开展互动式的竞猜活动，借助奖品，进行粉丝的有效激励，最终达到品牌植入和粉丝增长的目的。

在微信公共账号的群发消息中，设置发布图文形式的活动，具体活动为"玩我画你猜，赢惊喜大奖"。

2. 微信互动步骤

活动分为3个步骤：

第一步，关注1号店官方微信；

第二步，接收1号店每天一幅画作；

第三步，猜出答案发送给1号店，回复最快且答对的粉丝，将获得1号店的独家礼品。

3. 评点

此类活动实现成本低，并且巧妙利用奖品吸引粉丝的关注，对粉丝进行物质上的刺激，进而刺激粉丝回复问答，通过互动来提高微信粉丝的活跃度，提升公共账号的粉丝质量。

毫无疑问，此类活动是较容易在微信公共平台实现的行为，但其局限性在于，必须基于一定的粉丝基数，此类活动才最为有效。

对此，我们的建议是：在初期粉丝基数不够多的情况下，开展推荐粉丝的互动有奖行动，通过推荐粉丝的关注，推荐人可以将自己推荐的粉丝ID和名称统一发送给公共账号，公共账号运营人员根据推荐人推荐的人员数量进行排名，发放实物奖品。

四、慕思"睡商大调查"

1. 活动介绍

慕思借助微信公共平台，发布调研需求活动，通过HTML5技术搭建专业页面，并借助社交网络，支持QQ、微博登录，无缝对接调研系统，从而完成调研需求。

慕思通过微信服务，建立"健康睡眠专家"公众账号，并且通过了公众平台的认证。围绕慕思的产品特点，从较为符合广大受众的阅读以及喜爱的健康睡眠角度搭建，取得了不错的效果。活动推广介绍："曾经一场好觉摆在我的面前，我没有珍惜，直到睡不着才后悔莫及，上天终于给我一个机会，让我重新修炼睡商，争取早日脱'困'。快来参与慕思'睡商大调查'！兰博基尼限量版奖品，iPad mini等你带回家~！"

2. 企业HTML5网站顺应了潮流

此模式利用微信提供的"查看原文"跳转链接，用户点击后会跳转到企业独立的微信官方HTML5网站（该网站经过独立的开发和网页功能及交互设计），依托于微信的庞大用户基数，通过微信推送给微信粉丝，完成调研需求。

现在的移动互联网追求多样化的展现方式以及交互方式，而HTML5很好地顺应了这一潮流。企业对PC上相关服务的诉求都可以在移动互联终端的HTML5页面实现。

我们可以设想，抽奖活动、调研活动、注册行为、编辑行为等，未来都可以借助微信通过HTML5页面实现。

3. 评点

微信的链接跳转为企业的微信营销打开了窗口，也是营销成败的关键因素。借助更丰富的页面展现、产品介绍,甚至用户的互动,实现企业的销售目标或是增大品牌的曝光度。在此建议,微信公众账号运营者在微信公众账号的内容推送之余,要做好内容的承载页面,需要给予承载 HTML5 页面高度的重视。

8.2.4 案例二:优衣库电子邮件营销案例

优衣库电子邮件营销

1. 优衣库品牌简介

优衣库,Uniqlo,是日本零售业排名首位和世界服装零售业名列前茅的跨国服装。截止到 2009 年 6 月,优衣库在全球拥有近 850 家连锁门店。2002 年优衣库进驻中国,2007 年优衣库中国区销售额同比翻了一倍。2009 年,优衣库中国门店迅速扩展至 34 家。

优衣库网

随着国内网民规模急剧扩大,网络购物正逐步成为年轻一代的购物主流。为了加强对国内二、三线城市的覆盖,2009 年 4 月 23 日,优衣库淘宝旗舰店正式上线。优衣库进驻淘宝网的当天,销售额即突破 30 万元;至 6 月底,优衣库的网络总销售额已达到 1 800 万元;11 月 2 日,优衣库的单日网络销售额更达到了惊人的 114 万元。短短的半年,优衣库迅速成为服装企业网络销售的领头羊。

优衣库网首页

2. 优衣库的电子邮件营销

在全球经济危机的浪潮中,消费环境萎靡不振,优衣库独树一帜,网络销售额持续增长,除了其令人信服的品质和适宜的价格,更是由于优衣库(Uniqlo)采用了高效的网络营销方式——EDM 营销。

EDM 营销，即电子邮件营销，是一种精准高效、低成本的市场推广手段，是互联网最重要的营销方式之一。据官方统计：美国已有 75.8% 的商家在使用 EDM 推广自己的产品和服务，而中国电子邮箱的用户已达 1.72 亿。电子邮件营销最大的优势在于：有助于刺激无明确需求的消费，且较搜索引擎和在线广告而言成本更低，目标更精准。

2009 年，优衣库将在中国的市场上的推广工作全面委托给大宇宙咨询（上海）有限公司。大宇宙经过专业的分析和比较后，选择了上海亿业网络科技发展有限公司为优衣库量身定制电子邮件营销的解决方案，将电子邮件打造成优衣库重要的营销渠道。上海亿业网络科技发展有限公司 2004 年正式成立于美国加州，是目前中国领先的许可邮件营销服务提供商。经过多年的 EDM 运营，优衣库的活跃用户增长近 70%，电子邮件营销渠道产生了约 20% 的销售额，电子邮件已成为优衣库重要的网络营销渠道。

3. 评点

通过发送电子邮件邀请函，将对优衣库感兴趣的淘宝会员，转化为优衣库的活跃用户。定期向新老会员发送电邮杂志，开展 EDM 营销，定期向客户推荐新产品，提高了客户的品牌忠诚度。今后，将会有更多的企业采用电子邮件开展产品的网络推广和客户的维护服务，精准的 EDM 营销是互联网时代的制胜利器。

8.2.5 案例三：网络营销差别定价策略案例

网络营销差别定价策略

差别定价被认为是网络营销的一种基本的定价策略，一些学者甚至提出在网络营销中要"始终坚持差别定价"，然而，没有什么经营策略在市场上可以无往不胜，差别定价在实施过程中存在着诸多困难，我们将以亚马逊的一次不成功的差别定价试验作为案例，分析企业实施差别定价策略时面临的风险以及一些可能的防范措施。

1. 亚马逊公司实施差别定价试验的背景

1994 年，在华尔街管理着一家对冲基金的杰夫·贝佐斯（Jeff Bezos）在西雅图创建了亚马逊公司，该公司从 1995 年 7 月开始正式营业，1997 年 5 月股票公开发行上市，从 1996 年夏天开始，亚马逊成功地实施了联属网络营销战略，在数十万家联属网站的支持下，亚马逊迅速崛起成为网上销售的第一品牌。到 1999 年 10 月，亚马逊的市值达到了 280 亿美元，超过了西尔斯（SearsRoebuck&Co.）和卡玛特（Kmart）两大零售巨人的市值之和。亚马逊的成功可以用以下数字来说明：

根据 MediaMetrix 的统计资料，亚马逊在 2000 年 2 月在访问量最大的网站中排名第 8，共吸引了 1 450 万名独立的访问者，亚马逊还是排名进入前 10 名的唯一一个纯粹的电子商务网站。

根据 PC Data Online 的数据，亚马逊是 2000 年 3 月最热门的网上零售目的地，共有 1 480 万独立访问者，独立的消费者也达到了 120 万人。亚马逊当月完成的销售额相当于排名第二位的 CD Now 和排名第三位的 Ticketmaster 完成的销售额的总和。在 2000 年，亚马逊已经成为互联网上最大的图书、唱片和影视碟片的零售商，亚马逊经营的其他商品类别还包括玩具、电器、家居用品、软件、游戏等，品种达 1 800 万种，此外，亚马逊还提供在线拍卖业务和免费的电子贺卡服务。

但是，亚马逊的经营也暴露出不小的问题。虽然亚马逊的业务在快速扩张，亏损额却在不断增加，在 2000 年第一季度，亚马逊完成的销售额为 5.74 亿美元，较前一年同期增长 95%，第二季度的销售额为 5.78 亿美元，较前一年同期增长了 84%。但是，亚马逊第一季度的总亏损达到了 1.22 亿美元，相当于每股亏损 0.35 美元，而前一年同期的总亏损仅为 3 600 万美元，相当于每股亏损 0.12 美元，亚马逊 2000 年第二季度的主营业务亏损仍达 8 900 万美元。

亚马逊公司的经营危机也反映在股票的市场表现上。亚马逊的股票价格自 1999 年 12 月 10 日创下历史高点 106.687 5 美元后开始持续下跌，到 2000 年 8 月 10 日，亚马逊的股票价格已经跌至 30.438 美元。在业务扩张方面，亚马逊也开始遭遇到了一些老牌门户网站如美国在线、雅虎等的有力竞争，在这一背景下，亚马逊迫切需要实现盈利，而最可靠的盈利项目是它经营最久的图书、音乐唱片和影视碟片，实际上，在 2000 年第二季度亚马逊就已经从这三种商品上获得了 1 000 万美元的营业利润。

2. 亚马逊公司的差别定价试验

作为一个缺少行业背景的新兴的网络零售商，亚马逊不具有巴诺（Barnes & Noble）公司那样卓越的物流能力，也不具备如雅虎等门户网站那样大的访问流量，亚马逊最有价值的资产就是它拥有的 2 300 万注册用户，亚马逊必须设法从这些注册用户身上实现尽可能多的利润。因为网上销售并不能增加市场对产品的总需求量，为提高在主营产品上的盈利，亚马逊在 2000 年 9 月中旬开始了著名的差别定价试验。亚马逊选择了 68 种 DVD 碟片进行动态定价试验，试验当中，亚马逊根据潜在客户的人口统计资料、在亚马逊的购物历史、上网行为以及上网使用的软件系统确定对这 68 种碟片的报价水平。例如，名为《泰特斯》（Titus）的碟片对新顾客的报价为 22.74 美元，而对那些对该碟片表现出兴趣的老顾客的报价则为 26.24 美元。通过这一定价策略，部分顾客付出了比其他顾客更高的价格，亚马逊因此提高了销售的毛利率，但是这一差别定价策略实施不到一个月，就有细心的消费者发现了这一秘密，通过在名为 DVD Talk（www.dvdtalk.com）的音乐爱好者社区的交流，成百上千的 DVD 消费者知道了此事，那些付出高价的顾客当然怨声载道，纷纷在网上以激烈的言辞对亚马逊的做法进行口诛笔伐，有人甚至公开表示以后绝不会在亚马逊购买任何东西。更不巧的是，亚马逊前不久才公布了它对消费者在网站上的购物习惯和行为进行了跟踪和记录，因此，这次事件曝光后，消费者和媒体开始怀疑亚马逊是否利用其收集的消费者资料作为其价格调整的依据，这样的猜测让亚马逊的价格事件与敏感的网络隐私问题联系在了一起。

为挽回日益凸显的不利影响，亚马逊的首席执行官贝佐斯只好亲自出马做危机公关，他指出亚马逊的价格调整是随机进行的，与消费者是谁没有关系，价格试验仅仅是为测试消费者对不同折扣的反应，亚马逊"无论是过去、现在或未来，都不会利用消费者的人口资料进行动态定价"。贝佐斯为这次的事件给消费者造成的困扰向消费者公开表示了道歉。不仅如此，亚马逊还试图用实际行动挽回人心，亚马逊答应给所有在价格测试期间购买这 68 部 DVD 的消费者以最大的折扣，据不完全统计，至少有 6 896 名没有以最低折扣价购得 DVD 的顾客，已经获得了亚马逊退还的差价。

至此，亚马逊价格试验以完全失败而告终，亚马逊不仅在经济上蒙受了损失，而且它的声誉也受到了严重的损害。

3. 亚马逊差别定价试验失败的原因

我们知道，亚马逊的管理层在投资人要求迅速实现盈利的压力下开始了这次有问题的差别定价试验，结果很快便以全面失败而告终。亚马逊这次差别定价试验从战略制定到具体实施都存在严重问题，现分述如下：

第一，战略制定方面。

首先，亚马逊的差别定价策略同其一贯的价值主张相违背。在亚马逊公司的网页上，亚马逊明确表述了它的使命：要成为世界上最能以顾客为中心的公司。在差别定价试验前，亚马逊在顾客中有着很好的口碑，许多顾客想当然地认为亚马逊不仅提供最多的商品选择，还提供最好的价格和最好的服务。亚马逊的定价试验彻底损害了它的形象，即使亚马逊为挽回影响进行了及时的危机公关，但亚马逊在消费者心目中已经永远不会像从前那样值得信赖了，至少，人们会觉得亚马逊是善变的，并且会为了利益而放弃原则。

其次，亚马逊的差别定价策略侵害了顾客隐私，有违基本的网络营销伦理。亚马逊在差别定价的过程中利用了顾客购物历史、人口统计学数据等资料，但是它在收集这些资料时是以为了向顾客提供更好的个性化的服务为幌子获得顾客同意的，显然，将这些资料用于顾客没有认可的目的是侵犯顾客隐私的行为。即便美国当时尚无严格的保护信息隐私方面的法规，但亚马逊的行为显然违背了基本的商业道德。

此外，亚马逊的行为同其市场地位不相符合。按照刘向晖博士对网络营销不道德行为影响的分析，亚马逊违背商业伦理的行为曝光后，不仅它自己的声誉会受到影响，整个网络零售行业都会受到牵连，但因为亚马逊本身就是网上零售的市场领导者，占有最大的市场份额，所以它无疑会从行业信任危机中受到最大的打击，由此可见，亚马逊的策略是极不明智的。

综上所述，亚马逊差别定价策略从战略管理角度来看有着诸多的先天不足，这从一开始就注定了它的试验将会以失败而告终。

第二，具体实施方面。

我们已经看到亚马逊的差别定价试验在策略上存在着严重问题，这决定了这次试验最终失败的结局，但实施上的重大错误是使它迅速失败的直接原因。

首先，从微观经济学理论的角度来看，差别定价未必会损害社会总体的福利水平，甚至有可能导致帕累托更优的结果，因此，法律对差别定价的规范可以说相当宽松，规定只有当差别定价的对象是存在相互竞争关系的用户时才被认为是违法的。但同时，基本的经济学理论认为一个公司的差别定价策略只有满足以下三个条件时才是可行的：

（1）企业是价格的制定者而不是市场价格的接受者。
（2）企业可以对市场细分并且阻止套利。
（3）不同的细分市场对商品的需求弹性不同。

DVD市场的分散程度很高，而亚马逊不过是众多经销商中的一个，所以从严格的意义上讲，亚马逊不是DVD价格的制定者。但是，假如我们考虑到亚马逊是一个知名的网上零售品牌，以及亚马逊的DVD售价低于主要的竞争对手，所以，亚马逊在制定价格上有一定的回旋余地。当然，消费者对DVD产品的需求弹性存在着巨大的差别，所以亚马逊可以按照一定的标准对消费者进行细分，但问题的关键是，亚马逊的细分方案在防止套利方面存在着严重的缺陷。亚马逊的定价方案试图通过给新顾客提供更优惠价格的方法来吸引新的消费者，但它忽略的一点是：基于亚马逊已经掌握的顾客资料，虽然新顾客很难伪装成老顾客，但老顾客却可以轻而易举地通过重新登录伪装成新顾客实现套利。至于根据顾客使用的浏览器类别来定价的方法也无法防止套利，因为网景浏览器和微软的IE浏览器基本上都可以免费获得，使用网景浏览器的消费者几乎不需要什么额外的成本就可以通过使用 IE 浏览器来获得更低报价。因为无法阻止套利，所以从长远来看，亚马逊的差别定价策略根本无法有效提高盈利水平。

其次，亚马逊歧视老顾客的差别定价方案同关系营销的理论相背离，亚马逊的销售主要来自老顾客的重复购买，重复购买在总订单中的比例在 1999 年第一季度为 66%，一年后这一比例上升到了 76%。亚马逊的策略实际上惩罚了对其利润贡献最大的老顾客，但它又没有有效的方法锁定老顾客，其结果必然是老顾客的流失和销售与盈利的减少。

最后，亚马逊忽略了虚拟社区在促进消费者信息交流方面的巨大作用，消费者通过信息共享显著提升了其市场力量。的确，大多数消费者可能并不会特别留意亚马逊产品百分之几的价格差距，但从事网络营销研究的学者、主持经济专栏的作家以及竞争对手公司中的市场情报人员会对亚马逊的定价策略明察秋毫，他们可能会把他们的发现通过虚拟社区等渠道广泛传播，这样，亚马逊自以为很隐秘的策略很快就在虚拟社区中露了底，并且迅速引起了传媒的注意。

比较而言，在亚马逊的这次差别定价试验中，战略上的失误是导致试验失败的根本原因，而实施上的诸多问题则是导致其惨败和速败的直接原因。

4. 评点

亚马逊的这次差别定价试验是电子商务发展史上的一个经典案例，这不仅是因为亚马逊公司本身是网络零售行业的一面旗帜，还因为这是电子商务史上第一次大规模的差别定价试验，并且在很短的时间内就以惨败告终。我们从中能获得哪些启示呢？

首先，差别定价策略存在着巨大的风险，一旦失败，它不仅会直接影响到产品的销售，而且可能会对公司经营造成全方位的负面影响，公司失去的可能不仅是最终消费者的信任，还会有渠道伙伴的信任，可谓"一招不慎，满盘皆输"。所以，实施差别定价必须慎之又慎，尤其是当公司管理层面临短期目标压力时更应如此。要从公司的整体发展战略、与行业中主流营销伦理的符合程度以及公司的市场地位等方面进行全面的分析。

其次，一旦决定实施差别定价，那么选择适当的差别定价方法就非常关键。这不仅意味着要满足微观经济学提出的三个基本条件，而且更重要的是要使用各种方法造成产品的差别化，力争避免赤裸裸的差别定价。常见的做法有以下几种：

(1) 通过增加产品附加服务的含量来使产品差别化。营销学意义上的商品通常包含着一定的服务，这些附加服务可以使核心产品更具个性化，同时，服务含量的增加还可以有效防止套利。

(2) 与批量订制的产品策略相结合。订制弱化了产品间的可比性，并且可以强化企业价格制定者的地位。

(3) 采用捆绑定价的做法。捆绑定价是一种极其有效的二级差别定价方法，捆绑同时还有创造新产品的功能，可以弱化产品间的可比性，在深度销售方面也能发挥积极作用。

(4) 将产品分为不同的版本。该方法对于固定生产成本极高、边际生产成本很低的信息类产品更加有效，而这类产品恰好是网上零售的主要品种。

当然，为有效控制风险，有时在开始大规模实施差别定价策略前还要进行真正意义上的试验，具体操作上不仅要像亚马逊那样限制进行试验的商品品种，还要限制参与试验的顾客的人数，借助个性化的网络传播手段，做到这点是不难的。

实际上，正如贝佐斯向公众所保证过的，亚马逊此后再也没有做过类似的差别定价试验，结果，依靠成本领先的平价策略，亚马逊终于在2001年第四季度实现了单季度净盈利，在2002年实现了主营业务全年盈利。

综上所述，在网络营销中运用差别定价策略存在着很大的风险，在选择使用时必须慎之又慎，否则，很可能适得其反，给公司经营造成许多麻烦。在实施差别定价策略时，通过使产品差别化而避免赤裸裸的差别定价是避免失败的一个关键。

8.2.6 案例四：微博营销经典案例

微博营销

微博营销是指通过微博平台为商家、个人等创造价值而执行的一种营销方式，也是指商家或个人通过微博平台发现并满足用户的各类需求的商业行为方式。微博营销以微博作为营销平台，每一个听众（粉丝）都是潜在的营销对象，企业利用更新自己的微型博客向网友传播企业信息、产品信息，树立良好的企业形象和产品形象。每天更新内容就可以跟大家交流互动，或者发布大家感兴趣的话题，这样来达到营销的目的，这样的方式就是互联网新推出的微博营销。以下是两个微博营销经典案例。

一、野兽派——故事营销

1. 野兽派花店卖的不是花，而是故事

野兽派花店，这个名字被大多文艺青年所熟悉，它没有实体店，甚至没有淘宝店，微博上仅有几张花卉礼盒的照片和140个字的文字介绍。从2015年12月底开通微博到现在，野兽派花店已经吸引了超过18万粉丝，甚至连许多演艺界的明星都是它的常客。

为什么传统简单的花店生意会有如此新鲜的生命力？答案是，它卖的不仅仅是花。2011年年末，顾客Y先生在野兽派花店订花，希望能表现出莫奈的名作《睡莲》的意境，可是当时并没有合适的花材进行创作。几个月过后，店主兼花艺师Amber想起日本直岛的地中美术馆，从中获得灵感，做成了后来野兽派花店的镇店作品之一："莫奈花园"。

与其他花店不同的是，野兽派花店倾听客人的故事，然后将故事转化成花束，每束花因为被赋予了丰满的故事而耐人寻味。这其中，有幸福的人儿祝自己结婚周年快乐的、有求婚的、有祝父母健康的、有纠结于暗恋自己的男同事的。在日复一日的寻常生活中，阅读140字的离奇情节，也成为粉丝们的一种调节剂。

2. 野兽派花店的花艺

野兽派花店所选用的花束绝不是市场上常见的，这些进口花卉品种经过精心雕饰之后，针对不同的人群，并根据送花与收花人的心境起上颇有文艺范儿的名字，包装完成的花束，只在微博上出售，顾客也都是花店的粉丝，在微博上通过私信下订单，客服通过私信回答顾客的问题最终达成交易。和传统的花店相比，野兽派花店绝对算得上花店中的奢侈品品牌。从野兽派出品的花卉礼盒少则三四百元，多则近千元，然而即使是如此高的价格，仍然有众多顾客追捧。

3. 评点

野兽派的花艺在上海花艺圈绝对不算是最好的，但野兽派的成功源自故事营销。对于许多花店粉丝来说，成为故事的男女主角，围观寻常生活中有趣的细节，已经成了一种买花之外的附加值。

野兽派的成功告诉我们，原来电商有这样的一种经营方式。利用微博的病毒式的故事传播免费获得大量的潜在客户，而动辄几百上千的礼盒又保证了毛利。这完全颠覆了传统电商拼价格的悲惨局面。

二、可口可乐——"换装"营销

1. 可口可乐推出"昵称瓶"新装

这个夏天是热闹的，因为可口可乐在全国掀起了一场"换装"热潮。可口可乐利用互联网上的热门词汇推出了一系列"昵称瓶"新装，诸如"文艺青年""小清新""学霸""闺蜜""喵星人"等几十个极具个性、符合特定人群定位的有趣昵称被印在可口可乐的瓶标上。

在新浪微博上，可口可乐最初借助媒体明星、草根大号等意见领袖进行内容的预热阶段，赠送了印有他们名字的昵称瓶，于是他们纷纷在社交网络上晒出自己独一无二的可口可乐定制昵称瓶。一时间，各个明星粉丝和普通消费者纷纷在微博上求可口可乐定制昵称瓶，表示要过一下"明星瘾"或自己留作收藏等，更有部分网民表示希望用来向自己的暗恋对象表白用。

2. 换装热潮一波又一波

继第一波社交平台悬念预热，第二波官方活动正式启动由五月天深圳演唱会为标志。第三波高潮就是利用 social commerce（社交商务）在微博上维持活动的热度。可口可乐与新浪微博微钱包合作推广可口可乐昵称瓶定制版，让更多普通的消费者也可以定制属于自己的可口可乐昵称瓶。

第一天，300 瓶可口可乐，1 小时被抢光。第二天，500 瓶可口可乐，30 分钟被抢光。第三天，500 瓶可口可乐，5 分钟被抢光。接下来几天，都是在 1 分钟内秒杀完毕。

这是让人震惊的数字，而且呈现出越来越快的趋势。前三天一千多的销量，已经产生新浪微博五千多的分享与讨论。于是有更多的网友知晓并且参与到活动中来，如同滚雪球一样，知道和参与的人越来越多，抢购一空的时间也越来越短。

3. 评点

这也正是社交网络的真正吸引人之处，依靠口碑带动品牌与产品影响力的几何级的递增。在微博上定制一瓶属于你的可口可乐，从"线上"微博定制瓶子到"线下"消费者收到定制瓶，继而透过消费者拍照分享又回到"线上"，O2O 模式让社交推广活动形成一种长尾效应。

微博诞生以来，微博营销一直被各种大小企业所关注重视。在过去的几年中，有不少所谓的"微博营销大师"为了赚钱而到处招摇撞骗，用废话来忽悠大家，使得不少的客户和企业花费了大量宝贵的时间和金钱，结果换来的却是对微博营销的失望。其实，想做好真正的微博营销，内容固然重要，但是懂得真正切实有效的实战运营和营销方法才是关键。

8.3 网络促销与广告

8.3.1 网络促销

1. 网络促销的含义

网络促销是指利用计算机及网络技术向虚拟市场传递有关商品和劳务的信息，以引发消费者需求,唤起购买欲望和促成购买行为的各种活动。网络促销是通过网站推广、网络广告、营销事件等众多技术方法来做的促销。

2. 网络促销的特点

网络促销表现为以下三个明显的特点。

第一,网络促销是通过网络技术传递产品和服务的存在、性能、功效及特征等信息的。它是建立在现代计算机与通信技术基础之上的,并且随着计算机和网络技术的不断改进而改进。

第二,网络促销是在虚拟市场上进行的。这个虚拟市场就是互联网。互联网是一个媒体,是一个连接世界各国的大网络,它在虚拟的网络社会中聚集了广泛的人口,融合了多种文化。

第三,在全球统一的大市场中进行。全球性的竞争迫使每个企业都必须学会在全球统一大市场上做生意。

3. 网络促销的方法

网络促销是在网络营销中使用的手段之一,在适当时候利用网络促销,可以更好地促使转化销售,更好地为销售服务。以下为十种比较常见的网络促销手段方法。

(1) 打折促销。

打折促销是最常见的网络促销了,这需要所销售的产品有价格优势,这样才容易打折,或是有比较好的进货渠道。

(2) 赠品促销。

在客户买产品或服务时,可以给客户赠送一些产品或小赠品,以带动主产品的促销。在赠品的选择上,要选一些有特色的、让客户感兴趣的产品。

(3) 积分促销。

在许多网站里面,都支持虚拟的积分。客户每消费一次,都会给会员累积积分,这些积分可以兑换小赠品或在以后消费中当成现金使用。

(4) 抽奖促销。

抽奖促销也是网络上促销常用的方法,抽奖时要注意公开、公正、公平。奖品要对大家有吸引力,这样才会有更多的用户对促销活动感兴趣。

(5) 联合促销。

如果你的网站或网店与别家的产品有些互补性,可以做联合促销,这对扩大双方的网络销售都是很有好处的。

(6) 节日促销。

在节日期间进行网络促销,也是常用的方法。节日促销时应注意与促销的节日关联,这样才可以更好地吸引用户的关注,提高转化率。

(7) 纪念日促销。

如果遇到了建站周年,或访问量突破多少大关,成为第多少个用户,成交额突破多少额大关,就可以利用这些纪念日展开网络促销。

(8) 优惠券促销。

在网友购买时,每消费一定数额或次数,给用户优惠券,会促使用户下一次来你这里消费,当然也达到了网络促销的目的。

(9) 限时限量促销。

限时限量促销在大超市中大家也常见到,在网络促销中也可以用得上。目前,此种促销方式在超市中已不让使用了,因为担心出现踩踏,在网络中这种事故是不会出现的。

(10) 反促销。

声明自己的网站或网店质量有保证,从不打折促销,以不促销作为促销的卖点。

8.3.2 网络广告

1. 网络广告的含义

网络广告就是在网络上做的广告,是通过网站上的广告横幅、文本链接、多媒体的方法,在互联网刊登或发布广告,把产品或服务信息传递到互联网用户的一种高科技广告运作方式。

它是广告主为了推销自己的产品或服务在互联网上向目标群体进行有偿的信息传达,从而引起群体和广告主之间信息交流的活动。或简言之,网络广告是指利用国际互联网这种载体,通过图文或多媒体方式,发布的盈利性商业广告,是在网络上发布的有偿信息传播。

与传统的四大传播媒体(报纸、杂志、电视、广播)广告及近来备受垂青的户外广告相比,网络广告具有得天独厚的优势,是实施现代营销媒体战略的重要部分。互联网是一个全新的广告媒体,传播速度最快,效果很理想,是中小企业扩展壮大的很好途径,对于广泛开展国际业务的公司更是如此。

2. 网络广告的形式

网络广告是主要的网络营销方法之一,在网络营销方法体系中具有举足轻重的地位,事实上多种网络营销方法也都可以理解为网络广告的具体表现形式,并不仅仅是放置在网页上的各种规格的商标广告,如电子邮件广告、搜索引擎关键词广告、搜索固定排名等都可以理解为网络广告的表现形式。

具体形式还包括展示性广告、赞助式广告、分类广告、引导广告、电子邮件广告、富媒体广告、搜索引擎广告、数字视频广告、手机广告等。

无论以什么形式出现,网络广告所具有的本质特征是相同的:网络广告的本质是向互联网用户传递营销信息,是对用户注意力资源的合理利用。

3. 网络广告的作用与价值

(1) 品牌推广。

网络广告最主要的效果之一表现在对企业品牌价值的提升,这也说明了为什么用户浏览而没有点击网络广告同样会在一定时期内产生效果。在所有的网络营销方法中,网络广告的品牌推广价值最为显著。同时,网络广告丰富的表现手段也为更好地展示产品信息和企业形象提供了必要条件。

(2) 网站推广。

网站推广是网络营销的主要职能,获得尽可能多的有效访问量也是网络营销取得成效的基础,网络广告对于网站推广的作用非常明显,通常出现在网络广告中的"点击这里"按钮就是对网站推广最好的支持。网络广告(如网页上的各种 BANNER 广告、文字广告等)通常会被链接到相关的产品页面或网站首页,用户对于网络广告的每次点击,都意味着为网站带来了访问量的增加。因此,常见的网络广告形式对于网站推广都具有明显的效果,尤其是关键词广告、电子邮件广告等。推广的方式有很多，一般有付费的推广（如百度付费等）和免付费的推广，也有一些功能特别强大的组合营销软件，可以实现多方位的网络营销，功能特别强大，只需要简单地操作，即可让潜在用户通过网络主动找到商品，特别方便。

（3）销售促进。

用户由于受到各种形式的网络广告吸引而获取产品信息，已成为影响用户购买行为的因素之一。当网络广告与企业网站、网上商店等网络营销手段相结合时，这种产品促销活动的效果更为显著。网络广告对于销售的促进作用不仅表现在直接的在线销售，也表现在通过互联网获取产品信息后对网下销售的促进。

（4）在线调研。

网络广告对于在线调研的价值表现在多个方面，如对消费者行为的研究、对于在线调查问卷的推广、对于各种网络广告形式和广告效果的测试、用户对于新产品的看法等。通过专业服务商的邮件列表开展在线调研，可以迅速获得特定用户群体的反馈信息，大大提高了市场调查的效率。

（5）顾客关系。

网络广告所具有的对用户行为的跟踪分析功能为深入了解用户的需求和购买特点提供了必要信息，这种信息不仅成为网上调研内容的组成部分，也为建立和改善顾客关系提供了必要条件。网络广告对顾客关系的改善也促进了品牌忠诚度的提高。

（6）信息发布。

网络广告是向用户传递信息的一种手段，因此可以理解为信息发布的一种方式，通过网络广告投放，不仅可以将信息发布在自己的网站上，也可以发布在用户数量更多、用户定位程度更高的网站，或者直接通过电子邮件发送给目标用户，从而获得更多用户的注意，大大增强了网络营销的信息发布功能。

8.3.3 案例一：NIKE 网络促销成功案例

NIKE 网络促销

网络营销渠道建设是当今大多数企业在进行网络营销时需要面对和解决的一个课题。耐克作为当今世界上最大的经营运动鞋类产品的企业，其产品遍及全球市场，获得了广大消费者的认同。

1. 网络营销渠道概述

网络营销逐渐成为企业不可或缺的营销手段，而网络营销渠道是网络营销的重要部分。

NIKE 网

（1）网络营销渠道的概念。

网络营销，就是以国际互联网为基础，利用数字化的信息和网络媒体的交互性来辅助营销目标实现的一种新型的市场营销方式。网络营销极具发展前景，必将成为 21 世纪企业营销的主流。网络营销渠道是网络经济时代的一种崭新的营销理念和营销模式，是指借助互联网络、电脑通信技术和数字交互式媒体来实现营销目标的一种营销方式，是商品和服务从生产者向消费者转移过程的具体通道或路径，主要分为通过互联网实现的从生产者到消费（使用）者的网络直接营销渠道和通过融入互联网技术后的中间商机构提供的网络间接营销渠道。

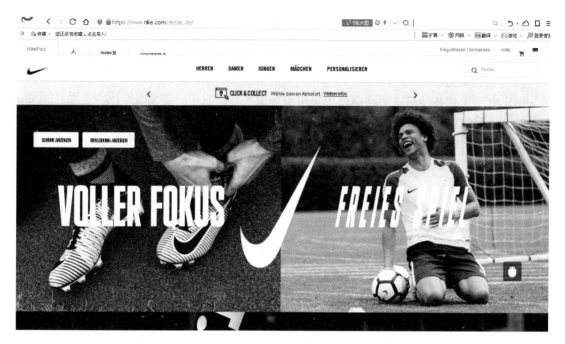

NIKE 网首页

（2）网络营销渠道的功能。

第一，订货功能。它为消费者提供产品信息，同时方便厂家获取消费者的需求信息，以求达到供求平衡。一个完善的订货系统，可以最大限度地降低库存，减少销售费用。

第二，结算功能。消费者在购买产品后，可以有多种方式方便地进行付款，因此厂家（商家）应有多种结算方式。目前，在国内，除了支付宝和财付通外，国内付款结算方式还有邮局汇款、货到付款、信用卡等。而目前国外流行的几种方式是信用卡、电子货币、网上划款等。

第三，配送功能。一般来说，产品分为有形产品和无形产品，对于无形产品如服务、软件、音乐等产品可以直接通过网上进行配送，所以一般配送系统以有形产品为主。对于有形产品的配送，要涉及运输和仓储问题，而对于这两个问题，我国有几个很好的企业提供专业的服务，专业的配送公司崛起进一步加快了企业对网络渠道建设的重视，也加快了我国电子商务行业的发展。

2. 网站建设与网站营销

（1）网站的特点。

一个好的网络营销离不开一个制作优秀的网站，耐克公司的网站则是商务网站中的佼佼者之一。耐克官方网站并不像传统网站一样直接出售和推销自己的商品，它是利用各种聊天室和论坛以及赛事介绍和运动装备介绍等方式建立了一种商业气氛较低的体育爱好者同盟会或者俱乐部。网站吸引了来自全球各地的球迷，给众多的爱好者一个聚集和发表看法的空间场所，在讨论比赛的同时注意到了耐克在运动中的一点一滴，深入人心，借此还能了解球迷所想要的产品，突出了体育的精神，让浏览者在挑选琳琅满目的商品时感受到刚刚结束的比赛中耐克产品给他们带来的激情。

（2）网站内容与构架。

耐克官方网站是由几个大的分类站点组成的，为产品更好地选择了受众群体，使得网站的内容更加紧凑。网站拥有良好的组织和设计信息环境，较大的版面可以实现内容的及时更新。随着实时体育大事的举办，耐克公司网站的背景不断变化，快速反映全球各大赛事。比如，在足球分类上，采用了欧洲冠军杯赛赛场截图作为背景，在篮球的分类上，则使用NBA的球星作为背景，这样就使网站的风格统一了起来，让浏览者便利地检索到所需要的信息。

（3）顾客人群的定位。

耐克的主要消费群体是 14~30 岁的青少年，而这部分年轻人大部分的时间则是消耗在互联网上的，耐克选择的网络营销渠道恰恰适应了年轻人常常关注的焦点，"百度""腾讯"都是在中国备受年轻人喜欢使用的网站。在百度搜索引擎中能搜索到 4 000 多个网页。这样公司在他们主要的消费群体的曝光率大大增加，低廉的宣传成本带来高效的宣传，大大超过了户外广告。

3. 耐克公司的网络营销竞争策略

（1）发现消费者的需要。

耐克公司采取消费者个性化产品生产营销模式，把企业的生产和消费者的需求结合起来，在企业和市场中建立良好的交流纽带。耐克为其客户建立数据库和个人信息的专用档案，把客户所需要的信息储存下来，为其更好地生产所需要的产品，也更好地追踪客户的动态，做好产品的售后服务，而这一切都来源于耐克的网站和数据库服务。耐克的官方网站提供了 NIKE ID 的个性化定制服务，顾客可以根据自己的喜好和款式定制只属于自己的鞋子或者衣服，加上独一无二的自定义 logo，给年轻人留下充分的想象空间，发挥他们灵活的头脑。

（2）明星效应。

在各种杂志以及社交场合看见穿着耐克品牌衣服的各种明星早已不是什么新鲜的事情，耐克公司包装的体育明星早已为公司带来巨大的利润。从 1984 年开始，耐克公司开始包装乔丹，这个动作无疑是非常成功的，当乔丹夺得总冠军的最后一刻，耐克把乔丹的这个扣篮做成了广告，耐克成了市场的领先者。

（3）非奥运赞助商的耐克。

作为世界级的体育用品商，奥运会是一个向世界展示自己的绝佳机会，没有花重金争夺奥运会赞助上的耐克并没有销声匿迹，而是将自己的王牌放在了互联网上，巧妙地避开了阿迪达斯奥运会赞助商的争夺，借助拥有两亿网民的腾讯，刮起了网络奥运的暴风。与其在门户网站上弹出令人厌烦的弹窗广告，不如利用腾讯网以及 QQ 和旗下各种产品为奥运冠名，利用腾讯网络直播的优势将耐克融入消费者心中。耐克运用病毒式的网络营销手段，以腾讯作为媒介，将自己的理念和品牌形象通过即时、互动的网络信息传输方式覆盖到了每一个网民，耐克的网络营销成本以及效果，绝不亚于作为奥运赞助商的阿迪达斯。

（4）NIKE 的网络广告战略。

2009 年中国网络广告市场规模突破 200 亿大关，网络时代的网络广告成为众多商家的新宠，但是好的网络广告却是不可多得的。耐克网络广告的特点是简洁、精练。在短短几秒时间内将耐克标志重复呈现在用户眼中，使人难以忘记这个文化标志。而在广告中加入明星形象更能吸引上网者的关注，使其留下深刻的印象，而不是去屏蔽广告。门户网站的广告点击率低下，日益泛滥的网络广告杂乱无章，虚假垃圾信息充斥网络广告，使得互联网用户屏蔽广告的心理愈发坚决。如何使得网络广告点击率上升，是耐克公司发布网络广告首先需要解决的问题，于是视频广告悄然升起。

4. 评点

通过以上分析发现，耐克公司选择了合适的营销组合，反映产品或服务的种类和本质以及消费者的独特个性。上文通过对耐克公司的营销策略进行分析，发现其营销方面采取了如下手段：发现消费者的需要、明星效应、病毒式网络营销、简洁的广告等。耐克公司能切合中国的实际国情，参考中国人的生活和购物习惯，注重抓住时事热点，紧贴时尚趋势。耐克公司的网络营销策略的目标是明确的，就如同上面所提到的，耐克公司在土豆网载入了植入性广告，土豆网的用户群体非常广，公司可以借助这个庞大的用户群，来提高自己产品的知名度，从而达到很好的营销效果。

8.3.4 案例二：美国通用电气公司网络促销案例

美国通用电气公司网络促销

美国通用电气公司，在1998年《财富》全球500强中位居第十。其市值在20世纪末已达到近4 900亿美元。美国通用电气公司在1996年开通了美国通用电气网站，该网站在设计中采用的营销宗旨是基于B2C运作模式，以6～8种主导电器为促销对象，以争取25%的新增家庭为主，同时兼顾其他以替换或添置个别产品为主的顾客，在几经总体结构调整以后，现已发展成为在线销售、在线设计、在线咨询与服务的大型电子商务网站，被安盛、GG等著名研究机构誉为"最成功的电子商务网站"之一。"我们将美好的事物带给生活"这一座右铭体现了通用电气公司网站的主题。

1. 以亲情为主题的网络营销

美国通用电气充分利用其无形资产优势，选择了"亲情营销"这一与之形象和产品最贴切的方式来组织其网站的整体结构。

美国通用电气公司最早期的各类产品的主页就是以人间亲情和天伦之乐为主题，吸引顾客对该网站的兴趣，利用人间亲情以缩短公司与顾客间的距离。网站暗示上网的顾客：本公司志在培育与客户的至爱亲情，那么您对我们的产品和企业还会有安全感、信任感上的疑虑吗？

"亲情营销"给通用电气网站带来了众多上网顾客，也带来了巨大的收益。美国通用电气公司几经改版和总体结构的调整，建立了在线销售、在线设计、在线咨询与服务等栏目。网页的改版也体现了通用电气公司网络营销策略的改变，从初期的吸引更多的顾客向更好地服务于顾客转化，网络结构主题也从"亲情营销"转向"互动营销"。

2. 利用网络构建新的营销环境

美国通用电气网站在明确了网站应争取25%的新建家庭、提供6～8种主导产品，同时兼顾其他以替换或添置个别产品为主的顾客的营销思路后，就建立了"家庭解决方案"栏目，让顾客可以先有整体效果的概念然后再选购产品。例如，在家电类网站中，它推出一幕幕厨房场景，布置出各种成套电器的排设方案，体现了豪华、典雅、气派的风格。

3. 网站的精确营销体系

美国通用电气公司的市场根基在美国，尽管美国的电器市场非常大，年销售额可高达140亿美元，但是该市场的发展相对缓慢，每年仅增长1%～3%，大多数主要电器已经达到或接近于市场饱和。因此75%的销售额是在替代市场上，剩余的25%才是新增的家庭。产品质量的竞争，又导致了产品寿命延长。这样，市场的相对贫瘠和同类产品选择性的增加，使得客户极易被竞争对手抢走。

在这样严酷的竞争条件下，家电企业除了要不断地在品种、款式和成本上寻找优势外，最重要的就是营销策略的选择了。美国通用电气公司着力点就在建立企业与客户关系之间的"非正式价值"上。亲情营销的核心是消除企业与顾客在时间与空间上的距离，培养客户忠诚度，增加客户价值，企业通过拓展、建立、保持并强化客户关系使自身效益最大化。

网络精确营销体系比其他任何广告方法都能更深入地了解客户，更能洞察客户的数量和价值特性，以及他们在关系价值、偏好或者需求上的各种差异。通用电气用了十多年时间，经过从电话网、电子信箱至WWW网的演进，才开发了以亲情为主线的、具有对现行和潜在的每个客户进行动态管理的网络营销系统。

基于这样的长期努力，通用电气得到极其丰厚的回报：它已拥有了几乎占全美国家庭1/3之巨的包括3 500万户姓名的庞大的客户资料库。通过提供客户与公司联系的便捷渠道和公司信息的及时反馈，通用电器不仅可加强与客户的关系，而且与网络营销中心接触，可以在很大程度上提高客户对通用电器公司产品系列的关注和认知程度。同时通过与客户互相交流而产生的知识，可以为销售、市场开发以及新产品开发程序提供有价值的投入。

4. 评点

通过美国通用电气公司的案例，我们可以看出企业通过不断学习如何动态地管理与认知客户的过程，就获得了巨大的客户价值提升和忠诚度的提升；公司方则集中精力对客户较满意的各主导产品进行改进，并不断发现新的销售机会。这些网络营销的目的在于使客户达到更高的满意度，逐渐增加公司年收入、扩大市场占有率，加强对本公司品牌的忠诚，从而更好地促进企业长期稳定的发展。

8.3.5 案例三：蒙牛+超女网络广告案例

蒙牛+超女网络广告

1. 品牌与IP的合作，可以更直接、更明确

你或许不知道2016蒙牛酸酸乳携手芒果TV《超级女声》（以下简称超女），但是亿万名18~28岁的少男少女都知道。从项目启动到6月份，扫蒙牛酸酸乳包装的已经突破3 925万人次，扫出超级币7.49亿个。

十年之前，作为2005年蒙牛酸酸乳超女项目的负责人，赵兴继见证了这个"可以写进教科书"的案例；十年之后，赵兴继作为蒙牛集团乳饮类管理系统总经理再次牵手超女，为的不是情怀而是实实在在的商业价值——如何利用IP连接销售，在这个项目上已经有完全的答案。

和十年前相比，同样的合作，却打造了多个不同：不同的消费者习惯、不同的玩法、不同的合作平台、不同的效果数据。

2. 用超女，解决一个商业问题

2005年的夏天，每到星期五的晚上，全国各地的观众几乎都会准时收看《超级女声》的直播。央视索福瑞公布的2005年超女节目收视数据表明，每5个中国人当中就有一个看"超女"，它已经成了深入家家户户的大众娱乐节目。《超女》的火爆不仅让蒙牛酸酸乳品牌

提及率跃升为18.3%、品牌力和市场占有率迅速攀升成为乳饮料第一品牌，更昭示着电视真人秀节目商业火爆的开始。

"2005年与超女的合作，不但让蒙牛酸酸乳实现品牌在知名度上的飞跃，完成从7个亿到23个亿的爆发性增长，还确定了品牌青春活力的定位。"赵兴继表示，当时冠名费不到两千万，更多的是创造了广告主之间相互支持、相互传播的方式，而不仅仅是冠名和单方面传播。

十年过去了，当年超女的中坚观众——"80后"已经30多岁，蒙牛酸酸乳需要解决新的问题：如何与当下"90后""00后"年轻人玩儿到一起？

"蒙牛酸酸乳不缺知名度。同时，对于'80后''70后'，只要把品牌与超女联系在一起，记忆就会被唤醒，因此不需要加强品牌与节目之间的关联度。"因此，此次的重点在于"90后""00后"。而如何与这些年轻人玩在一起，则更考察品牌此次战术的颠覆性——因为他们是完全不同的一代。例如，今年报名的超女选手，53%的选手来自"95后"；有超过1成的选手报名时使用的是英文名。在这群年轻靓丽的女孩中，有17%的选手带有明显的"二次元"特征，近三成的选手习惯在半夜刷手机。

解决的方案是：互动。互动带来参与感，参与感让产品与品牌与消费者之间产生强关联性。这是蒙牛酸酸乳此次搭载芒果TV《超级女声》的核心营销思维。

3. 用互动，调动消费者的积极性

互动不仅仅是一种手段，一种战术。在2016年蒙牛+超女这个案例里，互动是一种系统思维，是一种"一定要让目标消费者参与"的决心。"展示型的商业广告已经很难打动新的年轻人。"在2016蒙牛酸酸乳+超女这个项目中，赵兴继选择了"三个互动"落地执行，来贯穿"参与感"这个战略思维。

第一个互动：节目与受众的互动。节目平台互联网化，完成节目环节的互动参与基础设置。"超女"落地平台是互联网行业的芒果TV，而不是电视行业的湖南卫视"芒果台"。这是一届完全"互联网化"的超女。决定一个电视剧或者节目是否能火，已经不再限于电视还是互联网作为播出平台。"宋仲基是从哪里火的？都教授又是从哪里火的？他们的播出都是在视频网站上。除了年轻人关注平台的转移，互联网还能完成电视不能完成的事情——互动。"

第二个互动：活动与产品的互动。怎样让活动与产品直接产生互动？通常的节目赞助是产品植入、曝光。十年前，在与电视平台进行合作时，蒙牛酸酸乳只能通过大量的线下活动来实现品牌和消费者的深度沟通和销售转化；而今天，借助互联网的平台，可进行的消费者沟通形式更加丰富。例如，这次超女进程的关键环节——投票，就和蒙牛酸酸乳发生强关联：蒙牛酸酸乳独创的超级二维码技术实现了真正的不同包装不同二维码。粉丝通过扫描印有超级女声logo的蒙牛酸酸乳包装二维码，可获得20~100不等的超级币，利用超级币，消费者便可为自己喜爱的超女选手投票。一个超级币等于一个超女人气值，多扫多得。想想李宇春"玉米"那届短信投票的疯狂，中间直接带来的促销价值也会"疯狂"。而这只是"超级二维码"技术的一项体现而已。通过这项技术创新，实现了产品包装与电视节目以及目标消费群之间的立体三维互动，达到真正的"玩起来"。

第三个互动：活动与经销商的互动。春夏本来就是乳品饮料的销售旺季，蒙牛将超女海选现场与常规分地区渠道活动相结合，达到了品牌与经销商的"双赢"，同时性价比很高——基本都是目标人群的互动性参与。在线下活动部分，蒙牛酸酸乳与芒果TV还共同策划了"超女大篷车"路演活动，进行超女线下海选。选手可提前预约，并在规定的时间内进入大篷车，与评委互动，进行超女300强的角逐。在此活动过程中，大篷车路演活动与芒果TV后台全天连线，实现全面打通。

线下活动通过线上平台的内容输出，不仅能影响举办地的消费者，还能更广泛地触达更多的消费者。同时，在举办的所在地，以及蒙牛酸酸乳的20个城市销售大区，蒙牛酸酸乳执行团队号召消费者去支持当地的超女选手，积极参加路演，帮超女增加人气。通过线下活动，实现全员参与，最大限度地让年轻人参与到活动中来，在参加活动的过程中，完成品牌沟通的诉求。

4. 用技术打通销售直通道

如上所述，在2016年蒙牛牵手芒果TV超级女声，其实是一个商业目标明确、传统+数字技术的高性价比营销项目。其中当然不乏"天时、地利、人和"，因为历史原因蒙牛才能那么深入节目环节本身。但是，一个技术绝对不容忽视，甚至可以说，这个项目中"最闪亮的那颗星"不是超女与蒙牛的二次牵手，而是整个"超级二维码"技术。和其他二维码相比，超级二维码能解决过往的难题。例如，单品的一瓶一码，可以限定一手机一码，扫码后快捷的大数据收集与分析。蒙牛甚至可以把"超小二维码"印在瓶盖内侧，只有开瓶后才能扫码。

之后，"在技术成熟的基础上，消费者第一次扫码需要很强的动力，我们需要创造一些强大的理由。"除了超女海选这个理由，赵兴继还用10万元总费用尝试了TFBOYS营销。他们以很低的价格购买了102颗星星的冠名权，三个送给了TFBOYS。在其粉丝的助推下，这个新闻持续多天免费上了新浪微博的热搜榜，而这只是开始，蒙牛把这件事在其粉丝网站上做了传播。而粉丝们扫码抽奖，就可以拼人品冠名其他的星星，获得演唱会门票，"永远陪伴TFBOYS"。最终，活动H5拥有高达966万次的浏览量，8万多的参与人数。而活动相关主话题12次冲榜，持续登上微博话题榜前3位，强势霸榜明星榜第1位，引发粉丝近3亿的话题阅读量，高达35万条的话题讨论，以及32家主流媒体的报道！

5. 评点

可以想见，在未来，打通产品与消费者之间、品牌与促销之间，只需要"不停地植入内容和故事进去"。甚至，以小众包装产品，加上针对性的项目促销，针对小众情感营销进行电商销售，都可能取得更好的效果。

相关新闻链接　　　　**一场24小时直播的"超级女声"**

2016年超女分为三个阶段：

第一阶段，24小时网上直播海选。从3月12日开始，就可以在芒果TV上看超女24小时直播与点播；全国所有海选都可以看得到。并且在全球200个城市，举办了2 000多场推广活动，有着10家直播平台、10家地面频道、30多家互联网合作伙伴、8个深度合作客户。从西甲赛场，到NBA现场，再到纽约时代广场，2016蒙牛酸酸乳《超级女声》跨界升级，携手国际顶尖体育赛事唱响全球，让"地球人都知道"。

第二阶段，"偶像养成"阶段。5月份开始，在一超大演播厅里搭一个大别墅，称为"女声学院"，里面预定安排140个机位，超女入住后，24小时直播。人气最高的20个人会进入超女学院，接受国际导师和整体的培训计划，每天会有排位赛、换位赛，这20个人和另外的80名超女是要PK换位的，这是"口袋里的偶像"的最真实呈现。而它所得到的反馈也是让人瞠目结舌的。仅养成阶段，便有8亿多的超女币投票，单周换位赛选手人气最高一度达 700 多万！这样的成绩，令很多综艺选秀节目望尘莫及。

第三阶段：总决赛。

移动互联网加入了"直播"因素：只要是女生，在 2016 年芒果 TV《超级女声》的舞台上就可以随时随地参与竞选。选秀选手可以跟用户之间进行实时互动，用户可以自己通过互动来进行投票。超女不仅报名通道线上线下全面覆盖，更能让数千万甚至上亿网友实时参与并且产生海量内容的"直播真人游戏"。

8.3.6 案例四：爱奇艺网络广告案例

爱奇艺网络广告

1. 爱奇艺的创建

爱奇艺成立于 2010 年 4 月，由百度创立，并获得美国私募股权投资基金普罗维登斯资本 5 000 万美元投资。2011 年 11 月改名为爱奇艺。2012 年 11 月 2 日消息，百度公司宣布收购私募公司普罗维登斯资本（Providence Equity Partners）持有的爱奇艺股份。2013 年 5 月 7 日，百度宣布 3.7 亿美元收购 PPS 视频业务，并将 PPS 视频业务与爱奇艺进行合并。

爱奇艺网

爱奇艺标志

爱奇艺网首页

爱奇艺自2010年上线以来，百度一直给予其搜索引擎流量导入帮助，使爱奇艺上线后不久网站流量就达到了一定量级。百度完全控股爱奇艺后，除流量导入之外给予爱奇艺更有价值的支持。

2. 爱奇艺的网络广告兴起

视频网站的盈利模式决定了它们对广告的依赖。当前视频网站的盈利最主要的还是靠传统的广告模式，也就是通过页面广告、贴片广告、视频缓冲广告、视频暂停广告等形式来获得广告收益。观众应当理解这些广告的存在，因为中国当前视频网站几乎都出于亏损状态，比如优酷土豆2015年第二季度的财报中显示，仅仅一个季度，优酷土豆净亏损达到3.1亿元人民币。为了尽可能减少亏损，这些网站只能尽可能多地播放广告，同时开发其他盈利方式来缓解当前的亏损。基于百度海量用户搜索数据，百度也有能力通过整理分析大数据并将其输送给爱奇艺，令其实现精准广告的投放。

（1）爱奇艺广告推广优势。

海量触达。爱奇艺用户达2.69亿，观看时长26亿小时，占互联网视频用户的60%，人均在线时长第一。爱奇艺移动端日均覆盖人数浏览时间最长。与传统的营销平台对比，爱奇艺等互联网渠道快捷方便，用户每日使用频率高，用户黏性强，转化率高，广告主投资回报率高。

多维度投放方式，可以根据不同性别、年龄、兴趣、频道栏目、地域、关键词等精准地定向；爱奇艺广告案例有信息流广告、框内的贴片、浮层、角标等；支持人群特征、地域、设备等多种定向方式，依托强大的数据后台，精准识别目标用户，大幅提高广告转化率。

多维数据支持组、计划、创意、广告位等多重维度综合分析，支持展现、点击、下载及费用金额查看等多类型数据监控。智能优化采用广告投放实时竞价技术，实现精准营销，优化广告效果，提升投资回报。

（2）爱奇艺广告价格。

第一，国内爱奇艺广告都是按照展示收费的，不是点击，因为视频网站不承诺点击率。

第二，爱奇艺广告计费标准是CPM，CPM即千人展示成本，就是展示1 000次收1次费；例如，CPM为20元，即展示1 000次=20元，即每次展示是2分钱。

那投放多少钱合适呢？没错，投放多少钱是需要客户来定的。客户都有自己的投放预期和投放计划，即投放多少钱广告要达到多大的投放效果，然后会用有限的资金将广告效果最大化。

3. 爱奇艺的发展壮大

爱奇艺首席内容官马东在2014年第七届金投赏国际创意节期间与新浪财经对话时表示，当通过互联网收看视频、接收内容同时表达意见已经成为一部分人群主要的生活方式之一时，"我们就有决心只为这些人做节目，而不需要兼顾到电视的播出"。在考验一部影视剧的火爆程度时，网络点击量已经隐隐有超越电视收视率之势。马东表示，和以往节目如果不在电视播出就不能红火不同，现在节目只要在网站播出就已经足以成为大家关注的焦点。"在今年前几个月百度影视剧的排名上，前五十名里可能有50%是没有在电视台播出过的剧。"

韩剧《来自星星的你》在爱奇艺独家播出，引发全民收看狂潮。而国内爱情偶像剧《爱情公寓》虽然也在电视台播出，但其电视端的传播远没有互联网引起的震荡大，据悉这部剧的网络点击量已经达到了几十亿次。

马东表示,爱奇艺并不满足于成为一个纯粹的播出平台,而是致力于连接人和信息。比如观众在看一部剧,喜欢剧中主角的一件衣服,就可以点击这件衣服,可以转到网站去购买这件衣服。"这个价值链才是我们真正的投资商、我们的股东、我们的广告客户看到的爱奇艺价值。"

除了网络广告、视频播出之外,自制内容已经成为各大视频网站的发力点之一。在近来举行的2015年爱奇艺营销分享会上,爱奇艺创始人、CEO龚宇表示将发力网络自制剧。爱奇艺方面透露,由欢瑞世纪与爱奇艺联合出品的网络电视剧《盗墓笔记》每集投入高达500万元,这样天价的电视剧制作成本将传统电视剧远远抛在了身后,网络自制剧的崛起或将改变传统电视剧产业的运作模式。

在最近两年时间里,爱奇艺经历了和PPS的融合、移动端流量超越PC端、从单纯的播出平台到重视内容制作的过程。

4. 评点

爱奇艺视频贴片广告就是在视频开播或者片中、暂停中出现的广告。贴片广告最大的优势就是视频被播放几次,上面的广告就会跟着播放几次,所以基本可以以视频播放次数来估算广告被观看的次数,以观看该视频的人数、人群特征来估算广告触达的人数及人群特征。

随着影视行业的发展越来越好,视频贴片广告的时间也在不断增长,人们在打开某一个视频的时候,首先出现的就是60秒以上的广告时段,广告视音频效果俱佳,具有强制性观看的效果,宣传力最强,影响力最大,是非常受广告主喜欢的网络视频广告。

爱奇艺是中国视频行业领先者,视频贴片广告投放取得了巨大的成效。秉承"悦享品质"的品牌口号,积极推动产品、技术、内容、营销等全方位创新,为用户提供丰富、高清、流畅的专业视频体验,致力于让人们平等、便捷地获得更多、更好的视频。目前,爱奇艺已成功构建了包含电商、游戏、电影票等业务、连接人与服务的视频商业生态,引领视频网站商业模式的多元化发展。

思 考 题

1. 网络营销的定义及作用是什么?
2. 网络营销的方式有哪些?
3. 简答网络促销及网络广告的含义。
4. 网络促销有哪些特点?
5. 网络促销的方法有哪些?
6. 网络广告作用是什么?
7. 结合实际例子谈谈网络促销的优势与不足。
8. 简述常见的网络广告形式。传统广告与网络广告在信息的沟通上有什么重大区别?企业应当采取什么样的网络广告策略?
9. 欧莱雅想在法国的网站上做广告,广告公司推荐了法国排在前3名的网站,这时欧莱雅想知道什么样的人浏览这些网站,就通过netvalue公司进行调查,包括全法国有多少网民,多少人到什么样的网站,男女性别比例怎么样,购买习惯怎么样,营业模式怎么样等。

经过分析，找到了一个全法国排名第385位的女性网站，在这个网站上浏览者70%是女性。欧莱雅认为自己的广告理所当然应该投放在这里，效果当然非常好。请分析欧莱雅选择该网站的原因。

10. 案例分析

立顿公司网络营销策略分析

立顿公司是一家制销茶叶的公司，在其所属行业中，立顿无疑是知名品牌，但在世界著名商标中，立顿不是强势品牌，该企业与世界500强相差深远，但其整个网站设计却别具特色。

立顿公司主要产品为茶叶，在世人的想象中，其网站自然应以大诵茶经为本，但实际上茶叶制品在该站点中并不占首栏首位，其先导栏目竟是美食经《各国食谱大全》及按季节时令变化的《每日烹调一课》！仅此一栏，就会使许多国家的美食家、家庭主妇成为该站的铁杆回头客。这一"以食论茶"的创意，在题材定位上是很成功的，因为该企业茶制品就是那些尽人皆知的几款几型，网站如"以茶论茶"则无助于建立人气，培养回头客。

从整个网站规模来看，立顿公司属于小站点。所以在网站立意上以一种人人都熟悉的超市食品货架为背景，以饮食为切入点，定位于居家过日的普通民众，创意新颖，视觉形象生动，感召力强，在网络营销策略上独具特色。

在营销时序上，该网站也独具匠心。站中先导入一位拥有高超传统厨艺的意大利老太太为"妈妈的小屋"栏目主角；一位芳踪不定却精于品尝各类巧克力、甜点、饼干等各式零食的年轻女士为"浪漫生活"栏目的主角，她是另一代消费者的代表；待她们在网上大侃各种浓汤大菜，观众们饱览一通温淳甘脆、香浓美味的主食和点心后，该站的正主儿——茶叶（立顿清茶、红茶、黑茶等）终于上场了。此时再谈茶品茗，味道当然不同！立顿站点致力于体现其文化、亲情与品位的倾向是十分明显的。站点的文化气息体现在立顿的许多菜肴都富于诗意的介绍，再进一步加上一层亲情的烘托，使网站整体意境在亲情关爱中得以升华，迥异于一些冷冰冰的生意站点。

根据上述案例分析，请回答下列问题：

第一，什么是网站定位？网站定位应考虑哪些因素？

第二，分析立顿公司网站建设以及网络营销的成功之处有哪些。

资料来源及参考网站

1. 小米手机网络营销

https://wenku.baidu.com/view/af7f37a9dd3383c4bb4cd220.html

https://wenku.baidu.com/view/91867851f5335a8102d220e5.html?from=search

2. 可口可乐公司的网络营销

https://wenku.baidu.com/view/14f606d733d4b14e85246881.html

3. 亚马逊网络营销案例分析

https://wenku.baidu.com/view/f899f07901f69e31433294a3.html?from=search

4. 网络营销案例分析——以韩都衣舍为例

https://wenku.baidu.com/view/c8eb8373dd36a32d737581a3.html?from=search

5. 微信营销的6个经典案例

https://baijiahao.baidu.com/s?id=1569002427480374&wfr=spider&for=pc

6. 优衣库电子邮件营销案例

https://wenku.baidu.com/view/47a0632bed630b1c59eeb557.html

7. 亚马逊差别定价策略

http://3y.uu456.com/bp_1a3v598qa13fre38i3ry_1.html

8. 微博营销经典案例

https://wenku.baidu.com/view/8a9f72c2bdeb19e8b8f67c1cfad6195f312be8dc.html

9. NIKE网络营销成功案例

https://wenku.baidu.com/view/6b318a2dff00bed5b8f31d24.html

10. 美国通用电气公司的网络营销案例

http://blog.sina.com.cn/s/blog_139bc20c00102x0aq.html

11. 蒙牛+超女网络广告案例

http://www.vmarketing.cn/index.php?mod=news&ac=content&id=10840

12. 爱奇艺网络广告案例

http://www.admaimai.com/zhuanti/Detail26832.htm

http://www.admaimai.com/zhuanti/Detail25870.htm

13. 百度百科

https://baike.baidu.com/item/网络营销/175416?fr=aladdin http://jingyan.baidu.com/article/f71d6037a72a2b1ab641d197.html

http://jingyan.baidu.com/article/47a29f247af75bc01423999a.html

第 9 章

电子商务法律案例分析

教学目标

通过本章的学习，了解电子商务立法的内容；掌握电子商务条件下知识产权保护的内容及相关法律规定；明确电子合同的法律效力及电子签名与认证；理解网络游戏中的法律适用问题和网络消费者权益的保护；能够对相关案例进行分析。

关键词汇

电子商务法；知识产权；电子合同；域名抢注；隐私权

知识回顾

1. 电子商务法的概念

电子商务法是调整以数据电文为交易手段而形成的以交易形式为内容的商事关系的法律规范总称。

形式意义的电子商务法是指体系化的制定于一个法律文件内的电子商务法，如联合国大会通过的《电子商务示范法》就是这种意义上的电子商务法。

实质意义的电子商务法则是指电子商务法律规范总称意义上的电子商务法，也就是作为部门法意义上的电子商务法，它不仅包括以电子商务命名的法律法规，还包括其他各种制定法中有关电子商务的法律规范，如我国合同法中关于数据电文的规定，我国刑法中关于计算机犯罪的规定等。

2. 电子商务立法内容

电子商务交易环境和手段的改变使所有信息包括电子商务各方的身份、交易场所、交易权限、交易流程、交易状态等，都以电子信息的形式出现和传输，产生了一系列新的法律问题。

电子商务的法律法规涉及许多方面，如网络环境下的著作权、域名、专利、电子合同的订立和电子凭证的法律有效性、个人隐私权、网上支付、法律适用等问题。建立一个良好的法律环境是网上交易的前提和保障，是电子商务健康发展的关键。

3. 知识产权的保护

知识产权是人们对于自己的智力活动创造的成果和经营管理活动中的标记、信誉依法享有的权利。知识产权包括版权和工业产权,工业产权主要包括专利权和商标权。

由于电子商务依赖的是全新的电子数据通信手段即互联网,因此传统的知识产权制度发生了一些变化。首先,电子商务的发展增加了知识产权的客体。在版权领域已经出现或者可能出现的新的客体有计算机软件、数据库、多媒体等;在专利法领域,传统上一般认为不属于专利法的客体而属于思想或者数学算法范畴的知识,已经或者有可能成为专利法的客体,例如计算机软件、电子商务中的商业方法;在商标法领域,传统法律一般认为文字、图形以及文字和图形的结合等才能成为商标,但是,在网络上,出现了新的商标形式如动画,这种依托于信息技术的商标形式显然法律不会给予肯定的态度。其次,电子商务的发展增加了权利的内容。信息技术使得权利出现了新的形式,最突出的是版权领域。随着信息技术的发展,发表权增加了新的内容,同时出现了未曾有过的出租权、传播权等权利。最后,电子商务的发展出现了一些新的侵权行为,如域名抢注等。

4. 电子合同的法律问题

根据我国合同法第 2 条规定:"合同是平等主体的自然人、法人、其他组织之间设立、变更、终止民事权利义务关系的协议。"可见,合同反映了双方或多方当事人意思表示一致的法律行为。随着电子技术的发展,电子商务正在被越来越多的商家采用,电子合同得以出现。电子合同是平等民事主体之间通过电子信息网络,主要以电子邮件和电子数据交换等形式设立、变更、终止财产性民事权利义务关系的协议。通过上述定义可以看出电子合同是以电子方式所订立的合同,主要是指在网络条件下当事人为了实现一定的目的,通过数据电文、电子邮件等形式签订的明确双方权利义务关系的一种电子协议。

毫无疑问,电子商务的成长给作为商法基础的合同法带来了严峻的考验,这涉及电子合同的法律法规、电子合同的法律效力以及电子签名和认证等一系列问题。

5. 网络游戏的法律问题

网络游戏作为近几年发展起来的一项新经济形式,在政府的认可和支持下发展迅速,一个日益有序和成熟的产业逐渐形成。与此同时,传统的道德、法律观念和法律规范的适用尚未完全有效地延伸至网络游戏这一崭新的领域,由此产生了一些法律适用问题。如网络游戏中的虚拟财产的价值、网络游戏运营商和玩家之间的法律关系等。

6. 消费者权益保护的法律问题

随着电子商务的发展,网上交易日益普遍,在电子商务交易中对消费者的保护问题也不可避免地凸显出来。网上虚假广告、货不对办、验货退货、数字化商品欺诈,以及侵犯隐私权和个人数据等问题层出不穷。其中网络隐私侵权尤为突出。

隐私权是指自然人享有的,私人生活安宁与私人生活信息依法受到保护,不受他人侵扰、知悉、使用、披露和公开的权利。网上侵犯他人隐私权是指未经他人许可,擅自通过互联网站上自己或他人的主页,将特定的他人隐私公之于众,或擅自通过向第三人、第四人、众多其他人发送电子邮件等方式张扬特定的、他人的隐私,情节恶劣、后果严重的行为。

9.1 知识产权的保护

9.1.1 域名保护案例——"宝洁"域名纠纷案评析

"宝洁"域名纠纷案

1. 案例

原告(美国)宝洁公司,被告北京国网信息有限责任公司。原告宝洁公司诉称:我公司是始建于1905年的跨国公司,是"WHISPER"注册商标的所有人。我公司在全世界一百多个国家和地区注册了170个"WHISPER"和"WHISPER图形"商标。1995年,我公司获准在中国注册"WHISPER"商标,核定使用商品为卫生巾、卫生毛巾、止血塞等卫生用品,同年,我公司在中国又注册了"WHISPER"的对应中文商标"护舒宝",核定使用商品为卫生巾、月经垫、月经棉塞等卫生用品。我公司在中国投资组建的广州宝洁纸制品有限公司独家享有在中国大陆使用"WHISPER"及其图形商标和"护舒宝"中文商标的权利。当我公司准备在中国互联网上以"WHISPER"为标志注册域名时,却发现被告国网公司已抢先注册了"whisper.com.cn"域名,该域名一直闲置未开通使用。而以我公司的注册商标"WHISPER"为标识的妇女卫生巾是世界最大的妇女卫生巾品牌之一,"WHISPER/护舒宝"卫生巾在中国同类产品中的市场占有率、销售量均位前列,"WHISPER/护舒宝"卫生巾在中国各地电视及报刊上所作的大量广告早已为中国公众熟知,中国工商行政管理局商标局已将"WHISPER/护舒宝"商标作为全国重点商标进行保护。"WHISPER/护舒宝"商标已经在中国及国际市场上享有较高的知名度和信誉,成为驰名商标。被告国网公司注册的"whisper.com.cn"域名与我公司的驰名商标在读音、字母组合上均完全相同,该域名是对我公司的驰名商标的抄袭与模仿,被告国网公司的此种行为旨在搭乘和利用我公司的驰名商标所附属的商誉而行销自己,使我公司无法在网络媒体上利用自己的驰名商标创造商机,降低了该驰名商标的广告价值,且导致消费者的混淆,淡化了该驰名商标在网络上表现与区别商品的能力,损害了我公司的合法权益。被告国网公司的行为构成了不正当竞争并侵害了我公司的商标权,故请求法院依据《中国互联网络域名注册暂行管理办法》及其实施细则和《中华人民共和国反不正当竞争法》、《中华人民共和国商标法》及《保护工业产权巴黎公约》的有关规定,判令被告国网公司:第一,立即停止商标侵权及不正当竞争行为,立即停止使用并撤销"whisper.com.cn"域名;第二,承担本案的诉讼费用和律师费、调查取证费等费用2万元人民币。

被告国网公司辩称:本公司申请注册的"whisper.com.cn"域名是经中国政府授权管理域名注册的中国互联网络信息中心审查批准注册的,应受法律保护。本公司不同意原告宝洁公司的诉讼请求,理由如下:第一,本案不属于适用民事诉讼法审理的案件。本案所涉及的"whisper.com.cn"域名的注册申请与批准,属于域名主管部门与申请人之间发生的行政法律关系,如行政许可行为侵害了原告的合法权益,原告应提起行政诉讼。第二,域名不是商标,互联网络域名的注册及使用不在《中华人民共和国商标法》调整的范围内。本公司是在网络上注册"whisper.com.cn"域名,因此不构成对原告宝洁公司商标权的侵害。第三,本公司注册域名的行为没有违反《保护工业产权巴黎公约》和《中华人民共和国反不正当竞争法》。在上述公约和法律中，关于认定不正当竞争行为的规定，并未包括将他人注册商标注册为互联网络域名的行为，原告宝洁公司指责本公司注册域名的行为属于不正当竞争，是不能成立的。第四，本公司注册"whisper.com.cn"域名不构成恶意抢注。原告宝洁公司的"WHISPER"商标是否为驰名商标，应由中国工商行政管理局根据《驰名商标认定和管理暂行规定》来认定，且本公司从未向任何企业或个人有偿或无偿转让，域名未开通使用与恶意抢注并没有必然的联系，既然本公司注册的域名没有开通使用，也谈不到"搭便车"或者导致消费者混淆，原告宝洁公司可以在与本公司不同的二级域名上以自己的商标注册域名，是可以在中国网络媒体上实现自己商品的广告价值。

法院经审理查明，原告宝洁公司为"WHISPER"及中文对应商标"护舒宝"的商标注册权人。1992年，中国国家工商行政管理局商标局获准宝洁公司在国际分类五类注册了"WHISPER"商标，商标注册证号为584633号，核定使用商品为卫生用品，即卫生棉、止血塞、三角裤和衬垫及紧身内裤衬里商品，有效期自1992年2月28日至2002年2月27日止。同年，宝洁公司经中国国家工商行政管理局商标局获准注册中英对应商标"护舒宝/WHISPER"，商标注册证号为580646号，核定使用商品与"WHISPER"注册商标的相同，有效期自1992年1月30日至2002年1月29日止。此外，宝洁公司还分别在中国注册了"WHISPER及图形商标"和"WHISPER"对应中文商标"护舒宝"等商标。在国际上，宝洁公司在许多国家分别注册了"WHISPER"商标，用于多种卫生用品。自1992年起，宝洁公司许可其在中国组建的广州宝洁纸品有限公司在中国大陆使用"WHISPER""WHISPER及图形"和"护舒宝"商标，用于卫生巾、卫生毛巾、止血塞等卫生用品。1994年1月，"护舒宝"牌卫生巾被中国妇女报、消费时报和中国社会经济调查研究中心联合评选为"全国妇女最喜爱商品（卫生巾类）第一名"；1998年3月，中国国家统计局贸易外经司发布"1997全国百家亿元商场畅销商品及品牌资料"，显示"护舒宝"卫生巾位于1997年度全国百家亿元商场卫生巾品牌销售量、销售额、市场占有率第一；1999年，中国国内贸易局发布年度全国食品日用品五百领先品牌，"护舒宝"品牌位列第七名，为全国十大品牌之一。宝洁公司自1996年至1999年在中国投入"WHISPER/护舒宝"品牌的广告费用累计人民币3亿余万元。1999年9月，宝洁公司委托广东大通市场研究有限公司在广州、北京、上海等九个城市进行妇女护理用品项目研究，结果表明对"护舒宝"卫生巾的认知度为90%。同年，中国国家工商行政管理局商标局发布"关于印发《全国重点商标保护名录》的通知"商标〔1999〕13号文件，"护舒宝/WHISPER"位列其中。

被告国网公司成立于1996年3月，经营范围为：计算机网络信息咨询服务、计算机网络在线服务；电子计算机软硬件的技术开发、技术服务、技术咨询、技术转让等。1998年8月3日，国网公司向中国互联网络信息中心申请注册了"whisper.com.cn"域名，现该域名空置未开通使用。

法院另查明，被告国网公司除注册了上述域名外，还注册了"ikea.com.cn""dupont.com.cn""dow.com.cn"等与其他在先注册的著名商标相同的大量域名。

2. 处理结果

法院经审理认为：法律提倡和保护公平竞争，经营者在市场竞争中应遵循诚实信用的原则，并应遵守公认的商业道德。宝洁公司是"WHISPER"和"护舒宝/WHISPER"等注册商标的商标权人。"WHISPER""WHISPER 图形"商标在世界上多个国家进行了注册,"WHISPER""护舒宝/WHISPER"在中国进行了商标注册,上述商标长期使用,法律状态有效。宝洁公司为宣传"护舒宝/WHISPER"商标的产品,投入了大量的广告费用,其市场占有率、销售量居同类商品的前列,"护舒宝/WHISPER"在中国是知名品牌,在消费者中享有较高信誉,为公众所知悉,并被中国国家工商行政管理局商标局列为重点保护的商标,故应认定"WHISPER"商标为驰名商标。

网络是人类社会活动的空间在新技术上的表现,网络空间的行为应受到人类社会行为规范的调整。随着网络上商务活动的发展,网络域名已不仅仅是简单的网址号码,其已具有重要的识别功能,无论域名的注册者在该域名内是开展网上商务活动,还是提供信息服务,该域名均具有较大的商业价值,成为其自身重要的商业标识。驰名商标注册权人可以通过域名体现其商标的巨大价值,并凭借其商标良好的商业信誉在网络上获取商业利益。在上述的特定条件下,依附于知识产权法律所保护的客体的网络域名,应受相关法律的调整。根据《保护工业产权巴黎公约》关于驰名商标特殊保护的规定,鉴于域名所具有类似商标识别的功能及域名在同一级别上注册的唯一性,域名如与在先注册的驰名商标相同,那么,即使该域名的注册者与驰名商标的注册权人经营的商品或服务类别不同,或者该域名的注册者尚未对域名开通使用,该域名也已与在先的驰名商标权益产生了冲突,降低了该驰名商标的商业价值,妨碍了驰名商标权人在网络上行使其相应的权利。故应认定注册与驰名商标相同的域名的行为是侵犯该驰名商标专用权的行为,被告国网公司的行为侵害了原告宝洁公司的商标专用权。

被告国网公司注册了与原告宝洁公司的驰名商标相同的域名,易使消费者产生混淆,误认为该域名的注册人为驰名商标的注册权人或与其存在某种必然的联系,并在客观上利用了附属于该驰名商标的商业信誉,以有益于本公司的经营活动。"WHISPER"作为驰名商标,具有较高的认知度,被告国网公司明知或者应知该商标是带有较高价值的驰名商标,且经查证,国网公司还注册了大量与其他在先注册的知名商标相同的域名,并均未开通使用,其待价而沽的非善意注册的主观动机是十分明显的,故被告国网公司将与自己没有任何合理性关联的"WHISPER"驰名商标注册为域名,有悖诚实信用的基本原则,构成了不正当竞争。

原告宝洁公司请求法院依法保护其注册商标的实体民事权利,要求被告停止民事侵权行为,与提供域名注册服务的机构无涉,与之相关的民事权利和义务应受中国的民事法律规范调整。被告国网公司辩称其申请域名注册并得到域名注册管理机构的准许,本案属行政法律关系,原告应向域名注册管理机构提出请求的主张,缺乏法律依据,本院不予支持。对于被告国网公司辩称其注册"whisper.com.cn"域名的行为,并未侵害原告的商标专用权,不构成不正当竞争的主张,本院亦不予支持。原告宝洁公司请求被告国网公司赔偿其因诉讼所造成的部分经济损失两万元,理由正当。原告宝洁公司未向被告国网公司提出赔礼道歉的请求,本院对此没有异议。

综上,被告国网公司注册"whisper.com.cn"域名的行为,违反了《中国互联网络域名注册暂行管理办法》及其《实施细则》的有关规定,有悖《保护工业产权巴黎公约》的有关规定及精神和《中华人民共和国反不正当竞争法》的基本原则,对原告宝洁公司驰名商标的专用权造成了侵害,构成不正当竞争。对此,被告国网公司应承担相应的法律责任。故依据《中华人民共和国反不正当竞争法》第二条第一款的规定,判决如下:第一,被告北京国网信息有限责任公司注册的"whisper.com.cn"域名无效,北京国网信息有限责任公司立即停止使用,并于本判决生效后十日内撤销该域名;第二,被告北京国网信息有限责任公司赔偿原告(美国)宝洁公司经济损失两万元人民币(于本判决生效后十日内给付)。

3. 评点

第一,关于网络域名的司法保护问题。

目前,网络作为新生事物,从技术角度讲,是虚拟的形态,但它终不是梦幻,它是客观实在的。它只是拓展了人类社会活动的空间,改变了人类社会某些传统的行为方式,并产生了一些新的权益,这些新产生的权益不能摆脱现有的权益,并在很大程度上依赖于现有的权益。在网络空间中只要存在人类社会的行为表现,存在权益之间的冲突,就意味着法律必然要规范在网络环境中所发生的行为以及出现的利益冲突。这是我们依据现行法律和法律原则精神做出判决的客观依据。当然,对于解决网络中出现的问题,现行法律的规定尚有不完备的地方,还需尽快完善立法,但绝不能认为,网络中出现的问题没有法律调整。而法律规范是网络经济和信息传递的发展的有力保障。关于域名,从技术角度来讲,是上网用户在网络中的地址。因它是用符号来表示,所以有人说它是门牌号码或电话号码。从功能上讲,域名具有识别功能,它是用户选择用来在互联网上代表自己的标志,因此很多用户以自己的商号、商标作为标志,以便他人识别,现在中文也已经可作为域名使用。这里我们要特别注意域名在功能上的识别性。在我们现实生活中,商号和商标的最主要功能就是识别性,这是人们所熟知的,它给消费者提供了方便,给经营者带来了利益,所以法律要保护和规范它。然而当这些商号、商标与网络域名紧密联系起来及与消费者和经营者的利益联系起来的时候,法律是否加以规范并又如何规范呢?

域名能否成为一个权利?是不是所有与商标、商号联系的域名,法律都要保护?这是一个目前非常有争议的值得深思的问题。但对驰名商标,世界各国和有关国际条约和组织都认为应给予特别保护。因此,我们认为,对涉及驰名商标的域名争议,法律应予规范。如前所述,网络空间是人类社会活动在新技术上的再现,网络空间的行为应受到人类社会行为规范的调整。随着网络上商务活动的发展,网络域名已不仅仅是简单的网址号码,其已具有重要的识别功能,无论域名的注册者在该域名内是开展网上商务活动,还是提供信息服务,该域名均带有较大的商业价值,成为其自身重要的商业标识。驰名商标注册权人可以通过域名体现其商标的巨大价值,并凭借其商标良好的商业信誉在网络上获取商业利益。域名依附于知识产权所保护的客体,应受知识产权相关法律的调整。根据《保护工业产权巴黎公约》关于驰名商标特殊保护的规定,鉴于域名所具有商标识别的功能及域名在同一级别上注册的唯一性,域名如与在先注册的驰名商标相同,那么,即使该域名的注册者与驰名商标的注册权人经营的商品或服务类别不同,或者该域名的注册者尚未对域名开通使用,该域名也已与在先的驰名商标权益产生了冲突,降低了该驰名商标的商业价值,妨碍了驰名商标权人在网络上行使其相应的权利。故应认定注册与驰名商标相同的域名的行为是侵犯该驰名商标专用权的行为,被告国网公司的行为侵害了原告宝洁公司的商标专用权。

第二,关于人民法院认定驰名商标的问题。

本案是一件由人民法院在具体案件审判中做出驰名商标认定并依法对驰名商标权人权益给予保护的案件。对于驰名商标的认定,国际上比较通行的做法包括以下几种:一是由法官在案件审判中直接判定；二是由民间机构评估认定；也有的由政府主管机构来认定。我们国家一般是由国家商标局做出认定，根据有关规定国家商标局是唯一有权做出这种认定的行政机关，但它并不能排除人民法院在审判活动中有对驰名商标个案予以认定的权利。从理论上讲，司法权高于行政权，只要法律没有明确的禁止性规定，人民法院就有权做出这样的判定，目前，这样的做法在国际上比较通行。况且法院对驰名商标的认定，是针对一个事实状态做出的判断，而不取决于当事人双方的意见。对于认定驰名商标的标准，主要是参照国际上和我国一致认可的标准。

第三，有关法律适用问题。

本案规范的是被告将原告的驰名商标注册为自己的域名的行为。依据我国参加的《保护工业产权巴黎公约》规定，对于驰名商标应予以特别的保护。在国外，对驰名商标的保护还适用"反淡化原则"。我国未有"反淡化"的相应规定，但基于《保护工业产权巴黎公约》规定的精神及基于上述所阐述的对于域名识别功能的认定，本案将特定条件下的域名纳入驰名商标的特别保护中，并认定被告的行为对原告作为驰名商标权人在网络上行使商标专用权造成妨碍。由于原告为美国的公司，其"WHISPER"商标是驰名商标，因此本案在判决时将《保护工业产权巴黎公约》对驰名商标保护的原则精神作为判决的一个依据。

对于被告注册"WHISPER"域名，应视为一种待价而沽、非善意注册的行为。主要依据有：①被告注册 whisper.com.cn 域名后，一直长期空置未予使用；②被告至今为止，在中国互联网上共注册了数千个域名，其中约有两百个使用了世界知名商标；③被告注册 WHISPER 等世界知名商标为域名的行为，违反了我国域名注册的管理规定；④客观上，被告的域名注册行为，造成了消费者误认的后果。被告的上述行为显系违反诚实信用原则的不正当竞争行为。故本案的判决还适用了我国《反不正当竞争法》规定的诚实信用的基本原则，同时参照了 WIPO 制定的有关文件的精神。

本案原告未能提供证据证明被告有转让、倒卖域名的行为，故法院未认定本案被告转让所注册的域名牟利，但不能因为没有转让、倒卖域名的行为，就不能判断被告注册大量与他人在先注册的著名商标相同域名的主观动机，综合本案的事实，被告国网公司这种行为的目的，在于"先占""抢占"域名，利用所注册的大量域名，抬高其公司的身价，牟取经济利益，其行为的主观恶意是十分明显的。对本案原告向被告提出赔偿其为本诉讼所花费的合理费用的请求，法院认为，原告为进行诉讼而花费的证据调查费、公证费、律师费等合理费用，被告应予以赔偿。本案原告未提出要求被告赔礼道歉、赔偿损害的请求，我们认为此类案件中，如果原告有赔礼道歉、赔偿损失的诉讼请求，法院可以在查明事实的基础上，在对原告合法权益给予保护的前提下，依法对原告的上述请求予以支持。

9.1.2 网络传输的著作权保护案例

网络著作权是指著作权人对受著作权法保护的作品在网络环境下所享有的著作权。网络著作权包含了两层含义：

（1）相对于传统作品，指传统作品被上传至网络时著作权人所享有的权利，这里特指信息网络传播权。

（2）网上数字作品著作权人所享有的权利，如复制权、发表权、署名权、发行权等权利。

网络著作权侵权行为的类型：
(1) 将网上作品擅自下载并发表在传统媒体上。
(2) 未经作者许可，擅自将传统媒体上发表的作品在网站上传播。

QQ 群分享作品的侵权认定及责任承担
——北京科学技术出版社有限公司诉武汉泰和电器有限公司著作权权属、侵权纠纷案

北京科技出版社经授权出版、发行《跟着君之学烘焙Ⅱ》一书（涉案图书），享有该作品的信息网络传播权。北京科技出版社发现，武汉泰和电器在其主办的淘宝网店"泰和电器专营店"商品页面发布"③送烘焙电子食谱《我的美味烘焙食谱》《玩味烘焙文化》《电烤箱烘焙食谱》三本书封面叠放图""④送终身烘焙指导泰和创意烘焙交流群下单后联系客服咨询"等信息；该店客服人员在与买家网络交流时，引导买家下单后加入特定 QQ 群 385108109（群文件下载食谱），下载电子版涉案图书，发布人为"梓熙"。

北京科技出版社认为武汉泰和电器未经许可，且未支付报酬，向购买烤箱的用户免费赠送涉案图书的电子版，侵犯了其享有的信息网络传播权。遂诉至法院，请求判令武汉泰和电器停止对涉案图书的侵权行为；武汉泰和电器赔偿北京科技出版社经济损失 10 万元及合理费用 2 000 元。

本案一审判定武汉泰和电器对 QQ 群中出现的信息网络传播侵权行为所导致的损害应承担连带赔偿责任；二审维持原判，但对一审部分认定意见予以纠正。

2. 判决分析

一审法院认为本案争议焦点在于：使用即时通信软件设立与商业经营业务有关的信息交流平台的网络卖家对第三方上传的信息是否有知识产权注意义务？

根据公知常识，QQ 是一款基于互联网的即时通信软件。以商业为目的使用 QQ 软件开设局域性交流平台并从中进行商业信息传播的经营者，如通过 QQ 群向买家赠送电子图书、提供售后服务信息等，负有一定的知识产权注意义务。

虽然根据现有证据对在涉案 QQ 群中发布《跟着君之学烘焙Ⅱ》的上传者"梓熙"在现实生活中身份及是否与武汉泰和电器有关无法判断，但是引导买家下单后加入特定 QQ 群，既是武汉泰和电器履行商品销售服务承诺的行为，也是武汉泰和电器做出的信息下载诱导行为；武汉泰和电器指派 4 名工作人员作为群管理员，通过密码验证等方式控制他人进入该涉案 QQ 群，使得涉案 QQ 群已成为武汉泰和电器与众多消费者（入群买家）之间交流商业信息（如赠送电子书）的特定网络平台。

涉案 QQ 群的运行已成为武汉泰和电器网络营销模式中的重要一环，武汉泰和电器作为特定 QQ 群的管理和控制者，具备相应的信息管理能力，对涉案 QQ 群内的信息传播行为负有一定的知识产权注意义务，应当采取合理措施预防侵权，包括应公开其名称、联系方式等信息以便处理投诉并应对群员做出在 QQ 群中不得传播侵犯他人知识产权信息的警示；否则，对 QQ 群中出现的信息网络传播侵权行为所导致的损害应承担连带赔偿责任。

现有证据显示，涉案电子书系由网友"梓熙"上传至武汉泰和电器开设的 QQ 群"创意烘焙交流站 3385108109"，网友"梓熙"擅自提供涉案作品的信息传播，使公众可以在选定的时间和地点，获得涉案作品，其行为侵犯了北京科技出版社享有的信息网络传播权，应

当依法承担相应责任。武汉泰和电器作为涉案 QQ 群的设立和管理者，不能提供网友"梓熙"的真实身份信息，未采取预防侵权的合理措施，未及时制止涉案侵权行为，对因此给北京科技出版社造成的权利损害应承担赔偿经济损失的责任。对武汉泰和电器提出的"武汉泰和电器不是网络服务提供者；作为网络用户，无法履行监管、管理、技术支持、身份甄别、信息检查等义务，不应承担网络服务提供者应当承担的责任"等答辩意见，一审法院不予采信。

本案在二审阶段主要涉及以下几个问题：

(1) 涉案行为是否属于侵犯信息网络传播权的行为。

信息网络传播权，即以有线或者无线方式向公众提供作品，使公众可以在其个人选定的时间和地点获得作品的权利。根据《最高人民法院关于审理侵害信息网络传播权民事纠纷案件适用法律若干问题的规定》第三条规定，网络用户、网络服务提供者未经许可，通过信息网络提供权利人享有信息网络传播权的作品、表演、录音录像制品，除法律、行政法规另有规定外，人民法院应当认定其构成侵害信息网络传播权行为。通过上传到网络服务器、设置共享文件或者利用文件分享软件等方式，将作品、表演、录音录像制品置于信息网络中，使公众能够在个人选定的时间和地点以下载、浏览或者其他方式获得的，人民法院应当认定其实施了前款规定的提供行为。

根据上述规定，构成侵犯信息网络传播权至少要满足三个条件：

第一，未经权利人许可。

第二，通过信息网络的提供行为。

第三，公众可以在其个人选定的时间和地点获得作品。

本案中，首先，涉案行为未经权利人许可。其次，涉案行为系通过在 QQ 群中设置共享文件的方式，向他人提供涉案作品。最后，此种方式使 QQ 群中成员可以在个人选定的时间和地点下载获得涉案作品。

虽然涉案 QQ 群成员有限，但该 QQ 群属于开放式群组，面向的是不特定的群成员，任何人可以通过购买商品等方式进入该群，符合公众可以在其个人选定的时间和地点获得作品的要件。综上，认定涉案行为构成侵犯信息网络传播权。

(2) 武汉泰和电器是否应当为涉案侵权行为承担责任。

根据一审法院的认定，武汉泰和电器作为涉案 QQ 群的管理者和控制者，对涉案 QQ 群内的信息传播行为负有一定知识产权注意义务，应当采取合理措施预防侵权，否则应对群中出现的信息网络传播权侵权行为导致的损害承担连带赔偿责任，故一审法院认定的武汉泰和电器的行为应属于"网络服务提供者"的帮助侵权行为。

对此，二审法院认为，武汉泰和电器作为 QQ 群的建立者和管理者，与网络服务提供商的性质是不同的。QQ 群是腾讯公司推出的多人聊天交流平台，任何一个 QQ 用户均可以创建群并邀请他人入群。QQ 群空间亦为腾讯公司提供，用户可以通过共享文件、上传照片等方式实现交流互动。因此，提供涉案网络服务的并不是 QQ 群的建立者和管理者，不适用法律规定的关于"网络服务提供者"的归责和免责条件。

对于武汉泰和电器是否应当承担责任的问题，二审法院认为，如前述分析，设置共享文件、使群成员可以在个人选定的时间和地点获得涉案作品的主体应为侵权行为的责任承担主体。根据涉案公证书所载，武汉泰和电器在经营过程中，承诺消费者在购买其电烤箱后，可

以通过验证身份加入其管理控制的 QQ 群,获得烘焙电子书。由此可见:
①武汉泰和电器建立管理涉案 QQ 群与其销售电烤箱的行为紧密相关。
②购买烤箱后进群需通过客服处获得的方法验证。
③消费者经指引进入 QQ 群获得烘焙电子书符合其承诺内容。

因此,涉案作品提供行为的主体已初步指向武汉泰和电器,北京科技出版社已完成了初步举证责任。武汉泰和电器否认涉案作品系其提供,应当对自己的主张负有举证责任。武汉泰和电器仅提交了上传人"梓熙"的 QQ 账户显示的基本信息,而未通过查询消费者购买记录、客服聊天记录、进群验证信息等相关信息进一步提供上传人"梓熙"的买家联系方式、地址等个人身份信息,以证明该上传人系购买其电器的其他用户而非其工作人员。对此,法院认为,武汉泰和电器未能完成其举证责任,应承担举证不利的后果。因此,法院推定涉案作品系由武汉泰和电器提供,其应为该侵权行为承担相应的法律责任。武汉泰和电器关于其没有实施涉案作品的传播行为、一审法院归责错误的主张不能成立,二审法院不予支持。

9.1.3 计算机软件著作权纠纷案例

计算机软件著作权纠纷

1. 案例

原告:一家韩国软件开发公司,是网络游戏《惊天动地》(《CABAL ONLINE》)的计算机软件著作权人。

被告:该游戏在中国大陆地区的商业运营商。

原告起诉被告侵害原告公司的游戏软件的著作权。

具体情况:2006 年 7 月 31 日,原告与被告签订许可协议,将该游戏在中国大陆地区的商业运营许可给被告。根据该协议约定,被告运营游戏的期限为自进行游戏商业运营之日起 2 年。假如被告自商业运营之日起第 1 年内的游戏运营销售毛收入超过 2 亿元人民币,那么许可期限应当顺延一年。2007 年 1 月,《惊天动地》游戏在被告的运作下投入了商业运营,但《惊天动地》游戏在被告运营 2 年后,被告实际经营情况没有达到顺延一年的条件。原告发出书面通知要求终止游戏营运许可,但被告却没有理会,继续运营游戏,并采取技术手段阻止原告对于游戏的控制,拒绝原告登录被告控制的服务器。

2. 争议焦点

(1) 被告能否以私服、外挂泛滥作为游戏软件顺延一年许可期限的理由?
(2) 被告的行为是否构成侵犯计算机软件著作权?
(3) 原告请求判令被告赔偿经济损失以及合理费用共计人民币 800 万余元的数额是否合理?

3. 案情分析与涉案法条

(1) 被告能否以私服、外挂泛滥作为游戏软件顺延一年许可期限的理由?

①私服、外挂的概念。

私服:是未经版权拥有者授权,非法获得服务器端安装程序之后设立的网络服务器,本质上属于网络盗版,而盗版的结果是直接分流了运营商的利润。相对于官服而言,未经版权拥有者授权,以不正当手段获得游戏服务器端安装程序之后设立的网络服务器,属于网络盗版的一种，是侵害著作权的行为。

外挂：原是指一种能增强功能的软件，这里所指的是某些人利用自己的电脑技术专门针对一个或多个网络游戏，通过改变网络游戏软件的部分程序，制作而成的作弊程序。外挂行为主要指的是非法传播包含外挂软件的网络游戏软件的行为和利用外挂软件修改网络游戏软件及游戏数据的行为。

②私服、外挂对软件著作权的侵犯。

根据我国著作权法第58条的规定，我国计算机软件的保护办法由国务院另行规定。2001年12月，国务院制定的《计算机软件保护条例》（以下简称《条例》）出台，该条例对计算机软件著作权的保护范围、权能种类、侵犯计算机软件著作权的法律责任等都做了规定。由前面分析可知，私服行为中的既有未经许可复制软件的行为，又有破坏权利人技术保护措施的行为，还有向公众发行、传播软件的行为，侵犯了《条例》第8条规定的软件著作权人享有的对软件的复制权、发行权、信息网络传播权，也符合《条例》第24条第1款（1）（2）（3）项规定的侵权行为的特征。外挂行为分为修改软件程序数据的行为和传播外挂的行为。根据《条例》第3条第1款规定"计算机程序，是指为了得到某种结果而可以由计算机等具有信息处理能力的装置执行的代码化指令序列，或者可以被自动转换成代码化指令序列的符号化指令序列或者符号化语句序列。同一计算机程序的源程序和目标程序为同一作品。"而外挂修改行为的三种方式都是修改了他人的软件程序，侵犯了《条例》第8条规定的软件著作权人享有的对软件程序的修改权，传播外挂相当于传播了侵权软件，因此，也构成了对软件著作权的侵权。

③私服、外挂对官服网络游戏运营商所造成的经济损失。

私服、外挂行为人对网络游戏软件权利人造成的实际损失，从根本上来说是难以计算确定的。私服、外挂行为对网络游戏软件权利人造成的损失，并不是对权利人已存在的实际财产的侵害，而是对权利人具有合理期待性的、但尚未实际取得的财产的损害。因此私服、外挂行为究竟会导致多少官服玩家的流失，以及如果这些玩家不流失会给权利人带来多大的收益，也就是说私服、外挂行为给网络游戏软件权利人造成的实际损失，因难以查实而具有极大的不确定性。

④针对争议焦点一的结论。

由以上分析可知，如果的确由于私服、外挂对《惊天动地》游戏的网络营运造成了巨大损害，而原告没能有效制止私服、外挂的泛滥，确实有可能导致被告无法实现最初签订协议时预期的营运收入，在这种情况下，被告是有权利将游戏营运许可期限续展一年的；但是，如果原告已经对私服、外挂行为进行了有效的打击，则被告不能以此作为侵犯计算机游戏软件的理由。

(2) 被告的行为是否构成侵犯计算机软件著作权？

双方合同的签订符合《合同法》的相关条例，可视为有效合同。合同约定：假如被告自商业运营之日起一年内的游戏营销毛收入超过2亿元人民币，那么许可期限应当顺延一年，而实际上被告并未达到合同约定的要求，故合同的权利义务终止。

假定争议焦点一中，被告所提出的原告没有采取有效措施来限制私服、外挂行为的泛滥是不成立的，那么根据合同的规定，被告是没有权利顺延一年游戏软件的许可期限的。根据侵犯著作权的行为的概念，未经著作权人的同意，又无法律上的根据，不属于合理使用和法定许可，擅自对享有著作权的作品进行利用或以其他非法手段行使著作权人专有权利，被告的行为构成侵权。

被告侵犯著作权的行为，应具备以下三个条件：

① 有侵权的事实。

被告未经原告许可，擅自使用原告的游戏软件，且被告没有理会原告发出要求终止游戏营运许可的书面通知，继续运营游戏，并采取技术手段阻止原告对于游戏的控制，拒绝原告登录被告控制的服务器。且被告的行为不属于合理使用和法定使用的情形，这是对作品的擅自使用，因而是一种违反著作权法的行为。

② 行为具有违法性。

被告的行为违反了《计算机软件保护条例》和《著作权法》。

③ 行为人主观有过错；被告对其侵权行为及其后果所抱的心理状态是故意的。

（3）原告请求判令被告赔偿经济损失以及合理费用共计人民币 800 万余元的数额是否合理？

民事责任以损害赔偿为中心。《计算机软件保护条例》第 25 条规定："侵犯软件著作权的赔偿数额，依照《中华人民共和国著作权法》（以下简称《著作权法》）第 48 条的规定确定。"我国《著作权法》第 48 条规定："侵犯著作权或者与著作权有关的权利的，侵权人应当按照权利人的实际损失给予赔偿；实际损失难以计算的，可以按照侵权人的违法所得给予赔偿。赔偿数额还应当包括权利人为制止侵权行为所支付的合理开支。权利人的实际损失或者侵权人的违法所得不能确定的，由人民法院根据侵权行为的情节，判决给予 50 万元以下的赔偿。"该条对著作权侵权损害赔偿数额的确定，提供了一种序位模式：

① 首先以权利人的实际损失为准。

② 如果权利人的实际损失难以计算的，则以侵权人的违法所得为准。

③ 如果权利人的实际损失和侵权人的违法所得均无法确定的，则适用法定赔偿数额。

关于被侵权人因侵权遭受的损失，《最高人民法院关于审理著作权民事纠纷案件适用法律若干问题的解释》（下称《解释》）第二十四条规定："权利人的实际损失，可以根据权利人因侵权所造成复制品发行减少量或者侵权复制品销售量与权利人发行该复制品单位利润乘积计算。发行减少量难以确定的，按照侵权复制品市场销售量确定。"这里列出了一个计算公式：侵权复制品销售量×单位利润，在实践中比较适用。关于法定赔偿，《解释》第二十五条："权利人的实际损失或者侵权人的违法所得无法确定的，人民法院根据当事人的请求或者依职权适用著作权法第四十八条第二款的规定确定赔偿数额。人民法院在确定赔偿数额时，应当考虑作品类型、合理使用费、侵权行为性质、后果等情节综合确定。"《解释》做出限制，法官在行使自由裁量权的时候，应当参照一些情节综合确定。

关于合理开支，《解释》第二十六条："著作权法第四十八条第一款规定的制止侵权行为所支付的合理开支，包括权利人或者委托代理人对侵权行为进行调查、取证的合理费用。人民法院根据当事人的诉讼请求和具体案情，可以将符合国家有关部门规定的律师费用计算在赔偿范围内"。和商标侵权赔偿的相关规定一样，软件侵权也明确规定律师费可以作为合理开支。在这个案例中，如果原告能具体举证证明自己的实际损失，那么则遵循首先以原告的实际损失为准；如果不可以的话，则以被告的违法所得为准；如果双方都无法做出相关的举证，则适用法定赔偿数额。所以原告提出的赔偿金额 800 万元需要有相关的举证责任。同样,如若被告无法证明自己的商业运营情况,而仅仅是辩称,自己从 2009 年 2 月起就没有商业运营,也就没有收入,这是无法作为有力的证据的。当双方无法提供有力的证据证明自己的说法时,法院则依据著作权法规定的法定赔偿规则,结合全案证据,并走访有关行政部门了解网络游戏行业现状进行合理估算,综上做出最终判令。

4. 法院审判结论

事实认定:法院根据被告的申请,委托上海东方计算机司法鉴定所对网络游戏外挂程序进行技术鉴定。鉴定结果显示,2007 年 1 月至 2008 年 12 月,原、被告双方在打击私服、外挂上均已经予以重视,并采取了符合行业要求的打击措施,因此,被告自 2009 年 2 月起在网站上继续运营原告享有软件著作权的网络游戏《惊天动地》的行为,构成侵害原告的计算机软件著作权,应当承担停止侵权、赔偿损失的民事责任。

对于赔偿经济损失的金额多少,由于双方都无法提供有力的证据证明自己的说法,法院依据著作权法规定的法定赔偿规则,结合全案证据,并在走访有关行政部门了解网络游戏行业现状之后进行合理估算,最终做出判令被告立即停止侵权,赔偿原告包括合理费用在内的经济损失人民币 300 万元。

9.2 电子合同的法律问题

9.2.1 电子合同订单效力争议案例

电子合同订单效力争议

1. 案例

刚上小学二年级的男童,在某购物网站以他父亲李某的身份证号码注册了客户信息,并且订购了一台价值 1 000 元的小型打印机。但是当该网站将货物送到李某家中时,曾经学过一些法律知识的李某却以"其子未满 10 周岁,是无民事行为能力人"为由,拒绝接收打印机并拒付货款。由此交易双方产生了纠纷。

李某主张,电子商务合同订立在虚拟的世界,但却是在现实社会中得以履行,应该也能够受现行法律的调控。而依我国现行《民法通则》第 12 条第 2 款和第 55 条的规定,一个不满 10 周岁的未成年人是无民事行为能力人,不能独立进行民事活动,应该由他的法定代理人代理民事活动。其子刚刚上小学二年级,未满 10 周岁,不能独立订立货物买卖合同,所以该打印机的网上购销合同无效;其父母作为其法定代理人有权拒付货款。

对此,网站主张:由于该男童是使用其父亲李某的身份证登录注册客户信息的,从网站所掌握的信息来看,与其达成打印机网络购销合同的当事人是一个有完全民事行为能力的正常人,而并不是此男童。由于网站是不可能审查身份证来源的,也就是说网站已经尽到了自己的注意义务,不应当就合同的无效承担民事责任。

2. 评点

当事人是否具有行为能力?电子合同是否有效?

这个案例反映出对电子合同主体进行必要限制的意义。对于网络交易来说,合同当事人在网络上根本无法看到或辨别交易相对人的民事行为能力,双方当事人是利用计算机按键或鼠标来发出意思表示的，即便网络中心要求交易相对人输入身份证号码及出生日期或信用卡号以证实其为成年人，但仍有伪造或提供不实资料的可能性，故网络中心或利用网络进行交易的销售者基本上无从得知对方当事人究竟是不是成年人，或者是限制民事行为能力或无民事行为能力人。因此，如何判断网上交易的当事人是否具有完全民事行为能力，限制民事行为能力或无民事行为能力，以及与这些限制民事行为能力人或无民事行为能力人订立的合同是否有效，有无必要对通过网上订立交易合同的当事人的主体资格加以限制，成为电子合同订立过程中的难题。

本案中是李某的未满 10 周岁的男孩在网络上订立了买卖合同。根据我国《民法通则》的规定，对于一个未满 10 周岁的儿童来说，他是无民事行为能力者。无民事行为能力人订立的合同无效，所以李某拒付货款的行为本来也无可厚非。但是，由于孩童是以其父的身份证登录客户信息，如果网站有充分的证据证明其已经尽到了必要的注意义务，那么完全无视网站利益受到侵害的事实则有失公平。另外，李某作为其子的监护人和其身份证的合法持有人，没有尽到相应的管教义务和保管义务，导致其子滥用其身份证进行登录注册，应当对合同无效给网站造成的损失承担赔偿责任。所以，应该认定购物网站有权要求李某承担货物的往返运费和其他交易费用。

9.2.2 电子签名案例

电子签名的效力

1. 案例

2004 年 1 月，杨先生结识了女孩韩某。同年 8 月 27 日，韩某发短信给杨先生，向他借钱应急，短信中说："我需要 5 000 元，刚回北京做了眼睛手术，不能出门，你汇到我卡里。"杨先生随即将钱汇给了韩某。一个多星期后，杨先生再次收到韩某的短信，又借给韩某 6 000 元。因都是短信来往，两次汇款杨先生都没有索要借据。此后，因韩某一直没提过借款的事，而且又再次向杨先生借款，杨先生产生了警惕，于是向韩某催要。但一直索要未果，于是起诉至海淀法院，要求韩某归还其 11 000 元钱，并提交了银行汇款单存单两张。但韩某却称这是杨先生归还以前欠她的欠款。

为此，在庭审中，杨先生在向法院提交的证据中，除了提供银行汇款单存单两张外，还提交了自己使用的号码为"1391166××××"的飞利浦移动电话一部，其中记载了部分短信息内容。如 2004 年 8 月 27 日 15：05，"那就借点资金援助吧。" 2004 年 8 月 27 日 15：13，"你怎么这么实在！我需要五千，这个数不大也不小，另外我昨天刚回北京做了个眼睛手术，现在根本出不了门，见人都没法见，你要是资助就得汇到我卡里！"等韩某发来的 18 条短信内容。

后经法官核实，杨先生提供的发送短信的手机号码拨打后接听者是韩某本人。而韩某本人也承认，自己从去年七八月份开始使用这个手机号码。

2. 法庭判决

法院经审理认为，依据《最高人民法院关于民事诉讼证据的若干规定》中的关于承认的相关规定，"1391173××××"的移动电话号码是否由韩某使用，韩某在第一次庭审中明确表示承认，在第二次法庭辩论终结前韩某委托代理人撤回承认，但其亦未有充分证据证明其承认行为是在受胁迫或者重大误解情况下作出，原告杨先生对该手机号码是否为被告所使用不再承担举证责任，而应由被告对该手机其没有使用过承担举证责任，而被告未能提供相关证据，故法院确认该号码系韩某使用。

依据2005年4月1日起施行的《中华人民共和国电子签名法》中的规定，电子签名是指数据电文中以电子形式所含、所附用于识别签名人身份并表明签名人认可其中内容的数据。数据电文是指以电子、光学、磁或者类似手段生成、发送、接收或者储存的信息。移动电话短信息即符合电子签名、数据电文的形式。同时移动电话短信息能够有效地表现所载内容并可供随时调取查用；能够识别数据电文的发件人、收件人以及发送、接收的时间。经法院对杨先生提供的移动电话短信息生成、储存、传递数据电文方法的可靠性、保持内容完整性方法的可靠性、用以鉴别发件人方法的可靠性进行审查，可以认定该移动电话短信息内容作为证据的真实性。根据证据规则的相关规定，录音录像及数据电文可以作为证据使用，但数据电文可以直接作为认定事实的证据，还应有其他书面证据相佐证。

通过韩某向杨先生发送的移动电话短信息内容可以看出：2004年8月27日，韩某提出借款5 000元的请求，并要求杨先生将款项汇入其卡中。2004年8月29日，韩某向杨先生询问款项是否存入；2004年8月29日，中国工商银行个人业务凭证中显示杨先生给韩某汇款5 000元；2004年9月7日，韩某提出借款6 000元的请求；2004年9月8日中国工商银行个人业务凭证中显示杨先生给韩某汇款6 000元；2004年9月15日至2005年1月，韩某屡次向杨先生承诺还款。

杨先生提供的通过韩某使用的号码发送的移动电话短信息内容中载明的款项往来金额、时间与中国工商银行个人业务凭证中体现的杨先生给韩某汇款的金额、时间相符，且移动电话短信息内容中亦载明了韩某偿还借款的意思表示，两份证据之间相互印证，可以认定韩某向杨先生借款的事实。据此，杨先生所提供的手机短信息可以认定为真实有效的证据，证明事实真相，本院对此予以采纳，对杨先生要求韩某偿还借款的诉讼请求予以支持。

3. 评点

在本案中，法官引用了电子签名法的有关规定裁判了本案，根据对本案的描述，依据电子签名法，本案中的手机短信可以作为证据。

电子签名法的核心内容，在于赋予数据电文、电子签名、电子认证相应的法律地位，其中数据电文的概念非常广泛，基本涵盖了所有以电子形式存在的文件、记录、单证、合同等，我们可以理解为信息时代所有电子形式信息的基本存在形式。在电子签名法出台实施之前，我们缺乏对于数据电文法律效力的最基本的规定，如数据电文是否符合书面形式的要求、能否作为原件、在什么样的情况下具备什么样的证据效力等，十分不利于我国信息化事业的发展，甚至可以说，由于缺乏对数据电文基本法律效力的规定，我们所构建的信息社会缺乏最基本的法律保障。

根据我国电子签名法第八条的规定，审查数据电文作为证据的真实性，应当考虑的因素是："生成、储存或者传递数据电文方法的可靠性；保持内容完整性方法的可靠性；用以鉴别发件人方法的可靠性；其他相关因素。"也就是说，审查一个数据电文作为证据的真实性，主要是从该系统的操作人员、操作的程序、信息系统本身的安全可靠性等方面来考量的。如审查传送数据电文的系统是否具备相当的稳定性，被非法侵入、篡改的可能性有多大，操作时是否严格按照所要求的程序来进行，能否有效地鉴别发信人，等等。

在本案中，针对主要证据——手机短信息，法官根据电子签名法第八条的规定及相关规定审查了该证据的真实性，在确认信息来源、发送时间以及传输系统基本可靠、文件内容基本完整的情况下，同时又没有相反的证据足以否定这些证据的证明力的情况下，认可了这些手机短信息的证据力。笔者认为，适用法律是恰当的、准确的，判断方法是科学的合理的，符合电子签名法的要求。

9.3 网络游戏的法律问题

9.3.1 中国首例网络游戏案例

中国首例网络游戏案

2003年12月18日上午，备受关注的全国首例网络游戏玩家李某状告游戏运营商、索赔游戏中丢失装备一案，在北京市朝阳区人民法院第三次开庭。当日上午11时许，法院当庭判定运营商北京某科技发展有限公司于7日内对李某在"红月"丢失的虚拟装备予以恢复。法官们认为，虚拟装备具有价值含量，但装备价格无法确定，所以"回档恢复"是最公平的处理方式。

1. 事件回放——"武器装备"不翼而飞

23岁的李某从小就是个游戏迷。2001年，当他第一次接触"红月"时，他就确定这个虚拟世界将给他带来无穷的乐趣。在投入了几千个小时和上万元现金后，李某终于积累和购买了几十种虚拟"生化武器"，这些装备使他一度在虚拟世界里所向披靡，并成为"红月"顶级玩家之一。

2003年2月17日，李某轻车熟路地又一次登录进入游戏，已经是高手的他惊讶地发现自己库里的所有武器装备不翼而飞了。后经查证，李某的这些宝贝是于当年2月17日被一个叫SHUILIU0011的玩家盗走的。李某马上找到游戏运营商北京某科技发展有限公司交涉，公司拒绝交出那名玩家的真实资料。事情并没有结束，6月10日，公司在未事先通知李某的情况下，就把他的一个名为"冰雪凝霜"的账号进行了封存，并删除了所有装备。6月20日，公司又删除了他另一个账号里的所有装备，而这些装备中有一部分是李某花840元人民币买来的。在多次交涉未果后，李某以侵犯了他的私人财产为由把某科技发展有限公司告上了法庭。

2. 庭审争锋——虚拟装备丢失谁之过

2003年12月18日上午，法庭第三次开庭审理此案。由于案情复杂，法庭由简易程序转为普通程序。庭审中，双方以"谁该为虚拟装备丢失承担责任"展开了辩论并向法庭提供证据。

被告方指出：李某在注册时未填写真实姓名，首先无法证明其对涉案ID账号的合法拥有性；而且运营商与玩家签订过"玩家账号被盗用期间发生之损失由玩家自行负责"的服务协议；此外，在安全防范方面，运营商已经尽到良好的保护义务。

至于封存李某"冰雪凝霜"的账号并删除其所有装备，原告称这是"从维护游戏的平衡性出发，怀疑玩家在游戏中作弊"，并表示按照"红月法规"（该游戏的内部规定）运营商有权利进行这种行为。

李某则对上述问题一一做出了反驳，并向法庭提交了一些证据。他表示在"保护自己虚拟财产"方面没有任何失职行为，相反是运营商在技术方面存在漏洞，才导致自身蒙受损失，为此他要求对方进行游戏装备恢复、游戏角色升级，并给予经济、精神等方面的赔偿。

3. 法庭认定——网财有价值无价格

当庭法官认为，虽然虚拟物品是无形的，且存在于特殊的网络游戏环境中，但并不影响虚拟物品作为无形财产的一种，获得法律上的适当评价和救济。玩家参与游戏时，获得游戏时间和装备的游戏卡均需以货币购买，所以虚拟装备具有价值含量。

随后法庭指出，但不宜将购买游戏卡的费用直接确定为装备的价格，而且虚拟装备无法获得现实生活中同类产品的价值参照，也无法衡量不同装备之间的价值差别。从公平角度考虑，不适当的价值确定可能对某一方造成损失。

4. 事主反应——判决结果会伤害其他玩家

法庭最终认定，由于运营商应对原告虚拟物品的丢失承担保障不力的责任，所以运营商应将原告主张的丢失物品进行回档恢复。这包括李某在"红月"游戏中的生化装备10件、战神甲一件、献祭之石两个、生命水两个等。并赔偿原告方其他经济损失共计1 560元，驳回李某其他诉讼请求。

法庭判决后，被告公司副总经理邱治国等人都表示对判决结果不满。邱治国说，公司现在不可能通过技术手段来重新制作一套装备交给李某，那只能从现有玩家身上将装备返还给他，这将给其他玩家带来更多的不公平，还可能引发这些玩家的诉讼。"面对这样的结果，我们将回公司商议后决定再是否上诉。"

5. 评点

2003年"红月"玩家李某诉网络游戏商公司案，以及同年年底成都19名律师联名向全国人大法律委员会提出《保护网络虚拟财产立法建议书》，这两件事使网络游戏中"网财"的保护问题引起了人们的广泛关注。随着"公民合法的私有财产不受侵犯"明确被写入宪法之后，关于虚拟财产保护的问题又被重新提上了日程。

网络游戏自1999年正式登陆中国，现在已经形成一个庞大、高速增长的新兴市场，但是因"网财"而衍生的纠纷更是层出不穷，"网财"的保护已经是个迫在眉睫的问题。为了网络游戏业的健康发展，必须加强对"网财"的立法保护，事实上，立法的滞后，在某种意义上已经制约了我国游戏产业的快速发展，可以想象，如果我们能够尽快完善立法，加强对"网财"的保护，必将大大促进我国游戏产业的发展，使其成为我国经济的新的增长点。

现在保护"网财"我们所能依据的只是宪法和民法通则以及2000年年底全国人大常委会制定的《关于维护互联网安全的决定》（以下简称《决定》）的笼统规定，即2004年修正后的中华人民共和国宪法第十三条的有关规定："公民的合法的私有财产不受侵犯。国家依照法律规定保护公民的私有财产权和继承权。"这一合法私有财产的概括规定为民法财产的解释提供了极大的空间；《民法通则》第75条规定："公民的个人财产，包括公民的合法收入、房屋、储蓄、生活用品、文物、图书资料、林木、牲畜和法律允许公民所有的生产资料以及其他合法财产。"然而对于"其他合法财产"，我国法律并无明确的解释，也给我们对其解释提供了空间；2000年的《决定》第四条的规定利用互联网犯罪，追究刑事责任；侵犯他人合法权益，依法承担民事责任。这个《决定》对"网财"的保护依然没有明确，但是也没有否定对"网财"的保护，这同样给司法解释提供了空间。至于《消费者权益保护法》，虽然规定了消费者的多达九项权利，但是游戏者对其"网财"的权利并没有包括在内。当然，游戏者和游戏商的关系也是一种消费关系，但是依靠该法并不能保护游戏者的权益，更何况，"网财"被侵犯不仅涉及游戏商和游戏者，还常常涉及第三方，因而往往超出了该法的调整范围。

当前立法现状，只有加强立法，尽快针对急需问题颁布相关法律和司法解释予以规范。特别是在指导打击网络犯罪的刑事方面，建议先尽快颁布司法解释，待条件成熟时再立法，因为毕竟立法是一项系统工程，需要经过建议、计划、草案等诸多环节，旷日持久，因而无法解决现在面临的问题。司法解释并非创立新法，可以较快制定，程序也较为简单。前文已述，我国现行的法律规定也为先从司法解释的角度对"网财"进行保护提供了可能。

在最高人民法院和最高人民检察院进行司法解释的时候，专家认为首先应当明确"网财"的属性。司法解释应当明确规定该财产属于《民法通则》第75条合法财产的一种，在某种意义上可以认为是公民合法收入的一种，《刑法》第92条规定的所谓公民私有财产是包含该财产权的，从而为民法和刑法对"网财"的保护提供客观的科学依据，同时，由于现代社会经济和科学技术的发展，狭义概念的物已经不符合实际生活的需要，这种解释也在理论上廓清了其可以作为物权的客体，消除了理论上对"网财"法律属性的争论，也符合现状，其次应当明确这种无形财产价值的计算方法，必要时，可以成立或者指定专门的机构予以评估。若其价值无法认定，将无法适用《民法通则》特别是《刑法》等法律条文予以保护。

总之，"网财"的保护是私有财产入宪以后一个很现实、很重要的问题，因为这不仅关系到网络游戏玩家和游戏商的利益，还关系到网络游戏的长远发展，关系到我国国民经济的长远发展，我们只有顺应新技术的发展要求，对传统制度做出因时制宜的修改，赋予其新的生命力，在社会各方特别是立法机关的共同努力下才能真正促进对"网财"的保护。

9.3.2 其他网络游戏案例

网络游戏纠纷

1. 案例

金山公司开发的网络游戏《剑侠情缘》拥有众多的"网游"爱好者，戚先生也是其中之一。当戚先生发现金山公司冻结了自己在"剑侠情缘"游戏中的账户后，一怒之下将金山公司告上法庭。日前，记者从北京市第一中级人民法院获悉，戚先生的诉讼请求被法院终审驳回，理由是戚先生在参与游戏过程中违反了游戏规则，金山公司作为"剑侠情缘"网络游戏的运营和管理者冻结其游戏账户并不违反双方的合同约定。

北京金山数字娱乐科技有限公司是网络游戏《剑侠情缘》运营者和管理人。戚先生是该游戏的玩家，网络账号为"chaosmud"。在游戏运营过程中，金山公司通过ID编号查找，发现账号"chaosmud"中的游戏角色拥有的10个"金元宝"（虚拟交易品）存在多个编号相同的情况。于是，金山公司作为网络游戏管理人于2005年3月28日将戚先生的账户冻结。戚先生认为金山公司的做法造成自己业余生活秩序长时间出现混乱，精神非常痛苦，遂向法院起诉，要求金山公司立即解冻游戏账号，赔偿5个金元宝，并赔偿精神损害抚慰金一万元及律师费等诉讼费用。

2. 案例分析

被告金山公司是《剑侠情缘》游戏的运营方，也是该款游戏规则的制订者和维护者，被告有权在法律允许的范围内制定《剑侠情缘》的所有游戏规则。该规则包括怎样玩这个游戏是正确的、怎样玩可以得分、怎样玩可以晋级、怎样玩就违反了游戏规则、违反游戏规则使用的人物角色应该受到怎样的处罚等。游戏玩家要进入《剑侠情缘》游戏，必须以用户同意《剑侠情缘》网络版游戏软件用户条款为前提，即只有无条件接受"用户条款"的规定才能注册。戚先生通过登录注册的方式取得了《剑侠情缘》网络版游戏账号，与金山公司之间就此形成了相应的服务合同关系。该条款第六条规定："如果本公司发现数据异常，有权采取相应措施：包括对该账户的冻结、终止、删除；基于上述行为而遭本公司冻结、终止、删除账号或采取其他限制措施的用户，不得因此要求本公司做任何补偿或退费。"

金山公司通过ID编号查找的方式，发现戚先生账号下的游戏角色持有的10个"金元宝"与其他玩家所持有的"金元宝"存在编号相同的情况，从而认定该交易品并非通过正常的游戏方式取得，而是通过违反游戏规则的复制等手段取得，是基于游戏的运营者和管理人运用技术方法做出的。因此，法院对金山公司的认定不持异议。

同时，拥有大量该类复制交易品的游戏玩家对其他游戏玩家所造成的不公平显而易见。故金山公司基于游戏规则及为使全体游戏玩家在公平的运行环境下进行游戏，对上述复制品予以清理并对拥有该类复制交易品的玩家采取一定的限制措施，符合游戏规则，并不违反合同约定。据此，一中院做出驳回戚先生要求无条件解冻账户等诉讼请求的终审判决。

9.4 消费者权益保护问题

消费者隐私权保护案例

朱烨在利用家中和单位的计算机浏览相关网站过程中，发现利用"百度搜索引擎"搜索相关关键词后，会在特定的网站上出现与关键词有关的广告。为了证明该过程的真实性，2013年4月17日，朱烨再次重复上述操作过程时，邀请了南京市钟山公证处对该过程进行了公证。公证证明的过程如下：朱烨通过百度网站搜索"减肥"，然后再在地址栏输入www.4816.com，进入该网站后，网页顶部有一个"减肥瘦身、左旋咖啡"的广告，网页右面有一个"增高必看"的广告，点击"增高必看"广告左下方的"掌印"标识，会出现网址为 http://wangmeng.baidu.com 的网页，该网址系"百度网盟推广官方网站"。在4816主页的地址栏中输入www.paolove.com，点击后进入"泡爱网"，该网站网页的两边会出现"减肥必看""左旋咖啡轻松甩脂"的广告，然后点击页面右上方的"工具"标识，在Internet选项中点击"删除浏览历史记录"图标，将浏览的历史记录删除。当从泡爱网的地址栏输入"百度"进入百度主页搜索"人工流产"，再重新进入4816网站后，该网站网页的两侧会出现"上海江城医院"和"南京江宁博爱医院"关于人工流产的广告，点击"南京江宁博爱医院"广告左下角的"掌印"图标，网页会再次显示进入了"百度网盟推广官方网站"。关闭该网页,重新进入泡爱网,并在该网页上的地址栏输入 www.500kan.com,进入"500 看影视"网页,此时该网页右侧会出现"人工流产"的广告。再从"500 看影视"网页中点击"工具"栏,删除浏览历史记录。当通过地址栏再次进入百度主页,在该主页中输入"隆胸"二字进行搜索,然后重新进入"4816"网站和"500 看影视"网站时,上述两个网站均会出现"丰胸"的广告。公证结束后,南京市钟山公证处向朱烨出具了(2013)宁钟证民内字第 1181 号公证书,朱烨支付了 1 000 元公证费。

另查明,百度网讯公司在百度网站(www.baidu.com)首页设置了《使用百度前必读》的链接,该链接位于页面的最下方,并用下划线的方式进行了标注,但字体较小且呈灰色,夹在了"©2014Baidu"与"京 ICP 证 030173 号"中间。点击进入"使用百度前必读",页面的右侧放置了"隐私权保护声明"的链接,点击进入,该声明共六条,第二条第三款告知用户百度网讯公司使用了 cookie 技术,cookie 主要的功能是"便于您使用网站产品和/或服务,以及帮助网站统计独立访客数量等。运用 cookie 技术,百度能够为您提供更加周到的个性化服务,并允许您设定您特定的服务选项。当您使用服务时,会向您的设备发送 cookie。当您与我们提供给合作伙伴的服务(例如广告和/或推广服务,以及可能显示在其他网站上的由百度提供的服务功能)进行交互时,我们允许位于百度域的 cookie 或者其他匿名标识符发送给百度的 web 服务器。您可以通过修改浏览器设置的方式拒绝 cookie。如果您选择拒绝 cookie,则您可能无法登录或使用依赖于 cookie 的百度服务或功能。如果您不希望在您访问百度联盟网站时,百度基于 cookie 向您推送个性化的信息,可以通过个性化配置限制百度对 cookie 的使用"。同时,百度网讯公司在上述"个性化配置"字样下插入了超链接。点击此超链接进入"个性化配置工具设置"页面,页面内容是"为了在您访问百度联盟网站时,向您推送与您更相关或您更感兴趣的推广信息,百度联盟网站通过 cookie 记录您的偏好信息(不涉及任何指向您个人的信息);如果您不希望百度联盟网站利用记录到的偏好信息向您推送信息,可以通过下方按钮选择停用,停用后百度的联盟网站将不会再根据您的偏好信息向您推送信息。网盟隐私保护设置只适用于您当前使用的计算机上的当前浏览器,当您删除当前浏览器的 cookie 后,系统会自动重置您浏览器的隐私保护设置"。在上述文字下方,百度网讯公司提供了"选择停用"按钮。

2013 年 5 月 6 日,朱烨认为,百度网讯公司利用网络技术,未经朱烨的知情和选择,记录和跟踪了朱烨所搜索的关键词,将朱烨的兴趣爱好、生活学习工作特点等显露在相关网站上,并利用记录的关键词,对朱烨浏览的网页进行广告投放,侵害了朱烨的隐私权,使朱烨感到恐惧,精神高度紧张,影响了正常的工作和生活,故诉至法院,请求判令百度网讯公司:

①立即停止侵害朱烨隐私权的行为。
②赔偿朱烨精神损害抚慰金 10 000 元。
③承担公证费 1 000 元。

上述事实,有当事人陈述,朱烨提供的公证书、公证费发票,百度网讯公司提供的公证书等证据证明。

案例分析:

原审法院认为:隐私权是自然人享有的私人生活安宁与私人信息依法受到保护,不被他人非法侵扰、知悉、搜集、利用和公开的权利。本案中,百度网讯公司利用 cookie 技术收集朱烨信息，并在朱烨不知情和不愿意的情形下进行商业利用，侵犯了朱烨的隐私权。

（1）关于朱烨的网络活动踪迹是否属于个人隐私的问题。个人隐私除了用户个人信息外还包含私人活动、私有领域。朱烨利用三个特定词汇进行网络搜索的行为，将在互联网空间留下私人的活动轨迹，这一活动轨迹展示了个人上网的偏好，反映个人的兴趣、需求等私人信息，在一定程度上标识个人基本情况和个人私有生活情况，属于个人隐私的范围。百度网讯公司未经朱烨许可收集、利用了该特定行为产生的信息。

（2）关于是否存在被侵权对象的问题。虽然cookie技术识别的是网民所使用的浏览器，但浏览器本身并不直接产生数据或信息，它只是网民用以形成相关数据和信息的工具。因此，当朱烨在固定的IP地址利用特定的词汇搜索时，其就成了特定信息的产生者和掌控者，百度网讯公司通过cookie技术收集和利用这些信息时，未经过朱烨的同意，朱烨就会成为被侵权的对象。知不知道被侵权对象是谁并不是侵权构成的要件，不知道并不代表这个对象不存在。

（3）关于百度网讯公司是否存在侵权行为问题。cookie技术本身并不存在侵权问题，百度网讯公司在使用cookie技术的同时，收集了朱烨的网上活动轨迹，并根据朱烨的上网信息在百度网讯公司的合作网站上展示与朱烨上网信息有一定关联的推广内容，进一步利用了他人隐私进行商业活动，且该利用并非cookie技术使用的必然结果，已经构成侵犯他人的隐私权。本案中，百度网讯公司把公开、宣扬他人隐私作为侵犯隐私权的唯一方式，忽视了收集、利用他人信息也会构成侵犯他人隐私的情形。

（4）关于百度网讯公司收集和利用朱烨上网信息的行为是否经过朱烨同意的问题。由于百度网讯公司在网站中默认的是网民同意百度网讯公司使用cookie技术收集并利用网民的上网信息，网民可能根本就不知道自己的私人信息会被搜集和利用，更无从对此表示同意，这就要求百度网讯公司在默认"选择同意"时要承担更多、更严格的说明和提醒义务，以便网民对百度网讯公司的行为有充分的了解，进而做出理性的选择。但百度网讯公司网页中的《使用百度前必读》标识，虽有说明和提醒的内容，但该字却放在了网页的最下方，不仅字体明显较小，而且还夹放在"◎2014Baidu"与"京ICP证030173号"中间，实在难以识别并加以注意，无法起到规范的说明和提醒作用，不足以让朱烨明了存在"选择同意"的权利。因此对百度网讯公司关于已经保障了用户的知情权和选择权的观点，不予采纳。

因此，百度网讯公司侵犯朱烨隐私权的行为使朱烨困扰于自己不愿为他人所知的私人活动已经被他人知晓，给其精神安宁和生活安宁带来了一定的影响，因此，朱烨要求百度网讯公司停止侵权的诉讼请求，应予支持，但考虑到朱烨在诉讼中已经明知"选择停用"的方法，可以实现要求百度网讯公司停止侵权的目的，故对该诉讼请求不再进行处理。

百度网讯公司的侵权行为虽然给朱烨的精神安宁和生活安宁带来一定的影响，但在朱烨未能证明严重后果的情形下，根据日常生活经验法则判断，该侵权损害后果较轻，不足以需要通过支付精神损害抚慰金的方式来承担责任，因此对朱烨要求赔偿10 000元精神损害抚慰金的诉讼请求，不予支持，百度网讯公司可通过赔礼道歉的方式向朱烨承担侵权责任。朱烨主张百度网讯公司赔偿的公证费1 000元是其为制止侵权行为所支付的合理开支，故对该项诉讼请求予以支持。

综上，原审法院依据《中华人民共和国侵权责任法》第二条、第六条第一款、第二十二条、第三十六条第一款，《最高人民法院关于审理利用信息网络侵害人身权益民事纠纷案件适用法律若干问题的规定》第十二条第一款、第十六条、第十八条第一款,《最高人民法院关于确定民事侵权精神损害赔偿责任若干问题的解释》第八条第一款,《中华人民共和国民事诉讼法》第一百四十二条之规定,做出判决:

(1) 北京百度网讯科技有限公司于判决生效之日起十日内向朱烨赔礼道歉(如北京百度网讯科技有限公司未按判决进行赔礼道歉,法院将通过相关媒体公告判决书的内容,由此产生的费用由北京百度网讯科技有限公司承担)。

(2) 北京百度网讯科技有限公司于判决生效之日起十日内赔偿朱烨公证费损失1 000元。

(3) 驳回朱烨的其他诉讼请求。

经双方当事人确认,本案二审争议焦点为:

① 2013年4月17日南京钟山公证处出具的案涉公证书应否采信。

② 百度网讯公司的案涉行为是否侵犯朱烨隐私权。

关于第一个争议焦点,即2013年4月17日南京钟山公证处出具的公证书应否采信的问题。本院认为,《最高人民法院关于适用〈中华人民共和国民事诉讼法〉的解释》第九十三条规定,已为有效公证文书所证明的事实,当事人无须举证,但有相反证据足以推翻的除外。本案中,(2013)宁钟证民内字第1181号公证书明确记载朱烨2013年4月17日实施了相关搜索行为,且搜索行为导致朱烨在访问第三方网站时接受了百度网讯公司的个性化推荐服务。二审中,法院调取的公证视频资料亦能够与(2013)宁钟证民内字第1181号公证书相印证。现百度网讯公司仅以公证时操作速度快为由否认南京钟山公证处公证书的真实性,不符合上述司法解释的规定,法院对百度网讯公司的该项上诉意见依法不予采纳。

关于第二个争议焦点,即百度网讯公司的案涉行为是否侵犯朱烨隐私权的问题。本院认为,个人隐私属于受法律保护的民事权益,《中华人民共和国侵权责任法》第三十六条第一款规定,网络用户、网络服务提供者利用网络侵害他人民事权益的,应当承担侵权责任。《最高人民法院关于审理利用信息网络侵害人身权益民事纠纷案件适用法律若干问题的规定》(以下简称《规定》)第十二条第一款规定,网络用户或者网络服务提供者利用网络公开自然人基因信息、病历资料、健康检查资料、犯罪记录、家庭住址、私人活动等个人隐私和其他个人信息,造成他人损害,被侵权人请求其承担侵权责任的,人民法院应予支持。本案中,判断百度网讯公司是否侵犯隐私权,应严格遵循网络侵权责任的构成要件,正确把握互联网技术的特征,妥善处理民事权益保护与信息自由利用之间的关系,既规范互联网秩序又保障互联网发展。

首先,百度网讯公司在提供个性化推荐服务中运用网络技术收集、利用的是未能与网络用户个人身份对应识别的数据信息,该数据信息的匿名化特征不符合"个人信息"的可识别性要求。根据国家工信部《电信和互联网用户个人信息保护规定》对个人信息的界定,个人信息是指电信业务经营者和互联网信息服务提供者在提供服务的过程中收集的网络用户姓名、出生日期、身份证件号码、住址、电话号码、账号和密码等能够单独或者与其他信息结合识别用户的信息,以及网络用户使用服务的时间、地点等信息。网络用户通过使用搜索引擎形成的检索关键词记录,虽然反映了网络用户的网络活动轨迹及上网偏好,具有隐私属性,但这种网络活动轨迹及上网偏好一旦与网络用户身份相分离,便无法确定具体的信息归属主体,不再属于个人信息范畴。经查,百度网讯公司个性化推荐服务收集和推送信息的终端是浏览器，没有定向识别使用该浏览器的网络用户身份。虽然朱烨因长期固定使用同一浏览器，感觉自己的网络活动轨迹和上网偏好被百度网讯公司收集利用，但事实上百度网讯公司在提供个性化推荐服务中没有且无必要将搜索关键词记录和朱烨的个人身份信息联系起来。因此，原审法院认定百度网讯公司收集和利用朱烨的个人隐私进行商业活动侵犯了朱烨的隐私权，与事实不符。

其次，百度网讯公司利用网络技术向朱烨使用的浏览器提供个性化推荐服务不属于《规定》第十二条规定的侵权行为。《规定》第十二条强调了"利用网络公开个人隐私和个人信息的行为"和"造成损害"是利用信息网络侵害个人隐私和个人信息的侵权构成要件。本案中，百度网讯公司利用网络技术通过百度联盟合作网站提供个性化推荐服务，其检索关键词海量数据库以及大数据算法均在计算机系统内部操作，并未直接将百度网讯公司因提供搜索引擎服务而产生的海量数据库和 cookie 信息向第三方或公众展示，没有任何的公开行为，不符合《规定》第十二条规定的利用网络公开个人信息侵害个人隐私的行为特征。同时，朱烨也没有提供证据证明百度网讯公司的个性化推荐服务对其造成了实质性损害。朱烨虽然在诉讼中强调自己因百度网讯公司的个性化推荐服务感到恐惧、精神高度紧张，但这仅是朱烨个人的主观感受，法院不能也不应仅凭朱烨的主观感受就认定百度网讯公司的个性化推荐服务对朱烨造成的实质性损害。个性化推荐服务客观上存在帮助网络用户过滤海量信息的便捷功能，网络用户在免费享受该服务便利性的同时，也应对个性化推荐服务的不便性持有一定的宽容度。本案中，百度网讯公司的个性化推荐服务的展示位置在合作网站的网页，只有网络用户控制的浏览器主动登录合作网站时才会触发个性化推荐服务，并非由百度网讯公司或合作网站直接向网络用户的私有领域主动推送个性化推荐服务。即便没有开展个性化推荐，合作网站也会在其网页上进行一般化推荐。百度网讯公司的个性化推荐利用大数据分析提高了推荐服务的精准性，推荐服务只发生在服务器与特定浏览器之间，没有对外公开宣扬特定网络用户的网络活动轨迹及上网偏好，也没有强制网络用户必须接受个性化推荐服务，而是提供了相应的退出机制，没有对网络用户的生活安宁产生实质性损害。

最后，百度网讯公司利用网络技术对朱烨提供个性化推荐服务并未侵犯网络用户的选择权和知情权。百度网讯公司在《使用百度前必读》中已经明确告知网络用户可以使用包括禁用 cookie、清除 cookie 或者提供禁用按钮等方式阻止个性化推荐内容的展现，尊重了网络用户的选择权。至于原审法院认为百度网讯公司没有尽到显著提醒说明义务的问题，本院认为，cookie 技术是当前互联网领域普遍采用的一种信息技术，基于此而产生的个性化推荐服务仅涉及匿名信息的收集、利用，且使用方式仅为将该匿名信息作为触发相关个性化推荐信息的算法之一，网络服务提供者对个性化推荐服务依法明示告知即可，网络用户亦应当努力掌握互联网知识和使用技能，提高自我适应能力。经查，百度网讯公司将《使用百度前必读》的链接设置于首页下方与互联网行业通行的设计位置相符，链接字体虽小于处于首页中心位置的搜索栏字体，但该首页的整体设计风格为简约型，并无过多图片和文字，网络用户施以普通注意义务足以发现该链接。在《使用百度前必读》中，百度网讯公司已经明确说明 cookie 技术、使用 cookie 技术的可能性后果以及通过提供禁用按钮向用户提供选择退出机制，朱烨在百度网讯公司已经明确告知上述事项后，仍然使用百度搜索引擎服务，应视为对百度网讯公司采用默认"选择同意"方式的认可。《信息安全技术公共及商用服务信息系统个人信息保护指南》（GB/Z 28828-2012）5.2.3 条规定："处理个人信息前要征得个人信息主体的同意，包括默许同意或明示同意。收集个人一般信息时，可认为个人信息主体默许同意，如果个人信息主体明确反对，要停止收集或删除个人信息；收集个人敏感信息时，要得到个人信息主体的明示同意。"参考该标准化指导性技术文件精神，将个人信息区分为个人敏感信息和非个人敏感信息并采用不同的知情同意模式，旨在保护个人人格尊严与促进技术创新之间寻求最大公约数。举重以明轻，百度网讯公司在对匿名信息进行收集、利用时采取明示告知和默示同意相结合的方式也不违反国家对信息行业个人信息保护的公共政策导向，未侵犯网络用户的选择权和知情权。

综上，百度网讯公司的个性化推荐行为不构成侵犯朱烨的隐私权。原审判决认定事实基本清楚，但判定百度网讯公司承担侵犯朱烨隐私权的法律责任不当，本院依法予以改判。依照《中华人民共和国侵权责任法》第二条、第六条第一款、第二十二条、第三十六条第一款，《最高人民法院关于审理利用信息网络侵害人身权益民事纠纷案件适用法律若干问题的规定》第十二条第一款，《中华人民共和国民事诉讼法》第一百七十条第一款第（二）项之规定，判决如下：

①撤销南京市鼓楼区人民法院（2013）鼓民初字第3031号民事判决。

②驳回朱烨的全部诉讼请求。

一审案件受理费400元，由朱烨负担；二审案件受理费400元，由朱烨负担。本判决为终审判决。

思 考 题

1. 知识产权包括哪些内容？电子商务对知识产权的保护有什么影响？
2. 谈谈域名抢注的危害。
3. 电子合同的概念和特征与传统合同有什么区别？
4. 隐私权的概念和内容是什么？
5. 案例：华纳唱片公司享有郑秀文相关曲目的版权，而这些歌曲均可以通过登录××网下载，华纳唱片公司并没有许可这种行为。××网辩称，其网站上提供的是链接服务，而不是下载服务，不存在未经著作权人许可复制或传播涉案歌曲的行为。你认为该案例应如何判定？依据是什么？

资料来源及参考网站

1. 中国电子商务法律网 http://www.chinacelaw.com
2. 中国网络法律网 http://www.cyberlawcn.com
3. 互联法网 http://www.hlfw.com
4. 天涯法律网 http://www.hicourt.gov.cn
5. 中国法制网 http://www.law.cn
6. 中国网络法 http://www.wangluofa.com
7. 中国法律资源网 http://www.lawbase.com.cn
8. 中国法院网 http://www.chinacourt.org

第 10 章

电子商务应用案例分析

教学目标

电子商务越来越多得到广泛的应用,生活中处处可见,比如手机充值、网络银行服务、远程教育、网上证券、网上拍卖、网上订票、网上会议、网上购物、网络游戏、网上招标、网上报税、网上报关等。

本章重点介绍远程教育、电子政务、旅游电子商务、网上证券及网上拍卖。通过本章的学习,了解电子商务在各行各业的应用实例,将电子商务的专业知识运用到实际的电子商务中。

关键词汇

远程教育;电子政务;网上证券;网上拍卖

知识回顾

电子政府,是一种全新的政府管理形态,是一个理想化的目标,即一种以信息和技术为依托,以实现完善的政府服务为目标的"虚拟政府"。电子政务,是一个动态过程,是实体政府利用信息和技术以提高政府效率的一种方式。从长远的角度来看,电子政务是电子政府发展的一个重要阶段;而电子政府,则是电子政府发展的长期目标。

网上证券交易,是指投资者利用互联网网络资源,获取证券的即时报价、分析市场行情,并通过互联网委托下单,实现实时交易。

拍卖就是一种价格谈判机制,是一种用以确定由于某些原因没有确定价格或者价格难以估量的商品(如艺术品、古董、书籍、电子用品以及二手货物等)价格的谈判机制。

随着互联网的飞速发展,电子商务迅速发展起来。它大大地提高了市场的方便性与灵活性,改变了人类的生活和工作模式。

10.1 远程教育

10.1.1 远程教育的含义及组织模式

1. 含义

远程教育也叫网络教育，是成人教育学历中的一种，是指使用电视及互联网等传播媒体的教学模式，它突破了时空的界线，有别于传统的在校住宿的教学模式。使用这种教学模式的学生，通常是业余进修者。由于不需要到特定地点上课，因此可以随时随地上课。学生也可以通过电视广播、互联网、辅导专线、课研社、面授（函授）等多种不同渠道互助学习。远程教育是现代信息技术应用于教育后产生的新概念，即运用网络技术与环境开展的教育。招生对象不受年龄和先前学历限制，为广大已步入社会的群众提供了学历提升的机会。

远程教育是学生与教师、学生与教育组织之间主要采取多种媒体方式进行系统教学和通信联系的教育形式，是将课程传送给校园外的一处或多处学生的教育。现代远程教育则是指通过音频、视频（直播或录像）以及包括实时和非实时在内的计算机技术把课程传送到校园外的教育。现代远程教育是随着现代信息技术的发展而产生的一种新型教育方式。计算机技术、多媒体技术、通信技术的发展，特别是互联网的迅猛发展，使远程教育的手段有了质的飞跃，成为高新技术条件下的远程教育。现代远程教育是以现代远程教育手段为主，兼容面授、函授和自学等传统教学形式，多种媒体优化组合的教育方式。

现代远程教育可以有效地发挥远程教育的特点，是一种相对于面授教育、师生分离、非面对面组织的教学活动，是一种跨学校、跨地区的教育体制和教学模式，它的特点是：学生与教师分离；采用特定的传输系统和传播媒体进行教学；信息的传输方式多种多样；学习的场所和形式灵活多变。与面授教育相比，远距离教育的优势在于它可以突破时空的限制；提供更多的学习机会；扩大教学规模；提高教学质量；降低教学成本。基于远程教育的特点和优势，许多有识之士已经认识到发展远程教育的重要意义和广阔前景。

2. 组织模式

远程教育组织模式可以分为个体化学习模式和集体学习模式，即个别学习和班组学习两种模式。其最重要的差异在于：班组集体教学方式是建立在同步通信基础上的，教师和学生必须进行实时交流。而个别化学习方式是建立在非同步通信基础上的，在学生的家庭里创造出学习环境，学生可以在适合的时间进行学习。两种学习模式在本质上同教育资源的传输和发送模式有关。

所有人离不开教育：早期教育、课外辅导、少儿英语、职业教育、出国留学、商学院、移民服务……而在信息化爆发式发展的趋势下，在线教育越来越凸显出优势：①在线教育可以突破时间和空间的限制，提升了学习效率；②在线教育可以跨越因地域等方面造成的教育资源不平等分配，使教育资源共享化，降低了学习的门槛。

基于在线教育的特点和优势，网络学校受到越来越多人的认可，各类新兴的网校及相关网站不断涌现，比如三条杠网、91外教网等。显然，这代表着网校已经逐渐走进大众生活并成为一种学习的主流趋势。因此很多人开始选择在线教育，特别是白领一族和大学生们。仅2012年一年，中国在线教育市场份额已经达到723亿元，且在线教育用户呈规模性增大。

10.1.2 发展历程

远程教育在中国的发展经历了三代：第一代是函授教育，这一方式为我国培养了许多人才，但是函授教育具有较大的局限性；第二代是20世纪80年代兴起的广播电视教育，我国的这一远程教育方式和中央电视大学在世界上享有盛名；第三代是在90年代，随着信息和网络技术的发展，产生了以信息和网络技术为基础的现代远程教育。

1994年年底，在当时国家教委的主持下，"中国教育和科研计算机网（CERNET）示范工程"由清华大学等10所高校共同承建。这是国内第一个采用TCP/IP协议的公共计算机网。

1996年，清华大学王大中校长率先提出发展现代远程教育；1997年，湖南大学首先与湖南电信合作，建成网上大学。清华大学则在1998年推出了网上研究生进修课程。

1998年9月，教育部正式批准清华大学、北京邮电大学、浙江大学和湖南大学为国家现代远程教育第一批试点院校。

1999年，教育部制定了《关于发展现代远程教育的意见》；9月，"CERNET高速主干网建设项目"立项，目标是在2000年12月前完成CERNET高速主干网的建设，满足我国现代远程教育需求。

2000年7月，教育部颁布了《教育网站和网校暂行管理办法》；同时将现代远程教育试点院校范围扩大到31所，并颁布了《关于支持若干所高等学校建设网络教育学院开展现代远程教育试点工作的几点意见》，根据这个文件，31所试点院校具有很大的自主权：可以自己制定招生标准并决定招多少学生，可以开设专业目录之外的专业，有权发放国家承认的学历文凭等。

2000年7月31日，31所试点高校在北京成立了"高等学校现代远程教育协作组"，以加强试点高校间的交流与合作，促进教育资源的建设与共享。

2001年7月，教育部继续扩大现代远程教育学院的试点范围，从38所院校扩至45所。

2012年，现代远程教育学院已有68所。

教育部副部长杜占元强调，教育信息化是国家信息化建设的重要组成部分和战略重点，是教育改革发展不可或缺的支撑和推动力。各地和有关单位要明确责任、分工协作、扎实工作、共同努力，按时、按要求完成各项建设任务，务必在2013年春季开学前，把2012年实施建设的所有教学点设备配置安装到位，并在春季开学后逐步在课堂教学中使用，让教学点有资源、开齐课、开好课。同时，要统筹安排、精心部署、全面推进教育信息化今明两年各项重点工作，确保按时取得明显进展，使广大基层学校与师生实实在在感受到教育信息化的成效。

10.1.3 远程教育如何学习

1. 课件学习

每门学科分为几个章节，每一章节分几讲来完成，每一讲相当于一节课。每一门学科这个部分满分是10分，得分点在于每一讲只要播放6分钟以上即可得到1分，所以这个课件点播10分很容易得到。

2. 视频学习

每门学科分为几个章节，每个章节都有对应的网络视频教程学习。如果学生想把视频保存到电脑上,可以用录像软件,将网络视频录制保存为 AVI、FLV、WMV 等常用的视频格式,在电脑上直接学习。

3. 在线测试

其中每一章节学完之后,课件学习后面的在线测试是与前面的每个章节对应的,课件学习每一章点播完后就可以做后面对应章节的在线测试。每一章做完提交就可以当场显示得分和对错情况,可以重复做很多遍,直到得到的分数比较满意。

4. 网上作业

这个环节是各学科老师所布置的平时作业,一般不计入总成绩。

5. 在线时长

在线时长就是每次登录学习平台学习的时间,每学期下来累计在线学习时长,在平台里面都会自动累计显示。不要求学生必须每天在线时间多长,只要大家各自安排好学习计划,每周或者休息时间登录学习即可。

6. 教学论坛

这个是师生交流的一个有利的平台,在这里面可以看到很多来自全国各地不同专业不同批次的同学朋友,每个学科都有一个专业辅导老师,学生可以随意在里面发帖、发信息,关于学习考试过程中遇到的任何问题都可以在里面发问求解。

7. 教学公告

这是官方信息发布平台,关乎学习考试的任何公告。

10.1.4 特色优势

1. 资源利用最大化

各种教育资源库通过网络跨越空间距离的限制,使学校的教育成为可以超出校园向更广泛的地区辐射的开放式教育。学校可以充分发挥自己的学科优势和教育资源优势,把最优秀的教师、最好的教学成果通过网络传播到四面八方。

2. 学习行为自主化

网络技术应用于远程教育,其显著特征是:任何人、任何时间、任何地点、从任何章节开始、学习任何课程。网络教育便捷、灵活的"五个任何",在学习模式上最直接体现了主动学习的特点,充分满足了现代教育和终身教育的需求。

3. 学习形式交互化

教师与学生、学生与学生之间,通过网络进行全方位的交流,拉近了教师与学生的心理距离,增加了教师与学生的交流机会和范围,并且通过计算机对学生提问类型、人数、次数等进行的统计分析使教师了解学生在学习中遇到的疑点、难点和主要问题,更加有针对性地指导学生。

4. 教学形式修改化

在线教育中,运用计算机网络所特有的信息数据库管理技术和双向交互功能,一方面,系统对每个网络学员的个性资料、学习过程和阶段情况等可以实现完整的系统跟踪记录;另一方面,教学和学习服务系统可根据系统记录的个人资料,针对不同学员提出个性化学习建议。网络教育为个性化教学提供了现实有效的实现途径。

5. 教学管理自动化

计算机网络的教学管理平台具有自动管理和远程互动处理功能,被应用于网络教育的教学管理中。远程学生的咨询、报名、交费、选课、查询、学籍管理、作业与考试管理等，都可以通过网络远程交互的方式完成。

10.1.5 案例一：中国远程教育网

中国远程教育网

1. 网站简介

中国远程教育网利用多年的资源储备、总结优秀的教育经验，借助线上功能强大的网络学习及教学资源共享平台，为全国广大中小学生、教师及学校提供立体、系统、专业的服务。中国远程教育网学习平台是一个不受时空限制，可随时随地按需学习的网络学

中国远程教育网标志

习平台，它向全国各地的中小学生提供了版本齐全、形式多样的同步课堂。资源共享平台通过向教师提供优质教学资源，以帮助学校教师快速提升教学质量，减轻教学负担。同时为加入学校联盟的学校提供网络教学平台搭建、优质资源免费共享，帮助学校快速提升社会知名度。

中国远程教育网首页

通过网络向学生提供多媒体教学资源及传递教学信息，主要包括以下教学环节：课本自学、课件学习、网上导学、网上作业、网上答疑讨论、模拟试题自测、学习中心辅导。学生在学习多媒体课件和书本的基础上，通过互联网进行网上答疑、讨论、提交作业、课程辅导等。

中国远程教育网是全方位、专业化的远程教育服务及信息技术提供商。中国远程教育网立足于远程教育服务行业，从事远程教育技术、教

中国远程教育网

育资源开发、教育项目策划与推广、教学平台及课件的开发和定制、教育信息咨询、互联网信息与技术服务等项目。为配合国家教育部在我国全面普及信息技术教育，实现"校校通"工程的宏伟目标，中国远程教育网致力于数字化学习资源开发与数字化教育工程建设，旨在将IT产业与素质教育进行有机整合。

中国远程教育网以"专注教育服务 专业服务教育"为教学理念，是中国学校信息技术与素质教育优质服务"示范企业"、中国教育信息化理事会"理事单位"、企业信用评价AAA级信用企业、中国互联网高新技术企业、国家规划布局内重点软件企业。2012年中国远程教育网再次荣获教育协会颁发的"全国青少年课外教育优秀品牌机构"。

中国远程教育网是经过多年的资源储备、总结优秀的教育经验推出的目前中国最全面、最系统、最详细的远程教育学习与资源共享平台。其所有课程及教学资源围绕基础教育教学大纲进行设计，借助线上功能强大的网络平台（www.cnycedu.com）为全国广大中小学生、教师及学校提供立体、系统专业的服务。

2. 网站主要栏目

（1）同步课堂。

中国远程教育网以语音、图形、图像、动画、文本等相结合的多媒体方式，将众多特高级名师请到孩子们的眼前。中国远程教育网采用"一卡通学"的模式，覆盖包括幼儿教育、小学教育、初中教育和高中教育的整个基础教育阶段，能在任何时间、任何地点都能学习自己希望学习的任何内容，再不必为择校而发愁。

（2）互动答疑。

学习能力在求疑解惑中提高。互动学习，在学习过程中遇到任何疑难问题均可及时得到全国一线教师提供在线答疑，就像同时请到很多老师到自己身边一样全方位地满足学习需求。讲解思路、方法，排忧解难等，同时可以通过别人的疑问发掘自己的空缺。让学习不再被动，进而主动和自觉学习、便捷学习、高效学习。

（3）测评系统。

选择与课本同步训练及能力提升，为学生提供学习成果测评，独有的错题本功能，帮助学生提高自我纠错能力。学生通过测评系统了解自身情况，针对弱势定制学习计划，选择课程和资源以满足学习需要，实现因材施教的个性化教学。

（4）资源中心。

为学生、教师提供海量优质试题、课件、素材等资源下载，以帮助学生及学校教师提升学习及教学效率。

（5）教育资讯。

教学大纲精准分析与剖析。教育、考试及各大院校等招生讯息及时发布与更新。

（6）学校联盟。

加入联盟的学校，可以获得中国远程教育网提供的优质教学资源。同时为学校提供网络教学平台搭建，帮助学校快速提升社会知名度。

（7）家长学校。

"家长学校"讨论学生学习和成长过程中的家庭教育和学生不同时期的心理变化；"学生心理"对学生开展心理讲座，并由心理老师解答学生学习和生活中的各种心理问题。

3. 评点

中国远程教育网是目前中国最全面、最系统、最详细的远程教育学习与资源共享平台。

所有课程及教学资源围绕基础教育教学大纲设计。借助线上功能强大的网络平台为全国广大中小学生、教师及学校提供立体、系统专业的服务。

中国远程教育网资源共享平台通过向教师提供优质教学资源，同时为学校提供网络教学平台搭建、优质资源免费共享，帮助学校快速提升社会知名度，帮助学校教师快速提升教学质量，减轻教学负担。中国远程教育网，是同学们高效学习、轻松进步、快乐成长的园地，是教师朋友交流教学心得，分享教学资源的平台。

10.1.6 案例二：慕课网

慕 课 网

1. 网站简介

慕课网 2013 年 8 月上线，是垂直的互联网 IT 技能免费学习网站。慕课网以独家视频教程、在线编程工具、学习计划、问答社区为核心特色。在这里，可以找到最好的互联网技术牛人，也可以通过免费的在线公开视频课程学习国内领先的互联网 IT 技术。

慕课网

慕课网标志

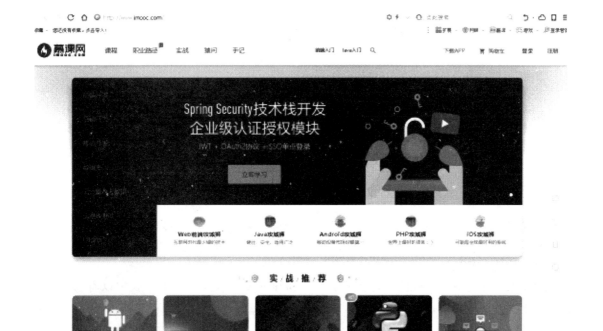

慕课网首页

慕课网课程涵盖前端开发、PHP、Html5、Android、ios、Swift 等 IT 前沿技术语言，包括基础课程、实用案例、高级分享三大类型，适合不同阶段的学习人群。以纯干货、短视频的形式为平台特点，为在校学生、职场白领提供了一个迅速提升技能、共同分享进步的学习平台。

2017 年 4 月 2 日，国内首个 IT 技能学习类应用——慕课网 3.1.0 版本在应用宝首发。据了解，在此次上线的版本中，慕课网新增了课程历史记录、相关课程推荐等四大功能，为用户营造更加丰富的移动端 IT 学习体验。

网站使命：传播互联网最前沿技术，帮助更多的人实现梦想！慕课网秉承"开拓、创新、公平、分享"的精神，将互联网特性全面地应用在教育领域，致力于为教育机构及求学者打造一站式互动在线教育品牌。

2. 网站服务特色

（1）精心制作的视频课程。

◆实战派老师

老师来自各大 IT 公司重要技术岗位，拥有丰富的实战经验。语言平实、通俗易懂，更接地气，传授最有价值的经验之谈。

◆实用性内容

课程内容注重实用性，不仅让学员通过学习做出产品，而且在学习过程中掌握的方法技巧在实际工作中用得上，能够切实帮助学员提升工作技能。

◆个性化视效

慕课网的绝大多数课程都经过了专业的后期制作，为课程内容匹配了个性化的视觉效果，帮助学员更好地理解课程内容，增加学习乐趣。

（2）实时交互的在线编程。

◆无须配置，直接编程

无须配置各种纷繁复杂的编程环境，打开网页直接就可以进行编程。解决初学者学习编程中的起步难问题，让学员更容易参与其中，迅速开始学习。

◆业界主流编辑器

慕课网的在线编程采用了业界主流的 ACE 编辑器，经过专业人士和程序员同行的认可，能够切实给学员带来良好的编程体验。

◆良好的学习界面

在线编程界面采用三分屏设计，包括讲课内容区、代码编写区、效果预览区。三大区域合理搭配，能够让学员高效完成学习内容、编写代码、查看效果这一学习流程。

◆所见即所得的编程效果

慕课网的在线编程采用所见即所得模式。通过在线编辑器，学员能够在效果展示区实时看到自己所写代码最终产生的效果。即时反馈让学习更高效，提升学习成就感。

◆方便的代码交流

学员在慕课网所提交的代码都会展现在"同学代码"模块，学员不仅可以自己写代码实践，更可以观摩同学的代码，学习不同的编写思路，触类旁通。

◆支持多语言

在线编程现已支持 Java、php、html、html5、JS、CSS 六种编程语言。同时对其他语言的支持在继续扩展中。

(3) 循序渐进的学习计划。

◆目标性学习

每一个学习计划都是针对某一职位、某个方向来设定的，能够帮助初学者或入门者明确学习路径，从易到难、从理论到实战、从核心到周边，循序渐进地达成学习目标。

◆统合性学习

慕课网学习计划将各种课程内容进行有机整合，来帮助学员获得统合性学习。比如，要胜任一职位可能需要掌握几种编程语言中不同的知识点和编程技能，学习计划将这些知识点和技能有机整合，帮助学员掌握胜任该职位的知识点和编程技能。

(4) 互帮互助的问答社区。

◆学友交流，共同进步

在问答社区，学员可通过提问、答题、分享、讨论来与学友们一起交流，共同进步。互相讨论技术难点，分享技术经验，成长更迅速。

◆师生交流，亦师亦友

在问答社区，老师们也常常活跃期间，对学员们提出的问题给予答复。同时，老师们也会将自己的资源、心得分享在问答社区，让学员们掌握更多知识点。

3. 教育特点

实用——慕课网注重课程内容在实际工作中的具体运用，讲师所授课程案例、分享及其中的技术点、知识点都是工作中常用的技术。

趣味——慕课网提供的教程中融入动画特效、流行词句，趣味性的内容和授课方式易于引起用户的学习兴趣，消除学习中的枯燥感。

短视频——慕课网短视频课程以短视频为特色，多数视频每节课不超过 10 分钟，有利于用户利用碎片化时间学习，同时更容易聚焦用户注意力，使学习效果最佳。

4. 慕课网 App

为了给广大 IT 学习者营造便捷的学习环境，慕课网同时开发了"手机慕课"，即慕课网 App。它是超酷的、免费的 IT 教育类应用，以 IT 教学视频课程为主，拥有 iOS、Android 两大版本。功能亮点如下：

(1) 界面设计：简约大方。

慕课网 App 的界面设计简洁大方，色调柔和。不仅内容清晰可见，而且十分美观，给用户带来良好的视觉体验，时尚的风格和色彩搭配更符合其年轻用户群体的审美。

(2) 内容优质：短视频纯干货。

在课程的展现形式上，慕课网 App 沿用了"短视频"的形式。用户完全可以利用碎片时间随时随地通过手机端学习。同时，在课程内容设计上摆脱了纯理论的讲解，转而结合知识的实际应用，教给用户实用的纯干货。

(3) 节省流量：在线、离线随身学习。

慕课网视频课程从流量方面考量，让用户可以采用离线缓存的方式，在 WIFI 环境下下载视频，之后随时随地都可以观看，无须耗费流量，即便无信号也可观看视频。

(4) 互动交流：达人学霸互帮互助。

慕课网云集了学霸、IT 达人，视频课程界面中的讨论功能让用户可以在学习过程中进行交流、互动，边学边问，摆脱独自学习的困惑，迅速成长进步。

5. 评点

慕课网从网络海量的教育资源中挑出那些最有价值的课程，报道最新的在线教育资讯，传播 MOOC 理念、分享它的价值。所有爱学习、爱用功的人们，不限年龄不限学历，不论学霸不论学渣，都希望能在这里找到最想学的课程，学有所成，获得快乐。

10.2 电子政务

10.2.1 电子政务的含义

电子政务是指运用计算机、网络和通信等现代信息技术手段，实现政府组织结构和工作流程的优化重组，超越时间、空间和部门分隔的限制，建成一个精简、高效、廉洁、公平的政府运作模式，以便全方位地向社会提供优质、规范、透明、符合国际水准的管理与服务。

具体类别包括：G2G——政府间电子政务；G2B——政府—商业机构间电子政务；G2C——政府—公民间电子政务；G2E——政府—雇员间电子政务。

自 20 世纪 90 年代电子政务产生以来，关于电子政务的定义有很多，并且随着实践的发展不断更新。

联合国经济社会理事会将电子政务定义为，政府通过信息通信技术手段的密集性和战略性应用组织公共管理的方式，旨在提高效率，增强政府的透明度，改善财政约束，改进公共政策的质量和决策的科学性，建立良好的政府之间、政府与社会、社区以及政府与公民之间的关系，提高公共服务质量，赢得广泛的社会参与度。

世界银行则认为电子政务主要关注的是政府机构使用信息技术（比如万维网、互联网和移动计算），赋予政府部门以独特的能力，转变其与公民、企业、政府部门之间的关系。这些技术可以服务于不同的目的：向公民提供更加有效的政府服务，改进政府与企业和产业界的关系，通过利用信息更好地履行公民权，以及增加政府管理效能。因此而产生的收益可以减少腐败，提供透明度，促进政府服务更加便利化，增加政府收益或减少政府运行成本。

电子政务是一个系统工程，应该符合三个基本条件：

第一，电子政务是必须借助电子信息化硬件系统、数字网络技术和相关软件技术的综合服务系统；硬件部分包括内部局域网、外部互联网、系统通信系统和专用线路等；软件部分包括大型数据库管理系统、信息传输平台、权限管理平台、文件形成和审批上传系统、新闻发布系统、服务管理系统、政策法规发布系统、用户服务和管理系统、人事及档案管理系统、福利及住房公积金管理系统等数十个系统。

第二，电子政务是处理与政府有关的公开事务、内部事务的综合系统。除包括政府机关内部的行政事务以外，还包括立法、司法部门以及其他一些公共组织的管理事务，如检务、审务、社区事务等。

第三，电子政务是新型的、先进的、革命性的政务管理系统。电子政务并不是简单地将传统的政府管理事务原封不动地搬到互联网上，而是要对其进行组织结构的重组和业务流程的再造。因此，电子政府在管理方面与传统政府管理之间有显著区别。

10.2.2 电子政务的应用

电子政务是国家实施政府职能转变，提高政府管理、公共服务和应急能力的重要举措，有利于带动整个国民经济和社会信息化的发展，电子政务市场规模初显。在国家的大力支持和推动下，我国电子政务取得了较大进展，市场规模持续扩大。在现代计算机、网络通信等技术支撑下，政府机构日常办公、信息收集与发布、公共管理等事务在数字化、网络化的环境下进行的国家行政管理形式。它包含多方面的内容，如政府办公自动化、政府部门间的信息共建共享、政府实时信息发布、各级政府间的远程视频会议、公民网上查询政府信息、电子化民意调查和社会经济统计等。

在政府内部，各级领导可以在网上及时了解、指导和监督各部门的工作，并向各部门做出各项指示。这将带来办公模式与行政观念上的一次革命。在政府内部，各部门之间可以通过网络实现信息资源的共建共享联系，既提高办事效率、质量和标准，又节省政府开支、起到反腐倡廉的作用。

政府作为国家管理部门，其本身上网开展电子政务，有助于政府管理的现代化，实现政府办公电子化、自动化、网络化。通过互联网这种快捷、廉价的通信手段，政府可以让公众迅速了解政府机构的组成、职能和办事章程，以及各项政策法规，增加办事执法的透明度，并自觉接受公众的监督。

在电子政务中，政府机关的各种数据、文件、档案、社会经济数据都以数字形式存储于网络服务器中，可通过计算机检索机制快速查询、即用即调。

10.2.3 主要内容及特点

1. 主要内容

（1）政府从网上获取信息，推进网络信息化。

（2）加强政府的信息服务，在网上设有政府自己的网站和主页，向公众提供可能的信息服务，实现政务公开。

（3）建立网上服务体系，使政务在网上与公众互动处理，即"电子政务"。

（4）将电子商业用于政府，即"政府采购电子化"。

（5）充分利用政务网络，实现政府"无纸化办公"。

（6）政府知识库。

2. 特点

相对于传统行政方式，电子政务的最大特点就在于其行政方式的电子化，即行政方式的无纸化、信息传递的网络化、行政法律关系的虚拟化等。

电子政务使政府工作更公开、更透明；电子政务使政务工作更有效、更精简；电子政务为企业和公民提供更好的服务；电子政务重构政府、企业、公民之间的关系，使之比以前更协调，便于企业和公民参政议政。

电子政务是政府部门、机构利用现代信息科技和网络技术，实现高效、透明、规范的电子化内部办公、协同办公和对外服务的程序、系统、过程和界面。与传统政府的公共服务相比，电子政务除了具有公共物品属性，如广泛性、公开性、非排他性等本质属性外，还具有直接性、便捷性、低成本性以及更好的平等性等特征。

10.2.4 案例一：中国电子政务网

中国电子政务网

中国电子政务网

1. 网站简介

中国电子政务网是在信息产业部电子科学技术委员会及信息产业部基础产品发展研究中心的指导下，建立的全国最早的、系统全面的介绍电子政务建设、信息化建设的专业网站。

中国电子政务网首页

中国电子政务网自开通以来，为中国电子政务的发展做了大量工作。其中在普及电子政务知识、促进政府上网工程、组织专家论证电子政务方案、介绍优秀电子政务企业等方面，开展了卓有成效的工作，有力地推进了中国电子政务的发展，得到有关部委及专家的认可。

近几年，随着电子政务建设的加快，中国电子政务网参与了"2002年信息安全产业展览会""全国电子政务安全研讨会""深圳高科技产品交易会电子政务专场""2002年中国电子政务技术与应用大会""2003年首届中国电子政务投资运营与采购管理国际论坛""2003年中国电子政务与信息安全应用技术展览会"，承办了"第一届、第二届、第三届中国城市电子政务高层论坛""第一届、第二届中国电子政务建设论坛""中国电子政务关键技术高级研修班""中国电子政务建设现状专题研讨会""《中华人民共和国电子签名法》应用技术培训班"等活动，同时还编辑出版了大量电子政务图书资料。

网站服务对象主要是国家和地方各级政府部门及电子政务相关的大、中型企业，科研院所和大专院校等单位。

中国电子政务网下设十四个频道：新闻中心、电子政务、信息化、电子商务、网络安全、政府采购、优秀网站、案例方案、资料库、百强企业、产品信息、信息技术、会展信息、产品卖场。

2. 评点

当前，我国电子政务建设已经进入新的历史阶段，从初期"一把手工程"逐步向法治化、制度化、专业化的电子政务治理体系转变，需要从宏观层面和微观层面，推动中国特色电子政务治理体系和治理能力现代化。

在宏观层面，要围绕"全面深化改革，推动国家治理体系和治理能力现代化的总目标"，加强电子政务新理念引领和顶层设计，完善电子政务治理主体、治理结构、运行机制、相关制度等重要方面的组织制度安排，推动中国特色电子政务治理体系建设。

在微观层面，要强化中央和地方网信领导小组工作机制，推动电子政务法立法进程，探索建立专职的、参与决策的、有协调权力的政府总信息制度。

10.2.5 案例二：浙江政务服务网

浙江政务服务网

1. 网站简介

浙江政务服务网是以政务为主体、服务为主线，全省统一架构、五级联动的新型电子政务平台。其中，省、市、县（市、区）政府部门设服务窗口，乡镇（街道）、村（社区）设服务站点，为社会公众提供综合性、一站式的在线服务，因此被喻为"政务淘宝"。

"服务零距离，办事一站通"，是网站的主旨。"伴你一生大小事"，是网站的期待。

浙江政务服务网

2014年6月25日，浙江政务服务网上线。

2014年8月28日，浙江政务服务网移动客户端上线。

2014年11月28日，被中国社科院信息化研究中心等机构被评为2014年中国政府网站"最佳政务平台实践奖"。

2014年12月24日，统一公共支付平台上线。

2015年4月17日，浙江政务服务网客户端2.0发布。

2015年6月25日，移动应用汇聚平台在全国率先向所有设区市微信、支付宝一站式输出"城市服务"资源。

2015年9月20日，被中国行政体制改革研究会等机构评为全国行政服务大厅"十佳案例"之一。

2015年9月23日，"数据开放"平台上线，是浙江政务服务网继"行政审批""便民服务""阳光政务"之后的第4个专项功能板块。

2015年11月23日，在国家行政学院发布的《省级政务服务能力调查报告》中名列省区市第一。

2015年11月27日，被中国社科院信息化研究中心等机构评为2015年中国"互联网+

浙江政务服务网首页

浙江政务服务网上办公解读

政务"最佳实践奖。

2016年3月31日,实现全省乡镇(街道)服务站全覆盖。

2016年6月21日,在人民日报社首次发布的《中国移动政务影响力榜单》中入选"移动政务服务十佳"。

2016年6月25日,浙江政务服务网改版上线,客户端3.0发布。

2017年8月7日,以浙江政务服务网为依托,以电子证照库为基础,推行网上认证、网上申报、网上签名、网上缴费、快递收发的政务服务"淘宝式"全流程网上办理模式。浙江省金华市委领导表示,该市致力于用"淘宝式"网上办理助力民众办事,目前已有1 532项政务事项实现群众和企业办事"零上门"。

2017年8月21日,浙江"互联网+政务服务"又有新进展,浙江政务服务网实名注册用户已突破1 000万，而且以每周超过10万人的速度增长。

2. 功能板块"2+4"模式

2个主体功能板块：个人办事、法人办事

4个专项功能板块：行政审批、便民服务、阳光政务、数据开放

在各大板块中，还按主题设置了不同的服务栏目，提供多种热点应用。

作为在全国率先运用"互联网+"理念、云计算技术和一体化思维打造的政府网站，大力推进权力事项集中进驻、网上服务集中提供、政务信息集中公开、数据资源集中共享，逐步实现全省政务服务在线统一导航、统一认证、统一申报、统一查询、统一互动、统一支付、统一评价，以此打造全天候的网上政府、智慧政府，促进政府治理现代化，努力让广大公众和企业办事更省心。

3. 评点

随着"最多跑一次"改革的深入，浙江省已建设完成依托人口库、法人库和地理空间信息库的浙江省数据中心，构建起一个公共数据共享体系，特别是浙江国家信息经济示范区建设的推进，浙江政务服务网将在推动浙江省资源配置和社会运行效率再次跃升中发挥更大作用。浙江政务服务网的发展，也充分证明了"互联网+政务服务"的巨大潜力。

真正让老百姓少跑腿、多办事，也减少了窗口部门的工作量，提高了办事效率，是真正的"智慧政务"。加快推进"互联网+政务服务"本就是浙江省十件民生实事之一，"浙江政务服务网"的推广，让广大百姓和企业享受到全浙江的优质服务，展示出互联网时代智慧政府的新形象。

相关新闻链接　　"互联网+政务服务"：发达国家有哪些经验？

信息化发展水平已经成为衡量一个国家综合国力和竞争力的重要标志，利用信息技术发展电子政务已成为实现国家治理体系和治理能力现代化目标的重要条件。放眼全球，发达国家都对电子政务、数字化政府的建设进行了大量的投入，二者皆可视作"互联网+政务服务"的典型业态。我们不妨从先行者的经验里，找出帮助中国"互联网+政务服务"建设的先进经验。

★多方协作，发展政府云服务

多国出台政策、指南，强化电子政务中云计算的地位，明确其发展思路。在云计算应用方面，各国政府亦态度积极，纷纷搭建平台直接刺激云产品和云服务在电子政务中的深化应用。

以英国政府的"政府云"为例，它包括各层级的数据平台及相关的教育、商业服务，目前已有300多个用户实体，未来还准备移植到4G移动通信平台上。

国外运营商及科技公司也未等闲视之，纷纷助力保障各国电子政务在云环境中安全、高效地运行。

美国国家标准与技术研究院发布美国政府云计算技术路线图最终版，描述了美国政府及业界应详细设计并管理云端的思路。在美国，政府部门每年庞大的IT采购预算也明显倾向于采购云计算服务，逐步减少大规模采购操作系统和办公套件。截至目前，美国联邦、州、地方各级政府已经全面采用云计算，美国国防部、美国农业部等政府部门都已经开展了成功的云计算应用。在美国华盛顿特区举行的政府云服务峰会上，微软正式向美国的公共事业部

门,包括联邦、州以及地方等各级政府业务体系,推出微软云计算的通用版本,用于执行视频监控等任务。

澳大利亚财政部公布《澳大利亚政府云计算政策》,要求政府机构在下次更新系统时采用云计算服务,并计划于2014年年底成立云服务小组,试验将关键数据自动迁移至政府云。澳大利亚电信为澳大利亚联邦、州及地方政府提供高度安全的云计算环境,此举帮助澳大利亚政府在使用云服务及提供创新与合作机会方面处于领先地位。

★挖掘大数据,创新公共服务

大数据是继云计算、物联网、移动互联网之后信息技术融合应用的新焦点,为应对大数据变革带来的机遇,发达国家纷纷制订相关计划,以推动开放公共数据来促进大数据的进一步科学发展和创新。

欧盟对于政府大数据资源十分重视,更积极鼓励各会员国进行政府开放数据的行动以推动大数据应用。欧盟委员会发布一项指南,旨在帮助各成员国按照新修订的《公共部门信息再利用指令》,充分利用气象数据、交通数据和房地产信息等公共部门信息。开放后的公共信息可供开发移动应用程序等创新型增值服务和产品。德国目前正修改现有法律,以便让政府数据集中在同一网站平台上,所有数据皆可在任何目的下进行数据再利用;法国则采取各部门独立运作的方式;西班牙通过推动国家型计划来实现政府大数据资源为大众所取用。

★强化培训,建立数字化人才队伍

信息技术迅猛发展的同时,对电子政务工作人员的要求也越来越高,各国政府通过招聘相关技术人才、建立实验室等方式加强对人才资源的汇集。

英国政府重新修订的《英国政务工作职能计划》中就包括招聘具有相应技能的公务员队伍。英国政府希望通过招聘不同层次的专家,推进政府部门的数字化进程,同时激励其他公务员掌握数字和IT技术,从而提升中央政府的技术能力。此外英国政府成立了一个新的数字研究实验室,为政府公共部门提供测试服务和相关网站的优化设计,利用最新的技术设备确保公共部门根据用户需求开展数字服务。

日本政府研讨直接聘用精通网络及电脑技术的"黑客",以日本内阁官房信息安全中心下设的有聘任期限的职员或研究员岗位为主,吸纳"黑客"人才。这些用高超的计算机技术为公共事务服务的黑客被称为"白帽黑客"。法国政府也为应届毕业的"白帽黑客"特设了岗位编制。

★扩展数字化政府覆盖范围

农村和偏远地区的通信和信息化发展能力的落后,严重阻碍了电子政务在相关区域的发展。国际电信联盟(ITU)在其主要年度报告《衡量信息社会报告》中指出,农村互联网接入的增长远逊于城镇,因而农村家庭的宽带互联网连接应始终是各国决策者的头等大事。

英国政府签订了1 000万英镑的合同,以探索如何在英国最偏远地区和网络连接最困难地区部署超高速宽带网络。这些项目使用固定无线技术、卫星技术、社会资本金融模式和聚合小型农村网络的运营模式,探索如何扩大偏远地区的超高速宽带覆盖范围。

隶属于西班牙工业、能源和旅游部的互联网发展机构Red. es2015年投入超过2亿欧元,用于消除该国的数字鸿沟。澳大利亚国家宽带网络公司宣布在额外的140个郊区提供高速宽带。这一新举措令20多万家庭和商户加入到国家宽带网络项目中。

★加强技术监管，注重电子政务安全

俄罗斯通信与大众传媒部拟定了一份关于国家电子政务系统发展的草案《组织国家电子政务基础设施管理进程》，提出了俄罗斯建设电子政务基础设施的主要方向。在电子政务中选用的技术手段方面，为降低基础设施和系统软件成本、减少技术风险和对开发公司的依赖，草案建议采用技术中立（易于替换）的解决方案、自由软件和国产软件。

无独有偶，美国在电子政务信息安全的防范策略中也强调通过加强国有信息安全产业的发展，来保证电子政务信息安全。在电子政务基础设施运营的监管方面，草案建议由独立的机构来执行电子政务基础设施运营工作，定期公开发布评估结果，并将评估结果作为确定运营国家电子政务基础设施合同的重要依据。而对于运营质量方面的反馈信息，草案建议明确从交互网站、电子政务、官方论坛和其他信息来源的技术支持系统收集反馈信息的规则和程序，明确综合处理信息的算法和在分析反馈信息基础上的决议通过机制。

（资料来源：国脉电子政务网 http://www.echinagov.com/news/73350.htm）

10.3 网上证券

10.3.1 网上证券的含义

网上证券是证券行业以互联网为媒介向客户提供全新的商业服务。它是一种大规模、全方位、体系化、新型的证券经营模式，可为大量远离证券营业部的证券投资者同所有营业部的交易提供服务。

现在，随着互联网与电子商务的进一步发展，股民们通过互联网证券交易商，可以在任何地方、任何时间兼顾到自己的投资。互联网证券商通常在其 Web 网站上发布证券交易行情，同时为其客户提供通过互联网直接在其 Web 网站上填写证券买卖单证的服务，证券交易商则把这些买卖单证实时传递给证券交易所。

10.3.2 网上证券的作用

1. 对投资者的作用

利用证券电子商务可以得到比较公平、公正、高效的证券行情、信息和交易服务，可以减少因行情延迟、信息时差或交易不及时等引起的交易损失。

2. 对证券商的作用

证券电子商务的实现，一方面可以大幅度降低成本，减少基础设施和人力资源的投入；另一方面可以扩展业务范围，通过远程证券交易的手段占领更大的市场。对交易所来说，支持证券电子商务的发展，积极向电子商务靠拢是非常必要的，国际证券市场已广泛实现了电子商务。

10.3.3 网上证券的特点、优势及障碍

1. 特点

网上证券的特点有：

（1）无可限量的信息资源，加快证券市场信息的流动速度，提高资源配置效率。

(2) 证券市场范围大幅度扩大，并打破时空界限。
(3) 证券发行方式发生根本性改进。

2. 优势

我国网上证券发展的有利条件：

（1）我国互联网用户的增长速度很快，网络渗透率逐渐提高。

（2）随着我国证券事业的发展，证券投资已经成为一般投资者的主要选择，同时网上炒股的股民数量也高速增加。

3. 障碍

我国网上证券业务发展的问题与障碍：

(1) 信用问题。
(2) 投资者方面的约束。
(3) 网络安全性。
(4) 速度和稳定性。
(5) 交易成本。
(6) 预期收益与成本的不对称性。

为推动我国网上证券业务的开展，必须有针对性地做好以下方面的工作：

(1) 完善制度，加强监管，促进规范发展。
(2) 通过资格认证规范交易平台。
(3) 建立有效的责任分担制度。
(4) 加强监管力度，防范交易风险。
(5) 加快网上交易的法制化建设。
(6) 注重网上品牌的创建。

10.3.4 网上证券的完善与发展

在电子化技术发展日新月异的时代，为维护市场秩序和促进金融创新之间的平衡，对证券市场进行适当、及时的监管是必要的，但一定注意保持相当的弹性空间。

借鉴国际先进的监管经验使市场更加自由，规则更加严格，是当代国际金融监管的主流趋势。

发挥证券交易所的一线监管职能在向电子化交易推进的过程中，交易所独特的长久价值和服务功能难以被取代。

10.3.5 案例一：华泰证券

华泰证券

1. 网站简介

华泰证券，即华泰证券股份有限公司，其前身为江苏省证券公司，1991年5月成立于南京，是一家中国领先的综合性证券集团，是中国证监会首批批准的综合类券商，也是全国最早获得创新试点资格的券商之一，具有庞大的客户基础、领先的互联网平台和敏捷协同

华泰证券网

的全业务链体系。

华泰证券网首页

2007年7月，华泰证券在首次券商分类评级中被中国证监会评定为A类A级，2008年7月获得A类AA级资格。

2009年11月30日，中国证监会发审委正式批准了华泰证券的IPO申请。

2010年2月9日，成功发行A股（601688），随着上市锣声的敲响，江苏第一家市值超千亿的上市公司以及第一家上市券商诞生。

2012年8月8日，由21世纪传媒旗下21世纪网主办的"资本的力量——2012年度券商创新论坛暨颁奖盛典"在苏州举行，华泰证券荣获21世纪网"中国券商创新综合大奖"。

2013年1月31日，华泰证券收到江苏证监局《关于核准华泰证券股份有限公司增加代销金融产品业务资格的批复》。根据该批复，江苏证监局核准了华泰证券代销金融产品业务资格的申请。

该资格的获批将有利于华泰证券引入全市场金融产品，构建种类齐全、品种丰富、类型多样的金融产品库，通过更多高质量的金融产品满足客户差异化的需求，更有利于实现公司经纪业务由传统的通道服务向理财功能的转型。

2014年6月19日，上海证券报举办的第一届"金互联"奖颁奖典礼在上海举行，华泰证券荣获"最佳互联网精神券商奖"。

2015年6月1日，华泰证券发行的14亿股境外上市外资股H股在香港联合交易所有限公司挂牌上市交易，H股股票简称为"HTSC"，股票代码6886。在20多年的发展历程中，公司抓住了中国资本市场及证券业变革创新的历史机遇，实现了快速成长，主要财务指标和业务指标均位居国内证券行业前列。

2016年12月2日，由新华网和中国社科院企业社会责任研究中心主办的2016年中国社会责任公益盛典暨第九届企业社会责任峰会在北京举行，华泰证券荣获2016年中国社会责任产品奖。

2017年第一季度末，Asset Mark 在美国TAMP（统包资产管理平台）行业市场占有率达到9.2%，排名第三。华泰证券将借鉴、吸收Asset Mark 的业务模式和先进经验，优化投顾平台，提升服务效率，并为客户提供全球资产配置平台。

2017年8月11日晚间，华泰证券发布2017年中报，报告期内营业收入81.17亿元，归属于母公司股东的净利润29.93亿元，同比分别增长10.34%、5.35%；多项业务指标稳居行业前列，整体业务营收结构明显改善。

目前，公司控股华泰联合证券有限责任公司、华泰期货有限公司、江苏股权交易中心有限责任公司；全资设立华泰金融控股（香港）有限公司、华泰紫金投资有限责任公司、华泰创新投资有限公司、华泰证券（上海）资产管理有限公司；参股南方基金管理有限公司、华泰柏瑞基金管理有限公司、江苏银行股份有限公司、金浦产业投资基金管理有限公司、证通股份有限公司。

2．华泰理念及发展目标

（1）华泰理念。

华泰证券秉承高效、诚信、稳健、创新的核心价值观，严格管理、审慎经营、规范运作，形成以证券经纪业务、投资银行业务、资产管理业务为基本架构的较为完善的业务体系以及研究咨询、信息技术和风险管理等强有力的业务支持体系。

华泰证券以做最具责任感的理财专家为服务理念，正在成长为市场中一个极具竞争力的综合金融服务提供商。

（2）发展目标。

展望未来，华泰更加充满信心。中国证券市场已发生根本性转变，正面临历史性的发展机遇。面对新的形势，华泰证券将继续坚持规范化、集团化、国际化发展战略，进一步加快公司做大做强步伐，力争尽快使公司成为具有核心竞争力的、业务规模和综合实力进入行业前列的证券控股集团。

雄关漫道真如铁，而今迈步从头越！华泰证券将以时不我待的精神状态、追求卓越的有为气魄，充分把握市场机遇，真诚与社会各界和广大客户长期合作，做最具责任感的理财专家，为共同创造中国证券市场更加美好的明天而不懈努力！

3．评点

近年来，华泰证券着力为客户提供全生命周期综合金融服务，逐步形成了以投资银行业务为龙头，以经纪与财富管理业务为基础，以投资与交易业务和资产管理业务为两翼的全业务链业务体系。华泰将基于证券业务优势积极拓展综合金融服务，致力于成为兼具本土优势和全球视野，在亚太市场拥有较强影响力的一流综合金融集团。

10.3.6 案例二：中证网

中证网

1. 网站简介

中证网是由新华社主办的中国证券报社倾力打造的金融证券网站，创办于 1996 年 1 月。经过十多年的发展，中证网已成为我国最具影响力的金融证券网站之一。2009 年，中证网被中国证监会指定为创业板信息披露网站。

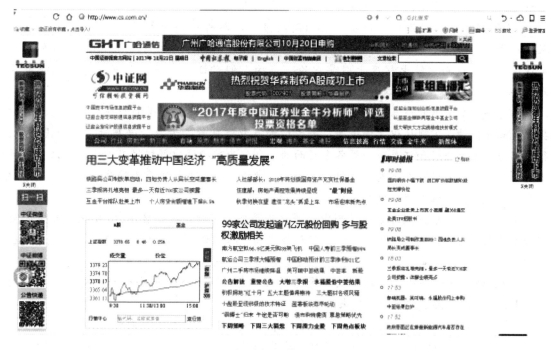

中证网首页

中证网每天 24 小时滚动发布大量国内外财经资讯，并在第一时间提供全面准确的上市公司新闻、信息、公告及证券市场的最新动态和评述。

中证网内容涵盖国内宏观经济金融形势、产业动态、港澳台消息、国际财经等，新闻报道涉及证券、期货、基金、银行、货币、保险、外汇、黄金、房地产、收藏、产权等诸多领域。

依托新华通讯社的整体新闻采集能力与中国证券报社在金融证券领域的权威地位，中证网已成为国内首选的专业权威的财经新闻发布平台。每天国内外众多的大型门户网站、各类财经/投资类网站、证券公司/基金公司网站从中证网转发大量新闻报道。

网站的目标是：建成具有国际领先影响力的金融证券资讯平台，树立网上金融证券信息发布的权威地位，开展专业实用的网上金融社区服务，为金融证券界人士提供一个全面即时的政策观察、市场评析、资料检索、观点交流和上市公司投资者关系管理平台。在做好信息服务的基础上，网站还将开展网上信息订阅、网上广告、网上证券投资类产品与服务的销售等活动，并积极参与证券电子商务等有商业前途的新领域。

2. 《中国证券报》

《中国证券报》是新华通讯社主办的全国性证券专业日报，是中国证券监督管理委员会指定披露上市公司信息报纸、中国保险监督管理委员会指定披露保险信息报纸、中国银行业监督管理委员会指定披露信托公司信息报纸。《中国证券报》的办报宗旨是：宣传党和国家有关经济、金融、证券的方针政策，传递金融、证券信息，评析金融、证券市场，普及金融、证券知识，做可信赖的投资顾问。

《中国证券报》以证券、金融报道为中心，报道国内外经济大势、宏观经济政策；报道证券市场、上市公司等专业领域；关注货币、保险、基金、期货、房地产、外汇、黄金等相邻市场，并在更加广阔的财经领域有着较大的影响力。

《中国证券报》的目标是做高水准的财经报纸，即所刊登的文章有较多的独家新闻、深度报道和具有前瞻性的分析评论，这些文章被较多地转载、援引、提及，受到人们的关注和重视，从而在较大程度上引导舆论，影响人们对证券市场、金融形势和经济走势的看法。

作为一张全国性的证券专业报纸，《中国证券报》努力弘扬报道的权威性，帮助读者把握宏观政策精神，宏观认识市场走势；着力增加有效信息量，方便读者及时了解国民经济、行业部委、上市公司和证券市场等各个层面的信息，为其投资决策提供有效参考；注重市场报道的实用性。同时，重视发挥媒体的舆论监督功能，揭露并抨击重大违法违规行为，维护投资者利益，促进证券市场健康发展。

据国家统计局中国经济景气监测中心等机构联合发布调查报告显示，《中国证券报》为阅读率最高的全国性四大报纸之一。央视调查咨询中心2000年在15个城市的调查显示，在全国金融证券类报刊中，《中国证券报》阅读率位列第一。

《中国证券报》在上海、深圳设有地方总部，它们和新华社遍布全球的分社、支社为《中国证券报》提供了广泛的信息来源。

《中国证券报》每周一至周六出版，平均每日出版对开32版，海内外公开发行。《中国证券报》国内邮发代号为1-175，国外代号为D1228；全国各地邮局均可破季破月订阅，各城市还设有零售业务。

3. 评点

作为国内最为著名的蓝筹路演网，中证网几乎囊括了所有大型蓝筹上市公司的网上路演，并为众多拟上市公司及基金管理公司提供网上推介、路演及直播服务。

10.4 网上拍卖

10.4.1 网上拍卖的简介

1. 含义

所谓网上拍卖是指通过互联网实施的价格谈判交易活动，即利用互联网在网站上公开发布将要招标的物品或者服务的信息，通过竞争投标的方式将它出售给出价最高或最低的投标者。其实质是以竞争价格为核心，建立生产者和消费者之间的交流与互动机制，共同确定价格和数量，从而达到均衡的一种市场经济过程。

2. 发展

它通过互联网将过去少数人才能参与的贵族式的物品交换形式，变成每一位网民都可以加入其中的平民化交易方式。网上拍卖不仅是网络消费者定价原则的体现，更重要的是拍卖网站营造了一个供需有效集结的市场，成为消费者和生产商各取所需的场所，因此是一种典型的中介型电子商务形式。相对于传统拍卖，网上拍卖的特点在于每个商家都可以制定一套适合自己的拍卖规则，并且通过网上拍卖还可以使定价达到更准确的水平，同时能够参与拍卖的人的范围也大大增加了。

最早的拍卖网站是由欧米达在 1995 年建立的，他最初建立这个小网站是为了向人们提供变种的埃博拉病毒代码。他在网站上加了一个小的拍卖程序，帮助人们交换各自的收藏品。后来他辞掉工作，全心全意投入到网上拍卖业务中去，于是现在网上拍卖老大——eBay 诞生了。随着电子商务的发展，网上拍卖已经成为一种日渐流行的电子交易方式。

3. 优势

通过网络平台跨越了地域局限，虚拟集成了商家和消费者，大大降低了集体竞价的成本；网上拍卖可以由消费者出价，买方对价格的影响力大大增加；买卖各方在竞价过程中可自由交流；不必事先缴付保证金，凭借网站自建的信用评价系统，借助所有用户的监督力量来营造一个相对安全的交易环境，买卖双方都能找到可信赖的交易伙伴。

4. 组织构成

关于网络拍卖的主体，大多数观点认为它大致分为以下三种。

（1）拍卖公司。

拍卖公司的网站一般用于宣传和发布信息，属于销售型网站。

（2）拍卖公司和网络公司或其他公司相联合。

拍卖公司就其既有业务在网络空间上延伸。

（3）网络公司。

网络公司在网络拍卖中提供交易平台服务和交易程序，为众多买家和卖家构筑了一个网络交易市场，由卖方和买方进行网络拍卖，其本身并不介入买卖双方的交易。这类网络公司在我国以易趣网、淘宝网为首要代表。网站仅提供用户物色交易对象，就货物和服务的交易进行协商，以及获取各类与贸易相关的服务的交易地点。

网站不能控制交易所涉及的物品质量、安全或合法性，商贸信息的真实性或准确性，以及交易方履行其在贸易协议项下的各项义务的能力。网站并不作为买家或卖家参与买卖行为的本身，它只提醒用户应该通过自己的谨慎判断确定登录物品及相关信息的真实性、合法性和有效性。

10.4.2 网上拍卖的运营模式

1. 公司只提供交易平台不参加拍卖过程

如雅宝公司是成长最快的网络拍卖公司，雅宝竞价交易网开通后，率先在国内开创了竞价交易平台的互联网商务模式，雅宝竞价交易网以消费者为核心，目标是建立国内最大、最高效的 C2X（消费者对消费者或企业）的电子商务平台。

2. 公司自己经营网上拍卖业务

如 eBay 的业务是一个永不停息的虚拟的跳蚤市场，具有宅前销售市场的特征，拥有低廉的商品，也有真正的古董。任何一个 eBay 的访问者都可以浏览 200 万以上的待售商品，其中许多都是独一无二的或者在别的地方很难找到的，它们被划分为不同的产品类别。出售者登记他们的商品要交纳一定的费用，这取决于商品将要出现的位置。然后网站以一个由销售者指定的最低价开始邀请对一件商品进行竞价。当拍卖结束时——这一般需要一个星期，eBay 通过电子邮件通知最高出价者和销售者，买卖双方就可以自己完成交易了。当交易完成时，eBay 要向出售者收取成交价 1.25%~5% 的佣金。

3. 综合型拍卖网

如大中华拍卖是由深圳市易威电子商务实业有限公司与广东省拍卖业事务公司联合推出的，是中国第一家专业拍卖网，实现了 B2B、B2C、C2C 全部流程。它的业务不仅包括提供网上拍卖活动，同时还为企业或个人拍卖和竞买业务提供了全套电子商务解决方案。

10.4.3 网上拍卖类型及拍卖程序

1. 拍卖类型

（1）增价拍卖和减价拍卖。

增价拍卖又称英格兰拍卖，也称低估价拍卖，是指在拍卖过程中，拍卖人宣布拍卖标的起叫价及最低增幅，竞买人以起叫价为起点，由低至高竞价，最后以最高竞价者以三次报价无人应价后，响槌成交。但成交价不得低于保留价。

减价拍卖又称荷兰式拍卖，也称高估价拍卖，是指在拍卖过程中，拍卖人宣布拍卖标的起叫价及降幅，并依次叫价，第一位应价人响槌成交。但成交价不得低于保留价。

（2）强制拍卖和任意拍卖。

强制拍卖是指国家机关依照法律规定，将其查封、扣押的标的进行的拍卖。

任意拍卖是指民事法律关系当事人根据本身意愿将其所有或者具有处分权的特定标的进行的拍卖。

（3）动产拍卖和不动产拍卖。

动产拍卖是指以动产为拍卖标的拍卖。

不动产拍卖是指以不动产为拍卖标的拍卖。

（4）有底价拍卖和无底价拍卖。

有底价拍卖是指拍卖前设定最低售价或者保留价的拍卖。

无底价拍卖是指拍卖前不设立最低售价或保留价的拍卖。

（5）投标式拍卖和非投标式拍卖。

投标式拍卖又称密封递价拍卖，是反映拍卖人事先公布拍卖标的相关情况以及拍卖条件的一种拍卖方式，其中又有公开底价和不公开底价两种形式，但竞买人均在规定时间内将其竞价载入密封标单交拍卖人，再由拍卖人在规定时间内统一开标，择优选取中标者。

非投标式拍卖是指普通拍卖，即公开形式的拍卖。

（6）一次性拍卖和再拍卖。

一次性拍卖是指只经过一次拍卖程序就拍定的拍卖。

再拍卖是指必须经过两次以上拍卖程序才拍定的拍卖。

2. 拍卖程序

第一步：发布商品信息。需输入拍卖品的名称、细节描述、拍卖价、拍卖的天数或拍卖商品的图片。

第二步：标记商品为可卖。在拍卖过程中，买家可以随时检查投标情况，买家根据卖家的 E-mail 地址，有可能询问卖家拍卖品的情况；在拍卖结束时，网站将自动用 E-mail 通知卖家。卖家在收到网站的通知后应该在 3 天内和中标人联系。

第三步：提供结算和货运方式。

10.4.4 网上拍卖的交易方式

1. 竞价拍卖

竞价拍卖最大量的是 C2C 的交易，包括二手货、收藏品，也可以把普通商品以拍卖方式进行出售，如 HP 公司将一些库存积压产品放到网上拍卖。

2. 竞价拍买

竞价拍买是竞价拍卖的反向过程。消费者提出一个价格范围，求购某一商品，由商家出价，出价可以是公开的或隐藏的，消费者将与出价最低或最接近的商家成交。例如，想要乘飞机的乘客在 Priceline 网站上出价购买机票，由航空公司自己决定是否接受乘客的出价。

3. 集体议价

集体议价在互联网出现以前，这种方式在国外主要是多个零售商结合起来，向批发商（或生产商）以数量还价格的方式进行。互联网出现后，普通的消费者使用这种方式集合竞价来购买商品。提出这一模式的是 Priceline 公司，在国内，雅宝率先将这种模式引入自己的网站。

10.4.5 案例一：网络司法拍卖——淘宝司法拍卖

淘宝司法拍卖

1. 网站简介

淘宝司法拍卖是指单由法院和纯粹的技术平台合作处置诉讼资产的模式，即传统拍卖企业将标的放在第三方的拍卖公共平台以网络竞价的方式进行拍卖。

2012 年 6 月 26 日淘宝网司法拍卖平台刊登拍卖公告。

2012 年 7 月 10 日 22 时，经过多轮竞价，其中一辆"宝马 730"以 33.09 万元被一位吉林买家拍走，另一辆"三菱欧蓝德"则以 6.7

淘宝司法拍卖网

万元被一位浙江买家收入囊中，均大大超过起拍价格。这是浙江省高级人民法院与淘宝网合作推出的"司法拍卖"网络平台首次进行拍卖。

根据淘宝网络拍卖平台的规则，有意向的竞拍者在开拍之前，不仅可以通过电话咨询，还可自行前往标的所在地看样。整个司法拍卖流程包括报名交纳保证金、出价竞拍、支付拍卖成交款。竞买人的支付宝必须通过实名认证，否则就无法参与竞拍。

自 2013 年 3 月 13 日开始，标的物土地在网上公示，该标的是已经申请破产的浙江宏昌制革有限公司所有的土地使用权及厂房等，评估价约 1.587 亿元，起拍价为 1.55 亿元，此

淘宝司法拍卖网首页

次拍卖是由浙江海宁市人民法院在淘宝网上进行的公开拍卖。15天公示期中，累计有逾3.2万人查看了该拍卖页面。拍卖期间，有累计7 000人同时围观。正式拍卖3月29日上午10时开始，4个小时后，经过5轮的竞价，此次拍卖以1.59亿元成交，买受人是海宁一投资公司。而这不仅是浙江推行网络司法拍卖以来标的额最大的一宗，也是浙江首次在企业破产清算程序中运用网络司法拍卖。

2014年4月24日，北京市法院正式在试点法院首次通过淘宝网试行司法网络拍卖，北京二中院和丰台法院对丰台区的一处别墅和通州区的两套房产进行了网络拍卖。

2014年5月28日，福建省高院对外宣布，全省96家法院均已入驻网络，正式全面启动网络司法拍卖工作。在当天福建省高院召开的新闻发布会上，有关工作人员向与会者现场演示了网络司法拍卖的全过程。

福建省共有22家法院组织了65件财产上网拍卖。其中，拍卖财产为房产32件，机动车25辆，其他为厂房、土地使用权、机器设备、采沙船、尼龙线（丝）材料、店铺等。上述65件财产按起拍价计算，总财产价值达1.9亿元。其中，金额最大的一宗是起拍价为1 000多万元的土地使用权。

2. 司法竞拍流程

（1）如何参加司法拍卖（参拍流程）。

参与司法拍卖的具体流程如下：

①确保实地看样并仔细阅读竞买公告。

②报名交保证金，拍卖开始以后也可以交保证金。

③出价参与竞拍，手机、电脑上均可出价。

④如竞拍失败，保证金会退还；如竞拍成功，则按照法院在竞买公告中的要求打款给法

院，打款后联系法院或等法院联系签署《拍卖成交确认书》，签署后领取《民事裁定书》及《协助执行通知书》等资料，然后即可自行办理过户。

（2）出价规则。

①全场首次出价只能为起拍价。

②加价幅度：只能按照加价幅度的 N 倍加价（$N \geq 1$ 且是整数）。

③首次出价者不可在自己首次出价领先的状态下再次出价，需有第二人应价后可再应价，之后可连续出价。

④出价次数无限制，竞拍周期内均可出价，出价时账户里不需要有钱。

⑤在竞拍周期内，出价后如果长时间没有其他人出价，拍卖也不会提前结束，除非法院中止或撤回拍卖。

（3）报名后不出价可以吗？

可以，即使报名成功，如果后续不想出价也是可以的，如不出价，拍卖结束后保证金会返回。

（4）延时5分钟。

①延时周期的定义。

2017年1月1日后法院发布的标的物，司法拍卖延时周期是指在拍卖结束前五分钟内出价，拍卖结束时间会在出价时间的基础上延长5分钟，5分钟内的每次出价都会被触发延时（具体以标的物详情页的倒计时为准）。

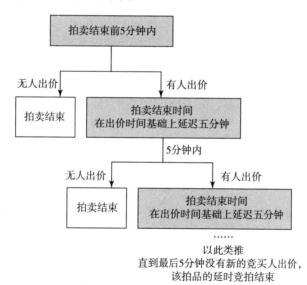

延时规则示意图

②理解误区

很多客户把延时周期理解为五分钟无其他人出价的话，拍卖即结束。这样的理解是错误的，拍卖有固定的竞拍周期，不会在长时间无人出价的情况下提前结束。

3. 主要特点

网络司法拍卖有三个好处：

一是它的信息发布面非常广；二是由于网络的公开性及报名者的匿名性，可以有效遏制

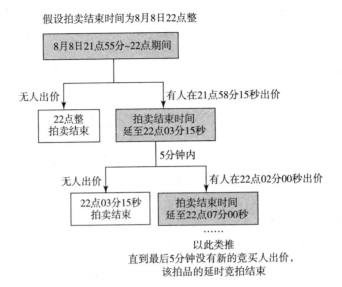

延时举例图示

串标现象的发生;三是网络拍卖是零佣金,可以实现双方当事人利益最大化。

在网络强制拍卖中,网络充当着第三方交易平台的角色,仅无偿提供技术支持与平台服务,并通过计算机程序设定,让竞买人在该平台上开展独立竞价,法院自始至终是司法拍卖的主体。

它与传统拍卖相比,具有以下几点优势。

(1) 网络拍卖可以降低流拍率,提高拍卖效率。此次试点的宁波北仑法院透露,在2011年该院通过传统的委托拍卖的12辆汽车中,多次流拍的就有4辆,流拍率高达33.3%。流拍之后,又要重新发布拍卖公告、召开拍卖会,效率十分低下。而此次通过淘宝网拍卖,从发布公告到办理标的物交付手续,仅花了18天,且两辆车全部一次拍卖成功,拍卖效率十分高。

(2) 网络拍卖可以促进标的物价格最大化,最大限度地保护当事人的利益。司法拍卖这一机制的初衷就是通过公开竞价的拍卖方式来实现标的物交易价格最大化,而网络司法拍卖通过扩大公众参与、利用网络这一全民交易平台等途径,更好地发挥了竞争的作用。从北仑法院的首拍来看,网络拍卖的成交率、溢价率都优于传统司法拍卖。

(3) 为公众创造了良好的竞拍环境,增加了竞拍参与机会。传统拍卖行拍卖信息传播能力有限,而在互联网大众化的当代,其具有的突破地域限制、方便快捷、信息传播快速的特点为公众参与司法拍卖提供了一个良好的平台。

(4) 网络司法拍卖公开透明,减少暗箱操作,杜绝司法腐败。传统拍卖存在大量权力寻租空间,司法拍卖一向是腐败易发多发的高危领域。全国法院近70%集中在民事执行领域,而其中约70%又发生在资产处置特别是司法拍卖环节。而此次网络拍卖过程在法院上传相关信息后,在淘宝平台上便处于完全公开状态,任何公众都可点击网页浏览。

(5) 网络拍卖有助于树立法院为民形象,提升司法公信力。由于我国法院长期委托商业拍卖机构进行司法拍卖,在公众中形成了法院无强制拍卖权的负面印象。而法院通过在淘宝网司法拍卖频道直接实施拍卖,既可彰显法院在保护债权人民事权利方面不妥协的立场,又强化了生效法律文书必须执行的意识。

第10章 电子商务应用案例分析

4. 评点

网络司法拍卖作为一种新生事物,有着传统司法拍卖无法比拟的优势,但是这并不意味着网络司法拍卖能够完全取代传统司法拍卖。一方面,网络司法拍卖尚未有相关法律法规予以规制;另一方面,并非所有的物质都可以上网拍卖,当涉及一些法律关系比较复杂的拍卖标的,如土地使用权、房产、股权等,可能仍需要采取传统的拍卖方式。

任何一个制度都需要逐渐发展、逐渐成熟的过程,网络司法拍卖也不例外。中国应通过不断完善相应的法律及司法解释,制定、落实相应拍卖规程,加强监督等手段,将阳光司法之路走得更加稳健。

10.4.6 案例二:网上二手车拍卖——车易拍

车易拍

1. 网站简介

车易拍是一个二手车在线交易平台,也是新车置换解决方案、二手车网络竞拍解决方案及二手车标准化检测方案供应商。

车易拍销售网络已覆盖全国22个省、100多个城市的近6 000家二手车商,2013年平台交易额突破50亿,是国内规模最大、交易最活跃的二手车在线交易平台。

车易拍

"车易拍"聚合全国更多的买家和卖家,通过信息公开、开放竞价的方式让交易在最适合的买卖双方完成,以快速实现二手车交易价值的最大化。

"车易拍"以精确检测和高效交易为基础,为4S店经销商定制了以提升置换综合利润为目标的专业解决方案——"e置换"。迄今,车易拍"e置换"已为宝马、一汽奥迪、一汽大众等10多个品牌的500多家经销商提供了二手车竞价置换服务,并为奔驰、东风悦达起亚、广汽本田等主机厂商提供了二手车在线拍卖、竞价置换等整合解决方案。

车易拍网首页

2010年，二手车在线交易平台上线；车易拍试营业，一辆红色标致206成交，中国历史上第一辆看报告不看实车的交易落地，由此开启了中国二手车交易的新历史。

2011年，车易拍成功获得晨兴创投500万美元融资；针对厂商、经销商推出了"易置换"解决方案；京华时报颁发授予车易拍"创新置换模式杰出贡献奖"。

2012年，车易拍月度成交量突破1 000台；车易拍杭州分公司成立；车易拍2012年全年交易额首次突破10亿元。

2013年，车易拍获得经纬创投2 000万美元B轮投资；车易拍参与编写二手车鉴定评估培训教材，并受商务部和中国汽车流通协会委托主持编写二手车网上交易标准；车易拍第二届e车商年会在京举行，e车商商学院成立；首届1212二手车电商狂欢节成功举办，车易拍推出12辆1元秒杀二手车；车易拍全年交易二手车突破十万台，交易额突破50亿元；《北京青年报》"2013二手车诚信服务企业"获奖单位。

2014年，由红杉资本领投，晨兴创投、经纬中国和中信资本等基金跟投，车易拍完成5 000万美元融资；车易拍与国内唯一的独立估价平台公平价战略合作；车易拍联合十家国内知名经销商成立易置换联盟；车易拍云易产品正式发布；车易拍268V行认证检测认证服务正式发布；车易拍首推二手车星级检测师；车易拍获得了由人人网领投，红杉资本、经纬中国等老股东继续跟投的1.1亿美元的融资。

2015年，车易拍268V检测技术优化，助力公车拍卖。

2016年，车易拍通过易置换、易SHOP、易买单、易延保等核心品牌产品升级为二手车经营者打造生意神器。

2017年，车易拍以"开放、共享"为核心，为厂商、经销商集团赋能，重新梳理自身四条业务线，为经销商集团、4S店、品牌二手车经销商提供的——B2B在线交易平台，为厂商、经销商集团提供自运营定制化解决方案的——开放平台、为帮助全国二手车交易市场及场内商户提供全面服务的——智能市场服务盒子和以"精准车况+精准车价"为核心的——268V-i车数据服务平台，旨在为二手车交易提供检测、定价、竞拍、支付、金融、物流等全流程高效有保障的服务，同时为各经营主体提供场景化的平台级业务解决方案。

目前，车易拍与北京现代首选二手车、奔驰星睿二手车开始了开放平台的项目落地。车易拍将开放平台为基础的SaaS系统进行定制化设计，与厂商置换需求进行底层数据对接，定制化开发，将自运营多年的检测技术开放给应用方，并共享全国65 000名下游渠道，共同打造二手车置换系统，提升二手车置换效率。

2. 网站服务流程

检测：30~40分钟为车辆进行268V标准化检测，形成车辆检测报告并上传车易拍平台。车易拍是二手检测第一个承诺责任赔付，因检测失误导致的交易损失由车易拍承担，这样的检测承诺，保证了车商看报告而无须看实车交易。

竞价：15分钟全国买家即时出价；车主不离店，亲历竞价全程。车主在竞价终端看到并确认的价格即为成交价，后续与买家交验车辆、车款由车易拍负责，解决车主办理手续的烦恼。

车辆交验：过户、物流，成交车辆转移到车易拍物流交接中心完成，4S店和用户只需专注于新车销售洽谈。成交车辆转移至车易拍物流中心，由车易拍与买家完成车辆交验等。车易拍承诺成交车款限时支付帮助代办相关过户手续，保障成交车辆安全过户，并通过e置换平台电子化管理相关手续；为全国商户提供物流配送服务，让车商实现"足不出户买全国"。

目前，车易拍已建成华北（北京）、华东（上海、杭州）两大区域运营中心及郑州、石家庄、临沂二级物流售后服务中心，计划开通西安、天津、广州服务中心，并将在全国建成20多个服务运营点。

3. 评点

车易拍是目前国内领先的二手车电商交易服务平台。车易拍自上线运营以来，坚持诚信透明、高效便捷的价值理念，致力于依托移动互联网技术，突破二手车交易中"车况、车价"二大核心痛点，打造简单、高效、可信任的二手车流通体系。

车易拍是集车况检测、在线交易、售后物流、金融信贷、质保延保为一体的B2B模式服务平台，拥有268V检测、易置换、商信通（金融）、行质保等服务产品。迄今，车易拍是国内较早提供车况责任赔付承诺的交易服务平台，实现了实时在线竞价、全国一体化交易的二手车电商平台，也是中国汽车流通协会在贯彻实施"二手车鉴定评估"国家标准服务中的重要平台技术合作伙伴。

10.5 旅游业

10.5.1 旅游网概述

1. 含义

旅游网是旅游组织向公众展示旅游信息的平台，有官方旅游网站，也有私人旅游网站，官方的侧重政务，私人的侧重旅游市场及宣传，向广大旅游朋友提供旅游相关信息资讯、产品等信息。

中国的旅游网在1996年开始出现。旅游是大众趋势，互联网已经成为最大的传媒之一，因此旅游网发展速度非常快，每年都有成千上万家旅游网站出现，截至2012年年底具有一定旅游资讯能力的旅游网有5 000多家，其中专业旅游网300余家。

2. 用途

旅游网是由旅行社制作而成，目的是提供旅游信息给旅客，旅客可以通过搜索得知旅行社、旅游路线、旅游价格等相关旅游知识。因为旅游景点的不同，所以各个旅游景点都有相关安全知识，它也可以从旅游网上获悉。

建成旅游网的旅行社，通过发布各种相关旅游信息、旅游线路供游客选择，不仅为旅客提供了服务，而且也推广了自己。

3. 网站内容

一个好的旅游门户网站通常具备以下功能：景点介绍、旅游游记、线路自助、旅游问答。

景点介绍是旅游网站必备的功能，给网友一个直观系统的景点认识；但是如果只是单一的景点介绍页面也太单薄，通过景点介绍来串联景点周围的吃、住、行、购物，尽量给用户提供完整详尽的参考信息，将会极大丰富页面。

旅游游记是对景点介绍的重要补充，景点介绍基本是固定不变的，但是游记是根据每个游客的感受来写的,每篇游记都具备可看性,大部分旅游网站吸引点也都依靠游记;我们一般通过看游记来了解当地的吃、玩、行、购物及相关费用。

线路自助对景点和游记提供了延伸功能服务。了解景点介绍或者看了游记,有旅游的冲动,除了参加固定线路旅行以外,还可以自己决定行程,尤其随着自助游越来越火,自助服务也许会是旅游网站以后获取收益的来源。

旅游问答主要是提供一些问答服务,通过这些互动功能沉淀用户。

10.5.2 旅游网的运营模式

1. 业务分成型

这类网站以携程、艺龙为代表,通过与酒店、航空、景点机构分成获取收益。

2. 线下服务型

通过网站内容吸引用户组织自助游活动,网站自身或者联络伙伴提供线下传统旅游服务。

3. 纯广告型

网站做好内容,吸引传统旅行社或相关旅游业务体投放广告。

10.5.3 旅游网站的分类

1. 电子商务类

携程、艺龙、芒果等的"酒店+机票"预订,去哪儿、酷讯等的"旅游搜索+预订",用户体验相差不大,都已经很成熟了。驴妈妈,以门票起家,现在也做线路;途牛,网上旅行社,是传统旅行社线路业务的网络化。

2. 旅游社区类

如旅人网、蚂蜂窝、魔方等,攻略、游记分享。旅人网以前叫绿人网,据其CEO梁宁说,这名字一直误导人,很多人觉得奇怪都写为"旅人",最后索性改为旅人网。穷游网,顾名思义,主要是低价机票和酒店的信息分享。

3. 旅游资讯类

乐趣、新浪旅游、搜狐旅游、网易旅游以及其他一些门户网站的旅游频道,是旅游相关资讯的汇总,可以看到旅游业类的一些动态。

4. 旅游机构网站类

如国家旅游局、亚航等一些旅游相关机构的网站,会有一些旅游方面的专业、及时的信息。比如亚航,经常有东南亚一带的机票大促销。

10.5.4 旅游网的发展

1. 现行服务

提供及时的旅游线路报价、打折门票信息、切实的旅游建议,以及详细的旅游资讯。将旅游业内信息进行整合分类,人性化地开设了旅游线路预定、打折门票、签证服务、机票酒店预订、旅游保险、旅游书城、包车服务、旅行游记、旅游博客等多方面的服务!另外,一些大型旅游网也提供景区门票的预订、租车服务以及演唱会等活动的票务预订等。

2. 未来趋势

(1)旅游网SNS(社交网络服务)社区模式。

据艾瑞网最新公布的《中国网上旅行预订行业发展报告》显示，亲朋好友和网络已经成为用户获取旅游信息的最主要途径。可以说，相对于其他的网络产品，旅游产品更适合网络营销，在亲朋好友的口碑传播中也起到了决定性作用。对于很多大型的成熟网站来说，增加现有会员的黏度是必不可少的一个环节，所以大量推出 SNS 社区模式也成为一个新的发展趋势。

（2）旅游产品点评模式。

旅游产品点评模式迎来了一个新的时代，旅游线路、酒店、航空等的口碑传播化身为又一商业盈利模式。虽然当前已有很多在线预定网站已经推出了网友点评模式，但这些设置更多的是站到企业的角度，进行"旁敲侧击"的宣传，是一种被"潜规则"了的点评模式，其效果十分有限，可信度也大受质疑，显然无法与完全置身于"第三方"的专业性点评网站相提并论。如将 SNS 社区互动与点评相结合，必然能增加会员黏度，提高用户体验值。

（3）在线模拟旅游。

如同游戏一样，选择在线模拟旅游，人们可以设定不同的身份，到世界各地旅游，沿途可以欣赏风景，体验异域风情的餐饮、购物、住宿等，使用虚拟货币进行支付和交易，再现真实旅游场景，外国已经出现类似网站，如"虚拟瑞典""虚拟紫禁城"功能上还不是很完善，但业内对其未来发展一致看好。

（4）旅游视频网。

随着视频网站的普及，我们的生活已经离不开视频，很多人在旅游中习惯留很多的照片做纪念，将来也一定会有越来越多的人以拍旅游视频留作纪念！相信不久将会出现旅游视频类的专业网站，既可以在线观看景区介绍，又可以上传自己的旅游视频与朋友分享，一举多得。

10.5.5 案例一：携程旅游网

携程网

1. 网站简介

携程是一个在线票务服务公司，创立于1999年，总部设在中国上海，上海本部员工达 30 000 余人。携程旅行网已在北京、广州、深圳、成都、杭州、厦门、青岛、沈阳、南京、武汉、南通、三亚等 17 个城市设立分公司，全国各个办事处以及海外办事员工有 70 000 余人。

携程网

凭借稳定的业务发展和优异的盈利能力，携程旅行网于 2003 年 12 月在美国纳斯达克成功上市。

2010 年，携程旅行网战略投资台湾易游网和香港永安旅游。

2015 年 10 月 26 日，携程网和去哪儿宣布合并。

携程旅行网的度假超市提供近千条度假线路，覆盖海内外众多目的地，并且提供从北京、上海、广州、深圳、杭州、成都六地出发，是中国领先的度假旅行服务网络，每月为万余人次提供度假服务。携程旅行网的 VIP 会员还可在全国主要商旅城市的近三千家有特惠。

携程旅行网拥有国内外六十万余家会员酒店可供预订，是中国领先的酒店预订服务中心。

携程网首页

携程旅行网成功整合了高科技产业与传统旅游行业，向超过 9 000 万会员提供集酒店预订、机票预订、度假预订、商旅管理、特惠商户及旅游资讯在内的全方位旅行服务。携程旅行网除了在自身网站上提供丰富的旅游资讯外，还委托出版了旅游丛书《携程走中国》，并委托发行旅游月刊杂志《携程自由行》。

携程目前占据中国在线旅游 50% 以上市场份额，是绝对的市场领导者。目前主要竞争对手有：目前已被全球第一大在线旅行公司 Expedia 控股的艺龙以及分别背靠大型国有控股旅游集团、拥有雄厚的资金保障和丰富的旅游资源的遨游网和芒果网。但三大竞争对手目前尚不具备足够与携程正面对抗的实力。中国在线旅游市场，携程占据 50% 以上市场份额，而在携程奠定了行业领先地位后，更多精力放在了资源整合和产业链控制上，而非创新。携程前总裁范敏简单粗暴的处事方式，让携程成为行业公敌，封杀和不正当竞争成了携程打压竞争对手的有力武器，大至艺龙，小至移动 APP。甚至有人把携程比喻成一只恐龙，庞大无比，无人能及，但是却难以转身，到处都是漏洞。

2. 整合资源发力

对于未来的国际化布局，只要跟携程的产品比较互补，技术跟团队有很多独特、领先的地方，携程都会投资。

目前，途牛和同程均采用以传统旅行社供应旅游线路为主，自研产品比例较低。而从携程目前的布局来看，其未来对上游资源的整合能力远远超过其他几家。继同程、途牛、在路上和佰程等多家公司在出境游业务上开战之后，行业龙头携程也开始卡位国际旅游。

事实上，2014 年，携程通过投资已经，进行了一轮不同层次的布局。在国际旅游业务上，携程继续沿袭着通过资本合作掌控上游资源的策略，预计等资源一旦形成合力，携程的竞争力将大大提升。2014年1月8日，携程宣布收购Travelfusion多数股份，该笔投资超过1亿美金。据了解，TF总部位于英国，是一家在线廉价航空机票信息集成和直连预订平台。其与200多家廉价航空公司、全服务航空公司、铁路运营商以及30多家领先的酒店信息平台均有合作。对TF的投资，携程方面看重的是其廉价航空公司的资源以及其支撑全球旅游业务的技术。这是携程继投资香港永安旅游、台湾易游网等，接受国际在线旅游公司Priceline投资之后，再一次通过与境外公司资本合作的方式卡位出境游，这标志着携程开始快速走上国际化道路。

这次投资低成本航空公司机票，除了加强携程未来的国际机票业务外，也会很好地提升休闲旅游产品。对于度假产品，携程可以将廉价机票打包进自由行、团队游产品，客人可以选择不同的航空公司的机票。

出境游有几个重要环节，比如机票、酒店、导游甚至大巴车、餐厅等，和国内游一样，出境游也分淡旺季，如果哪家公司可以掌控这几个环节，将在外来的竞争中占据优势。

目前，机票和游轮是消费者出境游选择的两大交通工具，携程通过收购TF公司和成立天海邮轮掌握了通道；同时通过引入Priceline投资，加强了携程对国际酒店的把控力度；而在导游、车辆等方面，也通过投资的目的地旅行社完成。这些资源一旦形成合力，携程的竞争力将大大提升。

值得注意的是，携程在国际游方面的布局与国内如出一辙，均是通过资本合作掌控上游资源，比如在国内曾投资如家、汉庭、易到用车等。目前在国际上，携程的投资地域也开始扩张。

对此，携程方面称，投资有两个好处：第一，业务合作更紧密，业务协同性高；第二，业务增长后，投资的企业也将为携程直接带来财务上的收益。这也意味着，通过资本合作的方式对上游资源的整合能力远远高于单纯的业务合作模式。

3. 核心优势

（1）规模管理。

服务规模化和资源规模化是携程旅行网的核心优势之一。携程拥有亚洲旅行业首屈一指的呼叫中心，其座席数已近4 000个。携程同全球134个国家和地区的28 000余家酒店建立了长期稳定的合作关系，其机票预订网络已覆盖国际国内绝大多数航线，送票网络覆盖国内52个主要城市。规模化的运营不仅可以为会员提供更多优质的旅行选择，还保障了服务的标准化，进而确保服务质量，并降低运营成本。

（2）技术领先。

携程一直将技术视为企业的活力源泉，在提升研发能力方面不遗余力。携程建立了一整套现代化服务系统，包括客户管理系统、房量管理系统、呼叫排队系统、订单处理系统、E-Booking机票预订系统、服务质量监控系统等。依靠这些先进的服务和管理系统，携程为会员提供更加便捷和高效的服务。

（3）体系规范。

先进的管理和控制体系是携程的又一核心优势。携程将服务过程分割成多个环节，以细化的指标控制不同环节，并建立起一套测评体系。同时，携程还将制造业的质量管理方法成功运用于旅行业。目前，携程各项服务指标均已接近国际领先水平，服务质量和客户满意度也大幅提升。

4. 评点

作为中国领先的综合性旅行服务公司，携程成功整合了高科技产业与传统旅行业，向超过2.5亿会员提供集无线应用、酒店预订、机票预订、旅游度假、商旅管理及旅游资讯在内的全方位旅行服务，被誉为互联网和传统旅游无缝结合的典范。

凭借稳定的业务发展和优异的盈利能力，携程在在线旅行服务市场居领先地位，成为全球市值前三的在线旅行服务公司。

10.5.6 案例二：驴妈妈旅游网

驴妈妈网

1. 网站简介

驴妈妈旅游网创立于2008年，是中国的新型B2C旅游电子商务网站，中国的自助游产品预订及资讯服务平台。成立之初，驴妈妈就以自助游服务商定位市场，经过数年发展，形成了以打折门票、自由行、特色酒店为核心，同时兼顾跟团游的巴士自由行、长线游、出境游等网络旅游业务，为游客出行提供一站式服务便利。

驴妈妈旅游网

驴妈妈旅游网首页

同时，驴妈妈网致力于将传统旅游线下运营和网络营销有机结合，为旅游企业提供精准网络营销，包括为旅游企业搭建在线电子商务平台、产品分销、网络营销策划、活动策划、网络媒体投放等整合营销服务。秉承"诚信、激情、创新、多赢"的企业理念，驴妈妈将鼎力支持旅游企业全面提升电子商务应用水平和网络营销应用能力。截至目前，有5 000多家景区、5 000多家特色酒店、数百家国内外旅游局和航空公司等同驴妈妈旅游网开展合作，覆盖全国各省及直辖市，覆盖5大洲、50多个国家和地区。知名的合作伙伴有荷兰旅游局、土耳其旅游局、山东省旅游局、吉林省旅游局、华侨城集团公司旅游、张家界股份、黄山旅游、广州长隆集团等。

驴妈妈旅游网2008年成立时就获得天使投资。2009年9月，驴妈妈完成数千万元的A轮融资。2010年11月，驴妈妈获得红杉资本和鼎晖创投的B轮亿元注资；2011年9月，驴妈妈完成C轮融资，投资方为江南资本与红杉资本。

驴妈妈旅游网2012年2月28日宣布，通过换股方式成功并购了上海兴旅国际旅行社有限公司，并将其更名为驴妈妈兴旅国际旅行社。

驴妈妈母公司景域集团连续五年入选"中国旅游集团20强"，2015年12月22日在北京股转中心挂牌（证券简称：景域文化 证券代码：835188）。

驴妈妈客户端累计下载量超7亿，合作伙伴超5万家。2016年驴妈妈覆盖景区超过1万家，5A景区覆盖率居行业第一。根据易观智库《2016中国在线周边自助游市场专题研究报告》，在线周边自助游领域驴妈妈以30.7%的市场份额居于首位。

驴妈妈旅游网总部设在上海，已在除西藏外全部省会110个城市设立分/子公司，覆盖国内重要旅游目的地和客源地，形成全国深度布局、线上线下O2O一站式服务，致力于让游客"自由而有尊严地行走"。

2. 业务介绍

（1）景区门票。

驴妈妈2008年就以景区门票作为切入点，让"一个人一张票，也能享受优惠"成为现实，并且率先在全国将二维码技术用于景区门票业务，实现电子门票预订、数字化通关。

2015年驴妈妈覆盖景区超过1万家，其中5A景区覆盖率达到92%，居行业第一。根据艾瑞《2016中国景区旅游研究报告》显示，在受关注度较高的5A、4A景区市场份额中，驴妈妈以23.8%、24%的占有率位居行业第一。驴妈妈旅游网的用户满意度位居首位，达到88.2%。

2016年6月，由中国旅游研究院指导，景域集团驴妈妈旅游网与复旦大学联合主办，黄山旅游、东方明珠、广州塔、青城山都江堰、北京欢乐谷等景区方共同参与的"中国旅游电子门票研究中心"宣告成立，并发布首份研究报告。这是国内第一家以旅游电子门票为基础，同时由企业、高校、景区共同参与的研究型中心机构。

驴妈妈与景区联手打造节庆活动由来已久，风筝节、彩跑节等吸引了上万游客参与。驴妈妈推出各类节庆营销活动，如武汉欢乐谷荧光跑、象山海滨狂欢海鲜节、万人自驾游黄山、帐篷露营节等。未来，驴妈妈将继续通过和景区深度互动、产品创新、联合造节、产学结合等方式，不断为消费者提供差异化产品，并为景区引流，增强品牌影响力。

（2）周边游。

驴妈妈创立了"酒店+门票+X"的自助游产品服务体系，区别于传统产品服务体系，驴妈妈以酒店度假套餐预订为突破口，挖掘酒店自身特色项目及与周边关联目的地的度假元素整合，从酒店单元素预订系统地衍生到以度假酒店为核心的目的地一站式产品服务。

2015 年，驴妈妈深耕全国近百个周边游核心目的地，如华东地区天目湖、黄山、千岛湖，华北地区秦皇岛、长白山、大连，华南地区长隆、珠海、深圳，西南地区成都、峨眉山、九寨沟等地的综合影响力等。

2016 年，驴妈妈继续发力亲子游、自驾游两个核心板块。驴悦亲子游，针对亲子旅游市场专属品牌，通过八大系列活动做到寓教于乐，2015 年共策划了 200 场亲子活动，好评率 100%；驴妈妈自驾游，为全国车友打造高品质、高舒适度的自驾游平台，2015 年举办自驾活动 150 多场，覆盖人群近 30 万。

（3）国内游。

驴妈妈"开心驴行"产品首先在国内跟团游中推出，有五大承诺保障："若不满意就重玩""1 人报名就成行""突发情况随时退""航班延误可理赔""管家服务全程伴"。2016 年以来，"开心驴行"从国内游线路延展到门票、周边游领域，"品质一日游"也已纳入"开心驴行"。

驴妈妈已经为游客开始提供"驴管家"服务，如在旅游的整个过程中为游客及时推送旅游目的地每天的天气、交通等信息，争取与游客实时沟通，保障游客出行。

（4）出境游。

2016 年以来，驴妈妈"全球直采战略"发展顺利，邮轮包船 34 艘，位列行业第一。驴妈妈为邮轮游客提供免费选择舱房、赠送邮轮保险、49 元换购邮轮礼包、24 小时微管家等附加服务。

2015 年，驴妈妈为香港迪士尼乐园输送游客近 40 万人次，第四季度输送游客比 2014 年同期增长 556%，荣获香港迪士尼乐园度假区年度卓越销售奖。

（5）大交通。

2016 年 8 月 1 日，驴妈妈旅游成立大交通事业部，业务涵盖机票、火车票、汽车票、短驳交通；并瞄准旅游度假市场，重点布局"机票＋×""火车票＋×"。

（6）定制游。

与一般传统自由行、跟团游等标准化产品有所不同，驴妈妈"定制游"依据游客的旅游意向，依托自身丰厚的旅游资源，给有个人定制、公司出游、考察参展等旅游需求的游客提供一系列高品质、高性价比的旅游线路产品。

3. 合作模式

（1）政府委托。

政府或有关部门推动当地景区加盟驴妈妈旅游网，并委托驴妈妈建设、开通该城市频道，作为该城市旅游电子商务平台。

成功案例：三亚市旅游产业发展局委托驴妈妈建设、开通"天涯通"频道等。

（2）票务中心。

地方政府（部门）或某地方旅游企业与驴妈妈网合作，一方面在驴妈妈旅游网上搭建地方频道和旅游电子商务平台，另一方面在当地建设票务中心，承接通过驴妈妈旅游网预订该地众多相关景区门票的游客的票务工作。

成功案例：桂林旅游发展总公司与驴妈妈旅游网合作推出"桂林驴妈妈"频道，并建设"驴妈妈桂林票务中心"等。

(3) 集团合作。

拥有大量景区资源的旅游集团,将旗下全部或主要景区统一加盟驴妈妈旅游网,并全面展开营销合作。

成功案例:浙江富春江旅游股份有限公司等。

(4) 景区加盟。

符合一定条件的景区与驴妈妈网经过相互了解、沟通、达成门票分销代理合作协议,加盟驴妈妈旅游网。

成功案例:杭州乐园、杭州临安大明山风景区等。

(5) 营销合作。

地方政府(部门)、旅游集团、景区经过与驴妈妈旅游网深入沟通,达成营销代理合作协议,驴妈妈旅游网依托奇创研究院、自身网络平台、《携程自由行》杂志等智力、媒体资源,提供营销咨询、营销规划、营销运作、营销投放等服务。

成功案例:武当山特区旅游局委托驴妈妈旅游网为武当山风景区长三角地区营销推广代理合作商等。

4. 评点

驴妈妈是中国知名综合性旅游网站、自助游领军品牌、中国景区门票在线预订模式的开创者,提供景区门票、度假酒店、周边游、国内游、出境游、大交通、商旅定制游等预订服务。驴妈妈在景区门票、周边游、邮轮等品类处于行业领先地位。

驴妈妈针对自助游客的全面服务是其至关重要的环节,"驴妈妈,会像妈妈般关爱和服务于会员游客",对他们出行前、行程中和旅游后都进行无微不至的关怀。也许几年后中国将出现一个真正能为景区和目的地提供从规划咨询到营销推广再到客源输入一站式服务的机构,而自助游客只要通过驴妈妈就可以预订景区所有项目,或者一个全国呼叫中心电话就可以解决景区消费所有问题。

目前,中国已成为世界最大的旅游目的地国和旅游出境国,驴妈妈正以全新的服务理念、优秀的创业团队、丰富的行业经验、先进的技术支持、独特的商业模式,开启中国旅游电子商务的新篇章。

思 考 题

1. 远程教育的含义及组织模式是什么?
2. 简述远程教育是如何学习的。
3. 网上教育的主要针对群体是什么?有何优缺点?
4. 什么是电子政务?它需符合哪些基本条件?
5. 电子政务有哪些主要内容?
6. 电子政务具有什么特点?
7. 网上证券的含义及作用是什么?
8. 网上证券有哪些特点?
9. 网上证券的发展有什么优势及障碍?
10. 尝试在网上下载数字证书并进行网上证券交易。

11. 什么是网上拍卖？它有什么优势？
12. 网上拍卖由什么样的组织构成？
13. 网上拍卖是怎样的运营模式？
14. 网上拍卖有什么样的类型？它的拍卖程序如何？
15. 网上拍卖有什么样的交易方式？
16. 如果你要通过网络拍卖一件工艺品，你会如何操作？
17. 结合相关网站，讨论旅游电子商务在线服务主要包括哪些内容，它有什么作用。
18. 谈谈你了解的一些旅游网站具有怎样的运营模式。
19. 结合相关网站，谈谈旅游网未来的发展前景。

资料来源及参考网站

1. 中国远程教育网 http://www.cnycedu.com
2. 慕课网 http://www.imooc.com
3. 中国电子政务网 http://www.egovernment.gov.cn
4. 浙江政务服务网 http://www.zjzwfw.gov.cn
5. 人民网 http://zj.people.com.cn
6. 国脉电子政务网 http://www.echinagov.com/news/73350.htm
7. 华泰证券 http://www.htsc.com.cn
8. 中证网 http://www.cs.com.cn
9. 淘宝司法拍卖 https://sf.taobao.com
10. 车易拍 http://www.cheyipai.com
11. 携程旅游网 http://www.ctrip.com
12. 驴妈妈旅游 http://www.lvmama.com